現代日本経済

第4版

橋本寿朗・長谷川 信・宮島英昭・齊藤 直［著］

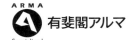

第4版はしがき

　本書は，1945年を起点に，現在に至るまでの日本型企業システムの形成，進化，洗練，制度化というプロセスを分析することによって，現代日本経済のシステムと課題について読者が理解できるよう構成されている。このような本書の基本的な構想は，1998年の本書初版「はしがき」において橋本寿朗が明らかにしており，その後の2回の改訂，すなわち，2006年発行の新版，2011年発行の第3版において引き継がれてきた。そして，今回第4版の刊行に際しては，基本的な構想を踏襲しつつ，編別構成に変更を加えた。

　変更の理由は，まず本書が刊行されてから20年が経過するなかで，一冊にまとめるべき情報，記述内容の取捨選択が必要になったことであり，各章の再編，内容変更をおこなった。さらに，より本質的な理由は，この20年間は日本型企業システムの大きな転換期であり，現在から振り返ると本書初版が刊行された1998年はまさにその起点となる時期にあったという歴史認識と関連している。すでに，2006年の新版「はしがき」において，「現在進行している日本型企業システムの変化は，戦時から戦後改革期に生じた大変化に匹敵するものであり，20世紀日本企業システムは，歴史上第2の転換期を迎えているといってよい」と述べたとおりの状況が進行しつつある。1997年の金融危機の時期以降，日本型企業システムに起こりつつある変化を歴史的に理解し，その課題解決を考えることが必要になったのである。このような視点から，第3部以降の時期区分に変更を加え，本書は以下のような編別構成をとることになった。

序　章　現代日本経済をみる眼　（第3版と同じ）
第1部　戦後改革と復興　1945年～　（第3版と同じ）
第2部　高度成長のメカニズム　1955年～　（第3版と同じ）
第3部　石油危機と安定成長への転換　1973年～
第4部　バブルの形成と崩壊　1986年～
第5部　長期停滞と日本型企業システムの転換　1997年～
終　章　アベノミクスの展開

　戦後改革を経て高度経済成長期に形成された日本型企業システムは，第1次石油危機に柔軟に対応し，安定成長の下で企業システムとして進化，制度化の時期を迎えた。しかし，1986年以降の円高とバブル経済に過剰対応した日本型企業システムは，1990年代に入ると環境変化への適応，調整が必要になった。1997年に発生した金融危機は，とくにコーポレート・ガバナンスの側面で，日本型企業システムの転換点になった。現在に至るまで，伝統的な日本型企業システムから，より多様化した企業システムへの変化が進行している。「終章」においては，2012年末からのアベノミクスの展開を跡付けるとともに，日本経済と企業システムが直面している諸課題と改革の方向性について論じている。

　今回の第4版はしがきを執筆している2019年3月には，18年半ばからあらわれた景気後退の兆候が懸念されている。リーマン・ショックからの回復をもたらした世界的な金融緩和が転換期を迎えつつあるなかで，世界経済は新たな着地点を模索している。また，これまでのグローバリゼーションから自国中心主義に基づく二国間主義が台頭しつつある。これにともなう，米中間の貿易摩擦やサプライチェーンの変化は，日本企業に大きな影響を与えることになるであろう。今後の日本経済，日本企業に関する諸課

題を考えるために，いささかでも本書が貢献できれば幸いである。

　本書の改訂作業にあたっては，第3版から引き続いて編集を担当された藤田裕子氏から，相変わらず遅れがちな執筆活動へのご助言とご援助をいただいたことに感謝したい。さらに，表紙カバーを柳沢正人画伯の「桜花を仰ぐ」で飾ることができた。利用を快諾された画伯に心より感謝申し上げたい。
　　2019年3月

　　　　　　　　　　　　長谷川 信・宮島英昭・齊藤 直

第3版はしがき

　『現代日本経済』新版を上梓してから5年，この間の日本経済の変化はドラスチックであった。2008年9月のリーマン・ショック後の経済の収縮は急激であり，30%に近い鉱工業生産指数の低下は統計数値としては見たことがあっても，実際に経験するのははじめてであった。また，1980年代初頭から一直線に進んだ自由化・規制緩和の動きも再検討の対象となった。潮目の変化は小泉内閣の末期の2006年初頭から始まり，リーマン・ショック後には「市場原理主義」に対する批判が強まった。財政赤字の累積は，ショック後の経済対策のためにさらに加速し，いまやGDPの2倍以上という未知の領域に入りつつある。他方，世界同時不況からの回復は新興国・資源国によってリードされ，とくに中国の世界経済における地位の上昇が明らかとなった。日本を取り巻く対外環境も大きな構造変化を遂げつつある。『現代日本経済』という書名を持つ以上，こうした最近の変化をなんとか記述に反映させたいというのが，第3版の作成を急いだ理由であった。

　改訂の要点は3つあげられる。第1に，リーマン・ショック前後の日本経済の変化を追跡し，現在の日本経済が取り組むべき課題を整理した。記述は暫定的なものにとどまり，多少のフライングも避けられなかったが，あえて躊躇せず，この部分を第5部の後に終章としてつけ加えた。第2に，本書のひとつの視点である日本型企業システムの変容について記述を大幅に改訂した。新版を執筆した2005年時点には，銀行危機後の企業システムの変容を十分に捉えきれておらず，展望を示すにとどまった。この第3版では，その後の分析の進展を生かして，多様化とハイブリッ

ド化を鍵とする我々の見方を提示した（第25章）．第3に，現在，焦眉の課題となっている財政赤字問題に関して，その展開を1970年代まで遡って独立の章として記述する一方（第20章），対外関係の変化について，中国の大国化，リーディング企業の対外進出，海外企業による買収（直接投資）などの記述を追加して大幅に改定した（第21章）．その代わりに，造船業に関する分析と不良債権問題に関する章を削除し，第3・4部の記述も一部圧縮した．

　その結果，本書では，「失われた20年」を扱う部分が全体の3分の1を占め，なぜ長期にわたる経済停滞が発生したのかが主題のひとつとなった．1998年に出版された本書の初版が，日本経済の成長のメカニズムとそれを支えた制度的基礎の解明に焦点を置いていたことと比べると様変わりである．筆者（長谷川・宮島）は，戦後日本経済の成長とともに育ち，石油ショック後の時期に研究者への歩みを踏み出してからも，もっぱら日本経済の成長面の分析に多くの時間を費やしてきたから，本書のこの構成の変化と焦点の移動には些かの感慨を覚える．

　もっとも，この著書を手に取る若い読者にこうした感慨は無縁なのかもしれない．すでに物心ついた時から豊かであり，デフレが常態のなかで育った若い世代にとっては，インフレが進み10%を超える実質成長が持続した時代のほうが驚きかもしれない．そうであればこそ，若い世代には本書を通じて我が国の歴史的過去を知り，成熟化した現代という時代を相対化してもらいたい．また，新興国で起きている事態を我が国の経験と結びつけて理解してもらえればと思う．その作業は今後の日本経済を見る目を養うことに繋がる．

　本書が印刷に付されているなかで，東日本大震災に見舞われた．未曾有の被災規模であり，福島原発の状況は現時点では予断を許

さない。今後，被災地の復興と並行して，復興財源の確保，長期的なエネルギー供給の在り方，サプライ・チェーンの再構築，公益企業の企業統治の再設計などが重要な検討課題となろう。こうした問題を考えるにあたって，本書が少しでも有益な視点や歴史的素材を提供できていればと願うばかりである。

　本年1月，本書の共著者の一人である橋本寿朗の10回忌を迎えた。銀行危機後の混乱のなかでも，「うろたえるな」，「目を凝らせば成長の鍵を見出すことができる」と常にポジティブな姿勢を崩さなかった橋本であれば，縮み始め，多くの新たな困難に直面する日本経済をいかに捉え，どのような処方箋を提示するのであろうか。この第3版からは，齊藤直が執筆に加わった。齊藤は，大学院生として橋本の謦咳に接した最後の世代に属する。馬力にあふれた齊藤の参加を得て，スムースにこの第3版を出版できたことは，橋本にも喜んでもらえるのではないかと思う。

　本書のうち橋本が記述した部分については，この第3版でも手を入れることなく原則として初版のままとした。たしかに，序章の日本経済の現状に関する記述は，時代に制約され，今となっては改訂や増補が必要な部分も多い。しかし，そこで提示された経済システムへの注目と歴史的観点の重視は，依然として本書の基本的視点である。序章の日本経済の直面する課題に関する記述は，現時点ではなく，むしろ，20世紀末の時点でのわれわれの日本経済に関する課題認識と理解して頂ければと思う。21世紀に入ってからの環境変化と新たな課題については，可能な限り終章で補ったつもりである。

　本書の改訂にあたって，資料の収集，図表のアップデートなどで早稲田大学大学院商学研究科の小川亮君の助力を得た。また，新版から本書の編集にあたってくださった藤田裕子さんに前回同様に大変お世話になった。藤田さんの激励と行き届いた配慮なく

しては，第3版の出版は大幅に遅れたに違いない。さらに，このカバーの装画を柳沢正人画伯の「刻の回廊」で飾ることができた。快く利用をお許し頂いた画伯に心より感謝申し上げたい。

　2011年4月

長谷川　信

宮島　英昭

新版はしがき

　本書の初版「はしがき」（1998年6月）は，日本がサッカーワールドカップ初出場を実現したフランス大会の話題から筆を起こしている。今回の新版が教科書として使われる頃には，日本チームが3大会連続で出場する2006年6月のワールドカップ・ドイツ大会の話題で賑っているであろう。これは本書が出版されてからまもなく8年が過ぎようとしていることを示している。この間の世界経済，日本経済の大きな変化を考えれば，『現代日本経済』というタイトルはいささか重荷になりつつあった。

　初版が出版された時期，日本経済は1997年から98年にかけて，山一證券の廃業に代表される金融危機とアジア通貨危機による影響のさなかにあった。1998年のGDP実質成長率はマイナス1％，翌99年もマイナス0.1％と日本経済は深刻な不況に陥った。その後，2001年のITバブル崩壊によって景気は翌年にかけて再度下降し，2002年の日本経済はマイナス0.3％成長という不況を経験した。1990年代から好調を維持したアメリカ経済と対比して，日本経済が低成長を続けたことは，「失われた10年」と称され，その要因とともに注目を集めることになった。このような経済環境の変化のなかで構造改革，規制緩和の必要性が語られ，政治的な争点としても前面に登場した。

　この「新版はしがき」を執筆している2006年3月において，2002年2月を底にはじまった景気回復は4年間続き，バブル経済の負の遺産である不良債権問題はほぼ解消された。2006年2月における内閣府の月例経済報告も，緩やかな回復から勢いある景気回復に判断を上方修正した。この新版では，最近の景気回復を視野に入れて「失われた10年」における日本型企業システム

の変容を分析し，その展望を提示することを試みている。現在進行している日本型企業システムの変化は，戦時から戦後改革期に生じた大変化に匹敵するものであり，20世紀日本企業システムは，歴史上第2の転換期を迎えているといってよい。このことは，戦後の日本型企業システムの「形成」「進化」「洗練」「制度化」という全てのプロセスを，われわれが歴史的に分析できる地点に立っていることを示していると同時に，歴史分析を前提に新たな企業システムの形成を展望するという課題があることを示している。

このような課題に取り組み，新版作成の中心になるはずであった橋本寿朗は，2002年1月15日，突然，病を得て逝去した。驚異的なペースで研究，執筆活動をすすめていた橋本を失ったことは，われわれにとって信じられない思いであったが，本書を改訂するきっかけは，この時にさかのぼる。有斐閣・伊藤真介氏の助言をいただきながら，長谷川，宮島によって改訂のプランを作成したが，実際の執筆は思うようにはかどらず，ようやく新版の出版が実現したのである。

改訂の主要なポイントは，第1に，「第5部」を「バブル崩壊と日本型企業システムの転換」として，1990年代後半から直近に至るまでのデータと分析を加えて大幅に改稿したことである。とくに終章では，日本型企業システムの現状と展望をまとめ，読者の理解を深めることを意図している。第2に，第1部から第4部までについて，一部の章を統合，整理し，よりコンパクトに日本型企業システムの歴史を理解できるように配慮した。そして第3に，橋本の担当部分については手を触れることなく，原則的に初版のままとした。橋本が新版の執筆に関わったならば，新たに加筆した可能性はあるが，旧稿のままとすることがもっとも橋本の意思を尊重する選択と考えたからである。

本来，この「新版はしがき」を書くはずであった橋本ならば，

現在の日本経済,そして企業システムをどのように分析したであろうか。われわれの作業に橋本が合格点をつけるとは思えないが,現代日本経済の分析と改革にむけてつねに冷静な視角と情熱をもって立ち向かった橋本に本書を送りたい。

　なお,本書の改訂は初版の編集を担当された伊藤真介氏のおすすめによって具体化することができ,その後も同氏からは,遅々として進まないわれわれの作業に対して辛抱強く助言と励ましをいただいた。また伊藤氏から引き継いで新版の編集を担当された藤田裕子氏には度重なる改稿等でご迷惑をおかけすることになった。両氏の編集努力に感謝の言葉をささげたい。

　　2006年3月

長谷川　信
宮島　英昭

はしがき

　この「はしがき」を書き始めた1998年6月13日，新聞各紙は3日前に開会されたサッカー・ワールドカップ・フランス大会，予選リーグの熱戦を詳報していた。日本からサポーターが大挙して渡仏しているし，日本チームの試合については入場チケットの売り惜しみが激しいようで，チケットの不足が報じられ，現地ではその価格が高騰している。豊かな日本の一面である。

　しかし，新聞の第1面や経済面をみると，1995年半ばの90円台から円安は144円まで進行し，株価は辛うじて1万5000円台にとどまったことが報じられているが，その程度のことは，小さな，いわゆるベタ記事扱いであった。大見出しで踊っていたのは次のような気の減入るような記事であった。

　97年度　GDP（国内総生産）－0.7％，戦後最悪のマイナス成長，消費初の減少
　上場（銀行）101行の貸出金17兆円減少
　97年度末生命保険契約2000兆円割れ（前年比約10％の減少）
　（企業）倒産5月37％増，負債総額は55％増える

　経済成長率がマイナスに転じたのは，第1次石油危機の1974年度以来，23年ぶりのことであり，74年度は－0.5％であったから，今やそれを上回る歴史的な不況に入っている。個人消費が減少し，民間住宅建設，公的資本形成が大幅に減退したことが大きく響いた。しかも，直近ではさらに事態は悪化し，1998年1～3月期には民間企業設備，輸出まで大きく落ち込んだのである。家計は所得が低迷するなかで消費を抑制し，ほぼGDPに等しい長

期債務を抱えて,日本政府は歳出を抑制している。そして,アジア諸国の経済混乱と為替相場の暴落で,半ばをアジア諸国に依存する輸出も減退し,ついに企業も設備投資を削減するに至った。ほぼ70年ぶりの実体経済の自律的な収縮現象である。

多くの人は忘れているが,こうした事態は19世紀や20世紀初めに多くの国で観察された不況突入の典型的な過程に類似している。ただ,政府の歳出削減が自律的な経済収縮の契機となったことや物価の暴落という現象がみられず,実体的な経済収縮に金融破綻が先行したという点が異なるが,この類似と相違が新しい景気循環の登場を示唆しているように思われる。それは何よりも半世紀あまり持続したインフレとの訣別にはっきり示されている。

物価の変動はインフレ率の低下から,インフレが問題にならないディスインフレになり,さらにはデフレーションへと進んでいる。グローバルな市場が成立し,生産・供給条件は伸縮的になっているから物価は低下気味で推移しがちであるし,金融市場もグローバルになっているからである。グローバル化した条件の下でも,労働・雇用は職,勤務先,地域,国を変えて移動することは困難であり,したがってローカルである。流動性がなく,固定的であるから調整の困難は労働・雇用条件の変更に集中する。失業の増加や賃金・給与の減額がそれであり,1998年5月には日本の失業率は4%を超えて,かつて経験したことのない高さに達した。しかも,失業や所得減少は産業に一律に生じるのではなく,比較劣位化した産業や企業間競争に落後した企業では状況が一段と厳しくなるという所得格差拡大型の調整になっている。この点がまさに既述の類似点の根本である。

しかし,これで日本経済が自律的経済収縮が続いて,破綻してしまうかのように考えるのは誤りであろう。現に,1970年代後半から90年代初頭にインフレ率の低下,企業収益の減少,金融

機関の破綻,失業率の上昇に見舞われたアメリカ経済は,長期の低迷を脱して,現在では好況を謳歌している。しばしば,忘れられるが,アメリカ経済も10数年をかけた調整過程を経ているのである。

そして,日本経済も少し詳しくみれば,泥沼に陥ったようなバブル破綻の後遺症である,不動産・建設業の不良資産と金融機関の不良債権という問題の処理も進行しつつあり,家電・電子機器,電子材料・部品,機械装置など製造業の資本・技術集約的な分野を中心に急速な労働生産性の向上がみられる。情報処理,情報通信分野でも生産性伸び率におけるアメリカとの格差が縮小している。不良資産・不良債権の処理の過程で,もう一度,金融的ショックという不況要因が加わる可能性があるが,実体経済をみれば,景気好転への調整が進んでいる。これが大切なポイントである。

むしろ,所得格差が拡大していることや明らかにバブルを発生させているアメリカで,遅かれ早かれ訪れるであろうバブル破綻のときにいかに対処するかが重要である。現状がいつまでも続くと考えることは誤りであり,目先の新奇な経済現象にだけ目を奪われるのも視野が狭すぎる。歴史的に少し長いタイムスパンのなかで,世界的に視野を広げて,まずは,現代日本経済がどのような経路を経て,現在のようなシステムを形成し,そのシステムがいかに機能しているかをできるだけ的確に知ることが大切であると思われる。本書がその一助になることを願っている。

本書は読者としては主として大学の3〜4年生を想定している。そして,著者としては,現代日本経済がどのような経路を経て,現在のようなシステムを形成し,そのシステムがいかに機能しているか,問題点がどのようにして生じたかをきちんと理解するには序章から終章まで通して読んでほしいという希望をもっている。

しかし,同時に,本書の各章は現代日本経済システムの重要な

サブシステムを取り上げ，1つのトピックとして独立させて記述してある。したがって，大学の1〜2年生でも，それぞれに関心のもてる章，たとえば「メインバンク・システム」「下請制」「金融システムの再編成」などというトピックを取り上げて，そのトピックごとに読むこともできるように構成してある。そして，あるトピックを読むとそれと関連の深いトピックがあることに気づくであろう。関連の深いトピックに気づいたら，ぜひその章も読んでほしいと思う。そのようにして関心を広げてもらい，日本経済の理解を深めてもらうことも本書の構成・記述で工夫したことの1つである。

また，造船業やエレクトロニクス産業など重要な産業の発展を1つの章として取り上げたのも1つの工夫であろう。これまでも日本経済はしばしば難関に直面してきた。これらの章では難関に直面したとき日本の産業がどのように問題を解決して発展したかが記述してあるから，それを読めば，不況に突入した現在においても実体経済の調整が進展しているという記述の見方が理解しやすくなるであろう。

大学院生でも本書の各章を読んで，さらに各部の最後に掲げた演習問題を考え，参考文献リストを読書案内として利用し，学習することによって日本経済の理解を深めることができるであろう。経済学部，経営学部，商学部などを卒業し，社会人として活躍している人々にも同じことがいえるであろう。実際の体験に基づいて，過去の学習を思い出しながら，現代日本経済について，体系的に知識を整理する一助になれば幸いである。

さて，本書ができるにあたっては，有斐閣書籍編集第2部の伊藤真介氏に一方ならぬお世話になった。氏に本書の執筆を依頼され，長谷川・宮島両氏に協力をお願いして快諾を得たのは4年あまり前のことであった。本書は2年ほど前に刊行されているはず

であった。しかし，現代日本経済の変動の激しさと私たちの怠慢（？）のために，何度か刊行期日を延ばしていただいた。予定よりやや大部になったことにも氏は寛容に応じられた。編集者の立場から有益な助言も得た。最後に伊藤氏の辛抱強い編集努力と励ましに感謝の言葉をささげたい。

 1998年6月

著者を代表して

橋 本 寿 朗

著者紹介

執筆分担の＊は共同執筆

橋本　寿朗（はしもと　じゅろう）
1946年生まれ。東京大学経済学部，東京大学大学院経済学研究科博士課程を経て，法政大学経営学部教授，2002年1月逝去
主著　『大恐慌期の日本資本主義』東京大学出版会，『日本経済論』ミネルヴァ書房，『デフレの進行をどう読むか』岩波書店
執筆分担　序章，第3章，第7章，第9章，第13章，第18章，第19章

長谷川　信（はせがわ　しん）
1951年生まれ。東京大学経済学部，東京大学大学院経済学研究科博士課程を経て，青山学院大学経営学部教授，2024年8月逝去
主著　『通商産業政策史7　機械情報産業政策』（編著）経済産業調査会，『日本産業発展のダイナミズム』（共著）東京大学出版会，『日本企業システムの戦後史』（共著）東京大学出版会
執筆分担　第2章，第4章，第8章＊，第10章＊，第12章，第14章，第15章＊，第20章＊，第23章，第24章，Column ⑫

宮島　英昭（みやじま　ひであき）
1955年生まれ。立教大学経済学部，東京大学大学院経済学研究科博士課程を経て，現在，早稲田大学商学学術院教授，博士（商学）
主著　『産業政策と企業統治の経済史』有斐閣，『日本のM&A』（編著）東洋経済新報社，*Policies for Competitiveness*,（共編）Oxford University Press, *Corporate Governance in Japan*,（共編）Oxford University Press.
執筆分担　第1章，第5章，第6章，第8章＊，第10章＊，第11章，第15章＊，第16章，第17章，第20章＊，第22章＊，第25章＊，第27章，終章，Column ②，⑥＊

齊藤　直（さいとう　なお）
1974年生まれ。早稲田大学政治経済学部，早稲田大学大学院商学研究科博士課程を経て，現在，フェリス女学院大学国際交流学部教授，博士（商学）
主著　『日米企業のグローバル競争戦略』（共著）名古屋大学出版会，『日本の産業と企業』（共著）有斐閣
執筆分担　第21章，第22章＊，第25章＊，第26章，Column ①，③，④，⑤，⑥＊，⑦，⑧，⑨，⑩，⑪

INFORMATION

●**本書とは何か**　本書は，1945 年の戦後改革・復興から現代に至る日本経済の展開と変貌を，歴史的な構造転換に即しつつ，日本型企業システムを支えた多くの〈サブシステム〉の形成・定着・変容を軸として描き出した，斬新な現代日本経済論です。

●**本書の構成**　本書は 5 部 29 章より構成されています。第 1 部の「戦後改革と復興」から第 5 部の「長期停滞と日本型企業システムの転換」まで，ほぼ 10 ～ 15 年ごとの時代変遷を部構成とし，そのなかに多くの〈サブシステム〉や〈重要な産業〉をトピックスとして取り上げ，章を構成しています。こうした部・章構成を採用することにより，現代日本経済が歴史的・重層的に理解できるよう工夫されています。

●**各部の構成**　各部のなかは，「本文」「Column」「演習問題」「参考文献」で構成され，現代日本経済の内容が立体的かつ確実に学習できるようになっています。

●**キーワード**　重要な概念や用語は，本文中ではゴチックで表示されています。

●*Column*　本書全体で 12 の「Column」が挿入されています。本文の内容に関連した事項やトピックが解説され，本文の理解を深められるよう工夫されています。

●**演習問題**　各部末に，その部の内容に関連した「演習問題」が付けられています。より進んだ学習やゼミなどでの討議課題として利用してください。

●**参考文献**　各部ごとに部末に文献一覧(アルファベット順)が付され，読者がさらに学習を進めるための「基本文献」にはアステリスク（＊）が付けられています。日本語文献を中心に，読者が入手しやすいものが選択されています。

●**索　引**　巻末には，キーワードを中心に基礎タームが検索できるよう「索引」が収録されています。学習に有効に役立ててください。

現代日本経済
第4版 ● 目　次

序章　現代日本経済をみる眼　　1
日本経済の転機をどうとらえるか

1 日本経済が直面する課題 …………………………… 2
　　●新たな4つの課題

2 本書の基本的視点と叙述方法 ……………………… 10
　　●歴史的に現代をとらえる

第1部　戦後改革と復興

第1章　戦後改革　　16
日本型企業システムの発生

1 戦時の変化と戦後改革のインパクト …………… 16
　　●戦後経済の枠組みの形成とその特質

2 経済改革 ………………………………………………… 19
　　●アメリカナイゼーションとその修正 (1)

3 労働改革 ………………………………………………… 27
　　●アメリカナイゼーションとその修正 (2)

第2章 経済復興 　33
遅れた復興と潜在成長力

1 生産回復の遅れとインフレーション……………………33
　●経済システムの麻痺と再建

2 ドッジ・ラインと朝鮮戦争の影響……………………41
　●市場経済へのソフトランディング

第2部　高度成長のメカニズム

第3章　概　説　　52
国際収支の「天井」と産業のダイナミズム

1 輸出の成長と国際収支……………………………………52
　●高くなる「天井」と自由化

2 小さな政府………………………………………………57
　●敗戦の恩恵と成長の成果

3 産業構造の重化学工業化………………………………63
　●技術と経営の革新

4 労使関係の安定化………………………………………67
　●キーワードは多能と平等

第4章　産業政策の効果　　72
市場メカニズムの間接的援助

1 産業政策の手段…………………………………………72
　●政府資金，租税特別措置，外資法と外為法

2 コンピュータ企業と産業政策…………………………79
　●すばやいターゲティング

3 産業政策の変化 81
　●貿易自由化・資本自由化と政策手段

第5章　メインバンク・システム　86
その形成プロセスと役割

1 メインバンク・システムの特徴 86
　●「関係の束」
2 戦時・戦後改革期 87
　●サウンド・バンキングからの転換
3 高度成長期 91
　●メインバンク・システムの普及
4 メインバンクの役割 95
　●企業成長の制度的基礎

第6章　安定株主化　99
その進展と経営の自立性の上昇

1 1955年の経営者と株主 99
　●経営者支配と株主主権の並存
2 高度成長期前半 101
　●旧3大財閥系企業における先行的拡大
3 高度成長期後半 103
　●安定株主化の定着と6大企業集団の形成
4 安定株主の役割 107
　●成長志向的企業行動の制度的基礎

第7章　輸出世界一の鉄鋼業　110
モデルとしてのコンパクトな工場

第8章　「民族大移動」と大量消費社会の出現　115
「豊か」で「平等な」社会へ

1 貧しさからの出発と「民族大移動」……………………… 115
　● 1955年の国民生活

2 都市化と核家族化………………………………………… 117
　● 団地族とベッドタウン

3 大量消費時代の幕開け…………………………………… 120
　● 三種の神器と3C

4 労働力不足への転換……………………………………… 125
　● 賃金上昇と省力化

5 高度成長の到達点………………………………………… 128
　● 1970年代前半の所得水準・所得格差・消費

第9章　エネルギー革命　130
1ドル原油と工場の臨海立地

第3部　石油危機と安定成長への転換

第10章　概　説　142
安定成長への転換

1 2つの大ショック………………………………………… 142
　● ニクソン・ショックと石油ショック

2 スタグフレーションからの脱却………………………… 150
　● 早期の景気回復

3 減量経営…………………………………………………… 157
　● 労使一体の合理化と有利子負債の削減

4 石油危機のインパクトと産業構造 163
●エネルギー・コストの影響
5 安定成長下のマクロ経済 169
●相対的高成長の維持

第11章 赤字国債 176
石油危機と行財政改革

1 不況と税収 176
●石油危機の衝撃
2 サミットと積極財政 178
●「経済大国」の負担
3 増税論と行政改革 180
●「増税なき財政再建」の破綻

第12章 生産台数世界一の自動車産業 185
製品開発の速さと効率性

1 国内市場の制約と製品開発 185
●頻繁なモデルチェンジ
2 世界的な需要構造の変化と競争優位 192
●低燃費への需要シフト

第13章 下請制 196
新しい産業ネットワーク

1 下請の定義 196
●大企業の補完
2 下請はミゼラブルか 198
●二重構造論の限界

3 受注先の多様化 202
　●下請企業の成長

4 長期相対関係下の組立企業と部品企業 205
　●新しい産業ネットワーク

第14章　日本企業の国際競争力　207
なぜ日本企業の評価が高まったのか？

1 強まった加工組立産業の比較優位 207
　●輸出伸長の要因

2 ハイテク・ハードウエアの競争優位 210
　●ソフトウエアの劣位

3 半導体メモリーへの集中 215
　●MOSメモリーによるブレイクスルー

第4部　バブルの形成と崩壊

第15章　概　説　226
バブル経済とその崩壊

1 安定成長下のマクロ経済 226
　●輸出主導から内需主導へ

2 急速な円高から「平成景気」へ 227
　●バブルの発生

3 バブルの崩壊 235
　●資産価格の下落と実体経済への影響

4 民営化と規制緩和 241
　●トレンドの世界的転換

5 日本経済のサービス化 246
  ●消費の高級化とスタイル変化

第16章　債権大国日本　　　250
　　　　　　　　　　　　　　　　　　　世界一の純債権国に

1 債権大国への道 250
  ●1980年代の急進展
2 プラザ合意と直接投資の第3の波 253
  ●海外進出の本格化
3 証券投資の急拡大 258
  ●マネーの時代の到来
4 債権国の含意 261
  ●マクロ協調と円の国際化

第17章　金融自由化と金融ビッグバン　　264
　　　　　　　　　　銀行型金融システムから市場型金融システムへ

1 金融自由化の進展 264
  ●その背景と1980年代の展開
2 金融自由化とバブル経済 267
  ●バブルの資金的背景
3 金融ビッグバン 271
  ●護送船団方式の終焉

第18章　トヨタ生産システム　　274
　　　　　　　　　　　　　　日本で創造された革新的生産システム

1 トヨタ生産システムの基本 275
  ●その仕組み

2 新生産システムの発生と洗練 ……………………… 278
●日本的条件の活用
3 トヨタ生産システムの普及 ……………………… 280
●普遍性の確立

第19章　流通革命　284
革新的小売業態のドメスティフィケーション

1 流通産業の構造 ……………………… 284
●商業のウエイトと機能
2 「流通革命」と日本型流通システム ……………………… 289
●日本的な「流通革命」

第5部　長期停滞と日本型企業システムの転換

第20章　概説　302
長期停滞下の経済循環

1 経済環境の変化 ……………………… 302
●3つの大変動
2 「失われた20年」 ……………………… 305
●実験と構造調整
3 銀行危機とデフレの進行 ……………………… 308
●混迷する財政金融政策
4 構造改革路線の定着 ……………………… 317
●改革なくして成長なし
5 リーマン・ショックと世界同時不況 ……………………… 320
●100年に1度の危機

6 IT革命下の生産性 ……………………………………… 325
　●低迷する非製造業

第21章　財政赤字の深刻化　330
日本財政が抱える構造的問題

1 財政の急激な悪化 ……………………………………… 330
　●世界最大規模の政府債務
2 赤字財政の歴史的展開 ………………………………… 331
　●政府債務の累増と財政構造改革
3 日本財政の構造的問題 ………………………………… 337
　●財政硬直化と社会保障，地方財政

第22章　東アジア経済の成長　343
アジア間ネットワークの深化

1 成長する東アジア経済圏 ……………………………… 343
　●一大経済圏の出現と中国の躍進
2 アジア地域内経済関係の緊密化 ……………………… 348
　●国際分業と貿易構造
3 日本経済への影響 ……………………………………… 352
　●貿易構造の変容と高付加価値化への圧力

第23章　新たなビジネスモデルを模索する企業経営　359
グローバル化と国際分業の変化

1 産業構造変化の方向 …………………………………… 359
　●急速なサービス経済化
2 自動車産業の優位 ……………………………………… 364
　●グローバル化する自動車産業

3 電機産業の再編 ……………………………………… 371
● 消費財からの後退

第24章 流通再編と情報化のインパクト 382
「日本的流通」と情報通信産業の変化

1 商業の変化 …………………………………………… 382
● 「多段階性」の低下

2 インターネット企業の台頭 ………………………… 387
● プラットフォーム企業の優位

第25章 企業制度改革と企業組織 399
事業ポートフォリオの変化と企業組織の多様化

1 企業制度改革 ………………………………………… 399
● 事業再編成の促進

2 事業再組織化の多様化 ……………………………… 405
● メインバンク主導からの変化

3 日本企業の組織再編 ………………………………… 408
● 事業再編，内部組織再編と成長戦略

第26章 日本企業の対外進出 414
グローバル化と現地化

1 1990年代以降における対外直接投資の本格化 …… 414
● 日本企業における海外市場の重要性

2 製造業の成長戦略としての対外直接投資 ………… 416
● 対外直接投資の類型と概観

3 日本企業による対外進出の事例 …………………… 421
● グリーンフィールド投資とM&A

目　次　xxvii

第27章 日本型企業システムの転換点 　428
多様化とハイブリッド化

1 変容する日本型企業システム ……………………………… 428
　　●第2の転換期

2 メインバンク関係の後退 …………………………………… 429
　　●先行した変化

3 株式相互持合の解体 ………………………………………… 433
　　●分化をともなう進展

4 雇用システムの修正 ………………………………………… 439
　　●正規雇用の圧縮と成果主義の実験

5 内部統治構造の改革 ………………………………………… 443
　　●市場化への適応

6 企業システムの多様化 ……………………………………… 446
　　●日本型企業システムのハイブリッド化

終章 アベノミクスの展開 　461
山積する経済課題と企業システムの進化

1 アベノミクスの展開 ………………………………………… 461
　　●新たなポリシーミックス

2 アベノミクスの成果 ………………………………………… 467
　　●経済の好循環は実現されたか？

3 山積する国内経済課題 ……………………………………… 474
　　●少子高齢化・格差の拡大・地方創生

4 イノベーションの促進と日本型企業システム ……… 482
　　●成長戦略の実現に向けて

索　引 ──────────────── 489

Column 一覧

① 占領軍が変えた日本人の食生活 ………………………… 18
② 本田宗一郎 ………………………………………………… 83
③ 東京オリンピックと都市の景観 ………………………… 124
④ 田中角栄と『日本列島改造論』………………………… 147
⑤ 航空の規制緩和と JAL ………………………………… 183
⑥ カローラからプリウスへ ………………………………… 191
⑦ バブル期における巨額の絵画購入 ……………………… 233
⑧ 「住宅すごろく」………………………………………… 295
⑨ 介護保険の創設 …………………………………………… 342
⑩ 中国における消費の成長 ………………………………… 347
⑪ プロ野球球団にみる産業構造の変化 …………………… 363
⑫ スマートフォン社会の到来 ……………………………… 397

〈部扉の写真提供〉第1〜3部　毎日新聞社,
　　　　　　　　　第4部（下）　朝日新聞社／時事通信フォト,
　　　　　　　　　第4部（上），第5部　時事

本書のコピー, スキャン, デジタル化等の無断複製は著作権法上での例外を除き禁じられています。本書を代行業者等の第三者に依頼してスキャンやデジタル化することは, たとえ個人や家庭内での利用でも著作権法違反です。

序章　現代日本経済をみる眼

日本経済の転機をどうとらえるか

日本経済への危機意識

　最近，**規制緩和**問題に関係して，現代日本経済システムの問題点が厳しく批判されている。あたかもこのままでは，日本経済は衰退し，かつて世界経済発展のセンターでありながら，いまではその面影を見出しにくいオランダ，イギリスなどと同じ轍を踏みつつあるとみる向きもある。悲観的な日本経済に関する見方は，その実態を過度に否定的に誇張して評価するという歪みをもっているし，そうした歪んだ言説はこれまでも繰り返し現れた。日本経済は危機にあると，しばしばいわれてきたのである。

　実は，いまでは戦後日本経済の経験の多くが忘れ去られ，戦後復興を成し遂げてから，高度経済成長期，そして石油危機後の調整過程はきわめて自然で，順調な歩みであったかのように考えられがちである。しかし，戦後の復興過程はもとより高度経済成長期においても景気後退のたびに，日本経済の成長は終わりを迎え，先進的なアメリカ経済との格差は広がり，アジア諸国の発展に追い上げられ，いずれ追いつかれるのではないかという危機感がもたれた。さらに，**石油危機**の際にはもっと強い危機意識があった。

エネルギー革命を経て，第1次エネルギーの流体化（石油）が進み，その石油は全量輸入されたものであったから，石油供給の制限が厳しくなれば，「日本沈没」が起こるとまでいわれた。要するに，これまでも日本経済の危機という意識は繰り返し現れたのである。したがって，現在の日本経済システムに関する危機感も，繰り返し表明される危機意識の1つにすぎないということもできる。

1 日本経済が直面する課題
●新たな4つの課題

しかし，現代の日本経済が直面している問題はこれまで経験したものと異なる面が多いのも確かである。これまでの経験と異なる点は以下のようなことであろう。
(1) 20世紀システムの大転換と規制緩和
(2) 新たな産業革命としての**デジタル革命**の展開
(3) フロント・ランナーとしての日本企業
(4) 日本経済システムを構成する主要なサブシステムのいくつかの崩壊

以上の4点について，少し詳しく説明しておこう。

> 20世紀システムの大転換と国際交通システムの激変

まず，(1)の「20世紀システムの大転換と規制緩和」についてみると，20世紀システムの大転換は，1990年代における米ソ対立を軸とする冷戦体制の崩壊というかたちで，誰の眼にもすぐにわかる変化である（東京大学社会科学研究所［1998］）。多くの人々が，この冷戦体制の崩壊という事実に基づいて国際的システムや国内問題の変化を考えている。

たしかに，ソ連・東欧諸国の指令型計画経済システムが瓦解し

たことによって冷戦体制が崩壊し，それらの地域では国境紛争，民族・宗教対立といった19世紀的な問題まで噴出させながら，市場経済への移行が難航している。それが現代が直面する大問題であることは誰もが認めることであろう。しかし，もう少し深くみると，それ以上に大きな変化が起こっていることに気づく。意味は同一ではないが，S.ストレンジは現代の変化を「国家の退場」と表現し，宮崎義一は「国民経済の黄昏」と規定している（Strange［1996］，宮崎［1995］）。それはボーダレス・エコノミーとかグローバル化といわれることよりも深い意味がある。国民国家は残っても国民経済という単位は意味を失いつつあるし，政府が対応できないが解決を迫られている問題を政府に代わる非政府組織（NGO）や非営利組織（NPO）とその国際機関が解決する仕組みが発達してきているからである。

「国家の退場」という現象と20世紀システムの大転換という点を結びつけてみると，そのシステムを支えるインフラストラクチャーが大きく変化していることが重要であろう。政府，企業，個人，その他の組織を世界的に結びつけるには，俗な表現を使えば，ヒト（人），モノ（商品），カネ（資金，資本），ネタ（情報）が国境を越えて移動しなければならない。その移動を一括して交通といえば，この交通の国際システムが激変している。

国際的交通が恒常的に規則正しく行われて世界の主要な国々や都市が結びつけられたのは，19世紀末から20世紀初めであった。交通の国際ネットワークができたわけであり，それを運営する国際的ルールが取り決められていった。この交通のネットワークは，外航海運，国際航空，国際郵便，国際電信電話，金融の国際的コルレス関係によって構成される。このインフラが発揮する（供給する）機能の高低と，このインフラの管理の仕組みが世界システムのあり方を大きく規定する。つまり，交通に対する規制の程度，

交通の速度,交通量,単位交通量の費用といった要因が重要なのであるが,交通のいずれの分野に関しても政府が強く介入し,先進国が中心になってルールを決定し,運用する組織や協定が作られた。政府が強い介入を行ったのは,航路や港湾整備のように公共財の供給に政府があたったり,安全確保,災害の補償,通信の秘密の保持,海賊やハイジャック対策のようなシステムの妨害者の排除など,政府の統治行為に密接に関連した分野があったし,一国的にみると交通事業は規模の利益が大きいとみられたり,国威発揚に不可欠とみられて国営形態で事業が行われたり,民間企業の独占を許容する代わりに,その代償として政府が料金などを規制する仕組みが採用されたからであった。

　しかし,こうした国際交通システムが,20世紀の最後の四半世紀に激変をこうむっている。激変をもたらした要因は,大別して3つあった。1つは**技術革新**である。一方で外航海運における大型コンテナ船,専用船の登場,国際航空におけるボーイング747に代表される大型高速で,航続距離の長い航空機の使用,通信においては無線分野における衛星通信,有線分野における光ファイバー回線の開発などによって交通の効率が一気に大幅な改善をみたことであった。通信における技術革新は飛躍的に発展して,情報処理技術と融合してデジタル革命といわれる変化が目まぐるしく展開している。瞬時に大量の情報が伝送・処理可能となったことによって,わずかな金利差を利用しても大きな利潤機会を作り出せるようになったから,金融新商品が開発され,カネは世界を飛び回るようになった。金融における革新は情報通信システムの革新に大きく規定されている。

　他方,国際交通における効率の飛躍的上昇と並行して,システムの運用の標準化,システム機能の安定化も進んだ。また,規模の利益が失われつつある。したがって,政府がその事業遂行に大

きくかかわって規制することが合理的であるという根拠が失われるとともに，政府の競争制限的な関与は国際交通の分野で社会の効率を阻害する要因と考えられるようになっている。

規制撤廃の進展　　第2は，東アジアの台湾，香港，韓国などから始まった持続的な経済成長が，南アジアに波及し，それら諸国が国際交通分野にも急速に進出し，国際交通の既存の独占的なシステムに競争的な行動をとったことであった。こうして先進国政府が管理する国際交通システムを崩壊させる条件が形成されたのであるが，第3の条件として重要なのは，この条件変化に対して，先進国のなかで1970年代以降に経済不振に悩み，新保守主義の政権が成立したアメリカやイギリスが競争を促進することで経済の不振からの脱却を試みたことであった。その政策が，一言でいえば，規制撤廃（deregulation〔日本では規制緩和といわれる〕）であった。したがって，規制撤廃は航空行政，海運におけるカルテルの否認，通信分野の競争促進，金融改革という国際交通の分野を，いわば本場として展開したのであり，既述のように競争制限を無効にする条件が成熟し，ネットワークの中心部分，すなわちアメリカが規制撤廃に向けた明確な行動をとれば，その影響はネットワークで連結された他国・他地域に波及せざるをえないのである。

　しかし，規制撤廃は文字どおり規制がなくなることではない。通常は，それ以前に比べると競争促進的な新たな規制（re-regulation）を生み出すが，それはとりもなおさず，新しいルールを生み出すことであり，この国際的なルール作りにおいて，各国――必ずしも政府が主体ではない――がいかにしてイニシアティブを握るかという「国々の競争」を展開しているということでもある。既存の国際交通システムを前提として，日本は，19世紀末〜20世紀初頭と戦後復興期の2度にわたって，そのシス

テムにいかに加わり，相対的にいかに有利な地歩を得るかという努力・対応の経験を積んだが，その経験は今回は何の役にも立たない。かつては所与としておくほかなかった国際システムの形成に，しかも国内のシステムを改編しつつ，いかにかかわるかという未経験の問題に直面しているのであり，日本は他の経験あるライバルに伍してルール作りに関与しなければならないからである。

デジタル革命の展開　(2)の「新たな産業革命としてのデジタル革命の展開」は，(1)について述べた際に触れた点，すなわちデジタル革命が進行しているという点と，1960〜80年代に，日本では生産システムにおける新たな革新を実現し，**トヨタ生産システム**（リーン生産システム）を開発し，機械工業を中心とする製造業の分野で優位を確立したこととの関係の問題であり，デジタル革命に関しては日本企業がアメリカ企業に遅れをとっている点が問題である。1970〜80年代に機械工業分野の国際競争力で日本企業は優位に立ち，外国市場でも大きな商談に連戦連勝であった。高度経済成長期には日本の輸出は，対GNP比で10％前後で安定していたが，この時期には15％前後へと一気に比率を高めた。しかし，そうした表面の動きとは別に大きな産業発展の転換が準備されていた。

20世紀最大の発明といわれたトランジスタの発明は，ゲルマニウム・トランジスタ，シリコン・トランジスタを生み出し，前者を真空管の代わりにラジオなどの受信機器に活用し，後者を耐久消費財や資本財に実装し，すぐれた消費財を生み出したり，生産システムに採用してそれを精緻化する点（ME技術革命）では，日本の企業が先行した。しかし，1970年代にロジックス（演算素子）の開発でシリコン・バレーのインテルが勝利してから，パソコンの開発，そのOS，パソコン・ネットワーキング，**インターネット関連分野**の開発競争では，シリコン・バレーの企業が連

戦連勝であり，それらサンフランシスコ・ベイエリアに立地した企業が推し進める新しい産業革命としてのデジタル革命に，日本企業ははっきりと遅れをとった。

　しかも，インターネットに象徴されるように，デジタル革命は広範で大きな変化をもたらしている。すなわち，それは企業間競争のルールを変更し，新たな最適の企業システムと企業間関係を作り出し，キーになる取引相手との戦略的な長期相対取引と標準化された資財・部品の「**世界最適調達**」という産業システムを作り出しつつある（清成・橋本［1997］）。このアメリカ西海岸を中心とする産業システムが国外にのばした資材，部品，ソフトウエア調達のネットワークから日本企業は脱落しつつある。日本バッシングどころではなく，日本パッシングである。機械の加工・組立て分野で日本企業の優位は依然として維持されているものの，その分野はデジタル革命からとり残されつつある。日本の企業経営者が現在の経済システムに危機感を強めているのは，こういう大転換への対応の立ち遅れがあるからでもあろう。

フロント・ランナーとしての日本企業

　つまり，こうした状況は(3)に記したように日本企業はフロント・ランナーの位置にいるからでもある。かつてはアメリカ企業の背をみて走っていた（橋本［1991］）。学習の対象としてのアメリカがなくなり，フロント・ランナーとなったところで現代の大転換に遭遇している。そこで，大げさにいえば，日本企業の経営者は茫然自失の状態にあって自信を失い，日本経済の問題点を，企業外部に関しては，過度なまでに経済制度の欠陥に求めている。他方，企業内部では最も安易な対応手段である雇用調整をリストラクチャーの唯一の手段にしているようにみえる。「明るい生産現場」と「暗く，陰惨なオフィス」の対照が，現代の日本企業の特徴であるといわれるが，生産現場は最も効率的なのに，

1980年代のバブル期に雇用を激増させたうえで，バブル崩壊後は，一転して事務系従業員の退職勧奨を陰に陽に進めて，彼らが重い心理的負担を負っているからであろう。重い心理的負担をもち，将来への不安を高めた人々が働く場が「暗く，陰惨」なのである。日本企業に課せられているのは，デジタル革命の展開にアメリカ企業に伍して参加していくことであって，まさにこの点を遂行することにトップ・マネジメントの役割があるが，それへは対応できないでいることこそが問題なのである。

このことは日本の企業システムに重大な難点が発生していることを示唆している。つまり，**内部昇進システム**の下で，長く，厳しい昇進・昇格競争を勝ち抜いてきた現在のトップ・マネジメントの構成員は，主として企業内や緊密な取引関係のある企業との間のコーディネーションにすぐれた人材ではあっても，フロント・ランナーのリーダーとしては不適格だということになろう。多くの人々に働きがいを与え，その企業で長年働いたことを誇りにすることができたというのが，1980年代までの日本企業，とくに大企業であった。年間1800時間労働を達成してもわれわれの生活時間の約40％は働く時間であるのだから，働きがいを得たことは偉大な達成であった。しかし，いまやこの偉大な成果が無になりかねないのである。

重要なサブシステムの崩壊をめぐる歴史的視点

したがって，上記のことはもう1つ重要なことを示唆している。**メインバンク・システム**のように大企業との関係では戦後の企業システムの重要なサブシステムが崩壊しているが，内部昇進システムにも改編のときが迫っているというのがそれである。これが(4)に指摘したことであるが，以上のようにみれば「現代日本経済」を考えるには歴史的な視点が必要だということになろう。この視点から本書は編集されている。

歴史的な視点とは，現代日本経済システムを構成する主要なサブシステムがいつ，どのような条件のもとで，いかにして形成されたか（発生の論理），その後どれほど広まり，どのように変化したか（洗練の論理），それを支える法，慣行，社会的組織，機関は整えられたか（制度化の論理）ということを明らかにすることである。

　発生の論理についていうと，サブシステムは特定の初期条件に対して，それを与件とした企業の合理的な行動の結果，形成されたとみることが重要である。たまたま，大きな制度変革があったため，制度変革によってサブシステムのシステム構成や特性が決定され，それはいったん決定されると，サブシステム間の**制度的補完性**に制約されて，それ以後変化しないという，最近流行の比較制度分析は，この点では受け入れがたい。たとえば，占領下でGHQは三井物産，三菱商事といった**総合商社**を解体したが，占領終了後数年のうちに両社は再生し，それにとどまらず，他の専門商社のなかから総合商社への転換に成功したものも現れた。戦前すでに発達していた総合商社の活動を前提として行動していた日本企業が，小ロットの貿易取引，卸売事業に関しては名声（高い評価）という暖簾（のれん）（無形資産）を備えた総合商社という企業外部の経営資源を活用して，自らの卸売業務を最小化するという行動をとっていた。したがって，総合商社の解体は，総合商社機能の供給不足を生み出し，総合商社分野に近接する分野から次々と新規参入が試みられることになった。新規参入社間の競争を経て，その競争の勝者である伊藤忠商事，丸紅，住友商事，岩井産業などが総合商社になり，こうした新規参入社の競争は占領終了後，旧三井物産，三菱商事の再統合に刺激を与えた。つまり，制度変革があっても，総合商社を禁じるという制度的な制約がなかったから，独禁法で戦前に総合商社が用いた一手販売契約が不公正な

取引として禁じられたとみられる制約のなかで，企業の合理的な行動の結果，総合商社機能は，供給の構造においても，その内容においても戦前よりも競争的に供給されることになったのである。総合商社を解体するという制度変革は，戦後の一瞬の間，総合商社を消し去ったが，企業の合理的な行動によってかえって強靱な総合商社機能を供給する仕組みが作り出されたのである。

しかし，サブシステムを作り出すのは，企業の合理的な行動に基づく競争の結果だというだけでは，不十分である。限られた情報，限られた判断能力に制約された個人，企業家，経営者には，合理的な解があらかじめわかっているわけではない。その解を最初にみつけだす，リスク・テイキングで革新的な行動が重要な意味をもつ。本書の本論で川崎製鉄の西山弥太郎，トヨタ自動車の大野耐一などの行動を記述しているのには，こうした革新的行動の意義を明らかにする意図があるのである。

2 本書の基本的視点と叙述方法
●歴史的に現代をとらえる

さて，以上のような点に注目すれば，経済システムを歴史的観点からみるといった場合，とくに重要性をもつのは企業だということになろう。したがって，本書では，戦後復興期，高度経済成長期，安定成長期，バブル経済期・バブル崩壊後，現況という5つの時期に区分し，日本の経済システムを構成する重要なサブシステム，すなわちメインバンク・システム，**安定株主**，**下請制**，トヨタ生産システム，**産業政策**などをそれが形成されてくる時期に位置づけて，その形成を明らかにするとともにその後の展開を説明するという叙述方法をとっている。もちろん，それらのサブシステムの間に制度的補完性は認められる。補完性は従来，唇歯

輔車(ほしゃ)の関係とか相互依存関係といわれていたことの別の表現である。しかし，本書では補完性を主題として取り上げてはいない。制度的補完性は一義的な決定関係ではないからでもある。たとえば，トヨタ生産システムと企業別組合は制度的補完の程度は高いし，前者と**職種別組合**は相容れないが，トヨタ生産システムと産業別組合は両立可能であるし，ノン・ユニオン（労働組合のない状態）とも両立するであろう。制度的補完性は，洗練の論理，制度化の論理を明らかにするなかで解明されることになろう。

　もう1つ大きな問題は，労働力不足や石油危機のような大きなマクロ的条件変化の重要性である。それは企業が行動する場合に，与件となっている要素市場の激変を意味し，この激変に限定された選択肢から革新をともなって合理的に選択された企業行動によって（既存の企業システムは新たな条件に対応して），システムを洗練するという過程が展開する。この洗練の過程でより高度の企業機能が発揮されれば，激変した条件が元に戻ったのに近い条件ができても洗練されたシステムは維持されるということである。あるいは，逆に石油危機でなくなってしまった産業——たとえばアルミ精錬業——は，石油の相対価格が石油危機以前の状態に戻っても，産業の消失にともなう関連の部門の消失ないし変質によって再参入に要する初期投資の費用が大きくなりすぎれば，再参入は阻止されてしまうのである。つまり，既述のような大きな条件変化は不可逆的な変化をもたらすのである。この点からいっても現代日本経済を理解するうえで，歴史的な視点が必要なのである。

　こうした観点に立って，現代日本経済を分析・記述した本書で**農地改革**や農業に触れていないことに疑問をもつ人もいるであろう。長い間，多くの人によって農地改革は戦後改革のなかで最も重要だとみられてきたからである。たしかに，1945年11月現在で，農地総面積の45.9％を占めた小作地が，農地改革がほぼ完

了したとみられる50年8月には9.9％に激減したことは大きな変化であった。インフレが激しく進行したこともあって，小作地の80％が地主から旧小作人にほとんどただに近い価格で売却されたのであるから，戦前の日本経済が「半封建的」地主制に支配されていたと考えている人にとっては，とりわけ重要な変革であったであろう。しかし，高率小作料などを根拠に「半封建的」と判断したことは歴史の誤解である。農業における所有と経営の分離や当時の農業を規定した条件を的確にとらえたものではない。つまり，労働力過剰と当時の農業技術に基づく農業の限界生産力の低さによって差額地代が高くなり，それが地主に地代として収得されたことを「半封建的」と誤認したか，「半封建的」といって納得しようとしたにすぎない。つまり，比較劣位化している農業の生産関係は工業を中心とした産業発展のあり方によって規定されていたのであるから，主として産業発展を取り上げた本書の限られた頁数のなかでとくに取り上げる必要を認めなかったのである。

しかし，そのことは農地改革が政治的に重要であったことをも否定するものではない。農地改革は資産配分を平等化し，農村に政治的・社会的安定をもたらした。その安定は，J. ヴェスタル（Vestal [1993]）が指摘しているように，日本の戦後の経済発展にとってきわめて重要であった可能性がある。それでも，農地改革の意義は政治的なものというべきであろう。

さらに，その後，農地法による農地所有面積の上限規制と小作権の過度の保護や農民の所得を都市勤労者より不利にしないという米価政策という条件の下で，農業機械化による自営業としての農業経営の規模拡大による発展が制約された。代わりに多額の補助金が農村・農民に支給された。この1950年代にできあがった農業保護制度が約四半世紀にわたって農業と農民の行動を規定す

る大きな条件であった。

　農村では兼業所得が農業所得より大きい第2種兼業農家が主流になり，その多くは――とくに都市近郊農家では――地価上昇によるキャピタル・ゲインを期待した行動をとる。彼らは「農民」で「農地」を保有していることにして，単なる土地所有者に変わったにもかかわらず「農業」補助金の支給対象になった。彼らはこの補助金を支給される代わりに，その60％あまりが自由民主党を支持し，30％が社会党を支持して，1955年体制の支持者となったのである。彼らの変動の少ない，安定した投票行動が，農村地域の選挙区では特定の代議士が継続的に議席を占め続ける支持基盤になった。自民党・社会党のなかの当選回数を基準とした「年と功」の昇進システムのなかで，農村の選挙区から選出された代議士が政府と2大政党の重要ポストを占め続けた。そして，彼らは補助金を農村に分配するための行動をとったとみられる。戦後の55年体制の下で，与野党の領袖で，大都市の選挙区から選出された代議士がいないのに気づくであろう。しかも，この点では1993年以降，55年体制の崩壊といわれる時期でも基本的な変化はない。要するに，戦後の農業・農政は政治的にはきわめて大きな意味をもったのである。したがって，もし，「現代日本政治」を一書にまとめるとなれば，農地改革，農業の分析・記述は欠かせなかったが，本書のテーマは現代日本経済であるので，省略したのである。

序章の参考文献　＊は読者のための基本文献を表す。

＊橋本寿朗［1991］『日本経済論』ミネルヴァ書房。

清成忠男・橋本寿朗［1997］『日本型産業集積の未来像』日本経済新聞社。

宮崎義一［1995］『国民経済の黄昏』朝日新聞社。

Strange, S. [1996], *The Retreat of the State: The Diffusion of Power in the World Economy*, Cambridge University Press.（櫻井公人訳［1998］『国家の退場』岩波書店〔岩波人文書セレクション，2011年〕。）

東京大学社会科学研究所編［1998］『20世紀システム』第1〜6巻，東京大学出版会。

Vestal, J. [1993], *Planning for Change: Industrial Policy and Japanese Economic Development*, 1945-1990, Oxford University Press.

第 1 部
戦後改革と復興

戦争直後の国鉄館山駅の石炭の荷下ろし

第1章　戦後改革

日本型企業システムの発生

1 戦時の変化と戦後改革のインパクト
●戦後経済の枠組みの形成とその特質

　戦争の遂行とそれにともなう経済統制の進展は，戦前の経済システムを大きく変容させた。戦前日本社会を特徴づけた**地主制**は，戦時の食糧動員の過程で解体を開始した。また，本書が注目する企業システムの変容も大きかった。戦前の大企業は，大株主を中心とした所有構造を基礎に，所有と経営が一致した同族企業が無視しがたい比重を占め，しかも専門経営者が戦略的意思決定にあたった場合でも，財閥に典型的にみられたように持株会社，あるいは大株主がその行動を強くモニターしていたが，こうした株主の影響力の強かった**企業統治（コーポレート・ガバナンス）**構造は，戦時の企業統制の進展の結果変容し，経営者の自立性が高まった。また，企業金融でも大きな変化が生じていた。内部資金を中心とし，外部資金の調達は資本市場を中心としていた戦前企業の資金調達のパターンは間接金融に傾斜し，とくにこの傾向は，軍需企業への資金供給にあたる銀行を指定した**軍需会社指定金融機関制**

度以降に強まった。また，労働動員が強化されるにつれて，労働者の企業内での地位も分配面では上昇していた（岡崎・奥野[1993]）。

　もっとも，こうして戦時に進展した変化は，政策的に強制された面が強く，戦前の企業システムの慣性を強く残していた面も見逃されてはならない。戦時経済の進展にもかかわらず，株式所有構造の変化は小さく，株主は依然として経営者の選任権を保有していた（後掲表1・1(a)）。また，企業金融の変化も，戦争末期に政府の損失補償によって支えられて進展していた。さらに，企業内における労働者の地位は分配面で上昇したにせよ，その労働者としての権利の制限は強化されていた。敗戦後，改革がなく，外的統制を排除して市場経済に復帰したとき，戦前の構造に回帰した可能性は否定できない（橋本[1996]）。

　日本型企業システムは，こうした戦時の変化を前提として，戦時の変化とは異なるベクトルをもつ戦後改革によって「発生」した側面が強かった。連合国軍最高司令官総司令部（General Headquarters Allied Nations: **GHQ**）によって「潜在的戦争遂行能力の除去」を目的として実施された一連の経済民主化措置は，戦前の構造の徹底的な解体を通じて，戦時の経済統制によって生じた変化を推し進めたばかりでなく，さらに戦時に追求された方向と場合によっては180度方向の異なる制度をわが国に強制した。改革は，GHQが自国の制度を念頭に置いて"設計"した，日本の経済制度の"アメリカ化"の傾向を帯びることとなったのである。

　もっとも，1955年前後に定着した経済システムは，**GHQ**の"設計"したシステムを忠実に実現していたわけではなかった。むしろ，戦後のシステムは，この占領政策のインパクトが1949年以降の市場経済への復帰過程で制度的にも実態的にも修正されることによって定着をみた。このアメリカ的制度の日本化を通じ

Column ① 占領軍が変えた日本人の食生活

　戦後改革は日本の経済制度に大きな影響を与えたが，その影響は本書第1，2章で扱われている分野にとどまらない。身近なところでは，日本人の食生活に対しても大きな影響があった。

　占領軍として日本に駐留したアメリカ人は，本国同様の食生活を望んだが，すべての食材をアメリカから冷凍船で輸送することは困難であったことから，日本での食材調達が不可欠になった。とくに彼らが欲したのがサラダ用の生野菜（レタスなど）であったといわれるが，アメリカ人からすれば，下肥（糞尿）を肥料として使っていた日本の野菜は不衛生きわまりないものであった。こうした状況に対し，戦前に「紀文」の屋号で高級果物商を営んでいた増井徳男は，厳しい条件をクリアした農家との取引を開拓し，下肥を使わない「清浄野菜」の占領軍への納品を実現した。そして，1949年2月，増井が紀ノ国屋を青山に出店し，「清浄野菜」の取り扱いを開始すると，「ワシントンハイツ」（現在の代々木公園にあった住宅団地）で生活する米軍将校の家族が新鮮な生野菜を求めて殺到したという。同店での販売を契機として，戦前の日本では限られた富裕層以外にはほとんどなかった生野菜を食べる習慣が，一般の人々にも広がっていくことになった（平松［1989］，秋尾［2009］）。

　なお，この紀ノ国屋は，後にアメリカ製のキャッシュレジスターを導入し，セルフサービス方式を採用する小売店の第1号として知られることになる。

て，1955年前後に日本型企業システムの原型が形成されるのである。以下，このプロセスをコーポレート・ガバナンス，金融システム，産業組織，労使関係に焦点を当てて追跡しよう。

2 経済改革
●アメリカナイゼーションとその修正（1）

財閥解体

敗戦後，GHQ のイニシアティブによる経済民主化措置の第 1 の柱は，**財閥解体**であった。財閥解体にあたった GHQ の基本認識は，家族・持株会社・傘下会社というかたちで垂直に組織された戦前の財閥組織が"非民主的"であり，日本の戦争遂行を支えたという点にあり，そこから財閥の徹底的な解体という方針が引き出された。基本的な措置は，財閥本社を解体するとともに，財閥本社・家族保有の傘下企業株を持株会社整理委員会（HCLC）に強制的に譲渡し，それを従業員を含む大衆に売却して，分散した株式所有構造を創出することであった（宮島［1992］）。この財閥解体措置は，いったん公的機関の保有となった大企業の株式の処分を図る点で東欧革命後の旧社会主義国の旧国営企業の民営化に類似する側面をもち，国際的にも注目された（Aoki and Kim［1995］）。

さて，具体的な措置の第 1 のステップは，強制譲渡の対象となる持株会社を指定することであった。純粋な持株会社（10 大財閥）のみに対象を限定しようとした当初の方針は，エドワード報告の勧告に従って変更され，**指定持株会社**は最終的には事業を兼営する企業を含む 83 社に拡張された。この強制措置によって持株会社整理委員会に譲渡された株式は，当時の総発行株の 20％ 前後に達した。また，この措置を発行企業の側からみると，鉱工業上位 100 社をサンプルとした試算では，約半数の企業が指定持株会社の傘下にあり，これらの企業では平均して発行株の 50％ 弱が処分の対象となった（宮島［2004］）。

続く第 2 ステップは，この譲渡された**株式の処分**であり，1947

年半ばから本格化した。その際 GHQ は，①従業員，②工場周辺の地域住民，③一般公衆という優先順位の厳格な株式売却方針を指示し，これに従って売却が進められた。その結果，1949 年の個人株主は急増して 70％に達し，いったんは GHQ の想定した分散した「民主的」な株式所有構造が創出されたかにみえたのである（**表 1・1 (a)**，後掲図 6・1）。

財界追放

GHQ は，戦争責任の追及の一環として旧経営者の退陣を指示した。その措置の 1 つが，1947 年 1 月に公職追放の一環として実施された「**財界追放**」であり，それを補完したのが**財閥同族支配力排除法**（1948 年 3 月）であった。前者により役職から排除された経営者は約 2000 人，また後者の該当者は 3625 人（ただし，この措置によって実際に退職した者は 165 人）に達し，戦前日本企業を率いた経営者は，徹底的に排除された（大蔵省財政史室［1982］）。この財界追放措置は，非ナチ化の一環として同じく財界追放を経験した西ドイツの場合と比較しても，より徹底的であった。ドイツの場合，政治家・官僚・活動家の非ナチ化が徹底的に行われたのに対して，実業人のパージは概して不徹底であった（Berghahn［1986］）。この相違の理由の 1 つは，分割直接統治下にあったドイツでは，各地の占領当局がパージにあたって個々の経営者についてナチスとの関係を個別に審査して処理しようとしたのに対して，単独占領下の日本の場合，パージは，たとえば資本金 1 億円以上の企業の常務取締役以上は退任といった明確なルールに基づく自動的な処置をとったことに求められよう。

旧経営者が退陣した後，大企業の経営陣に選任されたのは，主として現場出身の内部昇進者であった。"上から"の経営者革命は，所有型経営者を全面的に排除したばかりでなく，内部昇進者の優位という特徴を形成した（**表 1・1 (b)**）。こうした特徴が形成さ

表1・1 戦後改革のインパクト

(a) 株式集中度と取締役会　　　　　　　　　　　　　　　　　N はサンプル数

	1937年 $N=105$	1943年 $N=105$	1949年 $N=108$	1955年 $N=122$
最大株主	23.9 %	20.5	5.9	8.7
10大株主	47.1 %	42.3	18.2	25.6
金融機関	6.0 %	9.6	6.1	16.7
ボード・メンバー数 (A)	11.7 人	14.3	12.1	14.5
株　主 (B)	2.3 人	2.1	0.4	0.4
B／A	23.9 %	14.7	3.6	2.8

(注)　1.　財閥直系企業のうち，1937，43年の株主名簿が不明のものは前後のデータで補った。
　　　2.　株式集中度は，10大株主名簿に基づく。
　　　3.　株主・経営者は，10大株主中，取締役会に参加している経営者。ただし，財閥本社役員は含まない。
　　　4.　1949年は閉鎖機関，持株会社整理委員会が7%以上保有する企業（日本鋼管，日本電気，三菱鉱業，三菱化成，古河電工，三井鉱山，川崎重工，住友電工）を50の数値で代替。
(出所)　宮島［1995］。原資料は，東洋経済『株式会社年鑑』，東京証券取引所『上場会社総覧』，持株会社整理委員会『日本財閥とその解体』。

(b) 財界追放のインパクト（上位100社）

	鉱工業上位100社 1947年	構成比	鉱工業上位100社 1937年	構成比
サンプル数	133		105	
専門経営者内部昇進	106	79.7	39	37.1
専門経営者外部経営者市場	11	8.3	22	21.0
所有型経営者	16	12.0	44	41.9
［就任前のキャリア］				
副社長・専務・常務	47	33.8	—	—
取締役会メンバー	52	39.1	—	—
取締役会参加経験なし	28	21.1	—	—

(注)　1.　社長就任以前5年，当該企業以外に就業していた人物は，外部経営者市場に分類した。
　　　2.　所有型経営者は，経営者の保有形式（本人，同族，同族出資の持株会社の合計）が3%以上のケース。
　　　3.　『人事興信録』，各社「正式記録」などで判明したキャリアで補完した。なお，不明があるため，この欄の合計はサンプル数に一致しない。
(出所)　宮島［1995］。原資料は，『株式会社年鑑』，『人事興信録』，各社社史，各社「正式記録」。

(c) 生産の累積集中度の戦前・戦後変化（変化方向別産業数）

1937～49年（カッコ内1937～55年）

累積集中度	上　昇	低　下	不　変	不　明	計
上位1社	12 (11)	32 (33)	3 (3)	0 (0)	47 (47)
上位3社	12 (11)	27 (32)	4 (2)	4 (2)	47 (47)
上位5社	11 (8)	23 (30)	6 (5)	7 (4)	47 (47)

(注)　1.　原則として生産数量ベース。
　　　2.　「不変」は変化の絶対値が1％ポイント未満のもの。
　　　3.　「不明」は主として零細企業が多くのデータ欠の場合。
(出所)　宮崎正康・伊藤修［1989］「戦時・戦後の産業と企業」中村隆英編『「計画化」と「民主化」』岩波書店。原資料は，公正取引委員会［1951］『日本における経済力集中の実態』実業之日本社，同［1957］『日本産業集中の実態』東洋経済新報社。

れたのは，第1に，追放後の経営者の指名が，これまでの大株主に代わって最大の株主となったHCLCの承認を必要としたためである。そして，第2に，経営者の選任に，後に述べるように，この時期飛躍的に経営内で発言力を高めた労働組合が関与したからであった（宮島 [1995]）。

金融制度改革：戦後金融システムの形成

経済民主化措置は，金融システムの改革をその重要な一環として含んでいた。GHQの目標は，日本の戦争経済を支えた金融と産業の密接な関連を断ち切り，企業の資金調達を，銀行に依存した間接金融から証券を中心とした直接金融へと転換する点にあった。改革の第1ステップは，戦時金融機関の閉鎖・民営化である。これにより戦時金融を担った戦時金融金庫，金融統制会，朝鮮・台湾銀行が閉鎖されるとともに，横浜正金銀行（外国為替専門銀行），日本興業銀行が民営化された。それと同時に日本興業銀行も含めていったん預金化され，原資として債券発行が許されない普通銀行化された。

そして，第2ステップとして，1946から47年にかけて金融機関に対する財閥の支配力排除が実施された。金融機関，とくに財閥系銀行もまた先の株式分散，財界人の追放措置の対象となった。この結果，財閥系銀行の経営者が全面的に交替したばかりでなく，金融機関の株主構成においても，既述の財閥関連株の処分と金融機関再建整備による大幅な減資のために個人大株主の大幅な後退が生じた。そして，この2つの措置によって金融機関自身のコーポレート・ガバナンスが大きく変化した。資金調達のあり方が変化した戦時でも，都市銀行の所有構造の変化は小さく，たとえば住友・安田両行の財閥本社・同系企業の持株比率は50％を超え，それを背景に財閥本社は役員人事権を掌握していた。しかも，注目されることは，戦時に産業金融への進出を要請された後も，絶

えず銀行内では戦前のサウンド・バンキングを維持しようとする保守派がその動きにブレーキをかけていたことである（富士銀行[1982]）。したがって，戦後の一連の措置は，金融機関が戦前以来のサウンド・バンキングへの回帰を阻止する内部的要因の1つとなった。

また，1947年前後には，戦前・戦時を通じて制度的に放任されていた銀行の証券投資行動を制約する措置がとられた。財閥解体の一環として同系企業の銀行所有株の譲渡が強制される一方，旧財閥系銀行は，同系企業の株式所有を禁止された。さらに1947年4月に制定された**独占禁止法**は，銀行の株式保有を5％に制限し，**持株会社を全面的に禁止**した。

金融機関への財閥の影響力の排除が一段落すると，1948年初頭からは，第3のステップとして新たな金融システムの設計が具体化した。まず実施されたのは，アメリカのグラス＝スティーガル法に範をとった**証券取引法**の制定による銀行部門の証券業務の禁止であった。これによって戦前社債の引受けに大きく関与した日本興業銀行・都市銀行は証券業務から排除された。続いて1948年6月に長期金融・短期金融の分離の具体化として，金融機関は普通銀行か債券発行銀行かの選択を迫られ，このプロセスで戦前債券発行を通じて資金を調達し，長期の産業資金供給を主要業務としていた日本勧業銀行・北海道拓殖銀行は普通銀行を選択した。

さらに，財閥解体によって創出された分散的な所有構造とそれに基礎を置くコーポレート・ガバナンスを支える制度改革も実施された。先の証券取引法は，大衆投資家の保護を目的として情報開示，株主権の保護を図る規定を大幅に盛り込んでいた。また，エドワード報告の線に沿って取締役会の権限強化と少数株主の権利保護を内容とする商法の改正の検討が進み，1950年には戦前

のドイツ法から「アメリカ法への転換」とも評価される商法の大改正が実現した。

集中排除と独占禁止：
競争的市場構造の形成

　GHQによる戦後改革は，戦時に進展した巨大企業化を是正し，「市場における自由競争を確保するため」の措置をその重要な一環としていた。この**集中排除政策**は，1947年にピークに達した。同年7月に，戦前日本の海外貿易・国内取引に重要な地位を占めた三井物産と三菱商事に対して徹底的な解体指令が出され，前者は200社以上，後者も174社に分割された。さらに解体政策は製造業・金融に及び，過度経済力集中排除法に基づいて当初325社が分割の検討対象となった。もっとも，東西冷戦の深刻化とともに1948年以降，占領政策が「潜在的戦争能力の排除」から「速やかな経済復興」に変化したため，結局，銀行は同法の適用除外になり，また製造業の分割も18社にとどまった。しかし，集中排除措置が戦後の産業組織に与えたインパクトは小さくなかった。

　第1に，この措置は，戦前にガリバー的な集中を示した大企業を分割した。たとえば，日本製鉄，王子製紙，大日本麦酒などがその例である。第2に，**企業再建整備の実施過程**にもこの集中排除の理念が影響した結果，集中排除法による指令を待たずに自発的に分離・分割した企業があった。それは，川崎重工から分離した川崎製鉄など50社前後にのぼる（植草［1979］）。さらに，第3に，企業再建整備や集中排除法の実施の結果，戦前の大企業の再建が遅れるなかで，相対的な小規模企業，新設企業にビジネス・チャンスが生まれたことも，戦後の競争構造を流動化する役割を果たした。なお，この時期の集中排除が，戦時に肥大化した企業のダウン・サイズを促進した側面があったことも指摘しておいてよいだろう。

以上の集中排除措置が競争的産業組織を作り出すための一回的措置であるとすれば、新たに制定された独占禁止法は創出された競争的産業組織を維持するための恒久的措置であった。戦前のわが国のカルテルに対する政策は、重要産業統制法（1931年）にみられるように、むしろ容認したうえで監督を加えるという性格であったが、ここにはじめてカルテル行動を原則として違法とする法的枠組みが強制された。こうして戦後の競争的な市場構造とそれを規制する法的枠組みが形成されたのである（宮島［2004］）。

ドッジ・ラインと講和

　しかし、戦後改革によって創出されたアメリカをモデルとした制度は、そのままのかたちでは定着しなかった。その画期となったのは、1949年の**ドッジ・ライン**を契機に進展した市場経済への復帰であり、その後のリセッションのプロセスで、戦後改革期に創出が図られた制度の修正、いわばその"日本化"が進展することとなったのである。

　第1に、GHQの"設計"した分散した株式所有に基づくコーポレート・ガバナンスの実現は、ドッジ・ライン後の株式市場のクラッシュによって大きな困難に直面した。財閥関連株の処分、企業再建整備にともなう増資による株式の供給過剰と金利の上昇を主因として発生したこのクラッシュは、個人株主の株式の売却を介して、増資の困難、買占めの危険性の上昇などの大きな問題を生み出した。こうして、経営の自立性の危機に直面した新経営陣は、株主の安定化を積極的に進め、GHQも当初の方針を改め、機関所有を勧奨することとなった。

　第2に、GHQの理想とした直接金融を中心とする金融システムもまた大きな困難に直面した。直接の要因は、ドッジ・ライン後の株価の低迷であったが、より構造的な要因としては、戦後のインフレーションと一連の改革措置によって**所得分配構造**が大き

く変わったという資金供給側の変化が重要であった。戦前の所得分配は、大資産家・地主などの高所得層と農民・労働者との間の所得格差が大きく、この一部の資産家が株式・社債などの形態で投資資金を供給するという構造をとったが、戦後の**財産税の徴収**と農地改革は、資産家・地主の金融資産を減少させ、しかもインフレ下の預金封鎖（金融機関からの預金引出しを生活に必要な程度〔300円〕に限定した措置）がそれを加速した。この結果、戦後の家計・金融資産の蓄積水準は低下し、資産の選好はリスクと取引コストの小さい預金に傾斜することとなった（寺西［1982］）。資金供給サイドには、直接金融を支える条件は乏しかったのである。

このため、復興期に証券による資金調達は停滞し、復興金融金庫の新規融資の停止で発生した企業の流動性の危機は、都市銀行による資金供給によって解決され、この都市銀行の資金不足は、日本銀行の貸出によって支えられた。1950年以降には、GHQも、これまでの長期金融機関設立に対する消極的姿勢を改め、長期資金供給体制の設計が本格化した。日本興業銀行の債券発行の認可、長期信用銀行などの長期金融機関の設置、日本開発銀行の設立、信託分離による貸付信託制度の導入、中小企業金融機関制度の創設が相次いで実現した。こうして後に間接金融といわれる資金供給の方式が定着した。

第3に、市場経済への復帰過程で、企業間競争が激しく展開し、とくにそれは朝鮮戦争休戦後の不況の過程で深刻な問題になった。企業再建整備による財務構造の悪化、集中排除による集中度の低下を背景として、企業間競争が深刻化したのである。こうした事態のなかで、1953年にはカルテルを原則違法とした**独占禁止法の全面的な改正**が図られた。事業者団体の禁止、カルテルの当然違法の原則が修正され、不況・合理化カルテルが認可されることとなった。こうして、戦後改革期に形成されようとした経済シス

テムは修正され，わが国に定着をみたのである。

3 労働改革
●アメリカナイゼーションとその修正（2）

> 労働三法の制定

「民主的な基礎において組織される産業及び農業における労働団体は，奨励されなければならない」（「初期対日方針」）。GHQ は，以上の方針に基づき一連の労働改革を指導した。1945 年 12 月に**労働組合法**，翌 46 年 9 月に**労働関係調整法**，そして 47 年 4 月に**労働基準法**の制定をみて，戦後の労働法制の基本的枠組みが形成された。戦前日本では，労働組合法はついに制定をみず，実際に生ずる労働争議は，1925 年に制定された労働争議調停法で対処したが，こうした枠組みと変則的な仕組みが，この労働三法の制定によって労働組合を公認し，その利益を守るための団体交渉・争議を認め，労使の利害が対立した場合，それを調整するシステムに転換した。もっとも，このシステムには重要な例外があった。公務員の争議権に重大な制限が付されていたからである。当初，GHQ（とくに経済科学局労働課）は，労働者の権利の保障に限定を付すことに反対であった。日本政府の要望と，最終的なアメリカ側の判断によって，公務員の争議権は剥奪されることとなった。

> 労働組合の簇生とその組織

労働改革が進められるのと並行して，労働組合が続々と結成された。推定組織率は 1946 年に早くも 40％ を上回り，49 年には 55.8％ に達した。戦前は労働組合を欠いていたこと，また 2010 年代の組織率がおおむね 17％ 台であることからみれば，この組織率は非常に高水準のものといえる。こうして新たに組織された労働組合は，次の 2 つの特徴をもっていた。第 1 に，欧

米の組合が，ホワイトカラーとブルーカラーとを別々に組織しているのに対して，新たに結成された組合は企業単位の工員・職員を1つの組織とした従業員組合であった。1946年の時点でその割合は80％を超え，かつ組合にはかなり上層の従業員が含まれていた。こうした特徴をもった一因は，組合が戦時に形成された産業報国会を土台として，経営者がそこから離脱して形成された場合が多かったという理由もあったが，最大の理由は，戦後の日本の労働者が，工員と職員が企業内で平等に処遇されることを民主化の最大の要求としたためであった。もっとも，第2に，この企業別組合の組織化と並行して，同時に産業別の組織化，全国組織の結成もまた急速に進められた。1946年には，戦前来の労働運動の2潮流が継承されて旧労働総同盟系の日本労働組合総同盟と共産党系の産別会議が結成された。当初，組合の組織化は産業別組合を理想とし，それには，産業別組合が発達していたアメリカをモデルにGHQが組合の形成を勧奨したことが影響していた。その結果，戦後改革期の組合は，中央本部はあるものの，支部は企業別に組織されるという「**産業別企業別**」組合ともいうべき形態をとった（橋本［1995a］）。

戦後初期の労働争議　この急速に組織された労働組合によって担われた一連の労働攻勢＝民主化闘争は，戦時に部分的に進行していた企業内の雇用関係の変化をもたらした。

第1に，「食える賃金」「能率と無関係に生活を保障する賃金」を標榜した電産型賃金が普及することによって賃金制度が変化した。戦間期に工員の賃金として一般的であった出来高給は，戦時に変容し，固定給（定額給）と出来高給（能率給）の併用と，前者の比重の増加が進展していたが，**電産型賃金**の導入は，賃金形態を固定給の方向に一挙に変化させた。当初の賃金は，勤続年数，

家族構成などの要素によって決定され,生活給の比重が著しく高く,能率給的側面の極端に乏しい形態をとった。

　第2に,民主化の過程で労働組合の経営参加が進展した。敗戦直後の民主化の過程で,戦前ほとんど無権利状態にあった労働者は,労働条件の交渉のみでなく,さらに経営への参加を要求した。初期の闘争は,労働組合が経営者に代わって生産の指揮をとり,生産現場を管理するという**生産管理闘争**というかたちをとった。もっとも,この闘争形態は,明らかに資本主義システムの枠を超えていたため,当初争議を放任していた政府は,1946年6月の生産管理闘争の不当性を訴えた「社会秩序保持に関する声明」を発し,以来生産管理闘争は沈静化した。しかし,その終息後も労働側は経営参加を求め,それを労働協約を通じて保障することを追求した。この要求実現の場になったのが,「企業側と労働側の民主的な協力の場として」政府により設置を勧奨された**経営協議会**であった。1946年半ば以降,労働運動の高揚を背景に締結された協約は,経営方針,経理,生産,労働者の配分,採用・解雇・異動などの人事について労働組合の承認を必要とし,経営協議会はこうした事項の労使協議の場となった。経営権は大きく「拘束」された(西成田［1992］)。戦後初期には,企業内部における労働者の発言権は著しく増大し,反面,労働者の賃金はその労働(生産性)と結びつかないという点で,企業経営は企業の内部者の利害を重視する傾向を帯びたのである。

経営権の回復と日本型雇用システムの形成

　以上のように,戦後改革とその下での労働争議の進展は,労使関係を戦前のそれから大きく変化させた。最大の変化は,職工間の身分制度が徹底的に解体されたことであった。戦間期,職員(ホワイトカラー)と工員(ブルーカラー)の間には賃金・雇用条件・職務規定に関して大きな格差があり,この格差は戦時の

統制がその解消を理想としたにもかかわらず縮小しなかったが，この民主化のなかで一挙に消失した。工職一体で組織された労働組合の下で，戦前来の職場規制に関する工・職差別は消失し，経営との間で工員の身分を撤廃して新たに「所員」とする協定が締結された。戦後のインフレと賃金改定の過程で，戦前には数倍に及んでいた職員・工員間の賃金格差が是正され，計算方式も月給に統一された（菅山［1995］）。

　しかしその反面，賃金決定の仕組みや，労働組合の経営への関与が戦後改革期のまま定着したわけではない。画期となったのは，1949年のドッジ・ライン以降の合理化の過程であった。すでに経営側は1948年5月に**日本経営者団体連盟会**（日経連）を設立して，「**経営権**」の回復を目標に結集していたが，ドッジ・ライン後の国際市場への復帰とともに，計画経済下の放漫に流れた経営の改善，過剰雇用の解決が不可欠の課題となった。大幅な人員整理計画を提起する経営側と，それに反発する労働組合との間で大規模な争議が発生し，この過程は戦後の労使関係を形成するうえで大きなターニング・ポイントとなった。

　第1に，制度的枠組みとしては，1949年5月の労働組合法の改正が重要であった。①使用者の利益代表者の組合加入，②組合に対する使用者の財政的援助，③労働協約の自動延長を禁止したこの労働組合法の改正以降，労働協約の改訂が進展した。団体交渉の対象事項から「経営権に関する事項」が除外され，人事に関する組合規制が決定的に後退した。また，これとともに経営協議会の機能も経営参加の実施機関から労使の協議機関へと変質した（西成田［1992］）。

　第2に，このように「経営権」を回復し，朝鮮戦争ブームによって拡大の契機をつかんだ大企業では，労働コストへの考慮を強め，「生活費だけを根拠に賃金を決める」という**生活給の再検討**

を開始した。その際のモデルは，アメリカの賃金制度をモデルとした職務給であり，この能力給の導入は，労働者の仕事を評価するという査定制度の導入をともなった。もっとも，職務間の厳密な区分のないわが国の企業に後に普及していった職務給の実態は，厳密な職務分析・職務評価に基づく職務給ではなく，おおまかに分類格づけされた職務等級に対応した職務給部分が年功給に加えられるかたちをとった（宮本ほか［1995］）。また査定も職務分析との関連が弱く，積極性・協調性といった被査定者の特性を評価する傾向が強い情意考課である点に大きな特徴があった（遠藤［1996］）。

第3に，労働組合運動の面では，産業別組合主義の影響力が後退した。GHQは，共産党系の産別を弱体化するため，非共産党系の運動を支援し，1950年7月には組合員300万人を擁する日本労働組合総評議会（総評）が結成されるに至った。朝鮮戦争勃発直後からレッドパージが行われ，組合運動から日本共産党の影響力が権力によって排除された。1952年の「電産・炭労争議」，53年の日産争議を典型とする産業別組合の敗北は，「産業別企業別組合」が企業別組合に転換するポイントとなった。1954年には，戦闘的性格で著名であった全日本自動車産業労働組合が解散したのである。

もっとも，第4に，この争議のプロセスで，経営側も解雇が多くのコストをともなうことを学んだことが重要である。たとえば日本製鋼所室蘭製作所の指名解雇に端を発する争議は，157日に及び，結果的に組合側の敗北に終わったが，経営側の被った損失も深刻であった。ほかにも1950年代前半には，経営側の指名解雇に組合が反発して争議の長期化を招き，取引銀行の支援（介入）を受けるというケースが相次いだ。こうしたプロセスを経て，経営者は可能なかぎり解雇を回避し雇用の増加を抑えながら，長期

に勤続する労働者の熟練を高めるという政策を意識的に追求し始めることとなった。こうして，企業別組合，長期雇用，勤続年数と職階制を基礎とした賃金システムといった戦後の大企業の労使関係を特徴づける制度の原型が定着したのである。

第2章　経済復興

遅れた復興と潜在成長力

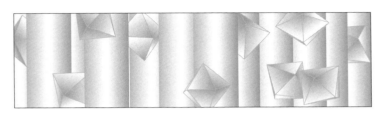

1 生産回復の遅れとインフレーション
●経済システムの麻痺と再建

戦争の打撃

　第2次世界大戦が日本経済に与えた影響は、戦争の打撃による**経済規模の縮小**であった。**表2・1**のように、日本の場合、1950年の実質GNPは1936年の92％に相当した。ドイツ、イタリアという敗戦国がいずれも戦前水準を上回ったことと比較すると、日本経済は戦争の打撃が大きく、戦後復興が遅れたことが明らかになる。さらに、1人当たりGNPの水準でみると、1900年当時よりも先進諸国との差は広がっていた。戦前期の経済成長によって、資本主義国では第5位の経済規模をもつようになっていた日本経済は、1950年時点では「発展途上国」と評価される地位にあった。

　戦争の打撃はストックの数値からも確認できる。**表2・2**のように、日本の**国富**の**戦争被害**額は642億円であり、1935年国富の1867億円に対して34％にのぼった。被害が大きかったのは、建築物の222億円（1935年国富の30％）、所蔵財貨の174億円（同

表2・1 GNP の国際比較

実質 GNP	1900 年 （10 億ドル）	1950 年 （10 億ドル）	1950／1936 年 （％）
日　　本	36	96	92.2
アメリカ	211	870	180.6
イギリス	86	167	127.1
ド イ ツ	69	162	116.3
フランス	78	141	126.3
イタリア	31	75	123.5
1 人当たり GNP	（ドル）	（ドル）	（％）
日　　本	810	1,154	78.1
アメリカ	2,787	5,737	152.0
イギリス	2,089	3,335	118.8
ド イ ツ	1,235	3,259	156.8
フランス	2,008	3,366	126.5
イタリア	943	1,589	113.5

（出所）　岡崎［1997］。

26％）であった。さらに，工業用機械器具 79 億円（同 94％），船舶 73 億円（同 236％）が続いた。建築物被害のうち空襲・艦砲射撃などによる直接被害は 170 億円，そのうち住家・店舗が 60％，民間工場が 10％であった。都市空襲による一般家屋・家財への被害が甚大であったことが判明する。

戦争の「遺産」　戦争の被害が大きかったことは確かであるが，1935 年国富に対する 45 年国富は 1.01 倍であり，終戦時の国富は戦前水準を若干上回っていた。この間の国富増加率の内訳をみると，マイナスを記録したのは船舶（−43.2％），建築物（−10.6％），諸車（−7.6％），所蔵財貨（−5.4％）などであり，工業用機械器具（80.6％），電気・ガス（48.1％），港湾運河（23.4％），橋梁（21.5％）などは増加した。一般家屋および船舶という運送手段の能力が著しく低下したが，生

表2・2 国富の戦争被害

(単位:百万円,%)

項　目	被害額	直接被害	1935年国富	1945年国富	国富増加率
建　築　物	22,220	17,016	76,275	68,215	−10.6
港　湾　運　河	132	17	1,323	1,632	23.4
橋　　梁	101	55	2,283	2,773	21.5
工業用機械器具	7,994	4,684	8,501	15,352	80.6
鉄道及び軌道	884	104	10,903	11,618	6.6
諸　　車	639	364	2,461	2,274	−7.6
船　　舶	7,359	6,564	3,111	1,766	−43.2
電気・ガス	1,618	898	8,987	13,313	48.1
電　信　電　話	293	243	1,531	1,683	9.9
水　　道	366	271	1,698	1,814	6.8
所　蔵　財　貨	17,493	17,446	67,065	63,448	−5.4
その他共計	64,278	48,649	186,751	188,852	1.1
生　産　財	19,838	—	36,579	59,689	63.2
消　費　財	34,823	—	127,500	105,894	−16.9
交　通　財	9,617	—	22,672	23,269	2.6

(注) その他共計は資産的一般国富の数値,直接被害は空襲,艦砲射撃などの被害.1935年国富は「終戦時現在換算額」,1945年国富は「終戦時残存国富金額」.
(出所) 大蔵省財政史室［1978］.

産設備とインフラは戦前より大きい規模であった。

　一方,ドイツの資本ストックは,1938年から47年にかけて17.4％増加した。また,英米占領地域の資本ストックをみても,1936年から48年にかけて11％増加した（さくら総合研究所ほか［1997］）。日本,ドイツに共通して,戦争中に拡充された工場設備は,空襲などによってその一部を破壊されたものの,大部分は残存した。日本,ドイツともに工業の**潜在的な回復力**は高かった。

　日本の場合,**表2・3**によって1937年の生産能力と45年のそれを比較すると,綿紡績,綿織物,セメント,肥料などの軽工業品,民需品は低下したが,鋼材,工作機械,化学品などの重化学工業品は生産能力を拡大させた。戦時期に重化学工業を中心に生

表2・3 主要物資の生産設備能力

品　目	生産設備能力		(B)/(A)
	1937年 (A)	1945年 (B)	
銑鉄（千トン）	3,000	5,600	1.87
鋼材（千トン）	6,500	7,700	1.18
アルミニウム（千トン）	17	129	7.59
工作機械（台）	22,000	54,000	2.45
カセイソーダ（千トン）	380	661	1.74
ソーダ灰（千トン）	600	835	1.39
硫安（千トン）	1,460	1,243	0.85
過燐酸石灰（千トン）	2,980	1,721	0.58
セメント（千トン）	12,894	6,109	0.47
綿紡（千錘）	12,165	2,367	0.19
綿織物（台）	362,604	113,752	0.31

(出所) 中村 [1993]。

産力の拡充を図った日本の場合，重化学工業の構成比が高まった生産設備を戦争の「遺産」として引き継いだのである。戦争は，交通運輸システムのような経済システムの一部分を麻痺させることによって，過度の生産規模の縮小をもたらした。日本経済は，実質GNPが「発展途上国」の水準に低下しつつも，一方で，高度化した産業構造をもち，潜在的な回復力は高かったのである。

生産回復の遅れ

重化学工業の構成比が高まった生産設備は敗戦直後に遊休化し，実際の生産水準は低下した。しかも，いったん低下した生産水準は容易には回復しなかった。その要因として，日本，ドイツともに指摘できるのは，①閉鎖経済の下での生産停滞，および，②インフレーションの発生という点であった。①は，自由貿易が行われないことによる原材料調達の不円滑，石油・石炭エネルギーの不足による輸送能力の低下などによってもたらされた。さらに閉鎖経済の継続は，企業の国際競争力低下を招いた。この点は程度の差はあっても，

日本，ドイツに共通した問題であった。②も，日本，ドイツに共通した現象であった。供給制約が厳しくなる一方で，通貨供給が過大になり，インフレが顕在化したのである。しかしながら，インフレの収束過程には，日本とドイツの間で大きな差異があった。ドイツは，旧ライヒス・マルクを新ドイツ・マルクと10対1で交換するというドラスティックな通貨改革を1948年6月に実施し，基本的にはインフレ収束に成功した。同年から輸出は拡大し，1949年11月にはドイツの工業生産は1936年の水準を超えた（出水［1978］）。

これに対して，日本の場合，1946年2月の**金融緊急措置令**によって通貨改革が実施されたものの，インフレ収束の効果は限定的であった。生産回復による緩やかなインフレの沈静化が進み，最終的には1948年度からのドッジ・ラインという強行手段によってインフレが収束した。ドイツの金融政策に対して，日本は外的に強制された財政政策によって問題が解決されたのである。

インフレーションの進行

敗戦後の日本経済は，**インフレーションの進行**に直面し，**図2・1**のように1945年から49年にかけて小売物価指数は79倍，卸売物価指数は60倍になった。この間のインフレの進行には時期的な変化があった。①1945年末から46年初めのインフレ進行期，②46年秋から再び進行し始めたインフレ，③48年半ばのインフレ沈静化がそれであった。1949年から50年にかけて統制が解除されるまでの日本経済は統制経済の下にあり，公定価格とヤミ価格が分離した二重経済であった。

①のインフレに対して，政府は1946年2月に金融緊急措置令を制定した。これは，それまで流通していた日銀券（旧円）を失効させて金融機関へ預金を集中させ，その預金を封鎖して，毎月一定額のみ新しい日銀券（新円）による預金の引出しを認めると

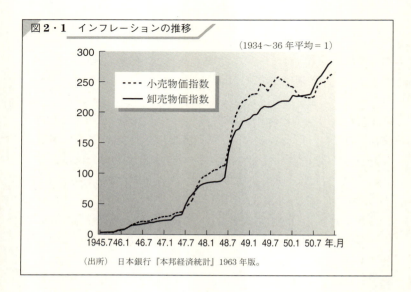

図2・1 インフレーションの推移

（出所）日本銀行『本邦経済統計』1963年版。

いう措置であった。また，1946年3月の**物価統制令**によって，新しい公定価格の体系（三・三物価体系）を設定した。これらの政策は一定の成果をあげたが，その効果は短期間にとどまった。②の時期には，1946年秋から再びヤミ価格の騰貴が始まり，一方では，公定価格は抑制されたため，両者の差は拡大した。政府は1947年7月に公定価格を引き上げ（七・七物価体系），公定価格とヤミ価格の差が広がることによる企業経営の悪化を緩和しようとした。その後，ヤミ価格の上昇率は低下傾向に入った。③の時期に入ると，公定価格とヤミ価格の格差は縮小した。1947年半ばにヤミ価格と公定価格の倍率は，生産財，消費財ともに10倍程度の水準であったが，48年末にはいずれも3倍程度の水準にまで低下した。

　このようなインフレーションの要因は，物資の供給制約が厳しくなる一方で，通貨供給が過剰になったからであった。鉱工業生産指数は1932〜36年水準を100とすると，1945年86.4，46年

33.1, 47年40.2という水準に落ち込んだ。一方, 日本銀行券の平均発行高は1936〜37年平均を100とすると, 1945年24, 46年41.1, 47年109.6と膨張した。したがって, インフレーションの解決策は, 生産回復を図るとともに, 通貨収縮の措置をとる以外になかったのである。

| 傾斜生産方式の採用 | 供給制約を緊急に改善するため採用されたのが, 1946年12月に閣議決定された

傾斜生産方式であった。限られた輸入重油を鉄鋼生産に投入し, 増産された鉄鋼を炭鉱に投入する。それによって増産された石炭をさらに鉄鋼業に投入する方式によって, 年産3000万トン出炭（1946年上期に年産2000トン水準）および鉄鋼増産を達成する計画であった。すなわち石炭と鉄鋼への傾斜的（重点的）な資源配分による経済復興が構想されたのである。有沢広巳が傾斜生産方式の立案者として知られているが, 経済安定本部および商工省によって策定された物資需給計画が傾斜生産方式の基盤をなしており, 官僚サイドの構想がその背景にあった。

傾斜生産方式の実績は, 鉄鋼の場合, 1947年度に前年比約60％, 48年度に前年比約100％であり, 石炭の場合は, 1947年下期に年産3000万トン水準に到達した。鉄と石炭の生産回復は生産財の供給増加を可能にし, インフレーションの進行を抑制する役割を果たした。しかし, このような生産回復は, 企業経営に対する政府補助金によって可能になった。この資金供給システムは生産回復を支える一方で, インフレーションを助長する条件でもあり, 日本経済の自立化のためには取り除かれる必要があった。

| 資金供給システムの欠陥 | 傾斜生産方式のための資金調達は, ①**復興金融金庫**による資金供給, および, ②政府財政資金による補助金によって賄われた。第1に, 復興金融金庫（1947年1月開業）は**表2・4**のよ

第*2*章 経済復興 39

表2・4 復興金融金庫の貸出残高 (1948年度末)

(単位:億円, %)

業種別	貸出残高	構成比
鉱業(石炭)	511	38.7 (35.9)
金属(鉄鋼)	44	3.3 (2.8)
機械器具	65	4.9 —
化学(肥料)	103	7.8 (4.6)
公益(電力)	224	17.0 —
交通(海運)	138	10.4 (10.0)
商業他	69	5.2 —
復金合計	1,319	100.0

(出所) 大蔵省財政史室[1978]。

うに,重点産業に集中的に資金を投入した。また,戦争の打撃が大きかった海運,食料増産に必要な肥料,基礎エネルギーである電力なども,重点的融資の対象になった。1948年度の復金融資の残高は民間銀行貸出残高の32％に相当し,とくに設備資金では銀行貸出残高の3.2倍に相当した。ところが,復興金融金庫は日銀引受けによる復金債の発行によって原資を得ていたため,資金供給の拡大は通貨供給量の増加をもたらし,インフレーションの要因になったのである(三和[2002])。

第2に,政府補助金は,価格差補給金,賃金補給金などがあった。企業の損失を補填していたこれらの補助金は,政府財政支出の増大を通じて資金供給の拡大・通貨供給量の増大をもたらした。さらに,企業の損失補填を保障することによって,企業の経営努力にマイナスの効果をもつ,「甘い予算制約」(soft budget constraints)になっていた。このような資金供給システムの問題点を解決するには,ドッジ・ラインという外的な強制力が必要になったのである。

2 ドッジ・ラインと朝鮮戦争の影響
●市場経済へのソフトランディング

> 強制された均衡財政

　ドッジ・ラインと呼ばれる経済安定政策は，GHQ の抵抗を押し切って強行された。東西冷戦の本格化によってアメリカの対日占領政策が転換し，日本の速やかな経済復興が最重要の課題になったからであった。日本の非軍事化を最重点とした初期の占領政策は，日本経済の復興を促進する方向に転換していった。

　政策転換は，具体的には，①対日援助の強化と，②援助の条件として日本経済の自立化を要求するという内容であった。対日援助は，ガリオア資金（占領地救済資金）のうちからエロア資金（占領地経済復興資金）を支出することが認められ，その条件として，経済自立化のための経済安定政策が要請された。しかし，単一為替レートの設定時期についてアメリカ政府と GHQ の間に意見の相違があり，アメリカ政府は 1948 年 12 月の「中間指令」によって**経済安定 9 原則**の実施と 3 ヵ月以内に**単一為替レート**を設定することをマッカーサーに伝達した。

　ドッジ・ラインと呼ばれる強力な経済安定政策は，1949 年 2 月のジョセフ・ドッジ（公使兼財政顧問）の来日によって始まった。ドッジ・ラインの要点は，第 1 に，1949 年度予算を超均衡予算とすること（実際には一般会計，特別会計，政府関係機関の総計で黒字化），そして第 2 に，単一為替レートの設定の 2 点であった。このドッジ・ラインによって生じた変化として，①復興金融金庫の新規融資の停止，②政府補助金の削減・廃止，③隠れた貿易補助金の廃止などがあげられる。

　①の復興金融金庫の原資は復金債によって調達されていたが，

復金債は日銀引受けによっていたため,貸出増加にともなう復金債の増加はそのまま日銀券の増発に結びついた。傾斜生産方式を支えてきた復金融資は,一方でインフレーションの要因となっていた。②の政府補助金としては,企業に対する**価格差補給金**があった。価格統制を維持するために,消費者価格を生産者価格以下に引き下げ,その差額を価格差補給金によって埋める方法がとられた。また,基礎的生産財の消費者価格については基準年次(1934～36年)の65倍を限度として「安定帯」価格を設定し,消費者価格が安定帯を上回るときは価格差補給金によって価格を引き下げる方法が1947年7月から導入された。また電気産業,石炭産業への賃金補給金も支出された。価格差補給金の規模は1948年度において国民総生産の2.3%,隠れた補助金を含めれば6.1%という水準であった。③の隠れた補助金とは,輸出入品の円ドル換算率が品目ごとに異なる複数為替レート制の下で生じた。複数為替レートの下では,国内物価体系維持のため輸入物資の価格を低位に保つよう輸入レートは円高に,一方,輸出伸張のため輸出レートは円安に定められる傾向があったため,本来のレートとの差が企業への「隠れた補助金」となったのである。

> ドッジ・ラインの効果

ドッジ・ラインの効果は,第1にインフレーションの収束に成功したことである。前掲図2・1のように,ドッジ・ライン以前の1948年半ば,すでにインフレは収まりつつあったことは確かである。しかし,傾斜生産方式と復金融資というインフレ要因を内在した経済復興の方式は閉鎖経済の下では存続できたものの,開放経済を前提とした日本経済の自立のためには不適切なものであった。ドッジ・ラインによるインフレ要因の排除は,日本経済の自立にとってやはり必要なプロセスであったと評価できる。

第2は,企業経営の合理化効果であった。合理化効果の第1

点は，復金融資の停止と補助金の廃止が重点産業の経営合理化を促したことである。復金融資の停止とともに，アメリカの対日援助の売却代金を原資とする**見返り資金**が導入されたため，復金融資停止の効果は少なかったようにみえる。しかしながら，見返り資金は日銀通貨の追加的な供給をもたらさない点で復金融資とは異なり，またGHQによって使途を左右される見返り資金の導入は，GHQが配当制限，人員削減，料金抑制などを誘導し，企業経営の合理化を間接的・直接的にオリエンテーションする手段となったのである。合理化効果の第2点は，単一為替レートによる隠れた補助金の撤廃が経営合理化を促進したことである。「厳しい予算制約」(hard budget constraints) が復活したのである。

第3の効果は，ドッジ・ラインの継続によるデフレーションの深刻化である。1949年の超均衡予算に続いて，50年度予算編成も超均衡予算が指示され，財政面からデフレ的影響が継続された。しかしながら，金融面では，政府日銀は日銀貸出の積極化，買いオペレーション，金利引下げなどによる金融緩和策をとり，財政政策のデフレ的影響を中和するディスインフレ政策が行われた。日銀信用の膨張によるオーバーローン状態に対してGHQが警告を発し，日銀が政策転換する1950年5月までディスインフレ政策は続けられた。そして，同年7月には朝鮮戦争の影響によって日銀信用は再び膨張に転じた。財政政策によってインフレ要因が除去される一方で，緊縮財政の悪影響はミックスポリシーによって緩和され，企業経営は統制経済から**市場経済への移行**を比較的スムーズに行うことができたのである。

| マクロ経済の変化 |

ドッジ・ラインを境に，マクロ経済にも大きな変化があった。**表2・5**によって国民総支出の構成をみると，戦前期に比べて戦中・戦後は国内市場の比率が高まった。正常な輸出入の途絶が反映されているわけ

表2・5 国民総支出の構成

(単位:%)

年	個人消費	資本形成		政府経常	輸 出	輸 入
		(民間)	(政府)			
1934~36平均	65.5	15.8	3.2	15.5	24.3	24.3
1944	34.0	26.2	5.1	35.4	11.2	11.8
1946	58.9	26.3	8.8	9.7	0.9	4.6
1947	58.9	22.8	15.7	6.6	2.0	6.0
1948	59.0	22.9	12.2	9.6	2.5	6.3
1949	64.0	17.6	10.2	11.1	5.2	8.2
1950	62.5	19.5	4.6	11.4	10.0	8.1
1955	63.7	16.0	8.4	11.2	13.5	12.8

(注) 輸入は控除分。
(出所) 大蔵省財政史室 [1978]。

であるが,時期によって国内市場の構成に変化があった。まず第1に,1946年から48,49年にかけては,個人消費の比率が戦中よりも回復するとともに,資本形成の比率が戦中にも増して高まった。生産財を増産するための傾斜的な資源配分が,資本形成に反映されたといえよう。

第2に,国民総支出の構成は1949年から50年にかけて変化し,資本形成の比率が低下する一方で,個人消費と輸出入の比率が高まった。この変化の要因として,①「統制経済」から市場経済への移行によって,生産財への資源集中はなくなり,市場の資源配分メカニズムが機能し始めたこと,②ドッジ・ラインによって政府支出(政府資本形成)が削減されたこと,そして,③単一為替レートの採用によって海外貿易が本格的に再開されたことなどを指摘できる。

朝鮮戦争と日本経済の回復

1950年6月に勃発した朝鮮戦争は,不況下の日本経済を立ち直らせる役割を果たした。**朝鮮戦争の経済効果**は,戦争に

ともなう特需の発生と地理的に直近の工業国である日本への波及,特需の世界的な波及による日本からの輸出増大という経路で,日本経済に好影響を与えた。特需の規模は,1952年に輸入額の40%,53年に輸入額の33%であり,ドル収入となる特需,および輸出増加による外貨収入は日本の輸入拡大を可能にし,国際収支の天井を高めた。さらに,1951年の産業連関分析によれば,特需の影響は全産業に及び,輸出増大による間接効果は,自動車産業に顕著にみられた。もし特需がなかったと仮定すると,1951年に12%であった成長率は,4.9%または9.4%に低下した可能性があると推計されている(米澤[1994])。特需は,ドッジ・ラインのデフレ効果によってオーバーキルになりそうな困難に直面していた日本経済の復興を,軌道に乗せる役割を果たしたのである。ミクロ・レベルの事例をみると,鉄鋼業の第1次合理化計画のスタートを可能にしたのは,朝鮮戦争期の企業利益の回復であった。

産業発展の制約条件

朝鮮戦争によって日本経済は急速に回復したが,1950年代前半の国内産業はいくつかの制約条件を抱えていた。第1の制約条件は,資源制約であった。鉄鋼業の事例をみると,鉄鉱石,石油を輸入に依存し,石炭価格が高い日本では鉄鋼産業の発展は困難であり,無用であるという主張がなされていた。この不利な条件を前提に,日本の鉄鋼業の発展性を評価した**第1次鉄鋼業合理化計画**は,1951年度から53年度までの3ヵ年計画であった(通商産業省,政策史編纂委員会[1989])。この計画は圧延設備の新設によって鉄鋼業の競争力を高めるのが目標であったが,高度成長期の鉄鋼業の特徴から考えると,川崎製鉄が銑鋼一貫経営に転換したことがより重要であった。鉄鋼業,機械工業の連関を考慮し,高炭価・高鉄価問題の解決によって国際競争力を強化し,輸出を増進させる方向性

が，後述するような産業政策にバックアップされながら明確になった。この合理化計画の成功の背景には，企業経営者の投資意欲があった。川崎製鉄・西山弥太郎が推進した千葉製鉄所の高炉建設は，資源制約を緩和するため，臨海の工場用地を確保し，コンパクトな工場レイアウトによって高い効率性を実現した（橋本 [1995b]）。これを契機に，銑鋼一貫経営へのパラダイム転換は日本の鉄鋼業全体に広がったのである。

第2の制約条件は，技術移転への制約であった。技術移転には，①輸入機械に体化された技術の移転，②技術契約に基づく技術，ノウハウの移転などがある。このうち①については，外貨制約を除けば移転可能であったが，②の場合は，**外資法**が1952年に制定されるまで，移転が困難であった。外資法によって技術導入契約が可能になると，エレクトロニクス技術をはじめ海外からの技術導入が殺到したのである。

第3の制約条件は，小規模な国内市場であった。1人当たり個人消費支出は，1953年になって戦前水準（1934〜36年平均）を超えることができたが，先進諸国と比較して消費水準の格差は大きかった。この点は2つの異なった側面をもった。それは第1に，先進諸国の消費財は輸入されたとしても，消費者にとって購入することが困難であり，消費水準の格差が海外企業にとっての参入障壁として機能した。そして第2に，国内企業は導入技術を日本市場に適応するようアレンジする必要があった。家電製品の事例をあげれば，電気洗濯機，テレビジョンなどの小型化や日本の食文化に合わせた電気釜の開発などがある。

第4の制約条件は，エネルギー供給の不安定性であった。日本の電力単価（1953年の総合電気料金単価）はアメリカ，西ドイツに比べて低かった（通商産業省公益事業局ほか [1962]）。しかし，量的には日本産業の生産回復とともに電力需給は1948年以降，

逼迫(ひっぱく)の傾向にあり，工業発展の制約条件であった。1951年5月の**電気事業再編成**によって，国営の日本発送電と9配電会社は解体され，新たに9つの地域別電力会社が設立された。民有民営形態で発電から配電までの一貫経営を行う9電力体制は従来よりも競争的な側面を導入したシステムであり，各社は積極的な電源開発によってエネルギー供給の安定化をめざした（橘川［1995］）。これによって電力不足の顕在化は防がれたと評価できる。

　以上のように，1950年代前半に存在した制約要因は，いずれも解消または軽減される方向に向かった。朝鮮戦争後から1953年にかけての消費景気，そして54年のデフレーションにかけての過程では，高度経済成長の準備が進行しつつあったのである。

第1部の演習問題

1　日本型企業システムの形成過程について，どの時期に重要な変化があったのか，あるいは個々のサブシステムがいかなる経路を経て変化したのかについては，これまでの研究のなかでも見方・力点の相違がある。雇用関係，資金調達と企業・銀行関係，コーポレート・ガバナンス，取引関係，政府・企業関係のうち興味のあるトピックを選び，岡崎・奥野［1993］，山崎・橘川［1995］，橋本［1996］を参考にしながら，自分なりの見方をまとめてみよう。

2　財閥解体の主要な対象となった企業あるいは金融機関を取り上げ，その社史を図書館で探して，戦後改革・復興期の部分を読み，財閥解体にともなう株式移転，企業再建整備，金融機関再建整備，経営者の追放と選任のプロセスを整理してみよう。

3　ドッジ・ラインの背景を調べ，その政策体系を整理して，ドッジ・ラインの経済的意味を考えてみよう。また，ドッジ・ライン下で設定された単一為替レートが円高であったという議論について論評してみよう。

4　戦後の日本経済の復興のプロセスを整理してみよう。その際，とくに敗戦直後の物的・人的資産面での遺産は何であったか，国際経済・政治環境はいかに作用したか，経済システムの再編成と経済政策はいかなる役割を演じたかに注目してみよう。

第1部の参考文献　＊は読者のための基本文献を表す。

秋尾沙戸子［2009］『ワシントンハイツ』新潮社（新潮文庫，2011年）。
Aoki, M. and H. Kim [1995], *Corporate Governance in Transitional Economies*, The World Bank.
Berghahn, V. [1986], *The Americanization of West German Industries, 1945–1973*, Berg Publishers.
出水宏一［1978］『戦後ドイツ経済史』東洋経済新報社。

遠藤公嗣［1996］「人事査定制度の日本化」橋本編［1996］所収。
富士銀行［1982］『富士銀行100年史』。
＊橋本寿朗［1995a］『戦後の日本経済』岩波書店。
橋本寿朗［1995b］「資源・用地・資金制約下における大量生産型産業の飛躍」『証券研究』第112巻（橋本［2001］第4章に収録）。
＊橋本寿朗編［1996］『日本企業システムの戦後史』東京大学出版会。
橋本寿朗［2001］『戦後日本経済の成長構造』有斐閣。
平松由美［1989］『青山紀ノ国屋物語』駸々堂出版。
橘川武郎［1995］『日本電力業の発展と松永安左ヱ門』名古屋大学出版会。
＊三和良一［2002］『概説日本経済史　近現代』第2版，東京大学出版会（第3版，2012年）。
宮島英昭［1992］「財閥解体」法政大学産業情報センター・橋本寿朗・武田晴人編著『日本経済の発展と企業集団』東京大学出版会。
宮島英昭［1995］「財界追放と専門経営者の制覇」山崎・橘川編［1995］所収。
＊宮島英昭［2004］『産業政策と企業統治の経済史』有斐閣。
＊宮本又郎ほか［1995］『日本経営史』有斐閣（新版，2007年）。
＊宮崎義一［1985］『日本経済の構造と行動』上，筑摩書房。
中村隆英［1993］『日本経済　その成長と構造』第3版，東京大学出版会。
西成田豊［1992］「占領期の労使関係」中村政則編『日本の近代と資本主義』東京大学出版会。
＊岡崎哲二［1997］『工業化の軌跡』(20世紀の日本5)，読売新聞社。
＊岡崎哲二・奥野正寛編［1993］『現代日本経済システムの源流』日本経済新聞社。
大蔵省財政史室編［1978］『昭和財政史19　統計』東洋経済新報社。
大蔵省財政史室編［1982］『昭和財政史2　独占禁止』東洋経済新報社。
さくら総合研究所・ifo経済研究所編［1997］『日本とドイツの経済・産業システムの比較研究』シュプリンガー・フェアラーク東京。
菅山真二［1995］「日本的雇用関係の形成」山崎・橘川編［1995］

所収。

寺西重郎 [1982]『日本の経済発展と金融』岩波書店。

通商産業省, 通商産業政策史編纂委員会編 [1989]『通商産業政策史 5』通商産業調査会。

通商産業省公益事業局・電気事業連合会編 [1962]『電気事業 10 年の統計』電気新報社。

植草益 [1979]「占領下の企業分割」中村隆英編『占領期日本の経済と政治』東京大学出版会。

＊山崎広明・橘川武郎編 [1995]『「日本的」経営の連続と断絶』(日本経営史 4), 岩波書店。

米澤義衛 [1994]「朝鮮特需の産業連関分析」『青山経済論集』45 巻第 4 号。

第 2 部
高度成長のメカニズム

四日市石油化学コンビナート

第3章 概説

国際収支の「天井」と産業のダイナミズム

1 輸出の成長と国際収支

● 高くなる「天井」と自由化

投資が投資を呼ぶ

1人当たりGNPが戦前水準を回復した1955年から70年代の初めにかけて,日本経済は経済成長率が年平均10%あまりという高度成長を記録した。しかも,**表3・1**から明らかなように5年ごとの平均成長率は徐々に高まった。1960年代は「黄金の60年代」といわれるように,欧米諸国もそれぞれの経済史のなかで最も高い経済成長率を実現していたが,日本の成長率はそれらの2〜3倍であり,一段と高成長であったのである。

成長率極大化

この高度経済成長は,需要構成からいえば,国内需要,なかでも民間企業の企業設備の寄与が異例に高く,民間設備投資が主導したものであった。『経済白書』は「投資が投資を呼ぶ」という印象的な表現で,民間企業の設備投資の役割の大きさを表現した。S.クズネッツの提唱である,経済成長への貢献を資本ストックの増加と労働投入

表3・1 国内総支出（GDE）の増加に対する需要項目別の寄与率

(単位：％)

	1956〜60年	1961〜65年	1966〜70年	1971〜75年
国内総支出（国内総生産）	8.8	9.2	11.1	4.5
国内需要	9.1	9.4	11.3	4.5
民間最終消費支出	5.6	5.5	5.8	3.2
民間の企業設備, 住宅, 在庫形成	2.4	2.0	4.1	0.1
政府最終消費支出	0.6	0.8	0.5	0.5
公的固定資本形成, 在庫増加	0.5	1.1	1.0	0.6
財貨・サービスの純輸出	−0.3	−0.1	−0.2	0.1
財貨・サービスの輸出	0.4	0.5	0.9	0.6
財貨・サービスの輸入（控除）	0.7	0.7	1.1	0.5

（出所）内閣府ホームページ「国民経済計算確報」（平成2年基準）。

に分解する考え方によれば，資本ストック等の伸びと「残差」の貢献が大きかった。つまり，1人当たりGNPの伸びが大きかったのである。当初「残差」は解明できずわからないことを意味したが，現在では技術進歩を示すものと理解されている（**全要素生産性**）。したがって，旺盛な設備投資を通じ高い生産性の伸びを実現して高度成長となったと考えることができる。

しかし，この高度成長期にも経済成長率が5〜6％に低下する年があった。1958，62，65年がその事例であり，これが景気後退の局面である。とくに1965年には山陽特殊製鋼，サンウエーブ，山一證券などの大企業が倒産・破綻し，当時「戦後最大の不況」といわれた。山一證券の再建を支援するため日本銀行は**特別融資**を実施したのである。

これらの景気後退の過程はほぼ同一の経路をたどった。まず，景気拡張が続いて，物価が上昇し，輸入が激増した結果，経常収支が悪化すること，つまり貿易収支の赤字への転換が景気後退の引き金であった。貿易収支が赤字になる，ないしは赤字幅が増大

すると円資金をドルに替えて対外支払いに充てる需要が増大し、国内金利を上昇させる要因となるが、それは同時に外貨準備高の減少をもたらした。IMF加盟後には**固定為替相場制**の下で1ドル＝360円という為替レートを維持する義務があったから、外貨準備が減少すると日本銀行は公定歩合の引上げなど金融引締政策を採用し、政府は財政支出の繰延べなど政府需要の抑制を行った。こうした引締政策は、効果的に卸売物価、設備投資の動向に影響し、物価は低下し、設備投資が減少した。1957、61、63年が引締政策が発動された年であり、ほぼ1年後の上記の年に景気後退となったのである。

　貿易収支の悪化を契機に景気後退がみられ、経済成長率の低下が生じたので、経常収支が経済成長の「天井」を画すると考えられた。しかし、景気後退の過程で注目すべきことは、引締政策の発動がギリギリまで遅らされたことである。たとえば、1957年の金融引締めに関しては、日本銀行は1956年6月の時点ですでに先行きに警戒を表明すべきであると考えていたし、9月には日銀総裁が大蔵大臣に公定歩合の引上げを申し入れたが、それは受け入れられなかった。その直後、日銀総裁が病に倒れ、日銀としては「事実上最高責任者を欠くという不幸な事態」に陥ったにせよ、成長率を極大化しようという政策の下で、公定歩合の引上げは1957年3月まで遅らされたのである。この事態に日銀総裁は「政府の（金融政策への）干渉がこんなに強いものとは思わなかった」(日本銀行 [1985]) と漏らしたといわれるが、これは日本政府がマクロ政策の面で経済成長を追求し続けたことを示すエピソードである。

| 輸出競争力の向上 | 景気後退の過程で、貿易収支が改善し、外貨準備が増加し始めると、景気浮揚政策が採用される。金融緩和と財政支出の増加である。注目してお

表3・2 景気調整期における輸出入の変動

(単位:百万ドル,%)

	輸 出	輸 入	貿易収支
1957年4〜6月	239	320	−81
1958年7〜9月	224	195	29
増 減	−15	−125	110
寄与率	−13.6	113.6	100.0
1961年7〜9月	331	444	−113
1962年10〜12月	411	381	30
増 減	80	−63	143
寄与率	55.9	44.1	100.0
1963年10〜12月	470	541	−71
1965年1〜3月	654	543	111
増 減	184	2	182
寄与率	101.1	−1.1	100.0

(出所) 経済企画庁[1976], 160ページ。

くべきことは, 貿易収支の調整過程に大きな変化が現れてきたことであった。表3・2に明らかなように, 一言でいえば, 輸入減少による貿易収支調整から輸出増加による貿易収支調整へという変化である。この時期における輸入は主として原油, 鉄鉱石, 石炭, 天然繊維原料など工業原料と食料・穀物であるから, それは生産活動の水準に依存している。したがって, 経済活動の高い水準を維持しながら, 輸出が増加して貿易収支が改善するようになったのである。

高度経済成長期における日本の輸出は, 世界輸出の増加率の2倍のテンポで伸びたが, 輸出商品構成の急速な変化も進んでいた。当初は繊維製品, しかも綿製品など天然繊維製品や雑貨のウエイトが高かったのが, 鉄鋼製品・船舶など重厚長大型重化学工業製品を中心とするものになり, さらに広く機械・電子機器などへと変化していった。こうした変化は日本の輸出が需要の所得弾力性が高い製品分野に特化したことを意味した。象徴的なことは,

1960年代後半には,国際競争力が弱いと評価されていた乗用車産業が,自動車専用船という革新的輸送手段を活用して,本格的な対米輸出を開始していたことであろう。

貿易自由化

輸出増加による貿易収支調整へという変化は,いわゆる**貿易自由化**の過程で加速した。1950年代前半に,日本はIMF(国際通貨基金),GATT(関税と貿易に関する一般協定)に加盟したが,為替・貿易制限を実施し,それは事実上対米輸入制限であった。すなわち,「ドル地域からの輸入は外貨割当,その他地域からの輸入は自動承認制」という仕組みであった。しかし,1959年のIMF理事会,GATT総会で日本などを対象に輸入制限撤廃が決議され,60年には日本政府は「貿易為替自由化計画大綱」を決定した。一方には,自由化による輸入品との競合によって,倒産・失業や事業縮小の危機を重視する意見もあったが,他方,為替・輸入制限が企業間競争を強く制限し,日本経済が非効率になっているから自由化を積極的に進めるべきだという意見もあった。大綱も自由化を「経済資源のいっそう効率的な利用」を実現するものと位置づけた。後述のように,貿易自由化は国際競争力の強い産業から順に漸進的で選択的に実施されていった。輸入通関総額に占める自由化された輸入商品額の割合を「輸入自由化率」と定義すると,「輸入自由化率」は1959年9月末には33%であったものが,61年4月に62%,12月に70%,63年4月に89%,8月に92%になった。1964年4月には,日本政府はIMF8条に定めた為替の自由化義務を受諾し,IMF8条国に移行したのである。実質輸入額の実質GNPに対する比率を「実質輸入依存度」と定義すると,「実質輸入依存度」は自由化の過程でほぼ倍増したが,輸入品価格の低下があって名目輸入依存度は約10%で安定していた。特定の産業の規模縮小のマイナスより,自由化で得た貿易の利益がはるかに

大きかった。

| 資本自由化 |

1960年代の後半には**資本自由化**が進められた。1964年4月,日本政府は経済協力開発機構（OECD）に加盟し,貿易外経常取引・資本移動の自由化規約を受諾した。これに関しても貿易自由化と同様に漸進的な措置がとられたが,資本自由化は「第2の黒船」来航と受け取られた。幕末の黒船来航が日本が欧米の植民地になるという危機を象徴していたのに対して,「第2の黒船」は資本自由化によって,アメリカ企業が日本に進出し,それらが日本経済を支配してしまうという危惧を示していた。

こうした貿易・資本自由化措置は日本の政策担当者,企業経営者,ミドル・マネジャー,労働組合指導者に危機感を生み出した。「近代化と合理化」が対応策の合言葉になった。1960年代の前半には,農業基本法,中小企業基本法が制定され,特定産業振興臨時措置法案などが構想され,産業政策が強力に実施された。そして,日本で現地生産を試みるであろうと想定されたアメリカ企業との日本国内における競争に備えて,自由化期限を目標に製品の生産費を引き下げ,品質を改善する強いインセンティブが日本企業には働き,乗っ取りを防止するために**株主安定化**にいっそうの努力が積み重ねられたのである。

2 小さな政府
●敗戦の恩恵と成長の成果

| 再設計の視点 |

図3・1は財政の規模を国民総支出（GNE）と比較したものである。これによるとA系列の数値でみても,B系列の数値でみても,財政支出の相対的な規模は1950年代に着実に低下し,60年代にはその低い水準が

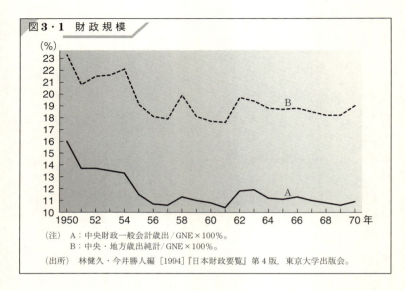

図3・1 財政規模

(注) A：中央財政一般会計歳出／GNE×100％。
B：中央・地方歳出純計／GNE×100％。
(出所) 林健久・今井勝人編［1994］『日本財政要覧』第4版，東京大学出版会。

維持された。その水準は実に1930年代の半ばという低さであったし，国際比較を行っても主要国のなかで最低であった。しばしば，日本の政府は大きな政府だと誤解されているが，戦後1950～60年代の日本では画期的に小さな政府が成立していたのである。

それまでの，主としてヨーロッパ主要国の経験では，戦争によって財政の相対的な規模が大きくなると，その大きくなった規模は戦後も維持されて，GNEに対する比率は戦前より目立って高いままであった。これを転位効果，あるいはピーコック＝ワイズマン効果というが，第2次世界大戦後の日本では，転位効果は生じなかったことになる。その理由はいくつかある。第1は，敗戦と戦後改革の影響であり，最も重大なのは帝国陸海軍の解体である。戦後，自衛隊が生まれたが，その規模において戦前の陸海軍とは比較にならない。戦時はおろか1934～36年という時点においてすら軍事費は歳出の46.2％を占めていたが，60年における防衛関係費は9.4％にすぎないのである。第2に，国際比較をす

ると社会保障関係費の比率が日本では小さい。この社会保障費比率の小ささも財政規模を相対的に小さくしたとみることができる。

社会保障に関しては、1961年に国民皆保険、59年に国民皆年金が実現したから、制度的にはすでに社会保障は整いつつあったといってもよい。ただ、当初は給付水準が低かったが、高度経済成長期には物価水準を上回る各種給付水準の引上げが行われた。そして、1973年、福祉元年といわれたこの年に大幅な制度改革が実施された。老人福祉法改正による老人医療費支給制度、健康保険法改正による家族給付率の50％から70％への引上げ、年金制度におけるいわゆる5万円年金の導入などがそれである。高度経済成長期においては社会保障制度は整ったが、いわばその中身は薄かったということができる。しかし、それだけではない。

福祉を代替した成長

制度的にみると、日本では、企業、とくに大企業の**非賃金支払い**のウエイトがヨーロッパ諸国と同様に高いことが注目される。非賃金支払いの主たるものは法定福利費であって、それは健康保険、公的年金、雇用保険、労災保険などの社会保険料の企業主負担分から構成される。つまり、日本における社会保障制度は企業の保険料負担を組み込んで設計されているのである（猪木・樋口［1995］）。これ以外にも、法定外として社宅や保養所の維持・運営費が負担されている。したがって、われわれが箱根、軽井沢など日本の代表的な保養地に行くと、大企業の立派な保養所がずらっと並んでいるのを目にすることになる。大企業は明確に社会保障を企業に内部化していたのである。そして、経済成長の過程で失業率が低位に推移したことや、〈65歳以上人口／総人口〉が高度成長期には5～6％台と低かったことも、社会保障費を低水準に保つ要因であった。フランス、ドイツ、イギリスなどヨーロッパの先進大国は戦前に65歳以上人口が7％を超える高齢化社会になり、アメリカもまた

第2次世界大戦中に高齢化社会になったが,日本が高齢化社会を迎えたのは,1970年であったのである。

こうした,いわば構造的な要因のほかに深刻な不況を経験しなかったことも,財政規模を拡大させない要因であった。景気後退はあったものの,それは経済成長率が10%から5%に低下するというものにすぎなかった。既述のように,財政も景気対策に利用されたが,それはせいぜい歳出の繰延べ,予算執行の前倒し程度であった。したがって,財政が反循環的に運用されることはなく,財政支出の増加率の変動は経済成長率の増減と正の相関関係にあった(中村 [1980])。

直接税中心税制と減税　税制の仕組みは直接税,とくに個人所得税と法人税が中心であり,個人所得税は累進制がとられた。所得税の超過累進税率制度は,1950〜60年代には最高税率が引き上げられ,税率累進度が強化された。こうした**累進税制**の下でインフレをともなう高度経済成長が展開すれば,膨大な租税の自然増収が生じる。そして,より高い限界税率に押し上げられるブラケット・クリープ (bracket creep) の問題も発生した(宮島 [1986])。1955〜70年度の所得税の自然増収額は3兆2298億円に達したが,このうち1兆1190億円が所得税減税の対象になった。減税の方法は,基礎・扶養・配偶者控除の引上げ,給与所得控除の引上げ,税率軽減などによるもので,とくに課税最低限の引上げに重点が置かれた。

法人税に関しては,シャウプ税制は法人の利益はそれを構成する個人(株主)にすべて還元できるという法人擬制説の立場に立った配当の二重課税を排除しようという方式であった。その後,法人税は**法人実在説**的な見方に基づく修正を受けるが,1961年に法人所得のうち一定額以下に軽減税率を適用する二段階税率が採用されたり,企業体質の強化,技術振興,設備近代化などを目

的としたさまざまな**租税特別措置**が採用されて，法人課税実効税率では欧米諸国より低水準にあるとみられた。こうして，高度経済成長の成果を減税に振り向けたことも，財政規模の膨張を抑制した要因といえよう。

ボトルネック現象と公共投資

自然増収が減税に引き当てられても，なお財源に余裕があったのが高度成長期の特徴であった。しかし，高速の経済成長自体が景気過熱とともに，「ボトルネック現象」を生み出した。「ボトルネック現象」とは，港が混んでいて船の荷役が行えず港湾で滞船すること，国鉄の輸送能力を上回る物流需要の増加があって貨物が輸送できずに駅の周辺に積み置かれた駅頭滞貨，エネルギー不足などを指す。つまり，輸送，エネルギー供給などインフラの機能が供給不足になった。港湾施設などは公共財であるから，政府の投資が求められた。政府の投資の重点は産業基盤整備，港湾整備，道路整備に置かれたのである。

また，郵便貯金や簡易保険の保険料収入などを原資とした財政投融資の役割が著しく大きくなったのも，この時期のことであった。財政投融資の規模をGNEと対比すると，1955年に3.6％であったのが，60年には4.3％，65年には5.3％に上昇した。財政投融資に基づく日本開発銀行など政府系金融機関の貸出金利は，表面金利でみても1950年代には市中金利より2～3％ほど低く，60年代においても，若干市中金利より低かった。しかも，市中金融機関は貸出金の一部を定期預金とさせる**拘束預金制度**をとっていたから，市中金利は実効金利としては表面金利よりも高く，財政投融資による貸出金利との差は，実質的には表面金利以上に大きかった。したがって，財政投融資には低利で長期の資金を特定の産業分野に配分し，その分野の設備投資を有利にする資源配分効果があったとみることができる。

表3・3 財政投融資の運用

(単位:%, 億円)

	1953年	1955年	1960年	1965年	1970年	1975年
住　宅	5.2	13.8	12.8	13.9	19.3	21.4
生活環境整備	7.8	7.7	9.3	12.4	11.6	16.7
厚生福祉	1.6	2.1	1.8	3.6	2.8	3.4
文　教	4.5	4.5	3.5	3.0	2.2	2.9
中小企業	7.9	8.1	12.7	12.6	15.4	15.6
農林漁業	11.2	8.9	7.1	7.2	5.0	4.1
国土保全	14.0	7.7	6.5	3.1	1.6	1.2
道　路	3.7	3.7	3.6	7.9	8.6	8.0
運輸通信	11.3	12.2	14.1	13.9	13.2	12.7
地域開発	3.7	8.5	7.1	7.0	4.0	3.3
基幹産業	29.1	15.1	13.6	7.8	5.7	3.0
貿易・経済協力	―	7.0	7.9	7.5	10.6	7.7
合計金額	3,228	3,219	6,069	16,206	35,799	93,100

(出所)　図3・1に同じ。

　財政投融資の運用をみると，表3・3のように変化した。運輸通信のウエイトはこの間一貫して高かったが，全体としてみれば構成変化が顕著であった。復興の最終局面（1953年）には，鉄鋼，電力，海運など基幹産業への投融資が最大で，国土保全・災害復旧，農林漁業のウエイトが高い。高度成長期になると，それらのウエイトは顕著に低下し，一方で中小企業，道路，地域開発，貿易・経済協力のウエイトが高まり，他方で住宅，生活環境整備のウエイトも高まる。1970年代以降になれば，住宅，生活環境整備に大きなウエイトがかけられた。高度経済成長期に道路建設に資金が投入されたことは，輸送能力の拡充にとどまらず，自動車の市場を拡大するものでもあった。財政投融資も経済成長の阻害要因を除去し，産業構造の転換を促進する役割を担ったとみることができるのである。

3 産業構造の重化学工業化
●技術と経営の革新

技術革新

　既述のように「投資が投資を呼ぶ」という経済成長が実現したから，この成長は民間設備投資主導型といわれる。GNEに占める設備投資の比率を投資比率と定義すると，日本の投資比率は大きく変動したが，平均すれば20％前後で，欧米諸国に比べて著しく高かった。そして，もう少し詳しく経済成長要因を調べると，資本ストックの増加と全要素生産性の伸びに分けられる。労働投入量は，労働人口は増加したものの，労働時間が減少したためわずかな増加にとどまっていたからである。

　資本ストックの増加は，いうまでもなく旺盛な設備投資の結果であった。民間企業の設備投資は利潤額の増減にきわめて密接な関連をもっていたことが知られている。つまり，利潤額が増加すれば，設備投資の伸び率が増大し，利潤額が減少するとその伸び率が低下した。収益性が上昇するという期待の下で旺盛な設備投資が行われたことになる。新たに建設された生産設備には最新の生産技術かそれに近い高い生産技術が体化されていたから，資本ストックの増加は生産性を高める効果があった。事実，いくつかの推計でも全要素生産性の伸びが成長に寄与したことが示されているが，とくに1960年代後半においては経済成長の3分の1以上が生産性の伸びの貢献によるものであった（香西［1981］）。

　アメリカを中心にすぐれた産業技術が豊富に蓄積されていた。そして，そうした産業技術を導入し，企業化するだけの潜在的な技術水準が日本にはすでに存在していた。しかし，アメリカで発展させられた産業技術は，アメリカの国民経済の特性に強く規定

されていた。アメリカの国民経済の特性とは，市場規模が大きく，資源生産性が高く（資源価格が安く），地代が安く，金利が安いのに対比して労賃が相対的に高く，多人種・多言語でコミュニケーション・コストが高く，輸送コスト，修繕のコストが高いといったことである。したがって，アメリカの産業技術には技術的合理性を前提としながらも，安い資源・土地・資本をふんだんに使用して，高い労働を節約して大量生産するという特性があった。しかし，1950～60年代の日本においては，上記の相対価格関係はアメリカとちょうど逆であった。したがって，アメリカの製品・生産技術，生産管理技術など産業技術を導入するには，多品種少量生産を基本としたうえで，相対的に高い資本・資源・土地などを節約し，相対的に安い労働やコミュニケーション・コストの安さを活用するものに修正する必要があったし，それが達成できたことが設備投資を旺盛にした理由でもあった。設備投資と付加価値生産の関係を示す資本係数が著しく低く，投資の効率がきわめてよかったのも資本節約的な工夫が積み重ねられたからであろう。そうした工夫は，日本の企業経営者，現場労働者などのイノベーティブな活動によって生み出されたのである。

革新的企業家活動 高度成長期に試みられたイノベーティブな活動については，具体的には，第7章の鉄鋼業におけるコンパクトな臨海立地の銑鋼一貫工場，第18章で述べるトヨタ生産方式があげられるし，第14章のエレクトロニクス製品の開発にも同様なことがいえる。そして，第5章で触れるメインバンク・システムは短期性の貯蓄資金を長期の設備投資資金にシフトさせるシステムであり，第13章で述べる下請制も，一面では資本節約的なシステムとして機能したのである。

積極的な設備投資によって日本経済の**比較優位構造**は急速に変化し，付加価値生産性の高い産業分野を中心とするものに変わっ

表 3・4　産業構造変化係数の国際比較（1954〜61 年）

	A	B
日　　本	18.4	43.8
アメリカ	5.6	4.0
イギリス	9.1	8.8
西ドイツ	7.0	11.9
フランス	5.4	16.0
イタリア	14.3	20.8

（注）　A は全産業で 7 産業，B は製造業で 13 業種が対象。構造変化係数は各産業，業種の 2 時点間における構成比の変化（ポイント差）の絶対値の合計。

（出所）　経済企画庁［1964］『経済白書』。

た（藤野［1990］）。産業構造（産業別の付加価値ないし就業人口構成比）も大きく変化した。日本経済の産業構造変化の速さは，**表 3・4** に示した**産業構造変化係数**の国際比較から明らかであろう。全産業でみても，製造業に限っても，日本の産業構造変化係数は欧米主要国よりはるかに高く，産業構造の変化が激しかった。しかも，この産業構造の変化は製造業のウエイトが高いという条件の下で，付加価値生産性の高い金属工業，化学工業，機械工業といった，いわゆる重化学工業を中心にした産業構造へと転換するものであった。その点は**表 3・5** に明らかであろう。

表 3・5（a）によれば，15 年間に第 1 次産業のウエイトが 3 分の 1 に激減した。他方，製造業のウエイトは 1955〜60 年に急増し，60 年代もなお増加していた。また，表 3・5（b）によれば，1955〜60 年に石油・石炭製品（石油が中心），1 次金属（鉄鋼が中心）のウエイトが急増し，60 年代には金属製品，機械工業がそのウエイトを高めた。重化学工業化というよりは**機械工業化**といってよいような変化であった。

表3・5 (a)　産業構造の変化（全産業，付加価値）

(単位：%)

	1955年	1960年	1970年
第1次産業	19.2	12.8	5.9
第2次産業	33.8	40.8	43.1
鉱　　業	1.9	1.5	0.8
製　造　業	27.5	33.8	34.9
建　設　業	4.4	5.5	7.5
第3次産業	47.0	46.6	50.9
卸売・小売業	10.3	11.4	13.9
金融・保険業	3.9	3.5	4.1
不　動　産　業	5.4	7.4	7.8
運輸・通信業	7.0	7.3	6.7
サービス業	9.8	7.4	9.3
政府サービス	7.4	6.2	6.1
そ　の　他	3.2	3.4	3.0
合　　計	100.0	100.0	100.0

（出所）　経済企画庁［1997］『戦後日本経済の軌跡』。

表3・5 (b)　製造業の構造変化（就業者）

(単位：%)

	1955年	1960年	1970年
食　料　品	26.5	16.5	10.6
繊　　　維	11.9	8.3	5.5
パ　ル　プ	3.2	3.1	2.6
化　学　品	9.2	8.5	8.4
石油・石炭製品	2.9	5.1	4.7
窯業・土石製品	3.8	3.9	4.2
1次金属	9.8	12.1	11.3
金属製品	3.2	4.0	6.0
一般機械	4.6	8.5	10.7
電気製品	4.4	8.9	10.9
輸送機械	6.2	8.6	10.8
精密機械	1.6	1.6	1.7
そ　の　他	12.7	11.0	12.7
製　造　業	100.0	100.0	100.0

（出所）　表3・5 (a) に同じ。

4 労使関係の安定化

●キーワードは多能と平等

企業別組合と解雇反対闘争

既述のように,1940年代末から50年代にかけては大量解雇が行われ,解雇反対などの大争議があった。また,高度成長期には労使紛争の発生頻度は,戦前や1970年代後半以降と比べて高かった。労働損失日数でみると,1960年前後の数年間が600万日を超えて最も高い。この大争議の過程で,日本電気産業労働組合,日本自動車労働組合などの産業別組合が決定的に敗北を喫し,組合の組織形態は**企業別組合**が中心になり,産業別組合は多くの産業で少数派が組織する組合になった。この企業別組合は戦前における組合運動の延長線上にある組合と考えることができるが,仕事につきながら形成される熟練,つまり**OJT**(On-the-Job Training)で形成される熟練が組合形態の決定に重要な意義をもった。形成された熟練が企業特殊的(firm specific)な要素が多ければ多いほど,共通の利害をもつ労働者の範囲は同一企業の従業員に一致するから,企業別組合が合理的になる。

企業別の組合は,当初,イギリスの**職種別組合**やアメリカの**産業別組合**を望ましい組合形態とみなす人々から遅れた組織形態であるとか,会社あるいは経営者の御用組合とみられた。しかし,企業別組合は解雇反対闘争において強い戦闘力を示した。労働組合が解雇反対闘争でその目的を達したことはなかったが,雇用を争点とした争議においては企業別組合が強く抵抗することによって争議にともなう経費,失われた利益,経営者が受ける悪評ないし悪名という評価といった争議のコストが高いこともまた明確になった。したがって,企業経営者は,原則として解雇を行わず,

経営悪化によって減員という雇用調整を行う場合も指名解雇を回避するようになった。この結果，**長期継続雇用**システムが発生し，普及したが，それはしばしば「終身雇用」といわれた。しかし，大企業では多くの企業が55歳を定年とする就業規則，労働協約をもっていたから，定年年齢の55歳という年齢条件によって一律に労働契約が解消する，別の言い方をすれば，55歳という年齢条件によって一律に解雇する雇用方式であったから，平均寿命が55歳を超えれば「終身雇用」でなくなるのは明らかであろう。

なお，1986，94年に高年齢者雇用安定法が成立・改正されて，98年からは定年制を設ける場合には定年年齢が60歳を下回ることができなくなった。これは，既述のサブシステムの発生，洗練，制度化という観点からいえば，長期継続雇用の法による制度化の1つである。

多能工化

長期継続雇用が定着したことは，雇用調整を非弾力化する要因であったから，経営者は採用において厳しい要員管理を追求し，すでに雇用した従業員の労働能力をフルに活用し，さらにそれを高めることにインセンティブが働いた。一方で，従業員教育が行われ，他方で事業領域の拡大にともない，新しい事業・職場に比較的近接している既存のそれから人を配する，配置転換という弾力的な企業内労働配置が行われ，さらに企業内・事業所内の労働需給の繁閑を人員に比較的余裕のある職場から人手不足の職場へ応援・出向して調整する方法がとられた。それは「意図せざる」効果をともなったと思われる。幅広い職場を経験することによって多様な作業・職種の経験を積み，**多能工化**の条件を作り出したからであり，それはまた熟練の企業特殊的な特性を強めるものでもあった。後述のトヨタ生産システムの場合は目的意識的に多能工化が図られたが，一般的には配置転換の「意図せざる」効果として幅広いOJTが

行われ，事後的に多能工が生み出されていたとみることができる。配置転換を技能形成と組み合わせて，意図的に広範に採用するという洗練の論理が展開されたのが，石油危機後に展開した「減量経営」といわれる調整過程であった。

若年労働力不足

要員管理が厳しくなるということの一面は，労働需要が，安く可塑的な若年層に集中することであった。しかし，労働需要の増加と上級学校への進学率の上昇によって，1960年代半ば以降には，若年層では労働力不足が発生した。この労働力不足は日本経済の大きな構造変化を示していたのである。

労働省「職業安定業務統計」によれば，1955～65年に中学卒業者の求人倍率は1.1倍から3.7倍に上昇し，高校卒業者のそれも0.7倍から3.0倍へと急上昇した。若年労働力の稀少性が強まったから，彼らは「金の卵」といわれたが，企業が若年者を雇うための求人活動の経費，赴任旅費，支度金などの採用費用が増加するとともに，採用した人材への教育投資へのインセンティブが強まった。労働力不足への転換という外部労働市場の大きな変化が衝撃となって，長期継続雇用に基づいて現場労働者の技能を幅広く，深く開発していく熟練形成システムが洗練されたのである。

こうした熟練形成システムは一面で年齢別の賃金の相違を明確にするものであるが，しかしその差はそれほど大きくないし，労働力不足による若年者の賃金の相対的に早い上昇が年齢別の差を小さくし，春闘によって，産業内同一水準といわれるように産業内の企業間賃金格差はきわめて小さくなり，産業間の平準化というべき産業ごとの**賃金格差**の縮小がみられた。これは所得分配に大きな影響を与える構造的要因であった。

平等度の高い所得分配

戦前においては，**所得分配の不平等度**が上昇していたと推定されている。所得分

配に劇的な転換が生じたのは,敗戦直後の時期,つまり1940年代後半から50年代初めであった。もともと不平等度の高い財産所得に関してみると,農村においては農地改革が所得分配の平等化をもたらした。また,高額所得者が集中していた都市では戦災による資産減少があったうえ,戦後の激しいインフレーションによって金融資産は大幅に減価し,1946～51年度に実施された財産税によって高額所有者の資産の大半が没収された。財閥解体もごく一部の飛びぬけて高額の所有者から資産を没収した(南[1996])。

他方,相対的に不平等度の低い賃金所得に関しても,戦後の改革のなかで職員と工員の身分格差の撤廃,賃金格差の縮小が生じた。役員所得と平均賃金を比較すれば,役員所得の劇的な相対的低下が生じた。そのうえで既述のような構造的変化に加えて分配率の上昇というもう1つの構造的変化が加わって,所得分配の平等度は高い水準を維持したのである。分配率の変化の一端は,**表3・6**の雇用者所得の構成比の上昇に示されている。

高い貯蓄率

表3・6はもう1つ重要な変化を示している。戦後における貯蓄率の急速な上昇である。この貯蓄率の上昇については,賃金に占める臨時的収入としてのボーナスの比率が高まることによって上昇したというボーナス仮説,社会保障の給付水準が低いから老後に備えて貯蓄したという社会保障不備説,ライフサイクルを考えれば若年のときに貯蓄するが,日本の人口構成が若かったからだというライフサイクル仮説,消費支出は慣性があって変化が遅いが,賃金上昇率が高かったため結果としては消費支出が遅れて貯蓄率を高めたという説などが唱えられた。どの説も一定の説明力があるが,高度成長期以後も貯蓄率が高かったことを説明できないという難点がある。したがって,なぜ,貯蓄率が急速に高まったかという点に

表 3・6　個人所得の構成と貯蓄率

年	雇用者所得	個人業主所得	財産所得	合計	可処分所得	貯蓄率
1934〜36	60 (39.2)	43 (28.1)	49 (32.0)	153 (100.0)	133	10.2
50	1,527 (48.4)	1,490 (47.2)	136 (4.3)	3,157 (100.0)	2,870	8.7
55	3,613 (50.2)	2,709 (37.7)	511 (7.1)	7,195 (100.0)	6,557	13.9
60	6,639 (55.1)	3,486 (29.0)	1,309 (10.9)	12,040 (100.0)	10,972	17.4
65	14,703 (58.1)	6,077 (24.0)	3,092 (12.2)	25,297 (100.0)	22,400	18.5
70	32,256 (59.9)	11,592 (21.5)	6,919 (12.9)	53,824 (100.0)	47,091	20.3

（注）　単位は戦前が億円，％であり，戦後は10億円，％である。
（出所）　経済企画庁『国民所得統計』。

ついては，ここではこれ以上検討しないが，貯蓄率が高まり，しかも所得分配が平等化した条件の下でそれが起こったから，個々の家計についてみると貯蓄額は相対的に少額であり，少額の貯蓄が多数寄せ集まってマクロ的には巨額の貯蓄を供給したことが重要である。貯蓄はリスクの負担を考慮して収益性を追求するより，安全性を重視して銀行などの金融機関や郵便局へ預金された。したがって，これがメインバンク・システムの前提となる**間接金融**の優位を作り出すとともに，財政投融資の原資を供給して，旺盛な設備投資をファイナンスしたのである。高度成長が生み出した平等度の高い所得分配の下で生じた貯蓄率の上昇が，高度成長のエンジンであった民間設備投資を支える条件でもあったのである。

第4章 産業政策の効果

市場メカニズムの間接的援助

1 産業政策の手段
●政府資金，租税特別措置，外資法と外為法

産業政策とはなにか

産業政策とは，「市場の失敗」のため資源配分に問題が発生，または発生が予想されるとき，政府が産業部門間の資源配分，または個別産業内の産業組織に介入して，経済全体の厚生水準を高めようとする政策である。したがって，産業政策は産業構造政策と産業組織政策に大別される。

この産業政策が，日本の高度成長に対して効果をもったことは広く認められるようになった。その極端な例は，「**日本株式会社論**」と称される海外からの評価であった。これは，政府（通産省）の有形・無形の施策が基本的に企業行動を規制しており，日本全体があたかも1つの株式会社のように組織されているという主張である。しかしながら，「統制経済」から市場経済に移行した日本では，企業は基本的に自由な意思決定を行っていたのであり，「日本株式会社論」はそもそも成立しがたい議論であった。ここ

表4・1 財政投資，財政投融資の分野別構成比

(単位：%，億円)

	1954〜57年	1958〜61年	1962〜65年
農 林 水 産	17.0	17.5	14.7
エネルギー	15.5	10.1	5.4
商 工 業	9.9	14.1	14.2
輸送用施設手段	22.7	25.2	31.5
通 信	9.8	10.2	10.6
福祉・厚生	8.9	9.5	10.3
環 境 整 備	0.5	1.6	2.4
そ の 他	1.9	2.2	1.8
地方自治体	13.8	9.6	9.1
合　　計	25,291	50,727	107,176

(出所) 鶴田［1982］。

ではまず，産業政策の主要な手段として，政府資金，租税特別措置，外資法・外為法による規制の3つについて検討しておこう。

政府資金　高度成長前半期に政府が支出した投資資金の内訳を，表4・1によってみると，中央政府の投資資金は，輸送手段，さらには通信というインフラ整備に多く向けられた。輸送部門では，東海道新幹線などへの国鉄の投資，および1960年代後半からは道路投資が中心になった。インフラ投資が及ぼす影響は，輸送機関などの能力増強にとどまらず，民間企業にとって外部経済の効果を生み出し，それによって，民間部門の発展が加速されたのである。

　商工業部門への支出は，高度成長初期には低く高度成長とともにその比率を高めたが，農業・輸送部門への支出には及ばなかった。政府の役割は，既述のように「小さな政府」であるとともに，間接的に工業部門の発展を促進する内容であった。商工業部門への支出の内容を，表4・2の産業別設備資金に政府資金が占める割合から時期別にみると，1952年度の時点では，30％以上を政

表 4・2 産業別の政府資金依存度

政府資金比率	15%未満	15〜30%	30〜40%	40〜60%	60%以上
1952年度	なし	金属鉱業 (21) 陸運 (19)	全産業 (34) 化学 (35) 機械 (33) 鉄鋼 (32) 石炭 (33) 水運 (33)	ガス (59) 電力 (50) 繊維 (46) 水産 (40)	農業 (70)
1959年度	化学 (12) 機械 (14) 鉄鋼 (6) ガス (13)	全産業 (22) 製造業 (15) 食料品 (29) 繊維 (18) 窯業 (16) 陸運 (16)	石炭 (37) 金属鉱業 (34) 電力 (31) 水産 (25)	水運 (41)	農業 (79)
1965年度	製造業 (12) 化学 (8) 機械 (11) 鉄鋼 (3) ガス (14)	全産業 (19) 食料品 (20) 繊維 (17) 窯業 (16) 水運 (21)	金属鉱業 (31) 電力 (32) 陸運 (29)	なし	石炭 (67) 水産 (64) 農業 (69)

(注) 設備資金に占める政府資金の比率。カッコ内は%。
(出所) 表4・1に同じ。

府資金に依存する産業が多数あり，重点産業の多くが含まれていた。1965年度になると，30%以上を政府資金に依存する産業は減少し，石炭・農業という衰退産業の依存度が高かった。政府資金が果たした役割は，量的な側面からは，衰退産業の補助によって産業構造の急激な変化のショックをやわらげることにあったと評価できるであろう。

　政府資金のうち**財政投融資**による資金供給として，**日本開発銀行**を通じたルートがあった。日本開発銀行の融資は，石油化学工業，電子工業などの新興産業にも配分され，「呼び水効果」によって幼稚産業の発展を助長した。日本開発銀行の融資は低利資金

という点で融資を受けた企業に利益を与えた。日本開発銀行の貸出金利は,市中金利よりも低い基準金利が設定され,さらに電力・海運などに対しては基準金利よりも低い特別金利が適用された(橋本［1995c］)。

租税特別措置:特別償却

経済政策の目的を達成するための誘因手段として「刺激的課税」(incentive taxation)を用いるという手法は,第2次世界大戦中の生産力増強のために拡大された。1938年の臨時租税措置法は,内部留保,減価償却の優遇などしだいに「刺激的課税」の性格を強めた。戦後は戦時目的の特別減免税は大部分廃止された。しかし,1950年に**シャウプ税制**が実施されると,租税特別措置が急増した。「公平の原則」を掲げたシャウプ税制と特別措置の増加とは相反するものであったが,シャウプ税制がもつ「貯蓄と投資を阻害する」場合には「公平の原則」からの逸脱を容認するという論理が,租税特別措置の拡大をもたらした(和田［1992］)。

租税特別措置の主要な手段は表**4・3**のように,免税所得,各種準備金・引当金,特別償却制度の3種類であった。サンプル調査の結果をみると,本来課税の対象になるはずであった総所得金額の最大51％が控除されていた。化繊,肥料業などで免税所得の比率が高く,銀行は準備金・引当金の比率が高かった。製鉄業は特別償却の恩恵が大きかった。大法人企業と中小法人を比較すると,大法人の特別措置による控除比率が高かった。

租税特別措置のうち産業政策の手段として重要だったのは,**特別償却制度**であった。特別償却制度は,1951年に,重要機械などの割増償却制度として創設された。戦時・戦後の老朽化した機械設備を更新し,国際競争力を強化するというのがその目的であり,政府が指定した特定の設備について,3年間の特別償却(普

表 4・3 租税特別措置の効果（サンプル調査）

(単位：百万円、％)

	鉱業	紡績	化繊	製紙	肥料	製鉄	電機	貿易	電力	銀行	10社合計
総　所　得	814	651	3,232	736	468	4,326	5,367	996	3,281	3,209	23,080
免税所得	1.0	17.8	30.8	7.2	38.3	12.7	3.8	20.3	8.2	1.9	11.4
重要物産の免税所得			28.1	6.1	16.5				8.2		5.6
増資配当の免税所得		1.5	0.6		4.3	4.0	1.5	5.7		1.9	1.8
輸出所得の特別控除	1.0	16.3	2.1	1.1	17.5	8.7	2.3	14.6			4.0
準備金・引当金	15.5	-4.5	3.4	14.3	4.5	5.1	9.0	16.4	31.2	31.4	14.0
貸倒準備金	3.1	0.9	0.4	0.8	1.3	0.6	3.2	3.0	0.5	22.5	4.4
価格変動準備金		-6.6	0.9	6.4	-10.0	-0.1	3.3	-0.3		3.9	1.2
退職給与引当金	12.4	1.2	2.2	7.1	13.3	4.6	2.5	3.3	0.1	5.1	3.6
渇水準備金							0.1	10.3			0.5
特別償却額	4.8	6.8	9.5	4.8	8.3	29.3	8.1	0.3	30.7	1.0	4.4
											9.5
課税所得金額	78.8	79.9	56.2	73.8	48.9	52.9	79.1	63.1	60.6	65.7	65.0

(注) 総所得＝100％、各業種1社の大企業の数値。
(出所) 通商産業省 [1990]。

通償却の5割増）を認めた。1952年度には企業合理化促進法に基づいて，合理化機械などの初年度2分の1償却が開始された。特別償却は設備投資に対して，償却後の利益に課税される法人税の支払延期を認める制度である。一定期間の控除額が大きければ当然，法人税額は軽減されるが，償却期間すべてを通算すれば最終的に控除額は同額となり，納税額は同じである。しかし，法人税の繰延べは，その繰延べ額に相当する無利子の貸付が政府から納税者に行われた効果をもつ。そして，投資の増加率が高いほど，納税繰延べの効果は大きくなり，企業収益に対する実効税率は低くなる。

　特別償却制度の影響は，一般的には，①企業の手元資金の流動性を高める流動性効果，②企業の予想収益率を高める収益性効果，③投下資本の早期回収によるリスク軽減効果，などが指摘されている。さらに，企業合理化促進法が鉄鋼，非鉄金属，石油・石炭，化学，自動車，工作機械，電気通信機械など，重化学工業の主要部門を特別償却の対象に指定したことは，これら部門への投資をその他部門よりも促進する効果をもち，産業構造の高度化を加速させた。

外資法，外為法などによる介入

国際収支が赤字基調を続けていた1950年代には，限られた外貨資金を効率的に配分するために，**外貨割当制度**がとられた。この外貨割当の根拠は，外国為替管理法（外為法），輸入貿易管理令などによる輸入貿易管理制度であった。外貨割当制度の目標は，外貨の節約であり，さらに外貨獲得の増大への誘導であった。たとえば，石油業への外貨割当は，国内での消費地精製主義を前提に，石油製品への外貨割当は最小限度にとどめ，一方，原油輸入への外貨割当は増大させる方向で運用された。したがって，外貨割当の第1の効果は，輸入代替工業化を進めた点にあっ

た。さらに，第2の効果として，輸出振興があった。綿業のケースをみると，1953年7月の輸出リンク制によって，輸出分については原綿の全必要量が割り当てられるという輸出への強力なインセンティブが与えられた。

しかし一方で，外貨割当制度は特定産業または一部企業にレント（競争市場で決定される以上の超過利益）を発生させる可能性をもっていた。原綿輸入が外貨予算によって規制されたため，潜在的な需要が供給を上回った綿業のケースをみると，割り当てられた原綿購入外貨資金が実際には市中で売買されていた。これは，実需を上回って割当を受けた業者があった一方で，原綿資金不足に陥る企業があったことを示している（通商産業省［1990］）。必要以上の原綿購入資金を入手した企業は，その売買によってプレミアムを得ることができた。政府が外貨割当制度によって，原料輸入の数量を左右する権限を保有したことは，通産省が，本来は民間企業それぞれが意思決定すべきことがらに介入すること，または介入するという「脅し」を行う根拠になったのである。

外貨節約の必要性は，外資導入に対する規制としても機能し，主に技術導入の規制を通じて，産業発展に対する政府介入の手段として機能した。その根拠は1950年の「**外資に関する法律**」（**外資法**）であり，技術導入を希望する企業は外資審議会の承認を得る必要があった。外資法によって，対外送金をともなわないものも含めてすべての外資導入について外資審議会の承認を要することになった。外資導入の認可基準は，国際収支改善への貢献，重要産業・公益事業の発達および技術援助契約に必要なことという抽象的な規定であり，日本経済の復興に悪影響を与える場合には認可しないこととされた。これによって，通産省は技術導入契約の内容に立ち入って，行政指導によって契約内容の変更を求めることができた。具体的には，導入技術の範囲の限定，特許料率の

低減などが求められた。

　これによる外貨支払いの低減効果は，さほど大きな金額ではなかったと推測される。外資法による介入は，むしろ技術選択によって国内の技術発展に必要な保護の範囲を特定し，その他の部分については，国内技術の発展を促進する効果をもったのである。

2 コンピュータ企業と産業政策
●すばやいターゲティング

　コンピュータ産業の育成策

　産業政策の手段が実際にどのように効果をあげたかをみるために，**幼稚産業保護**の事例として，コンピュータ産業の育成政策を検討しよう。コンピュータ産業への主要な政府介入は，まず第1に技術導入について行われた。コンピュータの基本特許をもつIBMに対して，通産省は基本特許の使用を国内企業に許諾するよう求めた。IBMは特許の使用許諾を行わない方針であったため，要求を拒絶していたが，日本国内での製造許可を得るために譲歩の必要があった。そこで，IBMは，100％子会社である日本IBMがコンピュータ製造に着手できることを条件に，日本企業7社との特許契約を1960年に締結した（日本アイ・ビー・エム［1988］）。この交渉では，IBMと国内企業との特許契約，および国内製造のためのIBMと日本IBMの技術援助契約という別個の問題がセットにされて取り上げられた。通産省は，外資法を根拠に日本企業がコンピュータ特許を使用できるようにした。通産省はコンピュータ技術の重要性をかなり早い時点で正確に認識していたといえよう。これによって，日本企業は，コンピュータ製造競争のスタートラインに立つことができたのである。

　第2に，国産コンピュータに一定のマーケットを確保する方策

がとられた。輸入コンピュータについては、外為法を根拠として一件ごとに、輸入の必要性に関する通産省のヒアリングが行われ許可が下された。1960年代半ばからはIBMの市場シェアを一定部分に抑える行政指導が行われた。また、前述の国内製造の許可に際しても、製造機種に関する合意と国内向け販売を一定範囲に抑えるとの合意が存在したといわれる。このような通産省の方針は、1960年代に入って相次いで外国コンピュータ企業と提携した日本企業（日本電気—ハネウエル、沖電気—ユニバック、日立—RCA、東芝—GE）にも国産化を進めるインセンティブを与えた。

第3に、開発資金、販売資金の援助である。コンピュータは**電子工業振興臨時措置法**（1957年）によって指定産業とされ、補助金、開銀融資の対象になった。また、**鉱工業技術研究組合法**（1961年）は、企業が参加する研究組合を通じて開発プロジェクトへの補助金を支出した。さらに、コンピュータ販売に不可欠なレンタル資金の負担を軽減するため、レンタルを行う日本電子計算機株式会社（JECC）を設立し、それに開銀が融資を行った。さらに、1970年代に入ると通産省は3企業グループ体制への集約を構想し、3研究組合への補助金によって、IBM対抗機種の開発を援助した。企業間の開発分担による製品化は一定の競争効果をもちつつ、限られた技術資源を有効利用して、IBMに対抗する技術的基礎を固める効果をもったのである。

産業政策の有効性

幼稚産業保護のなかでもコンピュータ産業においては最も強力な産業政策が展開された。ただし、政策が有効であったのは単に補助金額や通産省の強引な介入のためではなかった。コンピュータ産業政策の有効性として、以下の3点を指摘できる。

第1点は、コンピュータ発展の初期に基本特許の開放というIBMの基本方針をまげさせる譲歩を得たことである。ヨーロッパ

と対比して，政策のターゲティングがすばやく，かつ的確であったと評価できる。第2点は，外為法，外資法による介入が，国内コンピュータ企業に，市場メカニズムの下で一定のマーケット（中小型コンピュータ市場および公共機関の市場）を保障するような効果をもったことである。「市場メカニズムの下で」とは，コンピュータ需要産業の不利益を最小限にとどめ（消費者の利益を守り），競争的な市場構造を保持しながら保護を行ったことを意味している。1960年代半ばから盛り上がったコンピュータ需要，とくにそのうちの中小型機需要を国内企業がとらえたことはコンピュータ事業化の基盤となり，IBM対抗機種の開発に寄与した。そして第3点は，補助金が共同研究に対して支出され，参加企業間の競争による技術開発のインセンティブを利用する方式がとられたことである。ただし，第2点，第3点は，高度経済成長によって，急拡大する国内市場が前提になっていたことは否めない。増え続けるパイを分けあいながらコンピュータ企業は成長することができたからである。

3 産業政策の変化
●貿易自由化・資本自由化と政策手段

政策介入の後退

　日本経済の成長にともなって，産業政策が果たす役割は限定されていった。それは政府介入の根拠がしだいに制限されるようになったからであり，既述の主要な政策手段のうち，輸入貿易管理制度による規制が，貿易自由化によって緩和の方向に向かったからである。

　1955年9月のGATT加盟によって**貿易自由化**の推進が課題になり，外貨資金割当品目を削減し，自動承認制に移行する措置がとられていった。日本は1964年4月にIMF8条国，GATT11条

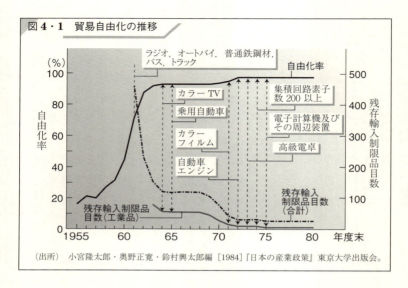

図4・1 貿易自由化の推移

（出所）小宮隆太郎・奥野正寛・鈴村興太郎編［1984］『日本の産業政策』東京大学出版会。

国に移行し，その結果，国際収支を理由とした為替制限と輸入制限はできなくなり，図4・1のように輸入自由化率は上昇した。外貨割当制度を根拠とする政府の介入は自由化率の上昇とともにその範囲は狭められたのである。そして，GATT加盟とともに，外貨割当の基礎になる外貨予算は廃止された。さらにその後，電子計算機（1975年），集積回路（1974年）などの戦略的な保護の対象になった製品が1970年代になって自由化され，工業製品の貿易自由化は完了した。

　外資法に基づく技術導入の認可もしだいに緩和された。1959年に技術導入の認可基準がポジティブ・リストからネガティブ・リストに切り替えられ，日本経済に悪影響がないかぎり，認可されることになった。これを契機に技術導入件数は急増した。さらに1968年に技術導入の自由化が行われ，技術導入件数は増加した（若杉［1986］）。

Column ② 本田宗一郎

　高度成長は，戦前以来の大企業の専門経営者による積極的な企業者活動とともに，戦後に創業された企業の創業経営者の革新的活動によって担われた。後者の活躍の場は，主に家庭電器製品，自動車などの戦後に新たに出現した耐久消費財部門にあった。またこれらの企業は，技術面では外国企業との提携を避けて国産技術のみで通すという独立志向が強く，この志向が過度の政府の介入・規制に対する批判的姿勢につながっていた。たとえば，ソニーの井深大・盛田昭夫，キヤノンの御手洗毅，サンヨーの井植歳男，シャープの早川徳次らが，未知の技術を自力で開発し，新しいブランドを確立していた創業者型革新的経営者の典型であり，本田宗一郎もまたその代表の一人である。

　1906年に生まれた本田宗一郎は，第2次世界大戦前は自動車修理工場経営，ピストンリング製造に従事していたが，1946年，静岡県浜松市に本田技術研究所を設立，当初自転車に据え付ける補助式エンジンから出発し，49年から本格的なバイクの生産を開始した。同年には藤沢武夫が入社，以降，本田技研は技術を宗一郎が，販売・財務をこの藤沢が担うというトップ・マネジメントの分業によって運営されることとなる。他の2輪メーカーに先駆けた4サイクル・エンジンを搭載した1951年のドリームE号の成功を機に本田技研は成長軌道にのり，56年には国内2輪トップメーカーの座についた。この2輪の成功後，宗一郎は1962年に自動車生産への参入を決意，67年のN360を皮切りに4輪車の本格生産を開始し，CVCCエンジン搭載のシビックの成功によって4輪メーカーとしての地位を確立した。また宗一郎は，世界に通用する技術の蓄積や，ホンダブランドの確立に対するレース活動の重要性の確信から，2輪のT.T.レース，4輪のF1レースなど世界最高峰のレースに参加し大きな成果をおさめた。こうした画期的な性能をもつ新製品の開発と，それを基礎とした差別

化戦略のほかにも，ホンダは高度成長期を通じて，1957年からのスーパーカブの輸出にみられる早期の海外市場への注目，自転車店を利用した販売網や自社ブランドの確立など，技術・製品・組織の各面で次々に革新を展開した（伊丹ほか［1988］，橘川・野中［1995］，中部［1994］）。

　以上のように，第1に，政府が直接的に介入する手段は，商品・技術の貿易については1960年代に効力を失っていった。政府の産業政策は高度成長期の半ばから，より間接的な役割に変化していった。しかし，第2に，エレクトロニクスのような戦略的な部門の自由化はできるだけ先送りにされ，国内の幼稚産業が発展する時間を産業政策が作り出したのである。

資本自由化と特振法の流産

　同様のことは，**資本自由化**についてもいえる。貿易自由化よりも資本自由化の日程は遅れ，100％自由化が実現したのは，1973年であった。ただし，1956年から円ベース株式自由取得制度（外貨送金をともなわない株式取得）の下で，コカ・コーラ，エッソ，ヘキストなどの子会社が設立された。

　資本自由化に対しては，政府，財界ともに強烈な危機意識があった。新日本製鉄成立のような大型合併の背景に，財界の危機意識があったことは明らかであるし，また通産省も資本自由化への対策は不可欠と考えていた。海外の寡占的大企業が貿易自由化，資本自由化によって日本市場に参入すれば，規模の小さい日本企業は競争できずに，合併吸収される企業が現れる，というのが通産省の予測であった。規模の経済性が作用する産業の場合には，業界再編によって残された少数企業に保護を集中するという産業組織政策は通産省の従来からの発想であり，なおかつ大部分のケ

ースで失敗し続けた。既述のコンピュータ産業の場合にも国策会社1社案が構想されたが，業界の反対によってレンタル会社の設立にとどまった。

　同様の発想に基づく最大のプランが，**特定産業振興臨時措置法案**（**特振法**）であった。特振法の特徴は，官民協調方式によって，石油化学・自動車などの成長産業を対象として業界再編を行い，銀行融資を義務づけるという点にあった。1962年にはじめて上程された特振法は結局，成立しなかった。融資に規制を受ける銀行が反対し，また自動車工業では4輪車に参入を意図する本田技研工業の本田宗一郎などは強く特振法に反対した。同法案を作成した佐橋滋企業局長（当時）は，「スポンサーなき法案」であるがゆえに流産したと回想している（伊東［1977］）。業界が積極的に賛成しない法案はいかに通産省が推進しても通過しなかった典型的な事例といえよう。産業政策が成功したのは，市場メカニズムの作用を間接的に援助した場合に限定されたのである。

第5章 メインバンク・システム

その形成プロセスと役割

1 メインバンク・システムの特徴
●「関係の束」

　高度成長期の企業金融は、もっぱら銀行からの借入、間接金融によって支えられ、しかも、この間接金融はメインバンク関係と呼ばれる銀行と企業の長期的な取引関係に支えられた。通常、**メインバンクの外見的な特徴は**、①借り手企業の資金調達で主導的役割を演ずること、②顧客企業の決済の中心であること、③顧客企業の主要株主であること、④役員の顧客企業への派遣、⑤業績が悪化した場合、救済にイニシアティブをとること、などに見出される。もっとも、このメインバンク関係は、銀行・顧客企業間の権利・義務関係が明文化された明示的な契約ではなく、主な研究は、顧客企業と銀行、あるいは銀行間の「**関係の束**」、あるいは「暗黙の契約の束」ととらえている。その契約内容は、①銀行は借入企業の資金の安定供給にコミットする一方、企業は銀行に決済口座を集中するなどその競争力向上に協力する、②銀行は企業の経営権の安定に対して協力し、業績悪化の際には、顧客企業

の救済にイニシアティブをとる一方，銀行に経営権が移動する，③その他の金融機関は，メインバンクに情報発信，モニターを委託する一方，長期取引にともなって発生するレントがメインバンクに帰属することを認める（**委託された監視者**〔delegated monitor〕）と要約できよう（青木・パトリック［1996］，鹿野［1994］）。高度成長期は，こうしたメインバンク関係が拡大し，企業金融，ならびにコーポレート・ガバナンスに重要な役割を演じた。

2 戦時・戦後改革期
● サウンド・バンキングからの転換

戦時統制：相対関係の形成

ところで，戦前の企業と銀行の関係は，上記のメインバンク・システムとは大きく異なっていた。戦前の企業の資金調達は内部資金が中心であり，外部資金に依存する場合には，増資・社債発行を中心とした（**図5・1**）。一方，1930年の普通銀行数は625行に達し，銀行業の産業組織は競争的で，しかも一部の機関銀行を除けば，普通銀行が産業資金供給に関与する程度は低かった。これが大きな変化を示すのは，戦時期であった。軍需企業に発生した資金不足は，資本市場で賄うのが困難となったため金融機関への依存度が強まったが，金融機関側はリスクの高い時局産業への貸出に躊躇し，1940年前後には貸渋り（クレジット・クランチ）が発生した。この事態に対処するため，都市銀行諸行は，**共同融資**を開始し，これが幹事銀行に融資割合の調整・審査などを委託したことから「委託された監視者」の出発点ともみられている（寺西［1993］）。

この時期，共同融資が開始された背景には，第1に，戦時経済の効率的運営のため，政府が銀行合同策を推し進めた結果，銀行

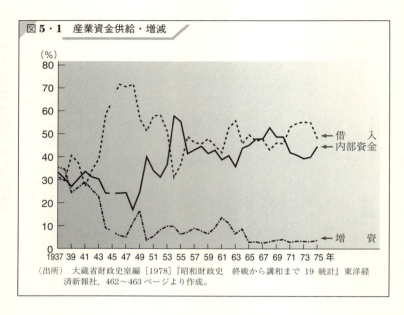

図5・1 産業資金供給・増減

(出所) 大蔵省財政史室編［1978］『昭和財政史 終戦から講和まで 19 統計』東洋経済新報社，462〜463ページより作成。

数が急速に減少し，こうした産業組織の変化が相互的なモニターを容易にする条件となったこと，第2に，活況を呈する軍需企業と取引関係をもつ都市銀行における資金不足，縮小を余儀なくされた地方（在来）産業と主たる取引関係をもつ地方銀行における資金（預金）超過，という資金偏在が顕在化するという資金循環構造における変化があった。もっとも，この共同融資は日本興業銀行を中心とし，またケースも限られていた。むしろ，企業と都市銀行の長期関係の出発点となったのは，**軍需会社指定金融機関制度**（1944年1月）であった。同制度によって，指定された軍需企業に対して資金供給を集中的に取り扱う金融機関が指定された。たとえば，それまで軍需企業との取引を欠いていた三和銀行が，日立造船などの大企業と取引関係をもったのはこの局面であった。ただし戦時の取引関係は，軍需融資が最終的に政府に保証されていたため，銀行の側にモニタリングのインセンティブが乏しく，

実際影響力を行使する手段も欠いていたから、特定の銀行との関係が外から強制された点に意味があった。

戦後改革：客の情報蓄積

戦後改革は、こうした企業と銀行の密接な関係も解体の対象とした。しかし、実際には、銀行部門への圧力は小さく、また取引関係を切断するための明示的措置もとられなかった。しかも、重要な点は、戦後の**企業再建整備**の過程で、最大の債権者として**特別管理人**となった旧指定金融機関が企業の再建計画の策定に関与したことであった。このプロセスで銀行は、顧客企業の経営の内部情報を戦時以上に蓄積し、これが戦後のメインバンク形成の出発点となるのである（宮島［1992］）。さらに、1947年1月に実施された日銀による融資斡旋は、戦後の復興期の協調融資の拡大に大きな役割を果たした。日銀がシンジケートローンにおける幹事行の役割を担う**融資斡旋**は、相互的な監視のネットワークを作り出すことによって、その後のメインバンク関係の形成に重要な影響を与えた（岡崎［1995a］）。

　もっとも、復興期の企業金融は、復興金融金庫の資金供給に支えられ、民間の協調融資の実効性も日銀の斡旋に支えられたから、企業・銀行の双方が自発的に関係を維持するという意味で自己拘束的とはいいがたかった。むしろ、企業・銀行間の相互のコミットメントが強化されたのは、復興金融金庫の融資が停止され、企業・銀行に自己責任を強制したドッジ・ライン以降の市場経済の復帰プロセスであった。流動性の危機に直面した企業に対して旧指定金融機関であった銀行が資金を供給し、これまで貸出を集中していた各行は、リスクの削減のために相互にモニターを委託しあうかたちで貸出先を分散した。この協調融資の形成には、1950年初頭までは日本銀行の斡旋融資が促進的な役割を果たすこととなった。しかも、この融資関係の形成には、第1章で触れた長期

金融機関の創出（日本開発銀行の設立，日本興業銀行の債券発行銀行化）が重要な条件となった。復興期に各都市銀行は，増大する長期の資金需要と普通預金を中心とした預金構造という**期間構造のミスマッチ**に直面していたが，長期金融機関の資金供給によってこの問題が解決されたのである。

> 1950 年代前半の企業・銀行関係

ただし，1950 年代前半に形成された銀行と企業の関係は，①経済全体をカバーしていない点，および，②**企業・銀行双方のコミットメント**が不十分という2点で，後のメインバンクからみれば原型にとどまっていた。上記の点を企業にとって民間の最大の貸し手という側面からみれば，1950 年代前半は，企業と銀行の関係が流動化していた。戦時の指定金融機関と企業再建整備期の最大の債権者が同一であったケースは 88.5％であったのに対して，企業再建整備期と 1955 年の最大の債権者が同一のケースは 75％に低下していた。また，戦後に起業した新興企業では，既存の銀行との取引関係が存在しなかったから，そこでもまたメインバンク関係は形成過程にあった（宮島［1995］）。

他方，銀行の企業に対するモニタリングもこの時期は形成過程であった。都市銀行の投資プロジェクトに対する事前的モニタリング能力は蓄積過程にあり，むしろ**政府系金融機関**，あるいは日本興業銀行に依存する面が強かった（パッカー［1996］）。また，都市銀行の顧客企業の株式保有と役員派遣もいまだ全般化しておらず，このことは，取引先企業の機会主義的行動を阻止する手段を銀行がいまだ十分保有していないことを意味した。また日銀の融資斡旋による協調融資終了後には，銀行の取引企業に対する交渉力は低下したと報告されている（杉浦［1996］）。しかも，注目されるのは，取引先企業が金融的危機に陥った際に，銀行が負担を甘受しながら，救済にあたるという慣行も必ずしも定着してい

なかったことである。たとえば，1954年，業績を悪化させた三井精機では，銀行のなかでは三井直系として「上位にランク」されていたにもかかわらず，三井銀行が「救済」を放棄し，会社更生法による再建を選択した。

3 高度成長期
● メインバンク・システムの普及

> 資金不足の発生

以上の企業とメインバンクとの関係は，1956年以降再び緊密化し，メインバンク・システムが普及することとなった。高度成長期前半は，当時「系列融資」として注目されたように，6大都市銀行と企業の長期的関係がしだいに姿を整えた。このようにメインバンク・システムが普及した企業側の要因としては，第1に，神武景気以降，高度成長期を通じて，各企業が大幅な**資金不足**を継続させていたことが重要である。1950年代前半に上昇した産業資金供給に占める内部資金の割合は，神武景気の開始以降再び低下し40〜45％前後であり，後半でも末期にやや上昇したものの50％を下回った（図5・1）。こうした内部資金の不足の下で，代替的な調達手段である社債発行は，起債調整を通じて厳格に制限されたため，一部の大企業（とくに電力企業）を除けば選択不可能であった。しかも，高い法人税率と株主割当額面発行の慣行を所与とすれば，高度成長期の増資の資金調達コストは著しく高かった。もっとも，高度成長期の前半は，増資は無視しがたい役割を演じていた。ただこの増資は，設備投資増加後の資金手当の側面が強かった。このため銀行への依存は，設備拡張を追求しようとすれば，不可避の選択となった。

そして第2に，企業が特定の銀行とメインバンク関係に入った

要因は,第一義的には,資金不足の下で長期安定的な資金の供給を期待できたからであろう。この**長期的な資金供給**には企業側の大規模な投資プロジェクトに資金を供給するという「最初の貸し手」の機能と,資金逼迫期に融資が回収されないという二重の意味があり,この要因が企業に自ら決済口座の集中,情報の開示を通じて特定銀行とメインバンク関係に入るインセンティブを与えた。他方,メインバンクによる救済は,むしろ事後的な要因であった。1958,62年と景気が後退するなかで,顧客企業のうちには業績が悪化する企業がみられたが,このプロセスで,メインバンクによる救済がしだいに普及した。

規制下のメインバンク競争

一方,メインバンク・システムを支えた都市銀行側の要因としては,市場経済復帰後も継続した厳格な**金融規制**の下で大口取引先の確保が銀行に**レント**の確保を可能としたことが重要である(青木・パトリック[1996])。外国為替法による対外的な資金取引の制限,金利競争を不可能とする金利規制,銀行への参入規制と支店開設の許可制という政策的枠組みの下では,各都市銀行の競争力・収益力はその預金吸収力によって条件づけられる。この条件の下で,成長力のある有力顧客の獲得は低い収集コストで預金を確保できる一方,貸出審査には規模の経済性が作用するから**審査コスト**の低下が期待できた。

実際,都市銀行の間には,大口顧客の獲得が銀行経営にとって不可欠という認識が1950年代前半にはすでに形成されていた。たとえば,1954年,富士銀行の取締役会では,「産業界における資本の集積集中は,漸次優良大企業の地位を確固たらしめると同時に,これが関連企業の範囲の拡大と明確化,いわゆる系列の強化を招来し,これら優良大企業を確保し系列関連企業の取引網を把握している銀行は自然自ずから地位を高め,かつ安定させるこ

とができると同時に将来の拡大均衡における躍進の潜在力を包蔵している」(富士銀行［1982］)との認識が提示された。

しかも，こうした大口顧客をめぐる**銀行間の競争**は，旧財閥系銀行と非財閥系銀行（富士，三和，第一，日本勧業銀行）から構成された寡占的な産業組織によっても加速された。旧財閥系銀行は，もともと同系企業と密接な関係をもち，戦後その取引を他に拡大していた。他方，大口取引先の少なかった非財閥系都市銀行も，こうした旧財閥系都市銀行に対する対抗的な戦略をとった。高度成長期の三和銀行の戦略の基本は，「どのような企業と取引を拡大していけば，旧財閥系銀行に匹敵できる銀行になれるか」という点にあった（三和銀行［1974］)。こうした戦略を富士は「経済主流取引」，三和は「重化学工業路線」と自ら位置づけた。そして，上記の非財閥系各行の積極的な戦略の採用は，ひるがえって旧財閥系3行の危機感を強めることとなった。3行はいずれも1950年代半ばにあらためて「大衆化路線」を再確認しながら，新規の大口顧客の拡大を追求したのである。

相互コミットメント　こうして，企業側の資金不足と都市銀行の大口顧客獲得競争という2つの条件によって，高度成長前半期には，企業・都市銀行双方がコミットメントを強めた。第1に，都市銀行と企業との安定的な関係が拡大した。1957～60，60～64年の2時点でみると，**最大の貸し手の安定度**が傾向的に上昇し，60年代後半にはこの安定度は80%程度で推移した。そして，第2に，メインバンクの投資プロジェクトに対する審査能力（事前のモニタリング）が改善された。1950年代後半から60年代前半にかけて各行とも審査部を拡充し，審査能力の向上に努めた。第3に，こうした都市銀行と企業の長期的関係の拡大過程で，期中・事後のモニタリングの強化を支える仕組みがしだいに拡大した。まず，**銀行の株式保有比率**が傾向的

表 5・1　高度成長期の系列融資の推移

(単位:％)

	企業数		1953年	1958年	1963年	1968年
住友銀行社長会メンバー	13	銀行依存度 系列融資比率	24.8 38.5	25.1 41.9	21.5 45.8	16.4 39.6
系列企業	43	銀行依存度 系列融資比率	23.3 27.1	24.1 29.5	21.8 31.4	13.4 24.5
三菱銀行社長会メンバー	18	銀行依存度 系列融資比率	16.7 21.6	22.0 30.2	19.6 33.0	13.0 25.4
系列企業	33	銀行依存度 系列融資比率	18.9 23.8	20.9 29.0	23.7 36.4	16.0 32.0
富士銀行社長会メンバー	14	銀行依存度 系列融資比率	19.3 20.6	26.7 29.0	20.8 28.4	17.4 26.0
系列企業	35	銀行依存度 系列融資比率	20.7 23.0	24.8 31.4	24.2 33.3	21.5 30.7
三和銀行社長会メンバー	14	銀行依存度 系列融資比率	20.9 20.9	27.4 27.4	16.6 23.0	11.5 18.8
系列企業	21	銀行依存度 系列融資比率	34.0 34.0	31.4 31.8	25.8 32.5	20.1 29.4

(注)　1.　企業数は1960年代。
　　　2.　銀行依存度＝同系銀行借入／総借入，系列融資比率＝同系金融機関（銀行，信託，生・損保）借入合計／総借入。
(出所)　橘川・加藤［1996］。原資料は東京証券取引所『上場会社総覧』，経済調査協会『年報　系列の研究』。

に拡大し，とくに次章でみるように，証券不況以降，金融機関の株式保有が増加した。また，銀行の役員派遣も漸増し，鉱工業上位100社のうち銀行から役員を受け入れた企業は，1963年には40％以上，69年には半数を超えた。高度成長期の後半には，メインバンク関係がある種の自己拘束的なメカニズムとして作用し始めた。

　一方，各企業の銀行への依存度は，高度成長期前半に高水準を維持し，後半には傾向的に低下した（**表5・1**）。各グループとも銀

行への依存度では1958年が,同系金融機関への融資比率では63年がピークであった。また,銀行側から融資集中度をみると,たとえば,三菱銀行が自ら同系と認定した企業では,1957年の12％からいったん低下した後,62年には再び上昇して18％に達し,その後高度成長期の後半には傾向的に低下した(三菱銀行[1980])。そして,この高度成長期後半の依存度・集中度の低下は,メインバンクを中心とした暗黙の協調融資が拡大したことと並行していた。顧客企業の借入規模が増加するなかで,都市銀行の顧客の拡大,顧客企業の借入先の分散が進展したが,各都市銀行は,同系金融機関との協調融資,あるいは他系の金融機関との協調融資の事実上の幹事行となることによって統合的モニターの役割を果たし,相互に委任されたモニターを演ずるという関係が形成されたのである。

4 メインバンクの役割
●企業成長の制度的基礎

情報生産

では,こうして形成されたメインバンク・システムは,高度成長期にどのような役割を果たしたか。第1に重要な役割は,**情報の非対称性の緩和**を通じた設備投資の促進であろう。一般に,投資家と借り手(企業)の間には,借り手が投資家より投資プロジェクトの将来収益について豊富な情報をもっているという意味で情報の非対称性があり,このため投資家は通常,リスク・プレミアムを要求し,資本調達コストが上昇する。こうした傾向は,資本市場が未発達で,企業が名声を確立していない経済発展の局面ではとくに強い。メインバンク・システムは,この情報の非対称性を緩和し,企業の設備投資を促進した点で重要な役割を演じたとみられる。たと

えば，現在優良企業として知られるソニー，あるいは本田技研は，1950年代末にはいまだ名声を確立しておらず，固定資産の10倍にも及ぶ両社の野心的な設備投資計画は困難に直面したが，両社のメインバンク（ソニーは三井銀行，本田は三菱銀行）は，総借入の50％以上を供給した。そして，この貸出は他の民間金融機関からの協調融資を誘発するばかりでなく，証券発行市場にも好影響を与えたとみられる（宮島［1995］）。

メインバンクによる情報生産の役割は，設備投資に対する**内部資金の制約**を検討した結果からも確認される。メインバンク関係の強い企業と弱い企業に二分して，企業のビジネス・チャンスが与えられたとき，メインバンク関係が内部資金（CF）の投資に対する制約を緩和するか否かをテストした研究は，高度成長期前半の200社をサンプルとした計測，高度成長期後半の電機工業を対象とした計測のいずれでも，期待どおりの結果を得ている（宮島［1995］，岡崎［1995b］）。

| 経営の規律 |

第2に，メインバンク・システムは，企業経営の規律の面でも重要な役割を演じた。メインバンクは，顧客企業が通常の財務状態にある場合は経営に関与せず，派遣役員も平取締役・監査役など意思決定に直接関与しない地位についた。しかし，いったん経営が悪化し，デフォルトのリスクが高まると，銀行は派遣役員を増員し，また意思決定に直接関与しうる常務以上の地位に役員を派遣して監視を強め，さらに状況が深刻な場合は，顧客企業の常務会を事実上「乗っ取り」，過剰人員の整理を含むリストラにあたった。こうした顧客企業の財務状態に依存して，システマティックに経営権が移動する関係は「**状態依存的ガバナンス**」と呼ばれている（青木・パトリック［1996］）。財務状態が悪化した企業に銀行が介入する事例はすでに戦後復興期にみられたが，高度成長期に企業・銀行

のコミットが増大するとともに、この状態依存的ガバナンスとそれを支えるルールが定着していった。高度成長期の後半は、次章で述べるように、安定株主が一般化した結果、市場による経営の規律が後退し、この面から経営者のモラル・ハザード、あるいは経営者としての資質を欠く者がその地位に居座る可能性が強まったが、メインバンクはこうした問題を回避し、証券市場に代わって経営者の規律における役割を強めた（宮島［1996］）。

救済と競争の促進　第3に重要な点は、こうした状態依存的ガバナンスの下で、業績悪化した企業には銀行のイニシアティブによる救済パッケージが提供されたことである。この救済には、金利の減免、経営再建のアドバイス（これは通常、大幅なリストラクチャリングをともなう）、過剰人員の就職の斡旋、他の債権者との調整などが含まれる。こうした機能は、1958～59年の景気後退期、60年代半ばの証券不況期、そしてとくに石油危機後の不況の過程で発揮された。メインバンクは、業績が悪化した企業の債務を自ら負担しつつ、顧客企業の救済にイニシアティブをとった（橋本・泉田・河合［1996］）。こうした救済のあり方は、清算・合併を中心とするアメリカの処理の仕方とは対照的であり、しばしば企業特殊的熟練を維持するのに効果があったといわれている。

　第4に、産業組織面からみれば、メインバンク・システムは、寡占的な産業組織を維持することに貢献した。先にみた条件の下で、金融機関の間では成長部門の優良顧客の獲得競争が発生し、他方、企業は同業他社への情報の漏出を忌避して、すでに同業他社と緊密な取引関係のある銀行とメインバンク関係に入ることを回避した。この結果、6大都市銀行が成長部門の企業を1社ずつ抱えるワンセット主義と呼ばれる現象が生ずる一方、各成長部門ではメインバンクを異にする5～6社が相互に激しく競争するこ

ととなった。しかも,取引先企業が財務危機に陥った際,メインバンクによる企業の救済は,業績悪化企業を他系列の企業と合併するのではなく,自ら関連する取引先企業から専門家を受け入れるなどして再建にあたる傾向が強かった。こうして水平的な合併は抑制され,**寡占間競争**が維持されることとなったのである。

第6章 安定株主化

その進展と経営の自立性の上昇

1 1955年の経営者と株主
●経営者支配と株主主権の並存

株主安定化とは　高度成長期には，日本の企業システムのいま1つの特徴である株式相互持合，あるいは安定株主関係が拡大した。**安定株主**とは，資産運用ではなく現経営陣を支持する友好的「内部者」として株式を保有する株主を意味する。具体的にみれば，安定株主は発行企業に対して，①著しく業績が悪化しないかぎり発言しない，②現経営陣を支持しない第三者（敵対的乗っ取り屋，投機家）に株式を売却しない，③株式処分の必要が生じたとき発行企業に売却意思を伝える，の3点について暗黙に同意しており，以上の関係のうち②と③の実効性は，発行企業の株式引受にイニシアティブをとる主幹事証券会社が安定株主の保有株を保管するという慣行に支えられた（シェアード［1995］）。株式持合とは，複数の企業が以上の意味の安定株主として互いの発行株式を長期的に保有しあう企業慣行を指し，典型的な相互持合は銀行を中心とする6大企業集団にみられ

99

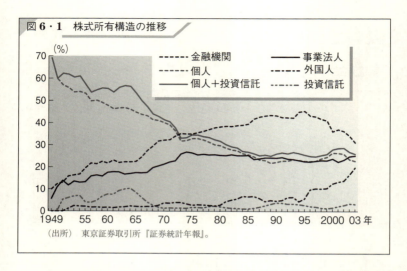

図6・1 株式所有構造の推移
(出所) 東京証券取引所『証券統計年報』。

る。図6・1の保有主体のうち金融機関，事業法人はほぼ安定株主と理解してよく，この法人株主の保有比率は1975年には60%を超えた。こうした法人化した株式所有構造は，持株会社・大株主が大きな比重を占め，逆に金融機関の保有比率が低かった戦前日本の構造，あるいは資産運用に関心の強い個人・機関投資家が中心を占めるアメリカやイギリスの株式所有構造とは大きく異なっていた。

戦後改革のインパクト　もっとも，前章でみたように，戦後改革による企業の財務構造・株式所有構造へのインパクトは大きかった。第1に，法制度面からみれば，戦前には基本的に自由であった企業の株式保有は独占禁止法による持株会社の禁止と金融機関の株式保有制限（10%）によって大きく規制され，これが法人の株式保有を規制する枠組みとなった。一方，アメリカ法をモデルとして1950年に改正された商法は，少数株主の権利を強化した。改正商法の下では発行済み株式の1%，または300株以上を保有する株主は特定の議題（取締役の選任を

含む）を株主総会に提案することができ，3％以上を保有する株主は株主総会の招集を請求することができる。そのほかにも会計帳簿閲覧権，取締役選出のための累積投票制度などの権利が少数株主に与えられた。つまり戦後日本の（少数）株主に保障された権利は制度的には広範であって，国際的にみてもけっして弱かったわけではない（深尾・森田［1997］）。

　第2に，講和前後から安定化が試みられたとはいえ，1955年の株式所有構造はいまだ個人の比率が50％を超え，他方，大幅な減資をともなう企業再建整備の結果，企業の資本構成は過少資本化していた。しかも，1950年代前半の株価の変動率も大きかったから，多くの企業にとって潜在的な**敵対的買収**の可能性が残っていた。とくに財閥解体措置の影響が大きかった企業，あるいは減資の結果，過少資本化した（企業純資産〔総資産－負債〕に対する払込資本の割合が低い）企業ではこの可能性が高かった。

　第3に，1950年代前半の企業経営は株式市場の動向に大きく制約されざるをえなかった。経営の自立性の危機，株価の変動に直面した企業経営者は株価の維持のために高配当政策を維持する傾向が強く，このことは，たとえば，1950～55年の額面の配当率がその水準ばかりでなく，自己資本利益率との相関もむしろ戦前より高かったことや，企業経営者の交代も投資収益率と相関が高かったことから確認される（宮島［1995］）。

2　高度成長期前半
●旧3大財閥系企業における先行的拡大

社長会の結成と相互持合の先行的な進展

こうした状況の下で，大企業の経営者は，既述の法制度により適合的なかたちで株主の安定化を試みた。これにいち早く取

り組んだのは,財閥解体の株式保有面での打撃が大きく,かつ企業相互の歴史的関係が深かった三井・三菱・住友の旧財閥系企業であった。これらの旧財閥系企業のうち,三菱・住友系企業は,早くも講和前後に主として商標の管理,情報交換を目的として**社長会**（三菱＝金曜会,住友＝白水会）を結成し,三井系企業も1951年に常務取締役以上の親睦組織である月曜会を組織し,さらに三井物産の再結集後の61年に,定期的な協議機関として二木会を結成した。そして,この社長会が母体となって,会員間の相互持合が金融機関を中心に徐々に進展した。旧3大財閥の社長会メンバーの相互持合比率は,1953年の三菱10.6％,住友11.2％,三井5.2％から,63年にはそれぞれ19.2％,27.6％,12.5％に上昇したのである（橘川・加藤［1996］）。

他方,大企業の過半を占める非財閥系企業では,金融機関を中心とした**安定化政策**をとった。既述のように,各企業は相互にコミットメントを深めつつあったメインバンクに保有を依頼する一方,融資関係のある信託銀行,団体保険契約を締結した生命保険会社,取引面で関係の深い損害保険会社などに引受を依頼した。さらに,各企業は,この時期比重を高めつつあった投資信託にも株主の安定化を依存した。比較的長期に保有される投資信託の組入株式となることが,株主安定化の一手段と理解されたのである。

安定化の限界

もっとも,財閥系企業を中心とした安定化にもかかわらず,高度成長前半期には,1950年代前半にドラスティックに進んだ個人株主の保有比率の低下,逆にいえば,株主の法人化傾向は鈍化していた。1949年から55年にかけて20％近く低下した個人株主の保有比率の1955〜64年の低下はわずか5％にとどまり,この個人保有比率に投資信託を加えれば,63年の両者の合計は55年の水準を上回った（図6・1）。また各企業の追求した株主の安定化は,しばしば

制度のアメリカ化の一環として制定された**商法**と抵触した。新商法は，株主の権利の保護の観点から，株主および第三者への新株引受権の付与を定款の絶対記載事項としていた。そのため，株主割当，あるいは第三者割当で増資を行う場合，各社の定款が適法であるかに解釈上疑義を生じ，訴訟で争われた。

　そして，最後に，この時期大企業によって試みられた金融機関に依存した株主安定化が，株式市場による経営の規律の側面を強く残していたことが重要である。たしかに，この時期の生・損保の証券投資，あるいは信託銀行の自己勘定の証券投資は，既述のとおり政策的側面をもっていた。しかし，たとえば総運用資産に占める株式保有の割合が30％に制限されていた生命保険では，証券保有額が1950年代半ばには各社ともその上限に達していたから，以降ポートフォリオに従った証券投資の要請が強まった。そしてこの側面がより強く現れたのが，高度成長期前半にその比重を高め，とくに1959～61年の最盛期には10％以上の保有比率を占めた**投資信託**である。当初，利回り中心の運用方針をとった投資信託は，早くも1952年にはキャピタル・ゲインへの選好を強めた。1957年から61年まで株数ベースの投信の売買回転率は1を超え，その回転率は一貫して上場株式の平均売買回転率を超えていた。この時期の投資信託は株主ブームのなかで積極的に組入株を入れ替え，各企業がこうした運用方針に立つ投資信託の組入株となるためには，株式市場による高い評価が必要であった。

3　高度成長期後半
●安定株主化の定着と6大企業集団の形成

証券不況と資本自由化　　こうした高度成長期前半の構造を変化させ，株主所有構造の法人化，株主の安定

化の急速な進展の画期となったのは，1965年にボトムを迎える**証券不況**であった。岩戸景気の過程でブームを享受した株式市場は，1961年7月の頂点を経て低落局面に入った。株価は，以降1962年末から63年初頭の短い上昇を挟んで4年にわたって低下し，65年の株価水準はピークの2分の1まで低下した。以上の株価の低下は，個人投資家の株式市場からの撤退，**投資信託の解約**とそれにともなう証券会社による投資信託組入株の売却によって進展した。こうした事態は，非財閥系企業の企業経営者に，これまでの機関投資家に依存した安定株主工作が限界をもっていたこと，再び敵対的買収に直面する危険が高まったことを強く意識させた。しかもこの危機感は，資本自由化によって増幅された。1964年のOECD加盟とともに不可避となった**資本自由化**に直面した企業経営者は，外国資本による日本企業の経営支配に危機感を強めた。同じ頃，資本自由化を進めたヨーロッパでアメリカ企業の支配下に入る企業が増大したという事実は，この危機感の現実性を高めた。フランス自動車企業シムカがクライスラーに買収された事案は，「シムカの悲劇」として経営者に衝撃を与えた。

安定化の進展

以上の背景の下で，株主の安定化が進んだ。安定化を可能とした要因としては次の諸点が重要である。第1に，これまで安定株主化に対して阻止的な側面が強かった制度的枠組みが修正された。既述の第三者割当に関する障害は，**1966年の商法改正**（第280条ノ2第2項）により除去された。この改正により，第三者割当は，割当価格が著しく時価から乖離する場合以外は，取締役会の決議限りで可能となった。また，同年改正では，「定款によって株式の譲渡につき取締役会に承認を要すると定めうる」旨が追加され，1950年商法の最もアメリカ法的規定とされた株式の絶対的自由譲渡性の原則が制限された。これにより企業経営者は，株主を選択すること

が法制上可能となった。もっとも、後者の改正は、東京証券取引所が、定款によって株主が制限されていないことを上場条件としたため、実質的な意味は小さかった。しかし、前者の改正は、後に述べるとおり公募発行増資が増加した1969年以降に株主安定化に促進的な制度的条件となる。

　第2に、証券不況下に**株価維持機関として設立された日本証券保有組合**、日本共同証券がその保有株の放出にあたって、発行企業の関係企業、金融機関に「はめ込んだ」ことが株主の法人化・安定化に大きく寄与した。日銀融資を資金的支えとして、合計して時価総額のほぼ5.5％を購入した両機関は、株価が上昇を始めた1966年から保有株の売却を開始したが、たとえば、日本証券保有組合の投資信託分売却の売却先の80％弱が銀行、信託銀行、生命保険会社、関連会社であった。

　 銀行系企業集団の形成 　第3に、この時期の株主法人化の進展の背景には、発行企業にとって安定株主を依頼できる企業が増加したという条件があった。証券不況後には富士・三和・第一の各行が中心となって各行と取引関係をもつ企業間で社長会が結成され、非財閥系企業にとって安定株主の範囲は拡大した。1966年には富士系の芙蓉会、67年には三和系の三金会が結成され、また同年に第一、日本勧業銀行系企業が合同社長会を組織した。逆にいえば、これまで銀行を中心に放射状の関係を結び、事業者間の横の関係を欠いていた銀行系列企業がこの時期に社長会を形成して横断的関係を強化したモチーフの1つが、この資本自由化対策であった。また大企業がこの時期までに関連会社のネットワークを拡大させていたことも重要である。垂直的な企業グループでは、子会社が親会社の安定株主の重要な支柱となった。さらに、これまで株式保有にあたってポートフォリオ面の考慮の強かった生・損保、信託の投資行動における政策投資の

ウエイトが上昇した。その契機は1962年から始まった企業年金である。企業年金契約の拡大を業務拡大の中心に位置づけた信託・生保は、相互に激しい競争をともないつつ、取引先、あるいは潜在的な取引先企業の保有依頼に対して、資金不足に陥ったときでも安易に売却しないという意味で流動性の低下を甘受しつつ対応したのである。

公募発行と持合　そして、第4に、とくに1970～72年の金融機関の株式保有の増大は、その前後に増資形態がこれまでの額面発行株主割当から公募発行に変化したことによっても促進された。**公募発行**の増資に占める比重は1969年に20%を超え、71～72年には一挙に60%以上に達した。これまでの額面発行増資は、既存株主に株式が割り当てられたから所有構造に対しては中立的であったが、公募発行増資は資金力のある法人投資家の購入割合が増加する可能性を生み出す。もっとも、公募発行増資は、発行企業にとって意に沿わない法人株主が増加する危険をともなうが、その際重要であったのが「**親引け**」と呼ばれた販売形態であった。親引け（正式の呼称は「発行会社からの希望先申出分」）とは、発行企業が引受証券会社に申し出た分売希望先を優先的に取り扱って、新規発行株を割り当てる方式であり、発行側が株主を決定する方法であった。正式な統計はないが、1971～72年に、親引けの割合は50%を超えるケースもあったといわれる。しかも、この時点での新株発行価格は15%程度ディスカウントされており、これが原則として売却できないものの、含み益を増大させる点で保有側にインセンティブを与えていた（川北［1995］）。

　こうした条件に支えられた安定株主工作の結果、1955～63年まで比較的変化の小さかった株式所有構造は大きく変化した。1964年以降、個人・投資信託の保有比率が毎年2～3%前後低下

し，その結果，72年の個人保有比率は35％まで低下した。1963年に比して実に20％近い低下である。株主の法人化による安定化が，完成したのである（図6・1）。大企業のうちこの時期最も安定化を積極的に進めたのは自動車産業であった。大企業上位200社をとって，1964〜72年の法人保有比率の増加割合が大きい企業を順に並べると，上位15社のうち8社までが**自動車産業**によって占められた。たとえば，法人保有比率の平均増加率は13.7％であったのに対して，東洋工業，トヨタのそれは，それぞれ30.9％，28.2％に達した。

4 安定株主の役割
●成長志向的企業行動の制度的基礎

経営権の安定　　では，高度成長期後半に進展した株主の安定化はいかなる機能を果たしたのか。第1に，その主要なモチーフでもあったように，経営の安定を脅かす敵対的買収などを阻止して，**経営の安定化**に寄与した。1950年代後半から60年代には依然一部の企業では株主安定化が不十分であり，潜在的に敵対的買収を受ける可能性が残っていた。とくに独立系企業，しかも比較的規模の小さな企業ではこの可能性は高く，実際いわゆる「買占め屋」といわれるグリーンメイラーの対象となった企業は少なくない。著名な事例では，横井英樹による白木屋があるが，製造業でも7社を数えた。しかし，安定化が進展した1960年代半ば以降，敵対的買収は減少し，67年から段階的に実施された資本自由化後も危惧された海外企業による敵対的買収はみられなかった。

　第2に，安定化の進展は，企業行動に対する**株式市場の影響力も低下**させることとなった。企業の投資行動が株式市場による投

表 6・1　配当の利益感応度

サンプルは，東証 1 部上場企業のうち，1990 年に資産額が 500 億円以上の製造業企業。利益ゼロのサンプルを除去して推計。

係数 b の値とは，配当額＝a＋b 税引後当期利益＋年次ダミーのモデルを固定効果モデルで推計した係数 b の値であり，税引後利益が 1 単位（たとえば 1 円）増加したとき，配当が何単位（何円）増加するかを示す。推計は固定効果モデルを採用した。t 値はいずれも 1％水準で有意であり，表掲していない。

年	配当性向			係　数 (b の値)	決定係数	観察値
	平　均	標準偏差	Median			
1956〜64	0.57	0.24	0.56	0.37	0.90	2156
65〜73	0.47	0.27	0.45	0.17	0.93	3349
74〜82	0.39	0.55	0.25	0.04	0.84	3493
83〜91	0.30	0.41	0.21	0.03	0.88	3734
92〜99	0.49	0.73	0.30	0.03	0.94	2846

（出所）「日本政策投資銀行財務データベース」より作成。

資プロジェクトの評価にどの程度制約されているかを検討した研究は，暫定的ながら高度成長の前半には株価に対して感応的であった投資が，後半にはその相関を失うという結果を報告している（宮島 [1995]）。また，企業の利益金処分に対する株式市場の間接的な影響も低下した。高度成長期前半には，株式配当率は自己資本利益率と有意な相関を示していたが，安定化が全般化した後半にはその相関が低下ないし消失した。1970 年前後に企業の利益率の水準にかかわらず，一定の額面配当率を維持するという安定配当政策が定着したとみてよかろう（表 6・1）。さらに，株主の安定化が進んだ高度成長期の後半には，経営者の交替と株価低下との関係も微弱となった。高度成長の前半期には高齢化などの理由によらないイレギュラーな経営者の交替は，株主の利害を代表する投資収益率と負の相関をもっていたが，高度成長期の後半

になるとその相関が失われたことが確認されている。しだいに経営者の選任に対するインサイダーの影響力が増大し，株主の間接的な影響は低下したのである（宮島［1996］）。

取引関係の強化と事後的保険

第3に，取引関係にある企業の株式を相互に保有することにより，事後的にマーケティング・コストなど各種の取引コストが節約され，また企業同士の**長期関係を安定化**させた。もっともこの関係は，これまでの経過から明らかなように，相互促進的であった。資本自由化に直面した企業が高度成長の前半期に取引関係を緊密化してきた企業・金融機関に保有を依頼し，この持合の拡大がさらに取引関係を安定化させたのである。

そして第4に，株式相互持合は，**事後的にリスク・シェアリング**の機能をもったことも重要であろう。もっとも，この場合，株式持合の役割は収益そのものを安定化することではなく，むしろ財務破綻に対する一種の保険を提供すること，企業の利益が著しく低いときに引き出すことのできる財務準備のプールを作り出した点にあった（シェアード［1995］）。こうした機能は安定化が完成し，しかも株価水準が上昇した（時価と額面株価の差が大きくなった）1970年代に入ると顕著にみられた。たとえば，石油危機後増加した赤字企業，とくに鉄鋼，繊維，総合商社その他構造不況業種関連の企業では，株式売却による特別利益によって経常収支で発生した損失を埋める行動が多くみられた。こうして高度成長の後半期から1970年代前半には，冒頭で要約した安定株主を中心とした所有構造が完成し，その下で株式市場の圧力から相対的に解放された企業行動が全般化したのである。

第7章　輸出世界一の鉄鋼業

モデルとしてのコンパクトな工場

元祖，産業の米

近年では半導体が「産業の米」といわれることが多いが，1970年代までは鉄が「産業の米」といわれてきた。また，「鉄は国家なり」という表現もしばしば使われた。「産業の米」とは，日本人にとって主食の米がその生活に不可欠であったことにたとえて，鉄が産業活動に不可欠であることを表現したものであり，「鉄は国家なり」とは，鉄鋼業の生産性・生産規模が国民経済の水準を決定し，鉄鋼業の利害がその国の経済政策をも左右するほど重要だということを表現したものであった。事実，1940～60年代における日本の**産業連関構造**においては，最終需要の増加に応じて最も大きく生産を増加しなければならなかったのは鉄鋼業であったし，鉄鋼業の生産増加が他の産業の産出増加に与える影響は他の産業より大きかった（中村［1980］）。「鉄は国家」かどうかは別として，鉄鋼業は日本経済の発展を左右する重要な産業の1つであったことは否定できない。

戦前，日本の鉄鋼業は日本市場においてドイツ，ベルギー，イギリス，アメリカの鉄鋼業と競争できる水準に達していた。その

時代の日本鉄鋼業は，一方に官営形態で**銑鋼一貫経営**が育成されながらも，銑鉄や屑鉄が安く輸入できるという国際的な条件の下で，民間では製鋼・圧延工程のみを経営する平炉メーカーが発展した。これは優良な鉄鉱石・石炭資源に近接した立地を選択し，銑鋼一貫経営を行ったアメリカ，ドイツの鉄鋼企業とは異なった経営形態であった。戦時期には屑鉄の輸入が困難になり，鉄鉱石の海上輸送も障害が大きかったから，鉄鋼生産，とくに民間鉄鋼企業の生産は激減し，銑鋼一貫経営へのインセンティブが強められた。

原料コスト高の克服　ほとんどゼロからの出発であった戦後の日本鉄鋼業の発展を考察するうえで重要な点は，「**高炭価問題**」に代表される原料価格の高さをいかに克服するかという点にあった。国内鉄鉱石・石炭の生産性が低く，冷戦下で中国からの原料輸入が不可能になって，高価格の輸入原料を使用せざるをえなくなったからである。1950年にはアメリカ東部炭の場合，山元価格で6ドル／トンであったが，FOB価格10ドル，日本に輸入したときのCIF価格は実に24.5ドルになった。鉄鉱石の輸入価格も，日本は欧米主要国に比べて高価格であった。CIFとFOBが大きく異なるのは，主として海上輸送費のためである。輸送コストの節約がいかに重要であったかがわかるであろう。1950年前後には，鉄鋼業は比較劣位産業であるから保護してまで日本に定着させる必要はないという**鉄鋼業無用論**も唱えられた。1954年の高炉銑の生産費に占める原料・石炭費は，実に84％に達していたのである（置塩・石田［1981］）。こうした制約はいかに解決されたか。

まず，アメリカ鉄鋼業の達成した高い技術水準が知られると，彼我の技術格差が日本の経営者や技術者に衝撃を与えたことが重要である。その点で，GHQ顧問などアメリカの鉄鋼技術者が敗

戦直後の日本鉄鋼業の現場を視察し，欠点を指摘し，熱心に指導したことも重要である。たとえば，その勧告に従ったものとして原料事前処理の導入があげられるが，それのみではなくアメリカの最先端の鉄鋼生産技術の知識を得たことが重要なことであった。また，日本からも調査団をアメリカに派遣して――メモをとることは禁じられたといわれるが――貪欲に技術情報の収集が行われたのである（日本鉄鋼協会［1992］）。

企業家活動　鉄鉱石・石炭の低生産性は山元価格の安いオーストラリア産資源などの輸入と海上輸送に関する技術革新の積極的採用，それらを活用するための臨海立地の選択，さらには工場用地節約型のコンパクトな工場レイアウトの開発などによって大幅に緩和された。この過程において，川崎重工から製鉄部門を独立させ，川崎製鉄を創業した西山弥太郎がトップとして発揮したアントルプルヌールシップ（**企業家活動**）が重要である（Yonekura［1994］）。1950年代前半に西山が計画し建設した千葉製鉄所は，既述の制約条件を解決した，戦後最初の銑鋼一貫製鉄所であった。それは，欧米の最先端の鉄鋼技術を日本の条件への適合性に慎重に配慮して選択的に導入し，**コンパクトな製鉄工場**を創造し，その後世界中で新鋭製鉄所建設のモデルとなるものであった（橋本［1995b］）。

　川崎製鉄の千葉製鉄所建設は戦前以来の有力**平炉メーカー**である神戸製鋼，日本鋼管，住友金属にもインパクトを与え，一貫製鉄所建設のインセンティブを引き出した。日本製鉄が分割されて，八幡製鉄，富士製鉄の2社が設立されたから，銑鋼一貫6社間で時に「過当競争」といわれるほど激しく，寡占間競争が展開した。1965年以降，日本企業が世界最新鋭・世界最大規模の**臨海一貫製鉄所**建設を競いあったのである。この寡占間競争は，一面で「造船用鋼材研究会」のような協調関係を作りながらも，新技術

導入をめぐっても激しく闘われ，技術革新が鉄鋼業に広く，迅速に普及する条件になった。つまり，1971年に八幡・富士両社が合併して新日本製鉄が設立されるまで，1社の独占を崩す「独占品種の叩き合い」といわれた製品分野をめぐる競争や設備投資，新技術の導入などをめぐって，戦略的企業行動に基づく激しい**寡占間競争**が展開したのである。

　臨海立地を選択し，高品位原料を選んで輸入し，大型専用船で直接海上輸送費の削減を図った結果，1960年代には原料費は欧米とほぼ同じになっただけではなく，連続式ストリップ・ミルの導入，高炉の大型化と高圧操業の試み，LD（BOF）転炉（純酸素吹き込み転炉），連続鋳造，炉頂圧発電の採用などが行われた。これらの新鋭技術は輸入されたものであったが，いずれも日本における普及が世界に先鞭をつけるものとなった。新技術の採用にあたっては，高い原料費・資本費の節約，スペースの節約が追求されている。たとえば，高炉の大型化をとってみれば，高炉の規模（内容積）と建設費との間には，建設費は規模の2/3乗にしかならないという2/3乗法則が働いた。つまり，高炉の規模を2倍にしても建設費は1.6倍にしかならないから，単位規模当たり建設費は20％安くなった。資本費を安くするというインセンティブが強いと，高炉の大型化に積極的になるのである。そして，単位建設費を安くするだけでなく稼働効率を高めることにもインセンティブが強かった。稼働効率は単位規模当たりの銑鉄生産量，つまり出銑比（t/m^3）で表すことができる。出銑比は1955年に0.5であったものが，年とともに着実に改善し，60年代末には2.0に達した。他の技術革新の成果をエネルギーの消費効率でみると，銑鉄1トン生産するのに必要な燃料・コークスで示され，それらは燃料比（kg/t），コークス比（kg/t）といわれる。1950年代半ばの燃料比は750ほどであったが，60年代には550〜500

表7・1 主要国の鉄鋼輸出シェア

(単位:%)

年　度	日　本	アメリカ	ドイツ	ソ　連	韓　国
1950	3.4	16.3	—	4.1	—
53	4.3	15.1	—	6.5	—
55	6.8	14.2	9.9	6.7	—
60	5.7	6.9	20.0	7.7	—
65	16.1	3.8	16.1	8.4	—
70	19.6	7.2	13.4	8.3	—
75	25.9	2.5	14.6	7.0	0.9
80	21.8	2.8	14.0	4.3	2.3

(出所) 戸田弘元［1984］『現代世界鉄鋼業論』文眞堂。

に低下したのである。これらはいずれも銑鉄生産に関する成果であるが、製鋼工程・圧延工程においても同様な成果があげられた。

生産コストだけではなく、製品品質においても品質管理技術が向上したこともあって成果があがった。こうした急速な産業技術の向上をともなった鉄鋼業は国際競争力を向上させた。表7・1に示したように、世界の鉄鋼輸出に占める日本鉄鋼業のシェアは1965年に西ドイツに並んで世界最大になり、以後、単独首位をキープしたのである。

第8章 「民族大移動」と大量消費社会の出現

「豊か」で「平等な」社会へ

1 貧しさからの出発と「民族大移動」

● 1955年の国民生活

低い所得水準と小さくない所得格差

『経済白書』が「もはや戦後ではない」と回顧した1955年、1人当たり消費でも戦前水準を超え、敗戦直後60％にも達していたエンゲル係数も44％まで低下していた。人々の生活は、衣食などの基礎的な面では戦前の水準に回復して、ようやく落ちつきを取り戻していた。もっとも、1人当たりGNPでアメリカと比較すれば、アメリカの戦時の急速な成長と、日本の戦中・戦後復興期の停滞のために戦前6倍程度であった格差が10倍に広がっていた。1955年時点で日本人の生活はいまだ「貧しく」、生活様式は戦前の延長線上にあった。戦後大量に流入した耐久消費財に満ちたアメリカの生活様式の情報は、庶民に驚きと羨望をもって受け取られた。しかも、戦後復興が終了した時点では、地域、あるいは階層間の所得格差も大きかった。戦後改革は、財閥家族や大地主などの他と隔絶した富裕家層を一掃したが、な

115

表 8・1 労働力人口，15 歳以上人口の増加率 (年率)

(単位：%，万人)

期　　間	15 歳以上人口増加率	労働力人口増加率	15 年前の5 年間の出生数
1955〜60 年	2.0	2.0	1,103
60〜65	2.3	1.8	1,166
65〜70	1.5	1.9	1,012
70〜75	1.3	0.4	824
75〜80	1.1	1.0	819
80〜85	1.2	1.0	888

(出所) 岡崎 [1987]。

お都市と農村，大都市と中・小都市，さらに大企業の労働者と中小企業の労働者の間に比較的大きな所得格差があった。

農業部門からの若年労働者供給

地域間の所得格差は人口移動を引き起こした。とくに，高度成長が始まり，工業部門の労働力需要が増大すると，農村部から都市周辺部への大規模な人口移動が起こった。まさに「**民族大移動**」と形容されるような大変化が生じたのである（吉川[1997]）。そして，工業部門に若年労働者が豊富に供給されたことは，高度成長を支えた要因の 1 つであった。**表 8・1** のように，1955 年から 65 年にかけて，満 15 歳以上人口の増加率が高かった。これは高度成長前半の時期に若年労働者が豊富に供給されたことを反映している。1940 年から 45 年という戦争中の多産奨励の時期，そして 45 年から 50 年という戦後ベビーブームの時期の出生集団が労働市場に参入したことが豊富な若年労働者の供給を支えた。労働市場にも「戦争の遺産」が残されていたのである。

この**若年労働者の供給増加**は，同時に農業地域から都市圏への人口移動をともなっていた。1955 年から 60 年にかけて，全国 47 都道府県（沖縄を含む）のうち 26 県で人口が減少した。人口

減少が著しかったのは，四国，九州，山陰，東北，北関東であり，反対に人口増加が著しかったのは，東京，神奈川，大阪，愛知といった大都市地域であった。1960年から65年にかけては，25県で人口が減少し，やはり大都市圏で人口増加がみられた。また，東京周辺の埼玉・千葉，大阪周辺の奈良，愛知周辺の三重で人口増加が大きくなり，大都市地域が拡大した。1965年から70年にかけては，大都市中心部の人口増加は頭打ちになり，周辺部の埼玉・千葉などの人口増加が顕著になった。いわゆる**ドーナツ化現象**が生じたのである。

人口増加には自然増（出生と死亡の差）と社会増（流入と流出の差）の2つの要因があるが，1960年から65年にかけての時期には，大都市地域の自然増がその他地域よりも大きいという特徴が明確になった。大都市地域に若年人口が流入することによって，人口の年齢構成に著しい地域差が生じたのである。さらに，この地域間人口移動は，都市部における世帯数の増加をもたらし，消費の拡大につながった。

2 都市化と核家族化

●団地族とベッドタウン

住宅問題と団地族　　大都市地域への人口移動は，住宅問題を発生させた。戦後の住宅建設の画期となったのは，鳩山内閣が立案した「住宅建設10ヵ年計画」のために1955年に設立された**日本住宅公団**による住宅建設であった（日本住宅公団［1965］）。もっとも，同公団の賃貸・分譲住宅供給数は，1956～60年累計で15万戸にとどまったから，都市の住宅難を解消するほどの住宅を供給したわけではない。むしろ，同公団の住宅建設の画期的意味は，戦前とは異なる，戦後の新しい住

宅の標準を提供した点にあった。住宅公団の建設の理念は，当時「食寝分離」と「就寝分離」，つまり台所と寝室を分けること，「夫婦は子供とは同室に就寝せざる」ことであった。ここから2寝室にダイニングキッチンが基本設計となり，これを表現する2DK が公団住宅の代名詞となった。もっとも洋風家具などほとんど利用されていなかった当時，公団はダイニングキッチンが果たしてそれとして使われるかどうかを危惧し，わざわざ食卓付きで販売したという。公団住宅のいま1つの特徴は，浴室とシリンダー錠であり，それは多くの庶民がまだ浴室はおろか，便所や台所すら共有せねばならなかった戦後の状況の下で，プライバシーという概念を浮上させるという意味で画期的であった。1956年に三鷹市牟礼団地，堺市の金岡団地，名古屋市の志賀団地の入居が始まった。公団団地は好評で，入居希望者が殺到した。そして，光が丘団地（練馬区）の入居が始まった1957年頃から，アパートに住む新しい社会集団に「団地族」という名が与えられ，それがジャーナリズムでも注目を集めることとなった。

衛星都市の形成

こうした公団による住宅の供給を皮切りに高度成長期には，地方自治体・民間ディベロッパーによる宅地の造成，マンション・戸建住宅の建設が進展した。1960年代前半には，住宅着工戸数は年率15％増加し，62年に年間80万戸を超えた（表8・2）。もっとも，都市中心部の地価の高騰と過密化の結果，宅地・団地の立地は遠隔化し，近郊に衛星都市が形成されることとなった。既述の，いわゆるドーナツ化現象である。東京の鉄道網は，昭和初期に現在の骨格が形成され，先駆的な郊外型の住宅地としては，東急沿線の田園調布，小田急沿線の成城学園，東武沿線の常盤台が有名であったが，1960年代に入ると，その外側に団地・分譲住宅の造成が進展した。東急の田園都市線の開通とその沿線の開発，西武沿線にはひ

表8・2 新設住宅着工戸数と住宅投資

年度	新設住宅着工戸数(1000戸)	新設住宅面積(m^2/戸)	着工件数平均増加率(%)	住宅投資年平均増加率(%)	住宅投資の比重 H/Y(%)
1955～59	326.1	57.8	9.7	10.9	3.8
60～64	616.8	56.9	15.0	19.6	5.0
65～69	1,077.9	65.1	13.1	16.3	7.0
70～74	1,580.7	73.9	−0.7	7.9	8.2
75～79	1,495.0	86.2	3.5	2.8	7.8
80～84	1,171.1	90.3	−3.7	−4.0	5.7
85～89	1,543.0	80.7	7.2	8.5	5.9
90～94	1,499.7	87.2	−0.9	0.5	5.5

(注) H/Y=住宅投資（民間・政府）/国民総支出，実質値。
(出所) 総務省統計局ホームページ「日本の長期統計系列」。

ばりが丘などが造成された。また，大阪府によって造成された千里ニュータウンの入居が開始されたのは1961年であった。

さらに1960年代後半には，着工件数は年間100万戸を超え，GNEに占める住宅投資の比重も7％に達した（表8・2）。この頃には，住宅産業が日本経済の主導産業として，情報産業・レジャー産業と並んで華々しく登場し，注目を集めることにもなった。これは，単に製造業の一部門として工場生産住宅（プレハブ住宅）を生産する企業が生まれたということではなく，従来，建設業とは比較的関連の薄かった商社・金融業・不動産業・一般製造業の企業がグループを形成して，土地の供給を含め，住宅用部品・設備などの組立てや施工を中心に住宅供給に必要な関連分野で大量供給システムを形成し，1つの産業として成立したことを意味した。都市銀行の住宅ローンや団体保険制度が整備されたのもこの1960年代の後半であった。

高度成長期の継続的な住宅建設をもたらしたのは，既述のように，高度成長期の急速な農村から都市への人口移動による住宅需

表8・3 人口，世帯，都市集中

年	世帯数総数 （千世帯）	人口総数 （千人）	世帯家族数 （人）	3大都市圏 人口（千人）	東京圏人口 （千人）
1950	16,580	84,114	5.07	25,136	13,050
55	18,123	90,076	4.97	28,816	15,424
60	20,859	94,301	4.52	32,691	17,863
65	24,290	99,209	4.08	37,790	21,016
70	28,093	104,665	3.73	42,672	24,113
75	32,140	111,939	3.48	47,163	27,041
80	36,015	117,060	3.25	49,567	28,698
85	38,133	121,048	3.17	51,758	30,273
90	41,035	123,611	3.01	53,683	31,796
95	44,107	125,570	2.85	54,813	32,576
2000	47,062	126,925	2.70	55,876	33,418

(注) 3大都市圏の人口とは，東京圏（東京，千葉，神奈川，埼玉），大阪圏（大阪，京都），中京圏（愛知，三重，岐阜）の都府県の人口の和。
(出所) 総務省統計局ホームページ「平成12年国勢調査最終報告書」。

要であった。さらに1960年代後半の急速な住宅着工件数の増加と世帯数の増加の背後には，47～49年に生まれた戦後のベビー・ブーマーが就業年齢に達し，世帯を形成し始めたという人口学的要因も存在した。この結果，1970年の3大都市圏の人口は，55年の1.5倍に増加し，その集中度は50％に近づいた。なかでも集中の著しかったのは東京圏であって，その人口は1970年には2400万人に達した（表8・3）。

3 大量消費時代の幕開け

●三種の神器と3C

「三種の神器」　基礎的な消費が回復した後，より豊かな生活を求めて消費が急速に拡大した。民間最終消費は，高度成長期には年率8～10％の持続的な伸びを示

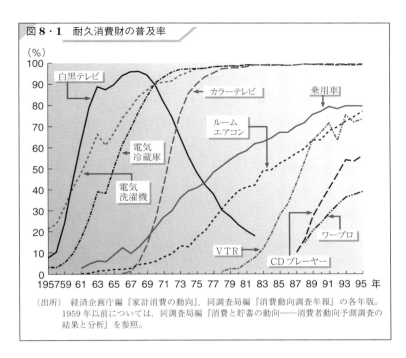

図8・1 耐久消費財の普及率

(出所) 経済企画庁編『家計消費の動向』,同調査局編『消費動向調査年報』の各年版。1959年以前については,同調査局編『消費と貯蓄の動向——消費者動向予測調査の結果と分析』を参照。

した。とくに1960年代前半の上昇は著しく,さらに65年のスランプを挟んだ後,60年代後半には再び10%前後を示した。総需要に占める比率からみても,民間最終消費は一貫して総需要の増加の50〜60%を占め,成長の牽引力,あるいは下支えの役割を果たした。たとえば,1960年度の『経済白書』は,技術革新とともに「**消費革命**」を経済成長の動因と指摘した。

　高度成長期前半の消費の中心は,テレビ,電気洗濯機,電気冷蔵庫といった耐久消費財であった。これらは当時「**三種の神器**」と呼ばれ,電化製品に囲まれたアメリカ流の豊かな生活の象徴として,多くの人々の羨望の的となった。この耐久消費財のブームは,図8・1からうかがわれよう。1960年から65年にかけて,テレビの普及率は44.7%から90%に,電気冷蔵庫は10%から

51.4%に,電気洗濯機は40.6%から68.5%へと急速に普及した。

<u>モータリゼーション</u>　1965年には消費も一時スランプに陥ったが,66年からはいざなぎ景気のなかで再び消費ブームが展開した。この時期の消費の中心は,カラーテレビ・乗用車・クーラーといった高価格の耐久消費財であり,当時,3Cと呼ばれた。カラーテレビは,1964年の東京オリンピックを契機に普及し始め,60年代後半に急速に普及して,75年に普及率は90%を超えた。また,1960年代後半の乗用車の普及も急速であった。1965年に188万台であった自動車の登録台数は,70年には678万台,75年には1480万台に達して,ほぼ2世帯に1台の割合で自動車を保有する状況となった。この**モータリゼーション**の進展と並んで,高速道路の建設もこの時期に拡大した。首都圏の高速道路網は,東京オリンピックをめざして整備され,1960年代前半には基本的に骨格を整えていた。都市間を結ぶ高速道路網は,1965年に名神高速道路が,69年には東名高速道路が開通して,首都高と接続された。

こうした大量消費時代は人々の生活パターンに大きな影響を与えることとなった。テレビの急速な普及によって,それまでの活字文化に加えて映像を中心とするテレビ文化が生まれた。また,洗濯機・電気炊飯器などの普及は,家事労働の負担を大幅に軽減することとなった。さらに,1960年代後半から進展したモータリゼーションは,消費の行動を徐々に変えていくこととなった。駅前に並ぶ商店街に代わって幹線道路沿いの量販店がしだいに有力となっていくのである。

<u>消費拡大の要因</u>　こうした大きなインパクトをもった消費拡大は,いくつかの要因によってもたらされた。第1に,マクロ的にみれば,消費の増大は急速な所得拡大によって支えられた。消費を,所得と前年の消費水準で回帰す

るケインズ型の消費関数が1975年以前の消費をほぼ100％説明することが知られている（高林［1988］）。第2に，核家族化が消費拡大効果をもったことが重要である。1955〜75年の人口成長率は年率1.3％であったが，世帯数の成長率は年率4.1％と人口成長率を上回った（表8・3）。他方で，世帯家族数の減少に表れているように**核家族化**が進行した。核家族化は世帯数の増加を意味し，世帯ごとのワンセットの耐久消費財の購入を促す。農村部でみられるように，3世代が同居していれば1つで足りた洗濯機や冷蔵庫も，都市に新たな世帯が生まれれば，もう1つ必要となるというわけである（吉川［1992］）。しかも，核家族化した団地族においては耐久消費財の普及率が高かった。団地族の間では，「見せびらかし」という心理をともなった消費が活発であった（橋本［1995a］）。

　第3に，大量消費と規模の経済性実現の相乗効果があったことが重要である。高度成長期の耐久消費財の特徴は，規格化された商品を人々が大量に購入するという大量生産・大量消費にあり，しかも**耐久消費財需要の所得弾力性**が高かったため，所得の上昇が一挙に需要を増加させ，これによって可能となった大量生産が製品価格を引き下げて，さらに需要を拡大するというメカニズムが作用した。たとえば，17インチ白黒テレビの1953年の販売価格は19万5000円であったが，技術革新と大量生産による規模の経済性の実現の結果，57年に10万円を切り，64年には大型で機能の充実した19インチ・テレビの価格が6万5000円になった。

　また，自動車の普及も，所得上昇にフィットした低価格・大衆車の発売によって促進された。1960年代前半のトヨタ・日産の主力車種は，排気量1200〜1300ccのコロナ，ブルーバードであったが，その価格は60万〜70万円前後で，サラリーマンの平均月収4万円には高価格にすぎ，一方60年代前半に発売された

Column ③　東京オリンピックと都市の景観

　「春の小川はさらさら行くよ」といえば，誰もが一度は耳にしたことのある唱歌の冒頭の一節であるが，では，この「春の小川」のモデルとなった川はどこに存在するのであろうか。残念ながら明確な証拠は見出されていないが，一説によれば，作詞者とされる高野辰之の住居の近隣を流れていた河骨川（渋谷川の支流）である可能性が高いという。現在の地名でいえば，渋谷区代々木周辺にあたるが，渋谷の喧騒と「春の小川」のギャップに驚く読者も多いかもしれない。ただし，現在は，この河骨川の姿を見ることはできない。1964年の東京オリンピックに向けた準備作業のなかで暗渠化され，下水道として転用されたためである（田原［2011］）。この時期には，河骨川以外にも多くの河川が暗渠化され，無数にあった「春の小川」が姿を消すことになった。

　ほかにも，「オリンピック関連街路」と名づけられた都市計画道路（環状七号線，玉川通りなど）や首都高速道路などの整備も急ピッチで進められ，高架で高速道路を建設する場所としては，建物が存在しない河川（ないし水路）の上が効率的であったことから，五街道の起点である日本橋の上を首都高が横断するという奇妙な景観すら生まれた（越澤［2014］）。急速な開発の負の側面であろう。

　「震災復興，戦後復興に匹敵する第三の東京改造」（上山［2009］）と評される1964年に対し，2020年に開催予定のオリンピックは，東京の景観をどのように変えるのであろうか。

スバル360に代表される軽自動車は，乗用車としての最低限の条件を満たしているにすぎなかった。この状況の下で，1966年にほぼ同時に登場したトヨタ・カローラ，日産・サニーは，従来の営業用・法人用より小型・低価格で，軽自動車をはるかに上回る

居住性・スタイル・性能を提示した点で画期的であった。1000cc前後の排気量と，40万円前後の価格設定によってはじめて乗用車の購入が，所得を上昇させた中間層のターゲットに入り，この価格設定は月産1万台以上という量産によって可能となったのである（第12章参照）。

4 労働力不足への転換
●賃金上昇と省力化

労働力不足と賃金上昇

農業地域からの若年労働者の供給は，高度成長初期から枯渇しつつあった。**表8・4**のように，新規学校卒業者のうち中学卒の求人倍率は，1952年に需要超過になった。また，高校卒の場合は，1960年に需要超過に転換した。一般求人の場合も，1960年前後に求人倍率が急上昇したことが判明する。1959年に始まる岩戸景気に際して，労働力不足が懸念されたことは，上記の求人倍率のデータとほぼ一致している。

日本経済は**労働力不足経済への転換点**を迎えた。南亮進は，ルイス・モデルを用いた分析によって，転換点は「1960年を中心とする数年間」であると結論している（南［1970］，［1981］）。W. A. ルイスの過剰労働の理論によれば，経済は資本主義部門（近代工業）と生存資料部門（前近代工業，農業，サービス業など）に分けられる。経済発展の初期において，生存資料部門の賃金はその社会に慣行として成立している生存水準に等しい。したがって，資本主義部門の企業は，それをわずかに上回る賃金によって，生存資料部門から「**無制限労働供給**」を受けることができる。しかし，生存資料部門の労働力が減少していくと，賃金は生存水準を上回り，資本主義部門の賃金を上昇させるようになる。

表8・4 求人倍率, 初任給, 平均賃金

年	求人倍率			初任給		産業総合平均賃金
	中卒者	高卒者	一般職業紹介	中卒男子（円）	高卒男子（円）	（円）
1951	0.88	0.45	0.33			10,537
52	1.07	0.49	0.32			12,495
53	1.27	0.69	0.36	3,500	5,600	14,358
54	1.35	0.66	0.27	3,808	6,317	15,401
55	1.10	0.72	0.29	4,020	6,500	18,300
56	0.99	0.70	0.44	4,150	6,650	20,000
57	1.18	0.96	0.45	4,660	7,140	21,300
58	1.22	0.92	0.40	4,870	7,290	21,200
59	1.20	0.95	0.61	5,180	7,430	22,600
60	1.94	1.46	0.83	5,910	8,160	24,400
61	2.73	2.04	1.04	7,300	9,840	26,600
62	2.92	2.73	1.15	9,000	12,520	29,500
63	2.62	2.71	0.73	9,890	13,170	32,700
64	3.58	3.99	0.79	11,470	15,110	35,800
65	3.72	3.50	0.61	13,190	16,430	39,400
66	2.86	2.57	0.81	14,110	17,550	43,900
67	3.45	3.05	1.05	15,490	19,199	48,700
68	4.39	4.44	1.14	17,817	21,999	55,400
69	4.80	5.70	1.37	21,002	25,372	64,300
70	5.76	7.06	1.35	23,800	28,400	74,400
71	6.83	3.99	1.06	28,600	34,100	85,100
72	5.50	3.15	1.30	32,300	39,400	98,500

(注) 労働省『労働経済の分析』, 総務省統計局ホームページ「日本の長期統計系列」。

　日本経済が労働力の「制限供給」の時代に入ったことは, 賃金上昇に拍車をかけた。1950年代後半から60年代初めにかけて, 中卒初任給の上昇率は平均賃金の上昇率を上回ることが多く, 60年代に入ると高卒初任給の上昇率も高まった。また, このような賃金上昇にともなって, これまでの企業規模間賃金格差は縮小した。中小企業も高い賃金で新規学卒者を雇用する必要があったか

らである。

> 人口集中・労働力不足
> の影響

高度成長の進展とともに，情報収集，取引先との関係緊密化の要請から関西に本社を置いていた企業の東京移転，あるいは本社機能の東京移転がみられた。たとえば，住友銀行は，1958年に東京重点主義を明確化し，大蔵省による店舗行政の下で関西地区で削減した支店を関東地区で新設するという店舗政策をとる一方，59年には新東京住友ビルを竣工し，大阪・東京の2本社制を敷いた。また，貿易取引の大部分が東京に集中する状況のなかで，関西系の4商社の東京支社の業務が拡大し，たとえば伊藤忠は，1967年に東京支社を東京本店と改称し，大阪・東京の2本社制に移行した。このようなビジネス拠点の東京集中は，人口の東京周辺部への集中を促進する要因になったのである。

さらに，労働力不足と賃金上昇は企業行動の変化をもたらした。第1に，技術選択に変化が生じた。たとえば，従来，中学卒の労働者を雇用し，組立工程を中心に労働集約的な作業工程に依存していた電機・電子工業は，中学卒新規学卒者の枯渇からまず高卒者の採用に転換した。さらに，設計改良による工数低減に重点を置き，トランジスター，IC部品の採用に積極的になった。企業は，工数低減によって組立工程を中心に作業者数を削減し，賃金コストの抑制を図ったのである（長谷川［1995］）。第2に，上記の技術変化にともなって，労働節約的な技術改善のための設備投資が増大した。高度成長期後半には，労働節約的投資の比率が上昇したのである。

そして第3に，企業は地方への工場分散を図ったことである。1960年代後半から本格化する地方への工場立地は，都市周辺では困難になった労働力の量的な確保が最大の目的であった。エレクトロニクス産業の発展とともに工場立地の適地も変化し，臨海

工業地帯に限定されなくなり，内陸部への立地が可能になったことも，地方移転の選択肢を増やした。さらに，都市周辺と地方との賃金格差も誘因となった。地方工場を別会社として分社化することによって，本社とは若干異なった労働条件の設定が可能になったからである。

5 高度成長の到達点
● 1970年代前半の所得水準・所得格差・消費

　高度成長が終焉を迎えた1970年代前半には，日本の平均的な家庭の消費生活は著しく豊かになっていた。所得水準は1955年に比して3倍に上昇し，エンゲル係数は30％にまで低下した。そのぶん家計支出に占める教養娯楽費・教育費の比重が増大した。これと並行して，日本人の生活様式は一変していた。かつて日本間でちゃぶ台，風呂は銭湯を使っていた平均的な日本人家庭は，テーブル・椅子，風呂のある生活に変わった。けっして広いとはいえなかったが，住居環境も着実に向上していた。1970年代前半の新設住宅の平均床面積は $80\,m^2$ を超え，それは55年末の水準を $15 \sim 20\,m^2$ 上回った。そして，各家庭は電機製品に満たされた。しかも，耐久消費財の普及が一巡すると，消費者の商品に対するニーズは高級化・多様化した。ポータブル・テレビの人気が高まり，乗用車では1968年のコロナ・マークⅡを皮切りにパーソナル・カーが新たな市場を確立した。住宅産業各社も1960年代後半には高級化・多様化したニーズに対応した住宅の設計を開始した。高度成長を経て食生活も著しく変化した。米の消費が減少し，朝食にパンを常用する家庭が増えた。食費に占める副食の比重も増大し，家庭の夕食は豊かになった。また，食品のインスタント化も普及し，食事に外食を利用する頻度も高まった。

高度成長が国民生活に及ぼした変化でもう1つ逸することができないのは，**所得分配の不平等が縮小した**ことである。所得格差を示すジニ係数は，戦前には格差を拡大する傾向にあったが，戦後改革によって一挙に縮小し，1950年代前半に若干増加した後，高度成長期を通じて着実に縮小した（溝口［1986］）。また，食糧管理法による所得補償政策と農家経営の兼業化の進展によって農家の所得も着実に増加し，都市勤労者所得に対する農家所得の割合は1955年の0.77から73年の0.94にまで上昇した。さらに，全都市勤労者世帯における年間収入第1分位階層の第5分位階層に対する消費支出の割合も，1960年の34.1から70年の46まで改善された（松田［1983］）。高度成長は，所得の平等化をも生み出したのである。こうして，戦間期以来の二重構造は消滅し，分厚い**中間層**が形成された。すでに1967年の「国民生活に関する世論調査」（総理府）では，9割近くの国民がいわゆる「中流意識」をもつに至ったことを報告しているが，それはこうした実体的な変化に支えられていたのである。

第9章 エネルギー革命

1 ドル原油と工場の臨海立地

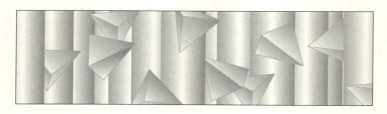

国内開発から輸入へ

　高度経済成長期に進行し,経済成長に大きく貢献したのが**エネルギー革命**であった。エネルギー革命とは第1次エネルギーの利用における石油(流体エネルギー)の急速な増大のことであり,それは同時に輸入エネルギーへの依存でもある。敗戦後,戦後復興期には国内資源開発主義が採用された。この**開発主義**を代表する政策が**傾斜生産方式**であった。国内の資源を徹底的に利用しようというものであり,国内炭鉱における石炭増産,電源開発会社による水力開発などが国内資源開発の典型的事例であった。**表9・1**に示した第1次エネルギー供給の構成に明らかなように,産業用としては石炭・水力,民生用では伝統的な薪・木炭の利用が中心で,1950年代前半には,いわゆる国産エネルギー供給のウエイトが4分の3を超えていたのである。

　しかし,国産エネルギー供給には,「高炭価問題」に示される決定的な問題点があった。それは,日本ではエネルギー生産コストが著しく高いこと,別の言葉でいえば,エネルギー生産性が低いことであった。石油・天然ガスはほとんど産出されず,日本の

表9・1　第1次エネルギー供給の構成

(単位：%, 10^6 kcal)

	1953年	1955年	1960年	1965年	1970年	1975年
水　　力	19.7	21.2	15.3	11.3	6.3	5.8
原 子 力	—	—	—	0.0	0.4	1.7
石　　炭	52.8	49.2	41.5	27.3	20.7	16.4
石　　油	17.7	20.2	37.7	58.4	70.8	73.3
天然ガス	0.2	0.4	1.0	1.2	0.9	0.7
Ｌ Ｎ Ｇ	—	—	—	—	0.4	1.8
木　　炭	2.8	2.6	1.1	0.2	0.0	0.0
薪（まき）	5.8	5.4	2.8	1.5	0.5	0.3
国　　産	76.9	76.0	55.8	33.8	16.5	12.0
輸　　入	23.1	24.0	44.2	66.2	83.5	88.0
合　　計	100.0 (53,366)	100.0 (56,016)	100.0 (93,749)	100.0 (165,614)	100.0 (310,468)	100.0 (365,719)

(注)　エネルギーは発熱量で換算してあり，総エネルギーは合計のカッコ内に示した。他は構成比である。
(出所)　資源エネルギー庁［1980］『総合エネルギー統計』。

　石炭層は火山活動の影響を受け，堆積規模が小さいうえに，地層の乱れが大きく，岩盤が脆弱であり，三池・高島など代表的な炭鉱は海底下に広く展開していて採掘条件が著しく悪かった。たとえば，1997年時点のことではあるが，オーストラリア東海岸のワークワースの炭鉱では，広く分厚く地表に堆積した炭層を，火薬で爆砕して巨大なシャベルで削りとって，1台で1回に200トン以上運べるトラックで輸送するという生産方式であり，採掘の直接部門の1人当たり年間生産高は3万トンを超えている。こうしたオーストラリアの炭鉱の生産性には，日本の石炭産業はとうてい太刀打ちできない。

石炭政策

　1949年までは戦後の「経済統制」の下で石炭産業に多額の補助金と低金利資金が供給されて，その高コストはあまり表面化しなかったが，統制

撤廃，そして**朝鮮動乱ブーム**のインフレで，生産コストの急上昇が生じた。他方，1950年代の前半には海上運賃が低下して，石炭の輸入価格は急速に低下し，石炭の内外価格差が大きくなった。「高炭価問題」は国内炭の使用を義務づけられた鉄鋼，化学，セメント，ガラス産業などにとっての石炭価格の内外価格差の問題であった。1950年代半ば以降，石炭の輸入，とくに開発輸入が増加するとともに，石炭鉱業に関しては，優良炭鉱への生産集中という産業組織の寡占化推進政策（**産業組織政策**）による生産量の計画的縮小，採掘の機械化などの合理化政策が展開した。特定の産業へ補助金などを投入して，市場の調整とは異なった資源配分を行うことを**産業構造政策**というなら，産業構造政策において最大の補助金が投じられた産業は石炭鉱業であった。既述のように，産業政策は産業組織政策と産業構造政策からなるが，投じられた補助金額の多寡という基準を用いると，戦後日本の産業政策にとって最大の対象産業は石炭鉱業であったことになるのである。ちなみに，石炭鉱業に次ぐのは繊維産業である。いずれも比較劣位化した産業であり，多数の失業者が一時に出るのを防ぐという雇用対策の観点から産業政策の政策手法が用いられたのである。

安価な原油輸入の仕組み

1950年代にはもう1つの高炭価問題というべきものがあった。安い輸入石油によって石炭が代替されるという問題である。石炭は品質と熱量の均質性で石油に劣り，燃焼管理の人件費・経常費，燃焼後の残滓（灰など）処理の費用がかさんだ。この石油に比べて石炭の燃焼経費の高さを石炭デメリットという。石炭デメリットがあるうえに，1950年代半ばには中東の優良油田の開発が進み，1ドル原油といわれた低価格原油が供給された。そして，国際石油資本（メジャーズ〔セブン・シスターズ〕）は，テキサスの油田からの供給を基本としてメキシコ湾諸港からの積

出価格に運賃・保険料などを加算し,世界中の消費地価格を決定する基点(basic point)価格制度をとっていたが,**基点価格制度はペルシャ湾も基点に加えた制度に修正された**。この結果,日本の輸入石油は安くなったが,それ以上に重要なのは,いち早く石油消費を増大させていたヨーロッパ諸国がスエズ動乱の際の運河閉鎖にともない,ペルシャ湾岸諸国からの石油輸入を喜望峰経由に切り替えたことであった。これを契機に運河を航行することを前提にしてタンカーに課せられていた船型・規模の制約がはずされて,タンカーの大型化が追求され,VLCC,ULCCなどの大型タンカーが開発され,石油の海上輸送コストが大幅に低下したのである。このタンカーの大型化という技術開発を終始リードしたのが日本造船業であった。

1950年代においてはイランの産油施設国有化の試みなど産油国の民族主義的行動による石油価格引上げの可能性があったし,60年に結成された**石油輸出国機構(OPEC)**は石油価格の引上げを試みた。しかし,1950～60年代を通じて,セブン・シスターズの強力な市場支配力の前に,産油国の石油価格引上げの試みは有効ではなかった。したがって,日本の高度経済成長期は,石油価格という点からみると1ドル原油時代であったといえるのである。

さて,この低価格原油と大型タンカーによる効率的輸送を徹底的に利用し,石炭デメリットを回避して燃料コストを引き下げたのが,日本のエネルギー多消費型産業であった。たとえば,鉄鋼業では,よく知られた高炉への重油吹込みだけでなく,純酸素吹込み転炉(LD転炉)への転換が完了するまでの期間,平炉への重油吹込みなどが行われた。

低価格原油と大型タンカーによる効率的輸送を徹底的に利用したというとき,きわめて重要なことは工場の立地選択であった。

石油精製設備は臨海に設置された。工場立地は通常は原料の搬送コストと製品の消費地への輸送コスト，地価，労働者の雇用にかかわる費用などの要因を総合して決定される。重量物である原料を大量に搬送する必要がある産業では，原料産出地に近接して立地するのが経済的に合理的だということになる。もちろん，この場合の近接という概念は自然地理的なものではなく経済地理的なものであり，交通手段の効率を考慮して，搬送コストを最も小さくすることを意味する。たとえば，セメント産業では原料が重量物であるから工場は原料立地になる。そして，セメントの主たる原料は石灰石と粘土であるが，セメント1トン当たり必要とされる石灰石の重量と粘土の重量では前者のほうが大きいし，粘土は偏在していないため産地の制約が小さいという条件があるから石灰石の鉱山に近接して立地する場合が多い，ということになるのである。

政策転換と臨海立地

1950年代末に，石炭デメリットを考慮したうえで，石炭と石油のカロリー単価が逆転し，石油価格が安くなり，それ以後，両者の差が拡大した。この過程で，1950年代には重油ボイラー規制などによって石油消費に制限を加えていた通産省の政策が転換した。エネルギー多消費型産業の振興のために，1962年までは為替管理下の外貨割当を背景に，それ以後は石油業法を背景に，強い行政介入を行い，産業用燃料である重油や石油化学工業原料としてのナフサ（粗製ガソリン）の価格を引き下げた。この結果，石油製品は連産品であり，国際的にみて同種の精製技術が採用されているから，石油製品間の相対価格はそれほど国際的に異ならないはずであるが，日本のそれは重油・ナフサが安く，ガソリン・灯油が高いものとなった。これは石油価格の低下の恩恵を選択的に重化学工業部門に分配する仕組みであった。他方，ガソリン価格が高い状態が続

いたので，日本における乗用車開発では燃費を引き下げることに強いインセンティブが働き，これによって開発された日本車の燃費性能の高さは石油危機後，石油価格が国際的に高くなると，日本車の利点になるという，意図せざる成果も生まれたのである。

　こうした政策転換もあって，表9・1に示したように1960年代以降，輸入された石油の消費が急速に増加した。固体燃料から液体燃料への転換はきわめて急速に進んだし，そのエネルギー・コスト引下げ効果が大きかったこともあって，エネルギー革命といわれたのである。

第2部の演習問題

1　高度成長の要因について，第3章および橋本［1991］を参照して説明してみよう。
2　民間消費が高度成長に与えた影響を，下図および吉川［1997］を参照しながら説明してみよう。また，前問での解答と対比して，高度成長の要因に関する見解の差異について考察してみよう。

高度成長（1955～70年頃）のメカニズム

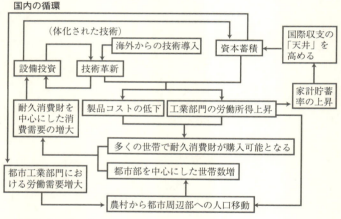

（出所）　吉川［1997］137ページ。

3　鉄鋼業の社史を使って，設備投資競争の実態を調査し，競争を促進した要因を検討してみよう。
4　企業集団の役割を，商社活動の側面から考えて，まとめてみよう。
5　メインバンク・システムと株主安定化の関連を，コーポレート・ガバナンスという視点から整理してみよう。

第 2 部の参考文献　＊は読者のための基本文献を表す。

＊青木昌彦＝ヒュー・パトリック編（東銀リサーチインターナショナル訳）［1996］『日本のメインバンク・システム』東洋経済新報社。

富士銀行［1982］『富士銀行 100 年史』。

藤野正三郎［1990］『国際通貨体制の動態と日本経済』勁草書房。

深尾光洋・森田泰子［1997］『企業ガバナンス構造の国際比較』日本経済新聞社。

長谷川信［1995］「家電産業」武田晴人編『日本産業発展のダイナミズム』東京大学出版会。

＊橋本寿朗［1991］『日本経済論』ミネルヴァ書房。

＊橋本寿朗［1995a］『戦後の日本経済』岩波新書。

橋本寿朗［1995b］「資源・用地・資金制約下における大量生産型産業の飛躍」『証券研究』第 112 巻（橋本［2001］第 4 章に収録）。

橋本寿朗［1995c］「戦後の金融システムと日本開発銀行の役割」『社会科学研究』第 47 巻第 1 号（橋本［2001］第 10 章に収録）。

＊橋本寿朗編［1996］『日本企業システムの戦後史』東京大学出版会。

橋本寿朗［2001］『戦後日本経済の成長構造』有斐閣。

橋本寿朗・泉田成美・河合正弘［1996］「日本における経営不振企業とメインバンク」『社会科学研究』第 48 巻第 3 号。

＊猪木武徳・樋口美雄編［1995］『日本の雇用システムと労働市場』日本経済新聞社。

伊丹敬之・加護野忠男・小林孝雄・榊原清則・伊藤元重［1988］『競争と革新』東洋経済新報社。

伊東光晴監修［1977］『戦後産業史への証言 1』毎日新聞社。

川北英隆［1995］『日本型株式市場の構造変化』東洋経済新報社。

＊経済企画庁編［1976］『現代日本経済の展開』経済企画庁。

橘川武郎・加藤健太［1996］「戦後日本の企業集団と融資系列」『社会科学研究』第 48 巻第 1 号。

橘川武郎・野中いずみ［1995］「革新的企業者活動の継起」由井常彦・橋本寿朗編『革新の経営史』有斐閣。

越澤明［2014］『東京都市計画の遺産』ちくま新書。

＊香西泰［1981］『高度成長の時代』日本評論社（日経ビジネス人文庫，2001年）。

松田延一［1983］『高度経済成長下の国民生活』中部日本教育文化会。

南亮進［1970］『日本経済の転換点』創文社。

＊南亮進［1981］『日本の経済発展』東洋経済新報社（第2版，1992年；第3版，2002年）。

南亮進［1996］『日本の経済発展と所得分布』岩波書店。

三菱銀行［1980］『続三菱銀行史』。

宮島英昭［1992］「財閥解体」法政大学産業情報センター・橋本寿朗・武田晴人編『日本経済の発展と企業集団』東京大学出版会。

宮島英昭［1995］「企業集団・メインバンクの形成と設備投資競争」武田晴人編『日本産業発展のダイナミズム』東京大学出版会。

宮島英昭［1996］「財界追放と経営者の選抜」橋本編［1996］所収。

宮島洋［1986］『租税論の展開と日本の税制』日本評論社。

溝口敏行［1986］「日本の所得分布の長期変動」『経済研究』第37巻第2号。

中部博［1994］『世界が俺を待っている　本田宗一郎伝』集英社。

＊中村隆英［1980］『日本経済　その成長と構造』第2版，東京大学出版会（第3版，1993年）。

日本アイ・ビー・エム［1988］『日本アイ・ビー・エム50年史』。

日本銀行［1985］『日本銀行百年史』第5巻。

日本住宅公団［1965］『日本住宅公団10年史』。

日本鉄鋼協会［1992］『戦後復興期におけるわが国鉄鋼技術の発展』。

岡崎哲二［1995a］「戦後経済復興期の金融システムと日本銀行融資斡旋」『経済学論集』第61巻第4号。

岡崎哲二［1995b］「戦後日本の金融システム」森川英正・米倉誠一郎編『日本経営史5　高度成長を超えて』岩波書店。

＊岡崎陽一［1987］『現代日本人口論』古今書院。

置塩信雄・石田和夫編［1981］『日本の鉄鋼業』有斐閣。

パッカー，F.［1996］「長期信用銀行の役割とメインバンク・システム」青木＝パトリック編［1996］所収。

三和銀行［1974］『三和銀行の歴史』。

シェアード，P.［1995］「株式持合とコーポレート・ガヴァナンス」

青木昌彦＝R. P. ドーア編（NTTデータ通信システム科学研究所訳）『システムとしての日本企業』NTT出版。
鹿野嘉昭［1994］『日本の銀行と金融組織』東洋経済新報社。
杉浦勢之［1996］「戦後復興期の銀行・証券」橋本編［1996］所収。
田原光泰［2011］『「春の小川」はなぜ消えたか』之潮。
高林喜久生［1988］『日本経済のマクロ・パフォーマンス』東洋経済新報社。
寺西重郎［1993］「メインバンク・システム」岡崎哲二・奥野正寛編『現代日本経済システムの源流』日本経済新聞社。
＊鶴田俊正［1982］『戦後日本の産業政策』日本経済新聞社。
通商産業省，通商産業政策史編纂委員会編［1990］『通商産業政策史』6，通商産業調査会。
上山和雄［2009］「東京オリンピックと渋谷，東京」老川慶喜編『東京オリンピックの社会経済史』日本経済評論社。
和田八束［1992］『租税特別措置』有斐閣。
若杉隆平［1986］『技術革新と研究開発の経済分析』東洋経済新報社。
Yonekura, S. [1994], *The Japanese Iron and Steel Industry, 1850-1990*, St. Martin's Press.
＊吉川洋［1992］『日本経済とマクロ経済学』東洋経済新報社。
＊吉川洋［1997］『高度成長』(20世紀の日本6)，読売新聞社（中公文庫，2012年）。

第 3 部
石油危機と安定成長への転換

石油危機でトイレットペーパーを求めて殺到する主婦たち

第10章 概　説

安定成長への転換

1　2つの大ショック
●ニクソン・ショックと石油ショック

成長条件の変化　　10％前後の成長率を20年にわたって維持してきた日本経済は，1970年代に入ると大きな転換期を迎えていた。高成長を支えた需要拡大のメカニズムの1つ，すなわち農村の過剰人口を基盤とした人口移動とその結果としての世帯数の伸びによる耐久消費財需要の拡大という連鎖は限界に近づきつつあった（吉川［1992］）。他方，供給面では，日本が世界の技術的フロンティアに接近するにつれ，導入技術による技術革新の余地は縮小した。またこの時期日本経済は労働力の供給不足に直面し始めていた。1968年に有効求人倍率は1を超え，総量ベースで労働需給は均衡した。こうした労働市場の逼迫の下で，賃金上昇が進展した。春闘の賃上げ率は上昇し，消費者物価上昇率でデフレートした実質の上昇率も69～70年には10％を超えていた。もっとも，この上昇は労働生産性の上昇でカバーされ，1970年代は能率生産物賃金の上昇率はマイナス

表 10・1 1970 年代の雇用・賃金関係指標

年	A 有効求人倍率 (%)	B 春季賃上げ率 (%)	C 実質ベースアップ率 (%)	D 能率生産物賃金の変化率 (%)	E 労働分配率 (%)	F 雇用者1人当たり労働損失日数 (日/人)	G 実質賃金の変動係数
1968	1.12	13.60	8.30	-2.31	71.4	0.09	0.76
69	1.30	15.80	10.60	-1.62	70.0	0.11	0.56
70	1.41	18.50	10.80	-0.74	68.3	0.12	0.51
71	1.12	16.90	10.80	4.99	72.7	0.18	1.35
72	1.16	15.30	10.80	0.35	73.0	0.15	0.99
73	1.76	20.10	8.40	1.77	74.5	0.13	0.99
74	1.20	32.90	8.40	2.89	78.2	0.27	0.89
75	0.61	13.10	1.30	3.55	80.9	0.22	2.82
76	0.64	8.80	-0.50	1.29	80.4	0.09	5.05
77	0.56	8.80	0.70	0.46	80.3	0.04	1.52
78	0.56	5.90	2.10	-1.30	78.5	0.04	7.72
79	0.71	6.00	2.40	-0.33	78.5	0.02	2.69
80	0.75	6.74	-1.26	-1.35	76.9	0.03	38.54
81	0.68	7.68	2.78	0.14	78.0	0.01	2.97
82	0.61	7.01	4.31	-0.11	77.9	0.01	2.80

(注)　C：実質ベースアップ率＝B－消費者物価上昇率。D：能率生産物賃金の変化率＝雇用者1人当たりの所得の変化率－GNP デフレーターの変化率－マンアワー GNP 生産性の変化率。実質賃金の変動係数は，13 業種 297 社。

(出所)　黒坂［1988］，吉川［1992］。原資料は，総務庁『労働力調査年報』，労働省『職業安定業務統計』，経済企画庁『国民所得統計年報』，『国民経済計算年報』，労働省『労働争議統計調査』。

であって，68〜70 年の労働分配率も低下していた（**表 10・1**）。しかし，この賃金の上昇は，いったん生産性の上昇がストップすれば大きな圧迫要因となる可能性をもっていた。このように労働力の供給制約，総需要の成長の減速の2点で高成長の国内的条件は失われつつあった。

　そして，1970 年代初頭の2つの対外的なショック，ニクソン・

ショックと石油ショック（石油危機）はこの構造転換を加速した。高度成長を支えた国際的条件の1つは、ブレトン・ウッズ体制の枠組みの下での固定相場制にあったが、ニクソン・ショック後の為替レートの切上げと、1973年2月からの変動相場制への移行によってそうした条件は失われ、それ以降、日本は為替上昇の圧力に直面することとなった。また、高度成長期のいま1つの対外的条件は、1次産品価格の相対的に低価格の安定的な供給にあったが、1972年以降進展し、73年10月の石油ショックでピークを迎える国際的なインフレーションの結果、この条件も失われた。日本経済は、石油ショック後、1974年に戦後はじめてのマイナス成長を記録し、賃金とエネルギー価格の急騰という新たな価格体系への経済構造の調整を進めることを余儀なくされたのである。以下、この2つのショックを順に簡単に追跡しておこう。

1971年8月、深刻化するインフレーションの抑制と、経常収支の赤字の削減を目的として、アメリカのニクソン大統領は「新経済政策」を発表した。①金・ドル交換停止、②10％の輸入課徴金賦課、③90日間の賃金・物価凍結などのドル防衛策とともに、主要各国が平価切上げによって局面打開に協力することを要請することがその内容であった。このニクソン声明によって潜在的に進行しつつあった国際通貨不安は明らかとなり、戦後の世界経済運営の機軸となっていたブレトン・ウッズ体制は根底から揺さぶられることとなった。このニクソン声明の発表後、ヨーロッパ各国の外国為替市場は、混乱回避のために閉鎖された後、8月23日にロンドンは限定変動相場制、パリは二重相場制、西ドイツは変動相場制をそれぞれ採用した。それに対して、円切上げに消極的な日本政府は、市場の閉鎖を避けて約10日間360円レートを維持したため、大量のドル売り・円買いが発生し、8月27日に政府はついに変動相場制への移行を決意した。以降、円レー

トは上昇を続け,同年末のスミソニアン会議で16.88%の円切上げ,1ドル=308円の新レートが決定された。日本は,これによって1949年以来20年以上維持してきた360円レートと決別したのである。

ところで,1960年代後半から70年代初頭にかけて,日本の国際競争力は著しく強化されていた。したがってこの308円レートは,主要各国中でも最大の切上げ幅であったにしても,当時のわが国の国際競争力と合致するほぼ適正なレートであった。また結果からみても,為替レートの上昇後,円建ての輸出対前年増加率は,1972年に4.3%とやや低下したものの,ドル・ベースでは20%前後を維持し,輸出の大幅な落込みはみられず,同年の経常収支も黒字を維持した(図 **10・1**)。しかし,当時の新レートに対する国内の評価は著しく悲観的であった。日本の輸出拡大は360円レートの下でのみ可能であり,日本の輸出拡大はもはや不可能という悲観論が大勢を占め,しかもこの時点で国内経済は景気後退の底にあったことも加わって,「ニクソン・ショック」と呼ばれるパニックが日本経済を襲ったのである(中村 [1993])。

過剰な流動性供給

円切上げに対する国内の評価は,ニクソン・ショックに対する日本政府の対応を過剰なものとした。円切上げによる輸出産業の不振,さらに全般的なデフレ効果を予想した政府は,1970年半ばの景気後退後から進めていた景気刺激策をいっそう強化した。日本銀行は公定歩合を段階的に引き下げ,政府当局も,景気がすでに回復過程に入った1972年前半になっても経済が依然円切上げ不況にあるとの判断から公共投資の増大を進めた。この拡張的財政政策は,1972年6月に「日本列島改造論」をひっさげた田中角栄内閣成立後に明確となった。「日本列島改造論」とは,太平洋岸に立地する工業地帯を,全国各地に分散し,各地域ごとに人口20万~

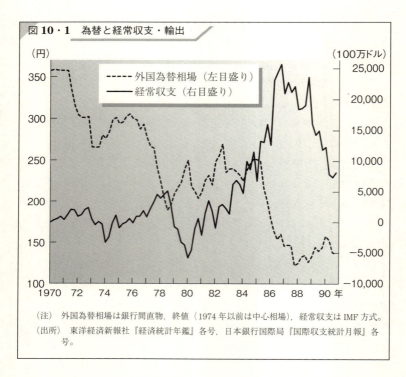

図10・1 為替と経常収支・輸出

(注) 外国為替相場は銀行間直物，終値（1974年以前は中心相場），経常収支はIMF方式。
(出所) 東洋経済新報社『経済統計年鑑』各号，日本銀行国際局『国際収支統計月報』各号。

30万人の工業中心都市をつくって，その中心都市を高速道路と新幹線で結ぶという構想であった。

　以上のような金融緩和と財政出動は，インフレーションを準備することとなった。一般に実際の取引量に比べて通貨供給量が増加すれば物価の上昇傾向が高まる。通貨供給の代表的指標M2（現金・当座預金＋定期預金）の対前年同期比は，1970年に入ると10％後半の水準を示していたが，ニクソン・ショック以降にさらに上昇して20％を超え，その結果，通貨供給量に対する名目GNP比，いわゆるマーシャルのkも高水準を示すこととなった。物価の上昇が加速し始めた1972年第4四半期に入ると，通貨当局は公定歩合を引き上げようやく引締めに転じたが，この転換は

Column ④　田中角栄と『日本列島改造論』

　政治家が自らの政治的立場を示すために著書を出版することは少なくないが，田中角栄の『日本列島改造論』ほどの存在感を放つ著作はないといってよかろう。同書は1972年6月に日刊工業新聞社から刊行され，100万部近い売上げを記録している。また，『日本列島改造論』刊行の翌月，田中は54歳の若さで自民党総裁となり，第1次田中内閣を組閣した。組閣時の内閣支持率は50～60％台であり，これは「55年体制」の成立から崩壊（1993年）までの内閣で最も高い組閣時支持率であった。

　『日本列島改造論』の具体的な提言は多岐にわたるが，主張の要点は，日本列島を新幹線や高速道路などの交通網で結び，地方の工業化を促進することで「工業再配置」を実現し，過疎化や公害，あるいは劣悪な住環境といった問題を同時に解決することにあり，とりわけ「裏日本」とも呼ばれた日本海側地域の開発が重視された。同書のなかで，田中は，寒冷地を工業地域としているアメリカやヨーロッパなどと対比しつつ，日本で必ずしも温暖な太平洋側を工業地域とする合理性はないと説くなど，自説が普遍性をもつことを印象づけようとしている。とはいえ，関越自動車道や上越新幹線の建設に代表されるように，田中が地元新潟への「利益誘導型」の政治を強力に推し進めたことも周知の事実である。低成長に移行した1970年代半ば以降，日本が公共投資を重視する「土建国家」に転じていったことを踏まえれば（井手[2013]），『日本列島改造論』は戦後日本の重要な転換点を象徴する著作であったといえるのかもしれない。

いかにも遅きに失した（小宮[1988]）。引締め後もM2の対前年伸び率は1973年第3四半期まで20％以上の高水準を維持し，この結果，当時の規制金利体系の下で唯一市場の資金需給を反映し

ていたコール・レートは 73 年第 2 四半期まで低水準で推移した。

列島改造ブーム 金融緩和による通貨供給量の増加の下で，1972 年には企業活動が活発化した。ニクソン・ショック後マイナスに転じていた実質民間設備投資の対前年同期比は，1972 年第 3 四半期から増加し，73 年に入ると年率 10％以上の高水準に達した。資金を借入に依存し，能力の拡張を試みる点で，高度成長型の投資の最後のブームであった。しかも，金融緩和がもたらしたのは実物面での拡大ばかりではなかった。金融緩和の結果，1970 年末には 9％程度であった企業の手元流動性（手元現預金の売上高に対する比率，全産業）が 72 年末には 12％へと上昇し，この企業に積み増された遊休資金が，有価証券投資，在庫，投機目的の土地購入に向かったからである（中村［1993］）。

企業は資産価格の先高を見込んで投機的に行動し，全国で土地，木材の買占めも大規模に進められた。全国市街地価格指数（1970 年＝100）は，1972 年末に 160 にまで上昇した。とくに新幹線計画，観光開発計画の対象地域，あるいは東京 100 キロ圏の住宅地の地価上昇は顕著であった。他方，株式市場もブームを迎えた。日経（225 種）平均株価は，1970 年の 2000 円台から急騰を続け，72 年末に 4600 円，73 年に入ると 5000 円を突破した。こうした株価・地価の上昇は，1980 年代後半に発生するバブルほどの広がりと長さをもたなかったとはいえ，金融緩慢を条件に経済主体の価格上昇期待がスパイラルに資産価格を引き上げた点で，小さなバブルにほかならなかった。

石油危機 すでに進展しつつあったインフレーションを加速したのが「石油危機」であった。1973 年 10 月に第 4 次中東戦争が開始されると，石油輸出国機構（OPEC）は石油公示価格を引き上げ，イスラエルを支持する国に

対しては，月5％の割合で石油供給を削減することを通告，さらに11月には25％の大幅な減産を決定した。このOPECの石油戦略は功を奏した。短期的には石油需要は価格に対して非弾力的であったから，OPECの大幅減産の結果，原油価格は暴騰し，輸入価格は1972年度平均の2.6ドルから74年には11.5ドルに達した。実に約4倍の上昇であった。

　この当時，日本の第1次エネルギーに占める石油の比重は78％であり，その石油の対外依存度は，OECD（経済協力開発機構）諸国平均の67％に対して，99.7％に達していた（第9章を参照）。このように国内に資源をもたずエネルギーの石油依存度の高かった日本が，この価格上昇によって受けた打撃は大きかった。しかも国内でインフレーションが進展していただけに，原油価格上昇のインパクトは増幅されることとなった。すでに商品需給がタイトになっているところに，石油危機のショックが訪れて，パニックと便乗値上げが頻発したのである。消防法に違反した石油の野積みや，後に独禁法違反で摘発される「**闇カルテル**」が発生したのもこの頃である。価格が暴騰したのは石油・灯油といった石油関連商品ばかりではなかった。トイレットペーパーが買えなくなるという噂に端を発して，全国各地でトイレットペーパーの買占めが発生した。さらに消費財（小売物価）のみでなく，生産財の価格（卸売物価）の高騰も激しいものがあった。1974年第1四半期の卸売物価の対前年上昇率は33％に達した。高度成長期の卸売物価の安定が消費者物価の上昇を抑制してきたのに反して，この時期には一時的にせよ卸売物価の高騰が消費者物価を押し上げる要因として作用するというパターンを示すこととなった。

2 スタグフレーションからの脱却
●早期の景気回復

スタグフレーションの発生

2つの大ショックは、戦後四半世紀にわたる世界経済における「黄金時代」の終わりを告げた。各国は、経済成長率の低下、物価の上昇、失業率の上昇という深刻な事態に直面することとなった。石油価格の上昇は物価を引き上げ、この物価上昇をカバーするために賃金が引き上げられ、この賃金上昇が物価のいっそうの上昇をもたらすという賃金と物価の悪循環が発生し、他方、生産は停滞し失業は増加した。1960年代には、失業率と物価の上昇との間の安定的な負の相関、いわゆるフィリップス曲線の存在が認知され、これを前提として許容可能なインフレ率の範囲で失業率を引き下げることが各国の政策担当者の常識となっていたから、このように経済が停滞し、しかも物価だけが上昇するという事態は、戦後主要国が経験したことのないものであった。この事態を表す言葉として停滞を意味するstagnationとinflationを結びつけたstagflationなる合成語が多用されることとなった。このスタグフレーションの姿は、**表10・2**に要約されている。

石油ショック直後（1974年）の日本の物価上昇率は、国際的にみても最も高く、しかも一時的に卸売物価の上昇率が消費者物価を上回るという特徴を示した。石油輸入依存度の高い日本経済に石油危機がいかに大きな打撃を与えたかがうかがえる。しかし、その後の日本の物価は急速に安定化した。アメリカをはじめ各国では物価の上昇が継続し、イギリス、フランスでは10％を超える上昇率が継続したのとは対照的であった。同様に、賃金も石油危機の直後に急騰し、1974年の賃上げ率は32.9％に達したが、

表 10·2 1970年代の主要国の経済パフォーマンス

(a) GDP 成長率 (単位：%)

年	日　本	アメリカ	イギリス	ドイツ	フランス
1970～73	7.9	3.2	3.7	4.2	5.1
74	−1.4	−0.5	−1.7	0.2	3.1
75	2.7	−1.3	−0.8	−1.4	−0.3
76	4.8	4.9	2.8	5.6	4.2
77	5.3	4.7	2.3	2.7	3.2
78	5.0	5.3	3.5	3.4	3.4
79	5.6	2.5	2.8	4.0	3.2
80	3.5	−0.2	−1.7	1.0	1.6

(b) GDP デフレーター成長率 (単位：%)

年	日　本	アメリカ	イギリス	ドイツ	フランス
1970～73	7.6	5.6	8.0	6.8	6.9
74	20.8	9.1	14.6	7.1	11.8
75	7.7	9.8	27.3	6.0	13.0
76	7.2	6.4	15.0	3.7	11.1
77	5.8	6.7	14.0	3.8	9.1
78	5.0	7.3	11.2	4.3	10.1
79	2.7	8.9	14.5	3.8	10.2
80	4.5	9.0	19.1	4.9	11.4

(c) 時間当たり賃金増加率 (単位：%)

年	日　本	アメリカ	イギリス	ドイツ	フランス
1970～73	16.6	6.4	12.5	13.4	—
74	24.5	8.4	16.8	15.2	18.9
75	15.2	9.1	26.5	11.2	18.6
76	13.0	8.1	16.4	5.9	15.7
77	9.3	8.8	10.6	8.5	12.4
78	9.5	8.7	14.4	6.9	13.4
79	6.4	8.5	15.6	6.9	13.4
80	3.5	8.7	−28.0	8.5	15.9

(d) 失　業　率 (単位：%)

年	日　本	アメリカ	イギリス	ドイツ	フランス
1970～73	1.2	5.0	2.6	0.7	2.6
74	1.3	4.9	2.1	0.6	2.7
75	1.4	5.6	2.2	1.3	2.9
76	1.9	8.3	3.6	3.1	4.2
77	2.0	7.7	4.8	3.2	4.5
78	2.0	7.0	5.2	3.3	5.0
79	2.2	6.1	4.9	3.1	5.3
80	2.1	5.8	4.5	2.9	6.0

(出所)　OECD, *Economic Outlook*, 各年版。

この上昇は75年以降急速に沈静化した。主要諸国が賃金と物価の悪循環を継続させたのとは異なった軌跡を描いたのである。

一方，日本の不況からの脱却は速やかであった。石油危機後，1974年に戦後はじめてのマイナス成長を記録した日本経済のGDP成長率は，翌75年には2.7%に回復し，70年代後半を通じて5%前後の成長率を維持した。それは，高度成長期のほぼ2分の1の水準にとどまったが，1～2%の水準に低迷したアメリカ，イギリスをはるかに上回っていた。こうした日本の相対的に高いパフォーマンスは，とくに失業率に現れていた。失業率の国際比較は常に微妙な問題をともなうから，絶対的な水準より変化率に注目すべきである。日本の失業率は，石油危機後にやや上昇したものの，2%台にとどまり，それは1960年代の失業率の水準を大幅に上昇させたアメリカ，イギリス，フランスの動向とは対照的であった。

第2次石油危機の影響

日本経済の高いパフォーマンスは，1979～80年の**第2次石油危機**を経るとさらにいっそう明確となった。1978年のホメイニ革命によってイランのパーレビ国王が追放され，イラン・イラク戦争が勃発したが，この戦争は再び石油を国際交渉の武器とする戦略を誘発し，OPECは79年から80年にかけて12ドル台であった原油価格を段階的に引き上げ，80年にはいったん34ドルにまで上昇した。この第2次石油危機の価格引上げ幅は第1次のそれを上回り，石油消費国に再び大きな打撃を与えた。しかも，石油以外の主要国際商品価格も1979年に21.6%，80年に21%と急騰して，各国は再び大きな外生的ショックに見舞われた。しかし，この第2次石油危機が日本経済に与えた実体的打撃は，原油価格の上昇にともなう輸入代金の増加の対GNP比（4.1%）が第1次危機（3.8%）とほぼ同程度であったにもかかわらず，第1次に比してはるかに

軽微であった。各国が再びスタグフレーションに直面したのに対して、日本では輸入価格指数が大きく上昇したものの、卸売物価の上昇は小幅にとどまり、GNPの低下、失業率の上昇はほとんど発生しなかった。適切なマネー・サプライの管理と、外生的ショックに対する労使の学習の結果、日本経済の高いパフォーマンスは際だっていた。

投資の低迷

石油危機以降の成長は、成長率の平均が高度成長期の10%から4%強に下方屈折したことに加えて、成長率の変動が著しく低下したことに大きな特徴があった。安定成長の定着である。さらに、1970年代後半の成長パターンは、民間設備投資に主導された高度成長期とは大きく異なっていた。1974～75年の民間資本形成の対前年増加比は2年連続でマイナスを記録し、76年以降回復するものの、その対前年増加比は平均で5%程度にとどまった。その結果、1976～80年の民間設備投資の対GNP比は14%と65～70年平均に比して4ポイント低下し、需要サイドの成長要因を分解した**表10・3**によれば、70年代後半の総需要の成長に対する寄与は2割程度にとどまった。投資の役割は、高度成長期に比して大幅に後退した。

しかもこの時期の民間設備投資は、製造業から非製造業への中心の移動をともなっていた。民間投資に占める製造業の比重は、高度成長期後半の55%前後から1970年代後半には45%前後に低下していた（経済企画庁［1987］）。こうした製造業の投資停滞は、第1に、**石油危機後のストック調整**が長期化したためであった。投資は、需要を満たすのに必要な生産を可能とするストック量（最適ストック）に既存のストック量を調整する過程と理解できる面をもつが、石油危機後には需要の伸びが停滞する反面で、資本ストックは1972～73年の過剰流動性インフレーション過程にお

表10・3 経済成長の要因分解（需要サイド）

	1971〜75年	76〜80年	81〜85年
国内総支出	4.5	4.4	3.4
国内需要	4.5	4.0	2.6
民間最終消費支出	3.2	2.4	1.8
民間住宅＋民間企業設備＋民間在庫	0.1	0.8	0.7
公的需要	1.2	0.8	0.1
公的固定資本形成＋公的在庫品増加	0.6	0.4	−0.1
政府最終消費支出	0.5	0.4	0.3
財貨・サービスの純輸出	0.1	0.4	0.7
財貨・サービスの輸出	0.6	0.8	0.8
（控除）財貨・サービスの輸入	0.5	0.4	0.1

(注) 1) 国民総支出＝国内需要＋財貨・サービスの純輸出。
　　 2) 国内需要＝民間需要＋公的需要。民間需要＝民間最終消費支出＋民間住宅＋民間企業設備＋民間在庫。
(出所) 内閣府ホームページ「国民経済計算確報」（平成2年基準）。

ける投資ブームの結果，顕著に増加していた。1975年の稼働率指数は80を割り込み，それが90に回復するのは78年であった。

　第2に，企業の投資決定レベルでみれば設備投資はその収益率によって決定されるが，その面において，石油危機後に企業の収益率が長期に低迷したことが注目されよう。売上高経常利益率は，1975年に1％前後まで急落し，その後の回復も緩慢であった。業績が目立った回復をみせるのは1978年後半からである。しかも，その収益率の低下の主要な要因が石油危機後のエネルギー価格と賃金の急騰による以上，収益率の悪化には跛行性があった。収益率の低下は，非製造業に比して製造業で大きく，また製造業内部ではエネルギー多消費型産業・労働集約型産業で大きく，組立産業で軽微であった。こうして1970年代後半の設備投資は，高度成長期に比べて水準を下げながら，非製造業を中心として，また製造業内部では組立産業を中心に進展することとなった。

輸出主導型成長への転換

この時期の成長の再開を需要面から支えたのが,国内消費の回復であった。石油危機直後の 1974 年には,狂乱物価の下で家計行動が慎重になった結果,消費性向は一時的に低下して,成長率に対する寄与は大きくマイナスとなった。一般には,インフレ率の上昇は実質金利の低下をともなうため,貯蓄性向を下げる方向に作用するが,この時期の先行きの不安を感じた家計はむしろ消費を控えることによって対応した。家計部門が受けた石油危機の大きさをみてとることができよう。しかし,消費性向は 1975 年から回復して,それ以降,消費は年率 4〜6% 前後で成長し,同期の総需要の成長の約 6 割を支えることとなった。もっとも,消費は一面で GNP の関数であるから,消費性向が回復すれば,需要面で成長を下支えするのは当然であろう。1970 年代後半の成長にとってより重要な要因は,むしろ輸出の増加であった。輸出の成長率は,1975 年および円高の進展した 78 年に一時後退するものの,石油危機直後の 74 年から 80 年まで平均して 10% を超え,その成長に対する貢献度は 70 年代後半を平均すると 0.8% に達した。わが国の経済成長は,高度成長期の民間設備投資を中心としたパターンから**輸出主導**のパターンへと徐々に変貌していた。

　一方,財政支出の役割はやや複雑であった。石油危機後,政策課題がインフレーションの収束に集中したため,財政は引き締められざるをえなかった。1975 年度予算は,公共事業関係費の伸びをゼロに抑え,物価上昇の抑制を図った。財政が景気刺激的な役割を果たすことが可能となったのは,インフレが沈静化し,石油危機以降の経済停滞が明確となり,失業問題が急浮上してきた 1976 年からであった。さらに,輸出の急増とともに貿易黒字の削減が新たな政策課題となった 1977〜78 年に入ると,内需拡大

政策が展開された。こうした積極的な財政政策の採用には，後述のような国際的な要請があった。

生産性の伸びの鈍化　1970年代後半の経済成長を供給サイドからみておこう。成長率は，資本ストック，労働投入，**全要素生産性（TFP）**の成長率に分解することができる。1965～72年のGNP成長率12.2％が，労働1.3％，資本ストック5.4％，TFP 5.5％からなるのに対して，75～80年のGNP成長率4.4％は，労働0.6％，資本ストック2.1％，TFP 1.8％によって可能となった（香西[1981]，経済企画庁[1997]）。資本ストックおよびTFPの寄与率が大幅に低下したことが注目されよう。また，製造業，非製造業に二分すれば，非製造業では資本ストックの貢献が大きく，製造業ではむしろTFPの貢献が大きかった。このうち資本ストックの寄与の低下は，既述のとおり1975年以降に投資の伸び率が低下したためであった。

　他方，技術進歩を含む全要素生産性の成長率の低下は，この時期技術進歩のテンポが鈍ったことによる。製造業では高度成長期にみられた導入技術による技術革新，あるいは能力拡張による規模の経済性の実現が限界に達した。また，生産性の上昇につながる**能力拡張投資**が停滞する一方，投資の中心が更新投資や公害防止投資に向かったこともTFPの寄与の低下をもたらした。粗投資に占める更新投資の比重は，1965～70年平均（全産業）の28.1％から76～80年平均の43.1％へと大幅に上昇した（鈴木・宮川[1986]）。また，1974～76年の投資のうち，公害防止投資は民間設備投資の20％を占めたと試算されている（三橋・内田[1994]）。さらに，投資の中心が生産性の上昇の鈍い非製造業に移ったことも，マクロ的なTFPの上昇の鈍化につながった。

3 減量経営
●労使一体の合理化と有利子負債の削減

> 1975年春闘

先にみた賃金と物価の悪循環を切断するうえで重要であったのは，1975年の春闘であった。石油危機直後の74年春闘は異常な高まりをみせ，労働運動史上空前の大ストライキとなり，この年のベースアップ率は，企業が前年末まで利益を蓄積していたこともあって，32.9％に達した。しかし，翌1975年春闘で状況は一変した。労働側は，雇用の維持と引き換えに，消費者物価指数の上昇率をわずかに上回る水準の賃上げ率を甘受した。春闘における賃上げ率は，1975年には13％に低下し，76，77年には9％弱に落ち着いた（表10・1）。

そこで，1975年春闘をやや立ち入ってみておこう。1974年に発足した日経連「大幅賃上げの行方研究委員会」は，当面する不況の克服には，生産性上昇率の範囲内に賃金上昇率を抑えることが不可欠であり，これなくしては雇用を維持することは不可能と主張した。他方，1974年8月の鉄鋼労連の定期大会で宮田委員長は，来年度の賃金闘争は「経済成長にみあった実質賃金向上をめざした闘争に転換せねばならない」としていわゆる「経済整合性論」を展開，労働側もこれまでの前年実績プラスアルファの要求方式からの転換を図った。しかも，1975年春闘は，政府がインフレ抑制の鍵は春闘賃上げ率の抑制にあるとの認識から労働への働きかけを強化した点に特色があった。政労間の協調行動がみられたのである。

1975年春闘は同盟・総評の設定した目標ばかりでなく，日経連のガイドライン15％を下回る13.1％で妥結した。政府・財界

あげての賃金抑制が成功したかにみえる。しかし、この局面で賃金抑制に最も貢献したのは、企業別組合が企業の支払能力を考慮して行動したことに求められる。この点は、高度成長期後半に比較的安定的であった実質賃金上昇率の企業間のばらつきが、1975年を境に上昇したことからもうかがうことができよう（表10・1のG欄）。また、賃金額決定にあたって重視した事項に関するアンケート調査によれば、1975年を境に「世間相場」の重要性がそれ以前の40％弱から20％前後にまで低下し、逆に「企業業績の重要性」がそれまでの30％前後から60％以上に大幅に増大した（労働省［1982］）。賃金決定の中心は、明確に産業別から企業別に移ったのである（田端［1991］）。

このように労働者が賃金より雇用を優先した背景には、高度成長期を通じて勤続年数に相関の強い賃金制度が定着し、失業ないし解雇にともなうコストを労使双方が強く認識していたことが重要であった。従業員からみれば中途採用の稀な労働市場の下で失業のコストは大きく、他方、安易な解雇が大きな反発を招くことは経営側も熟知していた。また、企業が金融的危機に陥ればメインバンクによる介入を招き、この介入が現経営陣および従業員の大幅なリストラをともなうことは、高度成長期の経過のなかで経営者・従業員双方の共通認識となっていた。しかも、この時点で後述のように大企業の借入依存はピークに達していたから、外部者の関与を避けるためには、賃金コストの圧縮は労使双方の間で不可欠と認識されたのである。こうした労使の一体化は、争議件数にも表れている。労働争議件数は1975年を境に急減し、74〜75年に高い水準を示した雇用者1人当たり労働損失日数は急速に低下し、高度成長期の水準を下回った（表10・1のF欄）。

減量経営(1)：雇用調整　　もっとも、この雇用の維持は容易ではなかった。石油危機後の低下した需要水準

に対して各企業はいずれも過剰雇用を抱えており,「減量経営」が不可避であったからである。この過剰雇用に対して,企業は,①正規従業員の労働時間の調整（残業規制,休日増加,一時帰休）を進める一方,②新規採用の停止,中途採用の削減と時限労働者（パートタイマー）の整理・削減といった人員調整を行い,なお定員過剰な場合は,③定年以前の退職者に割増金をつけた退職金を支払う希望退職を募る一方,企業内の配置転換,系列企業への出向・転籍を進めた。こうした手順と方法を使って過剰雇用を企業内で処理し,解雇を回避したのである。その結果,この**雇用調整**は比較的長い時間を要した。労働省の推計によれば,1975年第1四半期にピークに達した過剰雇用が解消したのは79年第4四半期であった（労働省［1982］）。

この雇用調整の長期化は,企業に対して賃金圧力を高めることとなった。高度成長期に企業成長にともなう若年新規雇用増大によって,労賃の上昇を吸収して労働コストを安定化させていた年功賃金のメカニズムが,逆に若年新規労働者の雇用の抑制によって賃金コストの上昇をもたらすこととなった（橋本［1991］）。このコスト上昇に対して,労使一体となった合理化が取り組まれた。その中心は,マイクロ・エレクトロニクス（ME）機器の導入であり,この導入に対して日本では欧米でみられた労働者の抵抗は少なかった。さらに,雇用の保障は企業に特殊な熟練を維持する一方,労使関係の安定を支え,こうした条件の下で製造業では,これまで進展していたQCを一歩進めたTQC（total quality control）が全面的に取り入れられた。生産工程の無駄をいかに省くかを現場の労働者が真剣に検討して,提案運動が進展したのである。そのなかからスチーム管に断熱材を巻きつけるなどの小さな省エネ努力が生まれ,その積み重ねが相対価格の変化に対する企業の適応を可能としていくこととなった。

こうして名目賃金の上昇は 1976 年以降急速に鈍化し，そこから GNP デフレーターで除した生産物賃金の上昇は，70 年代後半に 3〜4％程度に安定化した。この生産物賃金を労働生産性でデフレートした能率生産物賃金によって企業にとっての賃金圧力を計測できるが，それは 1975 年以降低下し，78 年からはマイナスとなった。生産物賃金の上昇を再び労働生産性の向上によって吸収することが可能となったのである（表 10・1 の D 欄）。

減量経営(2)：金融費用・在庫の削減

石油危機にともなう環境変化は，企業の経営政策にも大きな影響を及ぼした。前節でみたように日本の大企業は，とくに高度成長期の後半に資金調達面で借入に対する依存を深め，その自己資本比率は 1973 年には 24％にまで低下していた。しかし，石油危機後の利子率の上昇は，これまでの資金調達に大きな変更を迫ることとなった。収益の低下と金利の上昇の結果，大企業のインタレスト・カバレッジ・レシオ（営業利益／利子支払い）は急速に低下した。1975 年にはサンプル企業の中央値は 1.46，4 分の 1 以上の企業が 1 を下回り，マクロの日本経済が回復の兆しをみせた 76 年になっても回復が遅れた（図 **10・2**）。こうして取り組まれたのが有利子負債の削減であって，これがこの時期の減量経営のもう 1 つの側面であった。企業は設備投資を自己資本の範囲内に抑えて借入の削減を進め，外部資金が必要な場合には増資を選択する傾向が強まった。この資金調達パターンの変化の背後には，1972〜73 年の**過剰流動性インフレーション**の過程で株価が上昇し，増資がこれまでの額面発行株主割当増資から時価発行公募増資に転換したことも重要であった。これが借入に対比して増資の資金調達コストを相対的に引き下げた。この努力の結果，企業の資本構成は顕著な改善を示し，インタレスト・カバレッジ・レシオも回復した。こうした減量経営の進展は，高度成長期

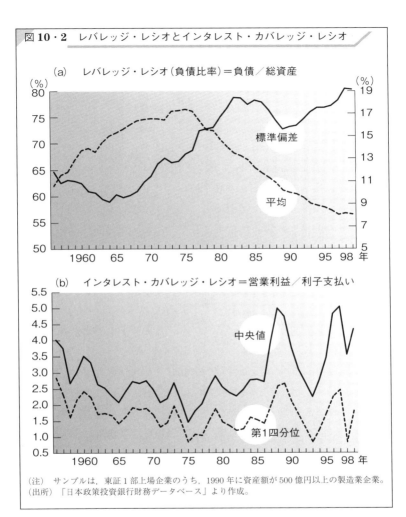

図10・2 レバレッジ・レシオとインタレスト・カバレッジ・レシオ

(注) サンプルは、東証1部上場企業のうち、1990年に資産額が500億円以上の製造業企業。
(出所) 「日本政策投資銀行財務データベース」より作成。

の資金調達とコーポレート・ガバナンスの両面で重要な役割を演じたメインバンク・システムとの関係で、次の2点が注目されるべきである。

　第1に、メインバンク・システムは、高成長・高収益を実現し

た輸出産業部門の企業を中心に徐々に変容することとなった。既述のとおり，企業がある都市銀行とメインバンク関係に入る誘因は，資金調達面の便宜と安定株主化にあったが，この減量経営の進展とともに少なくとも資金調達面で企業がメインバンク関係にコミットする誘因が低下した。

　第2に，この減量経営の進展は企業間で差が大きかった。この点は，負債・総資産比率の分散が1970年代後半に大きく拡大する点からも確認できる（図10・2）。総じていえば，輸出の伸張した組立型産業で減量経営が順調に進展したのに対して，エネルギー価格の上昇に直撃された素材産業，あるいは賃金上昇のインパクトの大きかった労働集約型産業では減量経営の進展が遅れた。むしろ，後者の産業では一部の企業が財務危機に陥り，メインバンクが金利の減免や追加融資を通じてこの危機を救済する一方，企業のリストラにイニシアティブをとった。メインバンク・システムが企業のコーポレート・ガバナンス面で最も重要な役割を演じたのは，この局面であった（第5章を参照）。

　減量経営はまた，**在庫管理**の変化にも及んだ。企業は1970年代後半に入ると，75年の異常な在庫増の苦い経験から極力在庫の積み増しを抑えた。そのため，高度成長期にはしばしば2％を超えた民間在庫投資の対GNP比が，1970年代以降著しく低下し，1％以内に収まるようになった。この結果，景気変動に及ぼす在庫の役割も低下した。高度成長期は，在庫品の増加が景気下降の引き金となり，在庫の減少が景気回復のきっかけとなるという意味の在庫循環が注目されていたが，1970年代に入るとこの在庫循環の程度はこれまでに比べて著しく小さくなったのである。

4 石油危機のインパクトと産業構造
●エネルギー・コストの影響

> 産業調整の進行

2回にわたる石油危機は,生産要素価格を大きく変化させた。燃料・動力の相対価格(燃料・動力価格／卸売物価総平均)は,1970年から81年にかけて140％上昇し,原材料の相対価格は約10％上昇した。これに対して,資本財は23％,耐久消費財は40％それぞれ低下し,その結果,賃金／投資財相対価格も1974年から急上昇した。

このような生産要素価格の変動によって,一部の産業は比較優位を失い,産業調整の必要性を生み出した。資本ストック調整速度の国際比較によると,日本の製造業の調整スピードは,高度成長期(1961～73年)の3.6年から,石油危機後を含めた時期(1961～80年)の6.6年に長期化した。ただし,高度成長期の調整スピードは西ドイツの6.0年,アメリカの6.9年に比較して格段に速かった。石油危機後は,西ドイツの6.2年とほぼ同水準となり,アメリカの9.5年よりも速かった。依然として,日本は比較的速やかな産業調整を行ったといえよう。

1970年代における産業構造の変化は,**表10・4**のとおりであった。第1に,付加価値構成比(名目額)の推移をみると,第1次産業,第2次産業の比率が低下し,第3次産業の比率が上昇した。後述する日本経済のサービス化が進行したのである。なお,実質値でみると,第2次産業の1970年から80年にかけての比率低下は2.7ポイント,第3次産業の比率上昇は4.7ポイントにとどまる。この差異は,第2次産業の労働生産性上昇率が高かったことに起因している。第2の変化は,第2次産業の内部で生じた。製造業を労働集約型,素材型,加工型に分類すると,労働

表10・4 付加価値構成比の推移（名目値）

(単位：%)

	1970年	1975年	1980年	1985年	1990年	1995年
第1次産業	5.9	5.3	3.6	3.1	2.4	1.9
第2次産業	43.1	38.8	37.8	36.3	36.7	33.8
鉱業	0.8	0.5	0.5	0.3	0.2	0.2
製造業	34.9	29.1	28.2	28.4	26.8	23.6
素材型	13.0	10.2	10.0	8.8	8.4	7.6
加工型	11.9	9.8	9.9	11.3	10.9	9.3
労働集約型	10.0	9.0	8.4	8.3	7.5	6.7
建設業	7.5	9.3	9.0	7.6	9.6	10.0
第3次産業	50.9	55.9	58.7	60.7	60.9	64.3
電気・ガス・水道業	2.1	1.9	2.6	3.1	2.5	2.7
卸売・小売業	13.9	14.2	14.8	12.8	12.9	12.1
金融・保険業	4.1	5.1	5.0	5.1	5.7	4.8
不動産業	7.8	7.9	9.1	9.7	10.4	12.3
運輸・通信業	6.7	6.2	5.9	6.3	6.3	6.2
サービス業	9.3	10.5	11.3	13.9	14.1	16.3
政府サービス	6.1	8.5	8.2	7.9	7.2	7.7
民間非営利サービス	1.0	1.5	1.7	1.9	1.9	2.2
合　計	100.0	100.0	100.0	100.0	100.0	100.0
実質値指数						
第1次産業	89.8	100.0	88.0	97.5	101.5	89.7
第2次産業	83.5	100.0	122.7	143.8	188.7	196.0
製造業	84.1	100.0	129.8	164.7	208.6	217.8
素材型	86.9	100.0	116.1	137.8	164.4	172.3
加工型	75.6	100.0	188.3	292.8	439.0	491.5
労働集約型	85.3	100.0	115.4	130.4	142.8	132.8
第3次産業	76.4	100.0	130.9	157.3	196.8	218.0

(注)　素材型は，化学，石油・石炭製品，鉄鋼，非鉄金属，金属製品，パルプ・紙，窯業・土石製品。加工型は，一般機械，電気機械，輸送機械，精密機械。労働集約型は，食料品，繊維，その他製造業。

(出所)　経済企画庁編『国民経済計算年報』平成12年版。

集約型，素材型の実質生産の伸びを，加工型の実質生産の伸びが上回った（分類は表10・4の注を参照）。石油危機によるエネルギー価格と賃金の上昇は，労働集約型産業とエネルギー多消費型で

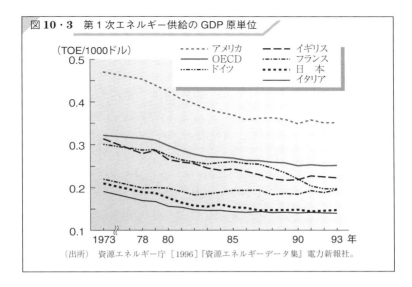

図10・3 第1次エネルギー供給のGDP原単位

(出所) 資源エネルギー庁［1996］『資源エネルギーデータ集』電力新報社。

ある「重厚長大型」の素材産業に影響が大きかったのである。

　エネルギー価格の高騰は省エネルギーの必要性を高めた。高度成長期の日本経済はエネルギー多消費型化したが，第1次石油危機を境に省エネルギーを進め，そのテンポは欧米と比較しても急速であった。**図10・3**によって，第1次エネルギー供給のGDP原単位の推移を国際比較すると，1973年から93年まで，OECD諸国のなかで日本の原単位低下率が最も大きかったことが判明する。エネルギー価格の上昇によって，省エネルギー技術が重要になった。省エネ技術の事例としては，セメント産業のNSPキルンの採用による石炭への転換，鉄鋼業の高炉への重油吹込み停止によるオイルレス操業などがあげられ，石油から代替エネルギーである石炭への燃料転換が一部で進行した。省エネルギーのための投資は結果的に生産能力を拡大させたケースが多かった。鉄鋼業に代表されるような，省エネルギーと合理化によって国際競争力をある程度回復した素材産業は，表10・4のような実質生産

の伸びを達成したのである。しかし，素材産業のなかには，たとえば，アルミ精錬産業のように比較劣位産業として衰退するケースもみられた。

一部産業の利益率の低下は，「構造不況」業種の発生として認識され，政策介入が行われた。1978年の**特定不況産業安定臨時措置法（特安法）**によって，14業種が「構造不況」産業として指定された。「構造不況」産業は，鉄鋼・アルミニウムなどの金属工業，合成繊維・紡績などの繊維工業，アンモニア・尿素・化成肥料・塩化ビニールなどの化学工業，造船業などであった。「構造不況」に陥った産業とは，一般的な景気対策では不況を克服できない場合であり，産業の外部要因によって不況に陥り，膨大な過剰設備を保有するようになった産業である。特安法は，政府が設備処理計画を策定し過剰設備の共同廃棄を促進することを目的とした，1978年5月から83年4月末までの時限立法であった。設備処理はすべての産業で進行したが，アルミ製錬のように，共同行為の指示はなくとも計画以上に設備処理が進んだ産業もあった（小宮ほか［1984］）。

機械工業中心の輸出

石油危機後の景気回復を主導した輸出の中心は，機械産業であった。貿易品目別構成は，1960年代後半の繊維16％，機械器具40％，金属および同製品18.4％から，70年代後半にはそれぞれ5.6％，60.6％，18.4％に変化していた。輸出入シェアによって1970年代の比較優位構造をみると，図10・4のように，船舶，電気機械，鉄鋼，自動車，精密機械，金属製品，繊維，衣類などの輸出シェアが高く，70年代に比較優位を強めた製品（1970年から80年にかけて輸出シェアと輸入シェアの差が拡大した製品）は，自動車，電気機械，精密機械，鉄鋼であった。

こうした広い意味での機械を中心とする輸出の増加は，石油危

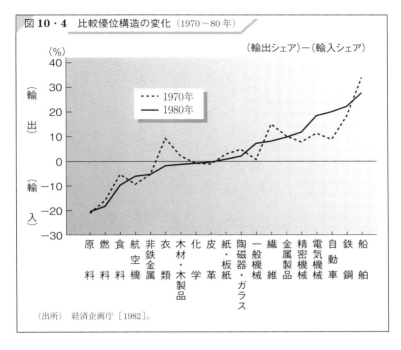

図10・4 比較優位構造の変化（1970〜80年）

(出所) 経済企画庁［1982］。

機後，貿易収支が急速に悪化した結果，1977年初頭まで円相場が300円前後に低下したことによって支えられた。また，低迷する国内需要を前に輸出ドライブを強め，石油危機後いち早く取り組まれたME化を中心とした合理化がその**価格競争力**を引き上げた。さらに，日本製品が**非価格競争力**をもっていた点も重要であった。輸出増加の中心であった自動車でみても，性能，耐久性，欠陥発生頻度の低さ，デリバリーの迅速さ，燃費効率の点で高い競争力を有していたのである。しかも，わが国の輸出が世界市場で需要の伸びている商品に特化しているという商品構成の有利性もあった。1974〜77年の**輸出関数**の推計では，日本の輸出の世界輸入数量指数に対する弾力性は1.4であって，その値は石油危機前に比べれば小さいにしても，同時期のアメリカの0.86，イ

ギリスの 0.73 のみならず,西ドイツの 1.12 に比べれば高かった(経済企画庁［1978］)。

貿易摩擦　こうした輸出の急増は,当時,集中豪雨的輸出とも呼ばれ,相手国の激しい反発を招くことにもなった。日本の輸出のシェアが高いことよりも,石油危機後の輸出の増加が急速で,かつ相手国で深刻な失業を生み出したためであった。1977年に入ると,欧米諸国がいずれも経常収支赤字に悩むなかで,ひとり日本が黒字を計上するという状況が対日批判を引き起こし,この批判を契機に円為替レートが急速に上昇した。石油危機後に300円前後で安定していた円為替レートは,1977年初頭から上昇を始め,78年10月には瞬間的に170円台をつけるまでに上昇した。その結果,1978年の輸出は停滞し,輸出業者の採算は悪化した。もっとも,図10・1にみられるように,円レートが上昇しても直ちに貿易黒字は減少しなかった。1つには,円安時に契約した輸出が円高時に実現されると,ドル建て輸出額は増加してしまうといういわゆるJカーブ効果のためであり,いま1つは,日本の輸出価格(ドル建て)の上昇が,世界的なインフレに吸収されてしまった面もあった。そのため,海外,とくにアメリカの対日批判は激しさを増した。この時期,**貿易摩擦**が深刻な問題となったのである。

　貿易摩擦問題は,日米間で1969～72年に繊維・鉄鋼製品で深刻化していたが,この76～78年の貿易摩擦は,対象製品が自動車・カラーテレビさらに工作機械・ベアリングなどに広がりをみせた点,アメリカのみならずECとの摩擦も深刻化した点,さらに輸出のみでなく日本の「過小な」輸入も問題となった点に特徴があった。輸入面でとくに問題となったのは,日本の農産物輸入に対する制限であり,そのシンボルが牛肉とオレンジであった。これに対する日本の対応は,電電公社の海外資材調達などの輸入

促進策をとる一方，輸出を自主規制することにあった。1977年，アメリカとの間では，市場維持秩序協定を結んでカラーテレビの**輸出自主規制**（VER）措置をとった。工作機械でも対米輸出に最低価格規制が行われ，この最低価格規制は1981年にECにも拡大した。

すでに石油危機前から輸出自主規制が始まっていた鉄鋼では，1978年2月には，輸入鋼材のトリガー価格制度を採用した。ECとの間では，鉄鋼のベーシック・プライス制度，ベアリングに対するアンチ・ダンピング措置，船舶の価格引上げや受注抑制などの措置がとられたのである。また，1981年には自動車の対米輸出にもVERが導入された。もっとも，ほとんどの産業にとって，輸出価格の上昇につながる輸出自主規制を受け入れることは必ずしも不利益ではなかった。関税が設定された場合，利益は輸入国の政府に帰属することとなるが，日本が輸出カルテルを組織したのと同様の効果をもつVERの場合，輸入国の消費者の損失という負担によって，両国の該当産業が利益を得ることになったからである。自動車に即していえば，VER実施後には日本車の価格が上昇し，日本側は輸出を高級車にシフトさせて1台当たりの利益を引き上げることができた。

5 安定成長下のマクロ経済
●相対的高成長の維持

輸出主導の成長パターン

1980年代におけるOECD諸国の平均成長率に比べて，日本経済は相対的に高い成長を維持した。**表10・5**のように，日本経済は，第2次石油危機後の不況期，円高不況の際にも実質成長率はプラスを維持した。アメリカ経済は第2次石油危機による

表10・5　各国成長率・経常収支比率

（単位：％）

	1980年	81年	82年	83年	84年	85年	86年	87年	88年	89年	90年
実質成長率											
日　　本	4.8	4.0	3.3	3.4	4.3	5.2	2.6	4.3	6.2	4.7	5.6
西ドイツ	1.9	−0.2	−1.0	1.3	3.0	2.1	2.0	1.5	3.7	3.8	4.5
アメリカ	−0.3	2.5	−2.1	3.7	6.8	3.4	2.7	3.4	4.5	2.5	1.0
OECD	1.2	2.0	−0.5	2.2	4.7	3.2	2.9	3.4	4.4	3.3	2.8
韓　　国	−3.0	6.9	5.5	9.5	8.6	5.4	12.9	13.0	12.4	6.8	9.0
台　　湾	6.8	5.5	3.4	7.3	9.6	4.3	12.6	11.9	7.8	7.3	5.3
マレーシア	7.8	7.1	5.6	5.9	7.8	−1.0	1.2	5.3	8.9	8.8	10.0
アジアNIEs							12.0	12.5	10.2	6.5	6.8
経常収支比率											
日　　本	−1.1	0.4	0.7	1.8	2.8	3.6	4.3	3.6	2.8	2.0	
アメリカ	0.1	0.3	−0.2	−1.3	−2.8	−2.8	−3.1	−3.2	−2.6	−2.0	

（出所）　日本銀行『日本経済を中心とする国際比較統計』各年版，吉川［1992］。

景気後退を経験し，その後は1984年の高成長はあったものの，債権国から債務国に転換するという大変化が起こった。これに比較して，**安定成長**を続ける日本経済のパフォーマンスは高かったのである。

　1980年代前半において日本経済の成長を支えた需要サイドの要因を確認しておこう。**表10・6**の需要項目別寄与度をみると，民間投資の役割が低く，純輸出（財貨・サービスの輸出−財貨・サービスの輸入）の寄与度が高かった。前掲表10・3と比較すると，**輸出主導**という1970年代後半の成長パターンが，80年代前半にはさらに明確になったことが判明する。

設備投資の変化と経常収支黒字

　成長パターンの変化に影響が大きかった2つの要因，設備投資と経常収支について検討しよう。第1に，実質の投資比率は，1974年以降，30％を下回る水準で推移し，80年代半ばにかけては26％台にまで落ち込んだ。投資の内容は**表10・7**のとお

表 10・6 製品別輸出額の構成比

(単位：％，百万ドル)

品　目	1970年	1975年	1980年	1985年	1990年	2000年
食料品	3.4	1.4	1.2	0.8	0.6	0.4
繊維，同製品	12.5	6.7	4.9	3.6	2.5	1.8
化学製品	6.4	7.0	5.2	4.4	5.5	7.4
金属，同製品	19.7	22.5	16.4	10.5	6.8	5.5
（鉄鋼）	14.7	18.3	11.9	7.8	4.4	3.1
一般機械	10.4	12.1	13.9	16.8	22.1	21.5
電気機械	14.8	12.4	17.5	22.1	22.9	26.5
輸送機械	17.8	26.1	26.5	28.0	25.1	21.0
（自動車）	6.9	11.1	17.9	19.5	17.8	13.4
（船舶）	7.3	10.8	3.6	3.4	1.9	2.2
精密機械	3.3	3.2	4.8	4.9	4.8	5.4
その他	11.8	8.6	9.5	8.9	9.7	5.6
輸出額	19,318	55,753	129,807	175,638	286,947	479,284

(注)　構成比はドル・ベース。
(出所)　通商産業省『通商白書』各年版。

りであった。1970年代以降，設備投資の業種別比率は，製造業で低下し，代わって非製造業で上昇した。非製造業の比率は，1980年代前半の53.5％から80年代後半の56.7％へと上昇し，投資の変動への寄与も高くなった。

　比率が低下した製造業の設備投資の内容にも変化が生じた。鉄鋼業・石油化学工業といった素材産業のウエイトが軒並み低下し，代わって加工組立産業である機械工業の比率が上昇した。高度成長期には重化学工業全体が投資を拡大し，「投資が投資を呼ぶ」効果がみられたのに対して，1970年代以降は，重化学工業の内部で，投資が活発な産業と投資が縮小する産業とに分化する傾向が明らかになった。このように重化学工業における設備投資が分散化したことは，同時に設備投資の集中化が起こらず，投資率が安定化する要因になったと指摘されている。

　一方，非製造業における投資の増加は，電力業・リース業の投

表10・7 主要業種の設備投資

(単位:%, 億円)

業　種	1975～79年	1980～84年	1985～89年	1990～94年	1995～99年
製　造　業	50.5	46.5	43.3	41.9	39.2
鉄　　鋼	12.5	7.2	4.4	5.1	3.7
石　　油	4.6	3.0	2.2	3.0	2.1
化　　学	7.7	5.5	4.6	3.9	3.9
機　　械	16.5	18.6	21.7	20.1	20.2
繊　　維	9.2	1.0	1.0	0.7	0.4
紙パルプ	2.4	1.6	2.4	1.4	1.8
非製造業	49.5	53.5	56.7	58.1	60.8
電　　力	33.1	30.5	25.7	24.6	27.3
都市ガス	3.6	2.2	1.9	1.1	1.7
卸　小　売	4.7	3.7	3.7	4.1	3.4
賃貸リース	6.8	15.2	26.5	24.7	26.1
合　　計	343,908	547,743	696,090	948,935	793,447

(出所) 通産省『主要産業の設備投資計画』各年版。

資拡大の寄与が大きく，商業・サービス業の比率はいまだ低かった。電力業をはじめ第3次産業は，もともと産業連関のなかで影響度係数は低く，感応度係数が高い産業とされている（中村[1993]）。したがって，第3次産業が設備投資の中心になったことは，設備投資の経済成長への寄与を低くしたのである。

さらに，設備投資の目的は，1980年代に入っても更新投資の比率が高く，また80年代半ばにかけて**研究開発投資**が比率を高めた。更新投資は，合理化投資・省力化投資を内容とし，技術革新を含んだ投資である。したがって，結果的に生産能力の増大をもたらすことは多いが，高度成長期のように，建設投資を中心とした能力増強投資は少なくなり，経済成長への波及効果は低下したのである。

第2に，経済成長への寄与率を高めた経常収支の推移を検討しよう。日本の経常収支黒字は，1980年の赤字以降，87年まで増

加し続け，対 GNP 比は 86 年まで上昇した。経常収支の黒字化は，貿易収支の黒字によるところが大きかった。日本の貿易数量指数（1975 年 = 100）は，輸出は 1980 年 155，85 年 221，輸入は 80 年 125，85 年 137 へと増加し，輸入に比べて輸出の伸びが大きかった。さらに自由世界の輸入貿易指数をみると，1975 年を 100 として，80 年 129，85 年 144 であった。世界貿易の拡大を上回るテンポで，日本は輸出を増加させたのである。このような輸出の伸びとそれによる**経常収支の黒字化**は，アメリカとの摩擦を顕在化させた。アメリカの経常収支は 1982 年から赤字化し，連年巨額の赤字を計上し続けた。アメリカの経常収支の赤字額，対 GNP 比ともに 1987 年をピークに減少傾向に入ったが，経常収支の赤字は日米 2 国間の貿易不均衡に焦点が当てられるかたちで，政治問題化したのである。

経常収支不均衡とマクロ経済政策

1980 年代前半の日米経済関係の特徴は，①経常収支の不均衡とともに，②アメリカの高金利（日本の低金利），および，③**ドル高・円安**という点にあった。これら 3 つの特徴がなぜ生じたかを，アメリカのマクロ経済政策から説明すれば，以下のとおりになる。

1979 年 10 月，アメリカ連邦準備銀行は，貨幣数量を重視したマネタリスト的な政策運営を明確にし，新金融調節方式による引締めに転換した。これによって，マネーサプライは 1981 年にかけて減少し，実質金利はかつてない高水準に上昇し，その他諸国との金利格差からドル高がもたらされた。この強力な引締政策によってアメリカ経済は不況に陥ったが，1982 年半ばにメキシコなど発展途上国の債務問題が表面化するまで，引締政策は継続された。このように，高金利とドル高は 1979 年からのアメリカ金融政策の結果として説明することができる。

アメリカの高金利とドル高という現象に，さらに1982年からは経常収支の赤字が加わった。その要因になったのは，1981年に就任したレーガン大統領がとった経済政策（レーガノミクス）であった。1981年2月に発表されたレーガン政権の経済再建プログラムは，①連邦財政支出の抑制，②減税，③規制緩和，④インフレ抑制のための金融政策，という基本方針からなっていた。レーガノミクスの理論的な基礎は，**サプライサイド経済学**であり，レーガン政権は，個人所得税の減税，設備投資への減税を行い，貯蓄と投資を増加させることによって，経済成長と財政赤字の削減を達成しようとした。理論的な予測とは異なり，レーガノミクスは2つの点で誤算を生じた。第1は，減税が個人貯蓄ではなく，個人消費の拡大をもたらしたことであり，第2に，社会保障費などの個人向け移転支出と国防費の増加によって連邦政府支出を抑制できなかったことである。結果的にレーガノミクスは需要刺激による経済拡大策（ケインズ政策）として機能した。1983，84年の成長率は日本を上回り，とくに84年の6.8%という実質成長率は朝鮮戦争以来の高い値であった。

しかしながら，財政支出の拡大は，①実質GNPの増大をもたらし，②高金利とドル高がもたらされた。そして，③内需主導によって成長率の高まったアメリカ経済では，輸入が拡大して経常収支は1982年から赤字化した。とくに1983年以降，アメリカの経常収支の赤字幅は拡大した。

アメリカの財政支出拡大に対して，日本の財政政策は対照的であった。石油危機を境に財政収入に対する公債収入の比率が上昇し，公債残高の対GNP比は1986年まで増加し続けた。こうした財政赤字の拡大を背景として，1980年代には歳出の抑制が試みられ，83〜87年度にかけて一般歳出の伸びはゼロに抑えられた。その結果，政府消費支出の対GNP比は1980年代半ばまで

10％台で安定していた。一方，金融政策の面で，日本は1980年8月の公定歩合引下げ以降，金融緩和の状態が継続され，89年まで続けられた。

　日本の財政政策が景気刺激の効果をもたなかったのに対して，輸出の拡大が経済成長の原動力になった。第2次石油危機とアメリカの1979年の金融引締めによる不況は，日本の輸出産業に打撃を与えた。しかし，1981年からのドル高によって日本の輸出は増加し，輸出の対GNP比率は上昇した。1982年以降，輸出と輸入の差は拡大し，経常収支の黒字が続いた。日本経済においては，①財政支出，投資という内需が低迷したこと，②アメリカが財政赤字を拡大し高成長することにより外需の拡大要因となったことなどの要因によって，経常収支の黒字化がもたらされたのである。

第11章 赤字国債

石油危機と行財政改革

1 不況と税収

●石油危機の衝撃

税収の落ち込み

　石油危機後の1974年度には、実質GNP成長率が戦後はじめてマイナス（−0.6％）を記録した。そして、企業収益は一気に1970年代初めの6分の1の水準に落ち込んだ（橋本［1991］）。この当時も日本の税収構造は、個人所得税・法人税など所得課税の直接税が中心であったから、マイナス成長にともなう減収が厳しかった。2桁インフレを考慮すると、1975年の税収の減少は図11・1が示す以上に実質的には大幅であった。実質横ばいという個人所得の伸悩みもあって個人所得税の税収も不振であったが、なんといっても法人税が大幅な減収になったことが大きく影響したのである。

　少し税収構造を説明しておけば、国税は課税対象で分類すると、所得課税（個人所得税、法人税）、資産課税（相続税、贈与税、地価税、登録免許税など）、消費税（消費税、酒税、たばこ税、揮発油税など）に分けられ、納税者と租税負担者の関係に注目して、納税

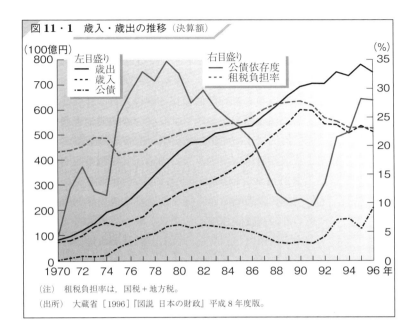

図11・1 歳入・歳出の推移（決算額）

（注） 租税負担率は，国税＋地方税。
（出所） 大蔵省［1996］『図説 日本の財政』平成8年度版。

者が最終的な租税負担者とみなされる直接税と，納税者が税を商品・サービスの価格に上乗せすることができて最終消費者が租税を負担すると考えられる間接税に分けられる。前者は，個人所得税，法人税，相続税，贈与税，地価税であり，他は後者の間接税になる。これらのうち，所得課税で直接税の個人所得税・法人税が1975年度の税収の70％弱を占めていたのである。

総需要抑制

石油危機直後の1973～74年には，激しいインフレを抑制するために**総需要抑制政策**が採用された。公定歩合を9％という高水準に引き上げ，選別的に融資対象を規制するという金融政策，公共事業支出を前年度以下に抑制することや大口建築の制限といった財政的政策，さらに国民生活に深い関連をもつ物資に標準値段を設定し，価格上昇を統制手法で抑制したことなどの政策手段がそれである。1973

年度の実質政府支出は前年度比−0.5％，74年度は2.5％の伸びであった。1973「年度から始まった今回の総需要抑制策は，結果的には成功であった」（経済企画庁［1975］）という自賛した評価があり，そして日本のインフレは他の先進国に先行して終息したから自賛にも妥当な面があるが，インフレによって財政支出が増加したのに総需要抑制によって稼働率が低下して企業収益の回復が妨げられた。法人税収は伸び悩み，この結果，税収不足が続くことになった。

2　サミットと積極財政
●「経済大国」の負担

サミットの機関車論　　サミット（先進国首脳会議）は石油危機後に組織されたが，第4回のロンドン・サミットに先立って，アメリカ，日本，西ドイツが「経済機関車」になって経済停滞から脱出することを試みるべきだという議論が高まった。当時，先進国は1560万人もの失業者に悩んでいた。「経済機関車」論は3大国が協調的な財政的景気刺激政策を実施することで経済拡大を実現し，失業率を低下させようというものであった。ケインズ政策を国際協調によって実施しようというものである。

アメリカのカーター政権は協調的なリフレーション政策に積極的であり，これに反対の意向の強かった西ドイツのシュミット政権に圧力を加え続けた。日本の福田（赳夫）首相は戦前に国際協調が実現しなかったために大恐慌の惨禍から脱しえなかったことを反省して，積極的に経済拡大への刺激政策をとる意向を明らかにした。翌1978年のボン・サミットにおいても，アメリカとの調整をすませていた福田は，日本が「（経常）黒字減らしと7％の

成長達成を会議の冒頭に表明し,同時に各国に対し,……インフレの抑制を求める方針」をとった(福田[1995])。ロンドン・サミットでは曖昧な点もあったが,3国が5～6％成長を追求することで合意した。つまり,ボン・サミットでは3大国が協調して明確な経済拡大政策をとることが合意されたのである。この合意に従って,福田内閣は1977年度には2回の補正予算を組み,78年度予算の政府原案は前年度比20.3％,公共事業費は34.5％の増加という,きわめて積極的・拡張主義的な性格のものであった。1978年度の実質政府支出は9.3％と高度経済成長期なみの伸びであった。さらに,1977年11月以降,補正を含めて連続的な積極予算が組まれたため「15カ月予算」といわれた。この予算編成の際には公債依存度が30％を超えることもやむなしという判断であったといわれるが,事実,図11・1のように1977年度以降,公債依存度は30％を上回ったのである。

低成長と税収不足 公債依存度が上昇したのは,大型の当初予算・補正予算を組んで景気刺激政策を実施しても,経済成長率は政策目標の約半分の高さにとどまったし,税収のGNP弾性値は低下して税収は伸び悩んでいたからであった。赤字を解消する条件を景気回復によって自動的に作り出すことはできなかった。そして,**変動為替相場制**の下で資本の国際移動が活発になったから,大幅な赤字財政になることは金利上昇の期待を生み,円買いの需要を作り出して,それが円高要因になった。1977～78年には急激な円高に見舞われ,日本の比較優位産業である輸出産業は収益を悪化させたのである。

3 増税論と行政改革
●「増税なき財政再建」の破綻

> 赤字国債

公債依存度が急上昇したのは、赤字国債の発行の結果であった。赤字国債は正式には歳入補塡国債といわれるが、1975年度補正予算から大量発行されるようになった。表11・1の「特例」国債が赤字国債である。歳入補塡国債の発行を原則的に禁じている財政法第4条第1項に対する特例法を制定して発行されたため、**特例国債**といわれる。この特例法を制定して赤字国債を発行することは、1989年まで続けられたのである。

赤字国債の本格的発行がなされると、国債累積による民間資金需要の**クラウディング・アウト（締出し）**という問題、国債による将来世代の負担の妥当性の問題、財政の硬直化の問題などが発生した。現在の世代が享受している行政サービスの経費を負担するべきであるとする観点からは、増税が不可欠とみられた。しかし、既述のような税収構造の中心である個人所得税は累進制度をとっていたが、それは中・高所得者に過度の負担を強いているという批判があったし、「ク（9）ロ（6）ヨン（4）」などといわれる、所得源泉の違いによって同額所得者間に所得補捉率の相違があり、問題であった。所得の9割以上を捕捉されるサラリーマンは、6割・4割しかその所得を捕捉されない医師・農民・小売商などに比べて、実質租税負担が重く、水平的に不公平・不平等であることが問題となっていた。また、法人税については、国際的にみて日本が相対的に高くなったとみられた。こうした条件の下で、ヨーロッパで広く採用されている付加価値税が見直され、大蔵省を中心に一般消費税というかたちでその導入を図る動きが生じた。

表 11・1 国債発行, 償還, 残高の変化

(単位：億円)

年	発行額	内特例	国債費	内利子	残 高	内特例
1974	21,600	0	8,470	5,608	96,584	0
75	52,805	20,905	11,024	7,436	149,731	21,170
76	71,982	34,732	18,430	12,577	220,767	54,929
77	95,613	45,333	23,253	18,711	319,024	102,535
78	106,740	43,440	32,318	25,319	426,158	146,472
79	134,720	63,390	43,756	32,267	562,513	210,658
80	141,702	72,172	54,916	42,735	705,098	282,571
81	128,999	58,600	66,542	54,111	822,734	329,163
82	140,447	70,087	89,069	63,901	964,822	403,301
83	134,863	66,765	81,675	75,065	1,096,947	470,599
84	127,813	63,714	92,327	83,565	1,216,936	530,746

(出所) 宮島 [1989]。

　一般消費税の導入構想は，1977 年 2 月の税制調査会「今後の税制のあり方についての答申」で明確に提示され，78 年 9 月の税制調査会「一般消費税特別部会報告」では，その「試案」が提案された。そして，1980 年からの実施のスケジュールも示され，政府も一般消費税を採用する方針をとった。しかし，農民・小売商を有力支持基盤とした与党の自民党のなかには，一般消費税の導入に消極的な意見があった。そして，1979 年 10 月の総選挙において自民党が過半数割れの議席しかとれないという敗北を喫したうえ，同年末には国会が一般消費税の導入に対する反対決議を行ったため，財政収支の不均衡を是正するための切り札と考えられた一般消費税の導入は放棄された。

増税なき財政再建　赤字国債依存から脱却することを目的に，国債費・地方交付税交付金を除く歳出としての「**一般歳出**」の削減が図られることになった（宮島 [1989]）。予算の概算要求に際して，「一般歳出」の要求額に上限＝シーリング（天井）を厳しく運用することが，1980 年度の予算編成の際

に採用された。これは，1984年度を目標年度とする財政再建計画のスタートであり，以後，シーリングは強化されていき，82年度は原則ゼロ・シーリング，83年度は原則-5％シーリング，84年度は原則-10％シーリングへと，いわゆるマイナス・シーリングが展開されたのである。こうしたマイナス・シーリングへの展開に際して，大きな契機になったのは，第2次臨時行政調査会（土光臨調）の提言であった。1981年3月に設置された土光臨調は，小さな政府の再建をめざして「増税なき財政再建」を目標として掲げ，81年7月の「第1次答申（緊急提言）」で具体的な歳出削減案を提示したからである。第2次臨調は，経済団体連合会（経団連）会長を経験し，大企業や主要経済団体の要求・考え方を代表できる土光敏夫が会長に就任したが，料亭の宴会を嫌い目刺しを常食とするなど清廉潔癖な土光の個性もあって，強力な政治的リーダーシップを発揮したのである。そして，経団連は戦後一貫して，「小さな政府」の達成，自由主義経済を主張してきたが，経団連を中心に，経団連会長，日本商工会議所会頭，日本経営者連盟会長，経済同友会代表幹事，関西経済連合会会長の5人で構成する行革推進五人委員会が設けられ，財界が土光臨調を全面的に支える活動が展開された（内田［1996］）。

中途半端な成果 　1984年度に赤字財政からの脱却を目的とした財政再建計画は，その直接の目標を達成できなかった。表11・1に明らかであろう。そこで，1984年度からは90年度を目標とする第2次の財政再建計画が実施された。シーリングの運用はさらに厳格化し，特例国債償還のための借替制度の導入などが行われ，また「バブル」景気の過程で，有価証券取引税・相続税などの増収も大幅になり，1989年には税率3％の**消費税**が導入され，特例国債の発行が回避された。国債依存度も1980年代後半には大幅に低下し，赤字国債残高も88

Column ⑤　航空の規制緩和とJAL

　1970年代初頭に，日本の航空規制を特徴づける体制が形成された。具体的には，日本航空（JAL），全日本空輸（ANA），東亜国内航空の3社の事業分野が，JALは国際定期便と国内幹線，ANAは近距離国際線と国内線，東亜国内航空は国内ローカル線と一部幹線，と定められたのである。これは「45／47体制」と呼ばれ（昭和45年に閣議了解され，47年に運輸大臣通達が出されたことからこう呼ばれた），約15年間にわたって続いた。

　1986年の運輸政策審議会答申「今後の航空企業の運営体制の在り方について」は，国際線複数社体制，国内線複数社体制，JALの完全民営化の3点を内容に含み，航空行政に大きな転換を迫った。これを受け，1987年にJALが民営化されるとともに，参入の自由化も進み，参入基準は97年に完全撤廃に至るまで段階的に緩和された。規制緩和の進展に対応して，ANAは1986年に国際線定期便の運行を開始し，その後も徐々に運行路線を拡大した。また，1998年以降は国内企業の新規参入がみられ，外資系のローコストキャリア（LCC）も就航し，競争は激化した。

　経営環境が大きく変化するなかで，JALの経営業績は悪化した。JALは2010年1月19日には東京地方裁判所に会社更生法を申請し，企業再生支援機構の支援の下に本格的な経営再建が図られた。そして，不採算路線からの撤退，人員整理や給与削減，退職者に対する年金の削減など，事業再建への取り組みが進められた。

　JALの経営悪化の背景に，「国策会社」であったがゆえに，政策的要請により不採算路線の維持を余儀なくされるなど，固有の事情があったことは考慮しなければならない。しかし，それに加えて，長く規制に守られたことで形成された経営体質上の問題が，経営悪化の背景にあったこともまた事実であろう。

年の65兆4300億円をピークに微減を示し，93年には61兆800億円になった。一応，財政再建の目標は一時的に達成されたといってよいかもしれない。この消費税はインヴォイス方式をとらずに見なし課税とするなど，「クロヨン」に示される水平的不平等の是正への貢献といった点では大きな問題を残したが，1989年度に25.8％となっていた間接税の比率は94年度には33.4％に上昇した。

　歳出の変化を経費別分類でみると，防衛費・経済協力費の増加，公共事業費・食糧管理費の減少という変化がみられ，目的別分類でみると，行政費・司法警察などの純粋公共財が緩やかに増加し，排除性・競合性という点からみて私的財として供給されてもおかしくないと思われる「準公共財」のウエイトが低下した（宮島[1989]）。この点でも「小さな政府」の主張を純粋公共財の供給に徹するべきだと翻訳すれば，目標に近づく変化がみられたということもできる。

第12章 生産台数世界一の自動車産業

製品開発の速さと効率性

1 国内市場の制約と製品開発
●頻繁なモデルチェンジ

生産台数世界一へ　日本の自動車産業は，図 12・1 のように，1980 年にアメリカの生産台数を追い越し世界一の座についた。自動車産業の歴史を振り返ると，第1次石油危機までの国内市場での成長，そして石油危機後のアメリカを中心とした世界市場への輸出による成長という2つの時期に分けることができる。しかし，高度経済成長の初期においては，日本の自動車産業はその存立さえ危ぶまれる存在であり，「乗用車工業不要論」がいわれたほどである。このような自動車産業が日本の加工組立産業の比較優位を代表する産業になりえたのはなぜであろうか。ここでは自動車産業の製品開発に焦点を当て，国際競争力向上の要因を明らかにしよう。

製品開発の国際比較研究によれば，日本の自動車メーカーの特徴は，開発スピードの速さと効率性の高さという点にあった（藤本・クラーク［1993］）。したがって，第1に，国内市場を中心に

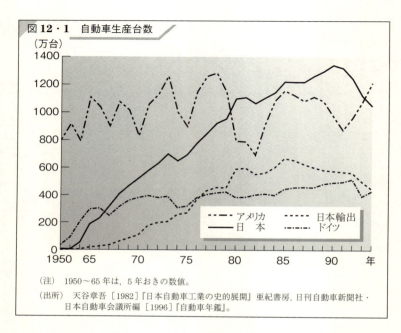

図 12・1 自動車生産台数

（注） 1950〜65年は，5年おきの数値。
（出所） 天谷章吾［1982］『日本自動車工業の史的展開』亜紀書房，日刊自動車新聞社・日本自動車会議所編［1996］『自動車年鑑』。

製品開発を行うなかで，なぜ上記の特徴が作り出されたのかが検討されるべきである。そして第2に，アメリカを中心とした世界市場への進出において，日本の製品開発が優位性をもちえたのはなぜかがポイントになろう。

スタートラインの格差

戦後自動車産業のスタートラインである1950年に立ち戻って，アメリカとの対比を行っておこう。同年における各社の生産台数は，GM 365万台，フォード 190万台，クライスラー 131万台，トヨタ，日産各 1.2万台であった。量産効果を前提にすれば，この格差を埋めることはほとんど不可能と考えられる。しかしながら，1工場当たり平均生産台数は，GM 17.4万台，フォード 10.5万台，クライスラー 16.4万台に対して，トヨタ 1万 1706台，日産 6229台であった。トヨタの場合，およそ 15倍程度の格差であり，規模

の経済性を考慮に入れて、目標を年産10万台程度に設定することは、十分現実性があった（武田［1995］）。

まず、最初に乗用車を市場に送り出したのは、トヨタと日産という第2次世界大戦前からの経験をもつ先発メーカーであった。トヨタは1947年に小型乗用車「トヨペット」（SA型）を発表、49年には4ドアセダンのSD型小型乗用車を発売した。日産は、イギリス・オースチン社と1952年に提携してノックダウン生産を開始し、55年には国産化を完了した。国産路線を堅持したトヨタの場合も、フォードとの提携が調印寸前に中止になったが、フォード工場で技術者が実習するなど、外国技術の消化に努めていた。1952年以降の海外技術の導入によって、日本の自動車工業は生産技術を高め、高度成長の開始期には国産乗用車を市場に送り出すことができるようになったのである。

需要制約とモータリゼーション

トヨタや日産が最初に送り出した乗用車は、当時の日本のマーケットに適合した製品とはいえなかった。つまり、高度成長前夜の所得水準は低く、一般の人たちが乗用車をもつことは困難な時代であった。乗用車工業にとって、家電産業、石油化学工業など、他の新興産業よりも**需要制約**が強かったのである。既述のトヨタ車、1951年発売のトヨペットSF型などはタクシー・法人需要が中心であり、一般ユーザーの市場はまだ育っていなかった。1953年時点のSF型工場渡し価格95万円は、給与生活者の購入できる金額ではなかった。本格的な乗用車開発は、トヨペット・クラウンの開発（52年開始）からであったが、55年に発売された同車はアメリカン・スタイルの高級乗用車であった。水冷4気筒、1453cc、最高速度100km/hというクラウンは、耐久性・乗り心地も好評で、自家用自動車市場の開拓に向けられた。同時期に、日産はオースチンとは別に、ただし部品を共有したダット

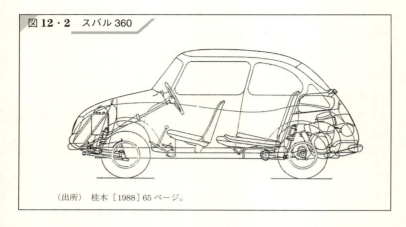

図 12・2　スバル 360

（出所）　桂木［1988］65 ページ。

サンを製造していた。1955 年には，国産乗用車数は，技術提携による乗用車と輸入完成車の合計台数を上回った。しかし，自家用乗用車市場の拡大は，トヨタ，日産など先発メーカーが供給した乗用車によってのみ行われたわけではなく，日本のモータリゼーションに火をつけたのは，むしろ軽乗用車の登場であった。

　軽乗用車の市場を開拓した代表車として，中島飛行機の後身である富士重工業（現 SUBARU）が 1958 年に発売した**スバル 360**をあげることができる。スバル 360 は，**図 12・2** のように，基本的にフォルクス・ワーゲンのスタイルを踏襲し，4 人乗りのスペースを確保しつつ，モノコックボディ（フレームレス）による徹底した軽量化が図られていた。エンジンは 2 サイクル，軽自動車の上限である 356cc 空冷 2 気筒，車重 385kg，最高速度 83km／h であった。42 万 5000 円という価格は，平均賃金（月給）の 20 倍であったが，小型車の半分以下であった。スバル 360 は，一般消費者の手の届く範囲内（分割払いによって）にはじめて登場した乗用車であり，自家用車をもちたいという消費者の願望と，自動車メーカーの製品コンセプトがマッチしたはじめての事例であった。先発メーカーではなく，自動車市場に新規参入した富士重

工業が消費者の願望を最初にとらえたのである。

　自動車メーカーの製品開発の方向を誘導したのが産業政策であった。通産省が 1955 年に打ち出した**国民車育成要綱**は，4 人乗り，350〜500cc，最高速度時速 100km 以上，工場価格 15 万円，販売価格 25 万円以下の国民車を開発するという困難な目標を掲げ，そのため国民車メーカーを 1 社に絞り補助を与える構想であった。自動車メーカーの集約案は実現しなかったが，この基準に適合する乗用車としてスバル 360 は開発され，軽自動車市場の将来性と日本の自動車市場の特徴を他の自動車メーカーに認識させたのである。

　以上のように，高度成長初期の乗用車市場では，消費者は低い所得水準に制約されて先発メーカーが供給する乗用車を購入することは困難であった。需要と供給のミスマッチが生じたことになる。これを解決したのは，新規参入メーカーが投入した軽乗用車であり，まず高級車を市場に投入した先発メーカーも，需要にマッチした軽自動車・小型自動車の重要性を学習したのである。

本格的モータリゼーションと製品開発

軽自動車に手が届くようになった消費者は，やはり本来の乗用車を購入したいという願望が強かったので，急速な所得水準の上昇とともに消費水準も上方に移行する傾向が強かった。したがって，消費の方向は，下位車種から始まって上位車種に移行するという特徴をもち，自動車メーカーも上位に移行可能なフルラインの製品開発をめざした。ヨーロッパのように，車種を限定し，企業としての統一的な製品コンセプトをもつことによる棲み分けは生じなかったのである。

　1960 年代には，所得水準の向上によって，消費者が購入できる乗用車のクラスは上昇し，小型車の範囲に移行し始めた。この市場をめぐって，先発メーカー・新規参入メーカー間の競争が激

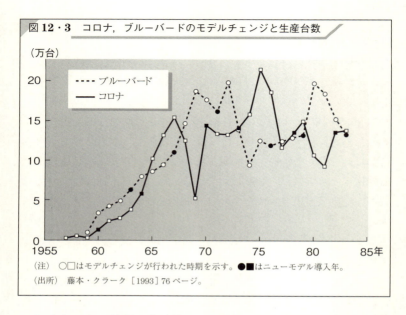

図12・3 コロナ，ブルーバードのモデルチェンジと生産台数

(注) ○□はモデルチェンジが行われた時期を示す。●■はニューモデル導入年。
(出所) 藤本・クラーク［1993］76ページ。

しくなった。競争の主戦場は，1000cc以下の小型車であり，日産はブルーバード，トヨタはコロナを投入し，高度成長期を通じて，ブルーバード・コロナ戦争と称される競争を展開した。この競争の特徴は，図12・3のように，4～5年ごとのモデルチェンジが行われ，新製品の成功・不成功によって，販売台数が大きく変動するところにあった。その原因として，①車をもち始めて間もない消費者の好みは変わりやすく，より新しいスタイリング，メカニズムなどにすばやく対応するという消費の特徴があったこと，②上位車種から下位車種まで，価格帯によって分けられた狭い製品セグメントのなかで，少数のモデルが激しく競争したこと，したがって，③頻繁に大幅な**モデルチェンジ**が必要であったことを指摘できる。このような高度成長期における競争は，製品開発のリードタイムの短縮，および開発生産性の向上を必要にさせ，この条件を満たした企業が勝者になったのである。

Column ⑥　カローラからプリウスへ

　2011年1月，前年（2010年）の新車販売でトヨタのハイブリッド車プリウスが31万5669台を売り上げ，カローラが1990年に記録した30万8台を上回る新記録となったことが報じられた。まさに「エコカー時代」の到来が示されたといえるが，同時に発売以来40年以上経過するカローラが7位にランクインしており，その息の長さも特筆されるべきであろう。

　カローラが日本にはじめて登場したのは，マイカー元年とも呼ばれた1966年のことであった。この年，自動車各社は日産サニー，富士重工業のスバル1000など，1000cc前後のファミリーカーをいっせいに投入した。大卒初任給が2.5万～3万円前後の当時，各社がターゲットとした価格帯は40万円台前半であった。各社の戦略車が出揃った同年11月，トヨタはライバル車より100cc大きなエンジンを搭載するカローラを43.2万円の価格で投入した。加えて，フロアシフトの4速ミッション，バケット型のセパレートシートや丸型メータといった斬新なスタイルを採用したこともあり，カローラはライバル車を次々に駆逐し，販売開始3年半後の1970年3月には早くも累計生産台数100万台を突破した。そして，1974年に登場した3代目カローラは，排ガス規制と燃費効率のいっそうの向上が求められた石油危機後の環境下に，車名別生産台数で世界第1位となり，ワールドカーとしての地位を確立した。その後，カローラは国内外で長きにわたって支持され続け，2005年には世界での累計生産台数3000万台を達成している。はたしてプリウスは，息の長さという点でも，この偉大な先輩に追いつくことができるであろうか。

　勝者になるための条件はもう1つあった。下位車種から上位車種に至るまでの**フルラインの製品開発**であった。1960年代後半になって，はじめて本格的な大衆車の時代が到来した。「3C」の1

つは乗用車であった。それまでは，モータリゼーションが進行したとはいえ，法人需要，タクシー需要の比率が高く，ブルーバード，コロナを購入できる消費者層は限定されていた。ブルーバード・コロナの競争に替わって，大衆車であるトヨタカローラと日産サニーの競争が中心になった。そして，大衆消費が乗用車に及ぶにつれて，フルラインの品揃えが重要になった。軽自動車をもった消費者が，年齢とともに所得を向上させれば，最終的に高級車を購入することが現実になったからである。トヨタの「いつかはクラウンに……」というコピーは消費者の現実的な願望になったのである。

2 世界的な需要構造の変化と競争優位
●低燃費への需要シフト

石油危機と海外市場進出

日本の自動車産業は1970年代から輸出を本格化した（伊丹ほか［1988］）。とくに第1次石油危機以降，海外市場への依存度を高めたが，その中心はアメリカ市場であった。石油危機後のアメリカ市場では，日本企業に有利な市場構造の変化が進行した。低燃費な小型車への需要のシフトがそれである。海外市場への参入は，国内市場とは異なった製品ラインで行われた。国内ではフルラインを形成したトヨタも，海外にフルラインを投入することはできないため，主要車種を選択して輸出することになった。国内におけるスペシャリティーカーと同様の製品戦略がとられたのである。この点では，後発4輪メーカーであるホンダは，国内製品ラインとの差異は少なかったが，アメリカ市場に進出する際に，少数車種による進出はハンデにはならなかった。アメリカ市場の製品構成は大型車に偏り，セグメントの隙間は大きかったか

らである。日本メーカーは,小型車を中心に,新しいセグメントを開拓しながら新規参入を行った。

ビッグ・スリーの小型車開発

アメリカのビッグ・スリーには小型車という新しいセグメントに移行するインセンティブは,すぐには働かなかった。
1950年代からフォルクス・ワーゲンなどのヨーロッパ車が参入しており,サブコンパクトカー・クラスの市場を開拓していった。アメリカのビッグ・スリーは,ヨーロッパ子会社の製品をコンパクトカー市場へ供給したが,さらにその下のサブコンパクトカー市場の将来性には気がつかなかった。GMの場合,1959年にコルベアーをコンパクトカー市場に投入したが,性能・設計面の不備が指摘され,不成功に終わった。さらに,1969年にはベガ(2500cc)の生産を開始し好評であったが,品質問題を契機に販売は減退した。第1次石油危機によるガソリン価格上昇を境に,アメリカの自動車需要は変化し始め,燃費のよい小型車市場が拡大した。1978年には,アメリカ政府は**燃費規制**を開始(18 MPGから85年の27.5 MPGまで引上げ)し,第2次石油危機によるガソリン価格上昇は,小型車需要の増加に拍車をかけた。

　GMは,第1次石油危機以降,日本車対策に本格的に取り組んだが,小型車開発は失敗の連続であった。1976年,GMは,サブコンパクトカーのシェベット(1600cc)を発表し,好評を得た。しかし,厳しいメーカーごとの燃費目標の設定は,新しい小型車の開発,とくに燃費にすぐれたFF車の開発を必要とした。GMは,1979年にコンパクトカーであるXカー(2500, 2800cc)を発売した。Xカーは爆発的に売れたが,欠陥によるリコールを繰り返し,「アメリカ史上最も欠陥の多い車」といわれた。信頼性の低下によって,GMはXカーの生産を縮小しなければならなかった。さらに,1981年に発売されたJカーは1800ccのFF車で,

燃費は日本車に匹敵する水準であった。しかし，価格設定が高すぎたこと，エンジンが低出力であったことなどにより，販売は不振であった。Jカーと同時期に，GMは軽自動車に相当するミニカーの開発計画をもっていた。しかし，1000〜1200ccクラスのSカー開発プロジェクトは1982年頃になって中止された。開発に成功しても，コストが日本車よりもはるかに高くなることが明らかになったためといわれる（川原［1995］）。

日本の製品開発の優位性　GMの小型車開発が失敗し続けた原因は，①小型車市場の将来性を軽視したこと，②新技術の応用・改良に遅れる傾向があったことである。②は必ずしも技術開発力そのものの問題ではない。右横置きエンジンのFF車であったXカーのように，新FF車時代の先駆者的な技術開発力をGMはもっていたからである。むしろ，日本の2倍に及ぶモデルチェンジ・サイクルが，新技術をすばやく製品化していくことを困難にしたのである。日本車の場合，高度成長期の激しい国内競争のなかから生まれた**製品開発の特徴**が，アメリカ市場の開拓に際して，有利に働いた。

　日本の自動車生産台数は1980年にアメリカを追い越し，50年時点でアメリカと2桁の格差があった日本の自動車産業は30年間でその格差を埋めることに成功した。しかし，生産台数世界一を達成した日本の自動車産業は，1980年代後半のバブル経済の下では国内消費の変化に対して製品設計の混乱と過剰対応をみせることになった（藤本［1995］）。

　1990年代に入って，世界の自動車生産台数では，日本とアメリカが拮抗するシェアをもつようになった。日本メーカーはさらに海外への生産拠点の移転を進め，ワールドワイドな企業に転換しつつある。一方，1996年4月にフォードはマツダの経営権を取得し，日本メーカーの経営権がはじめて海外メーカーの手にわ

たった。いわば，相互浸透が進むかたちで，自動車メーカーの世界的再編が行われる時代に入ったのである。

第13章　下請制

新しい産業ネットワーク

1　下請の定義

●大企業の補完

分厚い中小企業

　戦後日本経済を特徴づける現象の1つは，膨大な数の中小企業の存在であった。図13・1 は戦後初期の時期をとって，製造業の事業所のうち従業者数100人未満の事業所の従業者が全就業者に占めるウエイトを，日米で比較したものである。この日米比較によれば，化学工業は別にして，どの産業でも日本の数値がアメリカのそれよりはるかに大きい。事業所と企業を同一に扱うことはできないが，事業所統計から得られた日米間のこの相違は，企業規模の分布においても同様であると想定できる。つまり，日本においては中小企業が分厚く存在していたのである。

　日本の中小事業所は，従業員の比率，付加価値生産に占める比率のいずれをとっても，1980年代半ばまでそのウエイトを高めてきた。アメリカでは，1970年代まで中小事業所の従業者比率，付加価値生産に占める比率ともに低下し続けたのと対照的であっ

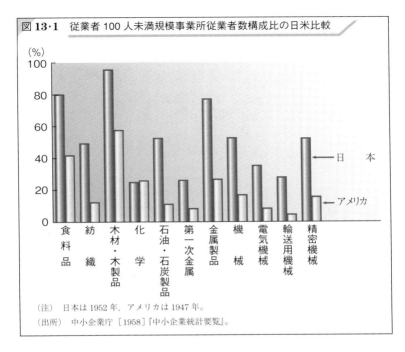

図 13·1 従業者100人未満規模事業所従業者数構成比の日米比較

(注) 日本は1952年, アメリカは1947年。
(出所) 中小企業庁［1958］『中小企業統計要覧』。

た。つまり、戦後経済の出発時点において日本では中小企業のウエイトが大きかっただけではなく、その後の経済成長の過程でもますますそのウエイトを高めたと想定されるのである。アメリカが大企業体制をとったのとは異なった発展の経路が日本経済には見出せる。

大企業補完　日本の中小企業、とくに製造業における中小企業の特徴は、大企業の活動を補完する点にあった。製造業分野ではこの補完関係が下請制であり、商業では自動車や電子・電気機械製品の卸売、小売販売などにみられる**流通系列**であった。なかでも製造業の下請制に関して強い関心が寄せられた。下請制は「親企業が当該企業に直接注文し、その際に規格、品質、性能、形状、デザインなどを指定する」取

第 *13* 章 下 請 制　197

引関係と定義され，この関係における受注企業を下請企業という。つまり，注文生産の方式の一種であるが，この注文は多くの場合，厳密・詳細に取引条件を定めた文書に基づく契約による取引ではなく，文書による契約の場合でも内容はおおまかであり，口頭による約束に基づく場合も多いのが特徴である。

2　下請はミゼラブルか
●二重構造論の限界

二重構造論　下請制が関心を集めたことに関連する1つの重要な論点は，「**二重構造**」論である。1950年代半ばに，規模別賃金格差の大きさが注目を集めた。有沢広巳は，高賃金の近代的な大企業部門と低賃金の「前期」的な中小企業部門が併存し，後者は日本経済の弱さを集約していると指摘した。そして，下請関係は「前期」的な中小企業が近代的大企業からの発注に依存していることを示し，中小企業は大企業による収奪の対象になっていると考えられた。「収奪」というのは，大企業が取引上の優越した地位を利用して，自らの利益を確保するために不当に劣悪な取引条件（たとえば，買叩き，支払いの遅延）を課して，中小企業の利益を奪うことを意味した。大企業は景気後退の「しわ」を下請中小企業に寄せ，景気後退の負担を転嫁したといわれた。通商産業省は繰り返し，「しわ」を寄せられる中小企業の近代化，中小企業振興を重点政策にすると言明した（通商産業省［1989］）。二重構造が強い関心を集めたのは1950年代末から60年代初めであったのである。

中小企業の多様性　注意が必要なのは，下請企業，あるいは中小企業といってもきわめて多様な企業の集合だという点である。多様性の両極を示せば，たとえば，下

請企業という点では世界最大の自動車電装部品メーカーである日本電装(現・デンソー)も家族従業員のみのメッキ屋も同じく，自動車メーカーの下請企業であり，近隣の住民やスーパーにごく小量の豆腐・油揚げを売っている豆腐の製造・卸小売業者も量販店への大量納入を行っている乳業大手企業の豆腐部門も，同様に大規模小売業の下請として扱われる。そこで，以下の議論では，生業的な事業を除いて，常時雇用者がある企業的な中小企業を念頭に置くことにする。

　さて，もし中小企業への収奪や「しわ」寄せが行われているとすれば，中小企業と大企業の間には規模別の利潤率格差が存在するはずであるが，総資本利潤率の指標などをみれば，そうした格差の存在は否定されるし，続々と中小企業が新規参入してきたことが説明できない(三輪[1990])。また，中小の法人企業の経営者家族の収入は，大企業の役員の収入とほぼ同じであった。規模別賃金格差にしても，年齢・学歴などの条件を同一にして比較すると格差は縮小した。高度成長が続いて1960年代初めには中卒・高卒の初任給の差はなくなり，60年代半ばには賃金格差は逆転して，中小企業のほうが高くなったのである。したがって，単純に中小企業の経営者は，労働者の賃金を買い叩いたとはいえない。ただ，全部雇用を与件とすると，大企業の雇用が増加しない場合には，中小企業経営者はより安い賃金で雇用し，就業させることができたといってよい(中村[1993])。このことは逆に，大企業の雇用が増加し，労働力不足になると，中小企業にとって若い労働者はなかなか雇用できないから，「金の卵」といわれたのである。

中小企業の職場と自立

　もちろん，中小企業の労働条件がすぐれていたわけではない。1950年代初めの頃のことだが，中小企業では「朝は7時半には工場に入っていな

ければならなかった。始業時間は8時と決められていたが，それは近くのどこか割合大きな工場で鳴るサイレンを合図に，ふたりの先輩職人が旋盤の前に立つ時間であって，見習工であるわたしには，その前に必ずしておかなければならぬ仕事があった」。機械の油差しなどをした後で，先輩を手伝い，「わたしは，馬鹿みたいに働いた。夕方の5時になると，どこかの工場のサイレンが鳴った。しかしそれは，わたしの町工場の終業のサイレンにはならなかった。それから2時間あるいは3時間，足の裏は突っ張り，膝がしらが音を立てるように鳴っても，工場のなかで立ち続けていなければならなかった。多くの雑用が済んだあとこそ，わたしはようやく，見習工になれた」(小関 [1981])。中小企業では，一人前の職人が「割合大きな工場」より2～3時間長く，11～12時間拘束され，見習工はさらに長時間の拘束を受けていた。当時の30人以上従業員がいる事業所を対象にすると，製造業の平均労働時間は9.5時間／日であったから，それよりも2時間ほど長かったのである。全体的に日本では長時間労働であったが，平均労働時間をとれば，高度経済成長の過程で労働時間は1950年代の年間2800時間から60年の2500時間，さらに70年の2200時間に短縮した。

ところで，小関の証言で注目したいのは「多くの雑用が済んだあとこそ，わたしはようやく，見習工になれた」という件である。自主的に技能の形成に取り組もうとしているのであるが，そうした技能の形成は自らへの教育投資という性格をもっている。小関はこの後の人生を中小企業の熟練職人として過ごしたが，中小企業の経営者として自立した事例も多い。中小企業労働者から経営者として自立することが，続々と中小企業の新規参入が行われた要因の1つであった。そして，1970年代の事例によれば，規模の小さい企業の従業員ほど事業主として自立する比率が高いこと

が確かめられている（小池［1981］）。他方，ほぼ同時期の中小企業の経営者の経歴をみると，中小企業の関係者が多いことが明らかにされている（清成［1979］）。東京都で1987〜93年に開業した中小企業に関する調査でも，中小企業の経営者をその前歴で分類すると，中小企業の役員，「勤務者」が70.4％を占め，なかでも労働者（「勤務者」）だけで47.2％とほぼ半ばを占めている（東京都労働経済局［1994］）。また，これらの調査結果はほぼ等しく，中小企業における勤務経験が11年以上の人々が自立の道を選択していることを示しているのである。

技術形成と自立

1970〜90年代における製造業・男子現場労働者の規模別・年齢階層別の賃金を比較すると，年齢が高くなるとともに，規模別の賃金格差が拡大していることがわかる。そして，就業経験11年以上の中小企業労働者が自立していることは，この格差が拡大する年齢で自立が活発になることを意味する。これは大企業と中小企業とでは異なった労務管理が行われていることを示している。中小企業でも職務のローテーションによる技能形成は行われているが，大企業に比べ異動の職域は狭く，異動の対象者も少ない（小池［1981］）。したがって，単に労働者としてみるならば，熟練が幅広い職務経験を積み重ねて**知的熟練**として発展していく程度が，中小企業では小さいし，そうした狭い職務構成の企業が中小企業だということになる。40〜50歳代になれば，規模別の賃金格差が厳然と発生することになる。これは自立化への誘因を構成している。

しかし，残る問題は，30歳代半ば以降に自立化することをどう評価するかということである。企業開設に関する調査は，中小企業の利点は，職務が未分化であるため他の関連業務など自立に必要なノウハウが働きながら蓄積されること，企業を開設するかどうかは本人の自立要求の強弱に依存していることを示している。

つまり，中小企業に就業した人々は，就業後に独立・開業というもう1つの選択がある。大企業では教育経費は一部を企業が負担しているが，それは中小企業にとっては利用・回収不可能であるから賃金としては支払われないとみることができる。40歳代では中小企業の賃金プロファイルは横に寝るのである。ただ，中小企業労働者が自立に必要なノウハウを蓄積したとしても，それを生かして自立できるかどうかは，市場環境や資金調達能力など他の外部要因に依存している。一般的にいえば，高度経済成長期は外部要因に恵まれていたといえるが，自立した中小経営が成功するかどうかは，さらに経営者としての能力に規定される。したがって，リスクの高い選択でもある。つまり，規模別賃金格差は，それ自体としては経済合理的に発生するが，その結果，中小企業に就業した人は高いリスクを負担して独立するか，低賃金に甘んじるかという選択を迫られることになったといえるであろう。

3 受注先の多様化

●下請企業の成長

下請関係の拡延　中小企業がどの程度まで大企業に従属しているかを調べる試みが大規模に開始されたのは1959年であった。1957年末現在で継続発注先があるかないかを尋ねたものであり，それによると内需依存企業より輸出企業のほうが継続発注元がある比率が高く，発注元としては卸小売業の比率が製造業より高かった。商社や問屋が中小企業製品をとりまとめて輸出していた。

　1962年の第2回調査以降になると，**表13・1**のように，取引先第1位企業への売上高依存度が調べられている。これによれば，**下請依存度**が高いのは繊維，機械工業であり，機械工業では製造

表13・1 取引先第1位企業への販売依存度

(単位：%)

	企業数	20%未満	20〜40%	40〜60%	60〜80%	80〜100%
1962年	476,058	16.2	17.8	13.8	13.2	39.1
繊維工業	84,571	5.2	9.3	9.6	13.2	62.7
電気機械器具	10,410	7.8	13.9	15.9	17.1	45.4
輸送用機械	10,610	12.5	16.3	12.0	14.8	44.4
1966年	562,408	9.1	13.0	13.4	11.7	52.8
繊維工業	101,983	2.8	5.6	8.4	10.4	72.7
電気機械器具	14,024	4.9	10.2	16.9	17.2	50.9
輸送用機械	12,953	5.9	9.4	16.6	14.8	53.3
1971年	605,163	10.9	13.1	14.2	12.2	50.2
繊維工業	108,662	3.9	5.1	8.1	9.0	74.3
電気機械器具	17,350	7.8	10.3	16.4	15.4	52.1
輸送用機械	22,317	7.1	9.3	16.8	17.0	51.0
1976年	615,220	9.5	16.6	18.6	14.6	40.7
繊維工業	103,531	2.0	6.4	12.5	12.3	66.8
電気機械器具	23,718	3.2	11.2	18.0	19.6	48.0
輸送用機械	17,501	4.7	9.1	16.5	20.4	49.3
1981年	710,476	9.3	18.0	19.4	14.5	38.6
繊維工業	98,474	2.4	6.7	13.0	12.5	65.2
電気機械器具	31,959	3.3	11.8	20.5	17.1	47.1
輸送用機械	21,428	4.2	11.4	18.4	19.7	46.0

(出所) 通商産業省・中小企業庁『中小企業総合基本調査報告書（総括編）』第2, 3回, 同『工業実態基本調査報告書（総括編）』第4, 5, 6回。

業企業が発注元になっていた。つまり、典型的に下請関係が展開したのは、電気機械、輸送用機械など機械工業であり、1960年代（1962〜71年）には取引先第1位企業への依存度が高まっていた。これは下請中小企業の設備や技術が特定の元請業者にとっては適切だが、他の発注元には不適切であったためであろう。特定の取引関係に特化した設備投資・技術蓄積がなされると、それは

発注元が強い交渉力をもち,下請業者が不利な取引条件を受け入れざるをえないという「**収奪のリスク**」が発生している(Williamson [1985])。こうした「収奪のリスク」の高まりによって,二重構造論が広く受け入れられたのであろう。事実,この高度成長期には,急速な成長局面では発注数量の突然の増加や設計変更などが行われたし,景気後退局面では発注数量の削減が行われた。したがって,高度の加工・成形技術をもった中小企業は下請取引を嫌ったのであるが,それは「収奪のリスク」が現に存在したということである(橋本[1996])。

脱親企業依存

1970年代後半になると,下請中小企業の取引先第1位企業への依存度は低下した。取引依存度20〜40％の比率が増大して,取引依存度60％以上のそれが低下したからである。産業ごとに多少差があるが,最も顕著であったのは繊維産業であった。この第1位企業への取引依存度の低下は,下請企業が取引先企業数を増加させたことを示唆するものであった。1987年の調査は,取引先第1位企業への取引依存度を調べていない。取引先第1〜3位企業への取引依存度の分布を調べているので,それと1981年調査とを比較可能なように調整すると,**表13・2**を得る。この表からは,取引先第1〜3位企業への取引依存度が60％未満の比率が上昇し,逆に80％以上のそれが低下したことが明らかになる。しかも,表示してはいないが,1981,87年調査を下請企業の取引先企業数の変化という点で比較すると,下請企業の従業員規模にかかわりなく,また産業別にみても主要3産業いずれでも取引企業数が増加していた。つまり,下請関係は主要な取引先への依存度の低下,取引先企業数の増加という明確な変化を示しているのである。

表13・2 取引先第1～3位企業への販売依存度

(単位：%)

	企業数	20%未満	20～40%	40～60%	60～80%	80～100%
1981年	710,476	2.9	7.1	8.8	11.3	69.8
繊維工業	98,474	0.4	1.9	2.7	5.2	89.6
電気機械器具	31,959	0.9	2.3	4.6	9.5	82.5
輸送用機械	21,428	0.8	3.2	3.9	9.2	82.6
1987年	679,662	3.2	8.0	10.4	14.0	64.4
繊維工業	82,593	0.6	2.4	4.2	7.2	85.6
電気機械器具	36,096	1.2	3.2	5.8	10.4	79.4
輸送用機械	19,132	1.1	4.3	5.8	9.8	79.0

(出所) 通商産業省・中小企業庁『工業実態基本調査報告書(総括編)』第6, 7回。

4 長期相対関係下の組立企業と部品企業
●新しい産業ネットワーク

　さて，すでに1955年頃においても，下請選択の理由として重要であったのは，発注企業が必要な生産設備や技術をもたないことがあげられていたことである。発注企業は，一面で，自らの設備・技術と補完的なものとして下請企業を位置づけていた。そして，1960年代には下請中小企業が積極的な設備投資・技術開発を行うようになり，下請企業群は一方で「**承認図メーカー**」に発展し（浅沼［1997］），あるいはサブ・アセンブル（ユニット部品の生産）を行うものも出てきた。下請企業のアセンブリーの程度が上昇してきているのであるが，この結果，下請制は，単純化すれば，サブ・アセンブラー―単体部品業者―賃加工業者といった多層の下請関係へと編成された（Nishiguchi［1994］）。これは発注元（アセンブラー）が直接取引する企業数を大幅に縮減して，的確迅

速に情報を伝達し,下請企業の行動を監視するコストを低減させるものであった。下請制は洗練されたのである。このサブ・アセンブラーを中心に自動車メーカーは**協力会**という下請企業の組織を作ったが,有力なサブ・アセンブラーは複数の協力会に属した。これは既述の取引先多様化の1つの表れである。取引関係に特殊な投資を行えば「収奪のリスク」が発生するが,下請企業の投資が行われなければ製品開発ができないから,取引継続への誘因がなければならない。その誘因は,下請企業が実施した専用設備への投資に関しては,現実発注数量が計画を下回った場合でも,その償却を発注企業が補償することであった。

こうした下請企業群は発注元(アセンブラー)の製品開発において早期から参画し,アセンブラーと部品メーカーの協力による製品開発が,自動車産業を典型とする日本の組立・加工産業では広くみられる。こうした製品開発方式は製品開発のリードタイム(開発期間)を短縮し,製品開発の1プロジェクト当たりの労働生産性(人・時間)を高めることに貢献した(藤本・クラーク[1993])。そして,こうした部品メーカーが広範に発展したことは,そのすぐれた技術を外部調達することができたから,自動車産業への新規参入を容易にしたし,電子式複写機のような新製品に関しても新規参入を容易にしたのである。つまり,下請制には下請企業間のみならず,完成品メーカー(アセンブラー)の競争を促進するメカニズムもあったのである。

第14章 日本企業の国際競争力

なぜ日本企業の評価が高まったのか？

1 強まった加工組立産業の比較優位

●輸出伸長の要因

リーディング・インダストリーになった加工組立産業

経済発展につれて、第1次産業、第2次産業の比率が低下し第3次産業の比率が上昇することは先進諸国に共通した現象であり、ペティ＝クラークの法則として知られている。1970年代から進んだ第3次産業の比率上昇は、前掲表10・4の付加価値構成比（名目値）のように、80年代後半にテンポを鈍らせたものの着実に進行した。日本、アメリカ、ドイツ3国の産業構造を1985年時点で比較すると、アメリカの第3次産業の比率が70.6％と最も高く、日本は61.8％、西ドイツは57.8％であった。サービス経済化がアメリカを先頭に進行したのである。

しかし、日本においては、実質値指数をみると、製造業の伸びは1980年代前半、後半ともに、第3次産業の伸びを上回っていた。日本の産業構造はサービス経済化が進みつつも、製造業を中心とした変化が進行した。さらに、製造業の内訳をみると、素材

産業の比率が低下する傾向が，1980年代から90年代にかけて続いた。一方，実質値指数の伸びが大きい加工組立型産業の内訳をみると，一般機械，電気機械，輸送機械という3業種の比率が高かった。1980年代半ばには，加工組立産業，とくに一般機械，電気機械，輸送機械が日本経済のリーディング・インダストリーになったのである。

　1980～85年にかけての加工組立型産業の発展には，輸出の拡大が寄与していた。輸出額のなかで機械製品が占める比率は，1980年の62.7％から85年には71.8％にまで高まった。1970年代と同様に，輸出総額に占める比率は輸送機械が大きかったが，一般機械，電気機械の伸びは高く，85年から輸送機械の比率は低下した。1984年時点で，OECD諸国の機械製品輸出高のうちに日本が占める比率は24.5％と第1位であり，アメリカの19.5％，ドイツの16.7％を上回っていた。地域別には，OECD諸国向けが62.5％，そのうちアメリカ向けが40.2％であった。また非OECD諸国向け37.5％のうち，極東諸国向けが19.6％と過半を占めていた（OECD［1984］）。日本の機械輸出は，先進諸国を中心に，とくにアメリカに集中しており，発展途上国向けではアジア諸国が中心であった。日本は，ヨーロッパ諸国（OECD，非OECD諸国ともに）と非OECDアメリカ諸国を除けば，輸出高第1位であり，とくにアメリカに集中的に機械製品を供給する「**機械の供給基地**」になったのである。

　機械輸出伸長の要因　1980年代前半にアメリカへの機械輸出が伸長したマクロ的な要因としては，①ドル高・円安の為替レート，②日本とアメリカの成長率格差，③輸出入の所得弾力性格差（貿易構造要因）を考えることができる。1982年から85年にかけての貿易不均衡の要因分析によると，アメリカの貿易不均衡の要因は，②の成長率格差と③の所得弾力性

表14・1 日本・アメリカの価格競争力比較 (1979～84年の年平均変化率)

(単位：%)

	製造業	一般機械	電気機械	輸送機械	精密機械
アメリカ					
要素価格上昇率	5.67	6.07	5.49	7.52	5.64
全要素生産性上昇率	1.60	5.50	1.64	1.04	0.26
生産コスト上昇率	4.08	0.56	3.84	6.48	5.38
日　本					
要素価格上昇率	3.72	7.57	10.80	2.24	5.05
全要素生産性上昇率	3.67	7.08	19.48	1.44	7.88
生産コスト上昇率	0.05	0.49	−8.68	0.80	−2.83

(注)　生産コスト上昇率＝要素価格上昇率－全要素生産性上昇率。
(出所)　通商産業省［1987］。

格差のウエイトが高かった。これを前提に1983年から84年にかけてのアメリカの対日機械貿易収支をみると，赤字額の90%を占める自動車，通信機器（VTRなど含む），事務用機器，電気機械の4品目が貿易収支悪化の原因であった。しかし，1983年から84年にかけてアメリカの対日輸出は全体として増加しており，品目別にみても過半の品目で対日輸出は増加していた。すなわち，ドル高・円安の為替レートという要因だけから貿易不均衡を説明できないのは明らかであり，むしろ，アメリカの1983, 84年の高成長による需要の拡大，およびアメリカの輸入の所得弾性値が高いことによって，需要の拡大が輸入の急増をもたらした点に注目すべきであろう。

　さらに，アメリカへの機械輸出伸長の要因を，①価格競争力，②アメリカ産業の生産能力というミクロ的要因から検討しよう。まず①の日米の価格競争力を，表14・1によって比較すると，製造業の要素価格上昇率は，アメリカより日本が2%弱低かったが，業種別にみると一般機械，電気機械の上昇率は日本のほうが高か

った。しかし、全要素生産性の上昇率は、製造業全体で2倍以上の格差があり、機械4業種いずれも、日本の上昇率がアメリカを上回っていた。全要素生産性の上昇は、既述のように、技術進歩、資本と労働の質的向上、規模の経済性などの結果と考えられる。日本の**全要素生産性上昇率**は、既述のように高度成長期と比較して大幅に低下したものの、アメリカと比較すると、全要素生産性上昇率は高く、生産コスト上昇率は低く抑えられた。とくに電気機械、輸送機械、精密機械において、日本とアメリカの生産コスト上昇率の格差は著しかった。

②のアメリカの生産能力不足については、1982年以降85年までの景気回復過程で、拡大した需要が生産能力を上回り、超過需要が発生したことが指摘されている。アメリカ製造業の設備投資増加率は、1970年代の2.7％から80年代前半には4.9％へと高まった。しかし、これらの設備投資は生産能力の増強には結びつかなかった。その理由は、設備投資の内容が、機械投資（生産者耐久財）の場合は情報処理関連機器への投資に偏ったこと、建物投資の場合は工場より商業用ビルの比率が高かったことによる。必要とされた設備と実際の投資との間にミスマッチが生じたことになる。すでに、アメリカ企業の投資は情報関連投資にシフトしつつあった。以上のようなマクロ、ミクロの要因によって、日本からアメリカへの機械輸出の急増が起こったのである。

2 ハイテク・ハードウエアの競争優位
●ソフトウエアの劣位

唯一のVTR生産国日本

日本の家電製品の国際競争力は、高度成長期後半からすでに世界的な水準に達していた。その代表例がカラーテレビであ

表 14・2 VTR の市場シェア (1986 年)

(単位：%)

国　別	世界市場	アメリカ市場	EC市場
日本企業	70.6	78.3	25.3
日系企業	12.3	4.2	44.2
韓国企業	12.1	16.6	10.9
台湾企業	0.7	0.9	
EC企業	4.3		19.7
計	100.0	100.0	100.0

(出所)　伊丹・伊丹研究室［1989］。

り，1960 年代半ばからの対米輸出の増大，70 年代の現地生産の展開を通じて，アメリカのテレビ企業との競争に優位を占めるようになった。カラーテレビに続く家電製品は VTR であり，VTR は日本がほとんど唯一の生産国になったという点に特徴があった。表 14・2 のように，1986 年における世界市場での国別シェアは，韓国企業，EC 企業を除けば，日本企業，日系の現地生産企業が 82％を占めていた。韓国企業，EC 企業の場合も日本企業が技術・部品の供与を行っていたから，実質的に日本が VTR 生産を独占したといってよい（伊丹・伊丹研究室［1989］）。

　VTR 開発に最初に着手したのはアメリカ企業であった。RCA 社は 1950 年に放送用白黒 VTR を試作した。さらに，1956 年にアンペックス社は 4 ヘッド回転方式 VTR を開発し，放送局用に使用され始めた。しかし，家庭用 VTR 実用化への道のりは長かった。アンペックス社は 1966 年にはじめて家庭用 VTR を発表したが成功せず，結局，家庭用 VTR からは撤退した。一方，RCA など民生用電機のトップ・メーカーは磁気記録方式以外の開発に向かい，VTR 開発には力を入れなかった。これらの非磁気記録方式はいずれも実用化に至らず，1970 年代には家庭用 VTR の開発をめざす主要アメリカ・メーカーは姿を消したのである。アメ

リカ企業は製品化以前の開発プロセスにおいて競争から脱落したことになる。また、ヨーロッパ企業は独自形式で製品開発を行ったが、性能面ではVHS、ベータ両方式に及ばなかった。したがって、開発プロセスのなかに日本企業が独占に至る要因を探らねばならない。

VTR開発の特徴

日本では、アンペックス社の放送用VTR実用化を受けて、VTRの本格的な開発に着手し、1964、65年にはアメリカよりも早く家庭用VTRが登場した。ただし、家庭用VTRの需要は容易に立ち上がらなかった。1975年のソニーのベータマックス、76年の日本ビクター、松下電器のVHS方式が発表されることによって、家庭用VTRの市場開拓が始まった。日本のVTR開発の特徴は、第1に、参加企業が多数であり、参加企業の目標が家庭用VTRに絞られたこと、そして、第2に、企業間の競争と協調のシステムが効率的に機能したことであった。

第1の参加企業が多数であった点については、1977年の時点で、ベータ方式7社、VHS方式6社の合計13社があった。アメリカ企業ではほとんどVTR開発企業がなくなっていたこと、またヨーロッパではフィリップス社など2社程度であったことと対比すれば、日本のVTRメーカーの多さは群を抜いていた。しかも、アメリカでは非磁気記録方式へ研究開発が拡散する傾向があったのに対して、日本企業はVTR、しかも家庭用VTRに開発のターゲットを集中した。結果的に、企業間競争は激しくなり、ベータ方式、VHS方式という異なった**規格間の競争**が、ファミリー企業争奪のかたちをとって、世界的な規模で1980年代前半まで続けられた。規格間の競争は新機能の開発競争をもたらし、VTRの技術進歩を促進したのである。

第2に、企業間競争は激しかったが、企業間の技術情報の波及

はスムーズであった。これが可能になった条件は，VTR開発に着手した企業の多くがテープレコーダー開発，カラーテレビ開発を経験した企業だったことである。VTRと共通性が多く，お互いに同一技術の基盤をもっていたことは，規格統一へのインセンティブになった。したがって，企業間の規格統一に関する協力関係が比較的容易に成立した。これは，1970年にソニーを中心にまとまったUマチックという統一規格であり，ソニー，松下電器，日本ビクター3社のクロスライセンス契約をともなったこの規格は後のベータ方式，VHS方式の基盤になった。規格統一のプロセスは技術交流の場であり，またソニーの技術が広く波及する効果をもった。これは，技術開発の方向性を定め，技術進歩を促進した。

　以上のような技術進歩を加速する複数の要因によって，1980年代の日本は唯一のVTR生産国になったのである。

汎用コンピュータにおけるキャッチアップとダウンサイジング

企業情報システムの中心であった汎用コンピュータ分野において，国内コンピュータ・メーカーは1970年代後半になるとIBM対抗機の開発に成功し，マーケットシェアを高めた。1974年以降，IBMの日本におけるシェアは30％を割り込み，ワールドワイドでみると，IBMが過半のシェアをもたない国は日本だけであった。コンピュータ国産化が進んだ要因として，産業政策の効果を指摘することができるが（第4章），基本的には富士通，日立に代表される互換機メーカーが1960年代から高めてきた組織能力が，70年代後半になって目にみえる経営成果をあげたといえよう。

　国内コンピュータ・メーカーのIBM追撃は成功したかにみえたが，IBMはコンピュータのオペレーティングシステム（OS）のプログラムを著作権として登録する戦略をとった。1982年に発

生したIBMのOS情報を使ったFBIのおとり捜査によって,日立と三菱電機の社員が逮捕される産業スパイ事件が発生した。またIBMは富士通に対しても著作権侵害を通告した。その後,IBMと日本企業の間で和解契約が結ばれ,開発への制約と対価の支払いによって互換機ビジネスは存続できたが,日本企業の世界市場への進出は難しくなった（長谷川 [2013]）。

一方で,1980年代後半になるとコンピュータの**ダウンサイジング**が進行し,コンピュータ市場は転換期を迎えた。1984年にコンピュータ生産額の59.9％を占めていた汎用コンピュータの比率は87年には65.5％まで上昇した。しかし,汎用コンピュータの比率はその後低下し始め,1993年には汎用コンピュータ35.8％,パソコン43.9％と,パソコンの比率が汎用コンピュータを上回るようになった。そして,汎用コンピュータを中心に端末を接続する個別分散的なネットワークから,複数のサーバーとパソコンをLANで結ぶオープンなネットワークが主流になった。汎用コンピュータでIBMへの追撃に成功したかにみえた日本のコンピュータ企業は,**オープンネットワークとインターネット**という新しい環境への適合の道を1990年代に探ることになる。

エレクトロニクス機器生産の内訳をみると,**表14・3**のように,1980年代半ばに民生用機器の比率は低下し,産業用機器および電子部品の比率が高まった。これは,産業用エレクトロニクスの分野で日本の比較優位が強まったことを示しているが,コンピュータ製品についてみると,コンピュータ本体の競争力はあまり強化されずに,周辺機器を中心としたハードウエアに競争優位があった。さらに,コンピュータ分野では,ハードウエアの優位とは対照的に,ソフトウエアでの劣位が明確である。ソフトプロダクト売上高（受注ソフトを除く）を比較すると,1990年において日本はアメリカの1割強にすぎなかった（伊丹・伊丹研究室 [1996]）。

表 14・3　電子機器生産高の構成比

(単位：％，億円)

	1970年	1980年	1985年	1990年	2000年
民　生　用	43.0	32.6	26.5	18.5	8.4
カラーテレビ	20.1	7.9	4.8	3.7	0.9
ＶＴＲ		6.3	10.2	4.5	0.4
テープレコーダー	7.1	9.6	5.0	3.6	0.1
産　業　用	31.0	37.7	41.0	47.4	46.7
コンピュータ	9.1	13.1	18.2	24.3	21.5
有 線 通 信	7.9	6.7	7.1	8.3	7.5
無 線 通 信	3.4	4.2	3.4	4.1	8.6
事務用機械	3.9	7.0	5.6	4.2	2.6
電子部品	26.0	29.7	32.5	34.1	44.9
集 積 回 路	1.6	6.3	9.9	12.2	4.7
半導体素子	5.3	3.3	3.1	3.0	17.6
合　　　計	33,967	90,052	185,527	239,204	261,995

(出所)　電波新聞社編『電子工業年鑑』各年版。

　日本企業はハイテク・ハードウエアに比較優位をもちながらも，ソフトウエアに比べたハードウエアの収益性の低さに悩むことになったのである。

3　半導体メモリーへの集中
●MOSメモリーによるブレイクスルー

トランジスター技術の導入

　半導体産業は，高度成長初期のトランジスターに始まった。トランジスターにおいて，日本の成長は著しかった。トランジスター工業が急成長した主要な要因は**円滑な技術移転**であり，アメリカで開発されたトランジスター技術は，すぐに日本の電機メーカーによって技術導入・消化が進められた。技術の出し手であるアメリカ企業は，技術を独占するのではなく，個別技術を相

手を限定することなく供与する方針をとった。たとえば、アメリカのウエスタン・エレクトリック社からトランジスターの基本特許を導入した日本企業は、1954年から60年にかけて15社にのぼった。これはかつての電子管（真空管）技術が主要企業間の特許プールなどによって囲い込まれ、技術移転の可能性が限定されたことと対照的である。1950年代以降、エレクトロニクス技術の移転は包括契約によらず、個別に複数の相手に供与される形態が一般的になった。円滑な技術移転は、日本企業が先進国にキャッチアップする前提条件であった（長谷川[1996]）。

一方、技術供与を円滑にした日本側の条件は、第1に、戦中から戦後にかけてのエレクトロニクス技術の集積が有利に働いたことであった。電波兵器開発のため、人的・技術的な資源配分がエレクトロニクス分野に集中的に行われたからである。一部の企業に限定されていた電子管技術（受信管）は、増産のため、他企業への移転が促進された。軍需を失った電機メーカーは、戦後、いっせいにエレクトロニクス技術のラジオ、テレビなど民生用への転換を進め、市場面でのトランジスター応用も急速に進んだのである。

第2に、トランジスター製造は、労働集約的な工程であった。1960年頃、「トランジスター娘」と称された若年女子労働者が大量雇用され、トランジスター製造工程に投入された（ソニー株式会社[1986]）。これに加え、若年女子労働者の賃金がアメリカと比較して低賃金であったことが賃金コストを引き下げる要因となり、日本製トランジスターの価格競争力を強めた。しかし、トランジスターでの優位はICの新たな技術進歩によってたちまち逆転された。

ICメモリーの優位　IC技術は、トランジスターと同じく、アメリカ企業によって開発された。トラ

ンジスターのケースと異なったのは，第1に，技術移転が円滑に進まなかったことである。日本企業が技術導入によってキャッチアップを図った点はトランジスターと同様であったが，アメリカ企業側は特許権によって優位性を保つ戦略を強めた。また，アメリカ企業のなかにはテキサス・インスツルメンツ社のように，技術供与よりも自ら日本での生産をめざす企業も現れた。第2に，IC需要はなかなか拡大しなかった。軍需によってIC需要が拡大したアメリカとは異なり，1960年代後半，日本の民生需要の立ち上がりは遅れた。豊富な若年労働力という優位性は，1960年代半ばに失われ，またIC産業が労働集約的ではなく資本集約的な産業であったため，とくに重要な条件ではなくなった。

しかし，1970年代になると，日本企業は急速にキャッチアップを開始した。キャッチアップが可能になった要因は，①日本国内の民生需要が立ち上がったこと，②技術面でアメリカ企業を追い越す分野が出てきたこと，そして，③積極的な投資を行ったことであった。

第1の最初の大規模な民生需要は電卓用ICであった。電卓（電子卓上計算機）1号機が誕生したのは，1964年3月であった。早川電機（現・シャープ）が開発したシャープコンペットは，オールトランジスターで，販売価格53万5000円であった。ただし，重量は25kg，厚さ25cmで，なんとか机に乗る大きさに収まった。当初の電卓は価格からわかるように，パーソナル用ではなくオフィス用の事務機器であった。しかし，すぐに激しい競争が始まった。翌1965年，カシオ計算機がトランジスター式電卓を発表すると，「電卓戦争」の火ぶたが切って落とされた。「電卓戦争」の主役は，シャープとカシオであった。価格のみならず，小型軽量化，高機能を両社は追求した。小型化の鍵はIC，LSIの採用であり，1967年にはじめて登場したIC電卓（4kg，23万円）は，当初

アメリカ製ICを使ったが，まもなく国内製ICに転換し，電卓のパーソナル化を可能にした。1969年におけるIC需要の53％が電卓であり，電子計算機・通信機という産業用需要の31％を上回っていた。その後，1969年のLSI電卓（9万9800円）から，70年コードレス電卓（3万8800円），72年6桁カシオミニ（1万2800円），73年液晶薄型21mm（2万6800円），75年9mm手帳タイプ（9900円），77年5mmタッチキーカード電卓，78年3.9mm名刺サイズへと，技術革新は限りなく続き，電卓のパーソナル化が進行した。電卓，さらにはテレビのIC化などによる民生需要の拡大が，IC産業の定着を可能にしたのである。

　第2に，アメリカとのIC技術の格差に直面した日本企業が，技術面でアメリカを上回ったのは，MOS・ICの実用化の分野であった。MOS・ICはバイポーラICに比べて構造が単純で設計が容易であったが，性能が安定せず，実用化は困難とされていた。軍需のウエイトが高いアメリカIC産業は，高性能のバイポーラICに重点を置き，MOS・IC市場には魅力を感じなかった。日本企業は，MOS・ICのなかでも性能が安定しないNチャンネルMOS・ICの開発に取り組み，実用化に成功した。後に日本企業がMOSメモリーの量産化で競争優位を獲得する技術的な基盤が作られたのである（Hasegawa［2004］）。

　第3に，日本企業は，1970年代後半からMOS・ICに積極的な投資を行った。半導体産業は設備投資額が大きく，しかも設備の陳腐化が速いという特徴があった。日米企業の設備投資額を比較すると，1981年から日本の投資額はアメリカを上回るようになった。日本企業はとくにMOS・IC技術を使ったDRAM（ダイナミック・ランダム・アクセス・メモリー）分野に投資を集中した。集積度の向上を競うDRAM開発では，短期間で集積度が向上し，主要製品が交替した。1K-DRAMから16K-DRAMまではアメリ

カ企業がトップをきって製品化を行った。しかし，1976年に富士通が64K-DRAMの開発に成功して以来，256K，1M，4Mと，1980年代は日本企業が最先端の集積度を競いあう時代であった。最先端の集積度のDRAMをいち早く製品化し，積極的な設備投資をすることによって，日本企業のメモリー分野でのシェアは上昇した。日本企業のDRAMでのシェアは，1982年に53％，86年に77％になった。半導体企業の世界売上高ランキングをみても，1985年に日本電気が第1位になり，89年には，日本電気，東芝，日立製作所がトップ・スリーを占め，トップ・テンのうち6社は日本企業であった。日本の半導体産業は，コンピュータを中心とした民生用の国内需要と結びつき，製品種類ではDRAMに重点を置くことによって，世界的な半導体市場の拡大を牽引したのである。

DRAMとMPUの国際分業

国際分業の進行は半導体産業の構造変化にも現れた。第1に，**日米半導体協定**に基づく管理貿易が，日本企業のメモリー分野への特化を促進した（伊丹・伊丹研究室［1995］）。1986年8月に始まった日米半導体協定は，日本製半導体の価格監視および市場アクセス問題からなっていた。市場アクセス問題とは，具体的には外国系半導体の日本国内シェア20％というガイドラインを設け，日本政府が輸入を奨励することであった。ガイドラインの理解には日米間で差異があったものの，この協定によって日米半導体貿易は管理貿易になり，外国製半導体のシェアは着実に拡大した。しかし，協定の効果は予期しないところに現れた。協定後，日本企業は1M-DRAMの設備投資を差し控え，これが原因で1987年の需要拡大期には世界的な供給不足による価格高騰が生じた。また，1M-DRAM供給体制が整った1989年秋からは，対日批判を意識した生産調整によって価格は安定した。日米半導

体協定の一種のカルテル効果によってメモリー価格は高止まり,そのなかで日本企業のメモリー依存度は上昇したのである。

しかしながら,メモリー依存度の上昇は,電機メーカーの経営に不安定要因をもたらした。それは**シリコンサイクル**と称された激しい需給の変化とそれにともなう価格変動によって,メモリーの収益が大幅な黒字と赤字の間を行き来したからである。しかも,メモリーの集積度が高まり,製品交替が起こるたびに,需要の立ち上がりに合わせたタイミングのよい投資が必要になった。集積度の上昇にともなって投資額は急増し,タイミングが外れれば大幅な赤字を覚悟しなければならなかった。メモリービジネスはきわめてリスキーなビジネスとなり,日本の電機メーカーはリスクを前提にした意思決定と増大する設備投資・研究開発投資に対する資金調達を行う必要に迫られた。

一方,半導体の製品構成をみると,メモリーよりもマイクロプロセッサー(MPU)の成長性が高まった。この点は半導体企業のランキングに反映され,インテル社が1992年に世界第1位になった。アメリカのインテルがMPUで独占的なシェアを占めるようになった要因としては,**知的財産権**を使った戦略の成功があった。インテルは1981年,IBMパソコンにMPUを供給し,MPUの業界標準の座を獲得するとともに,DRAMから撤退し経営資源をMPUに集中した。しかし,日本企業もMPUを開発する能力をすでに備えていた。日本電気は1984年,自社開発したMPUがインテルの知的財産権に抵触しないことを確認するため提訴した。1989年まで続いた裁判の結果,日本電気の主張は認められたものの,MPUのマイクロコードは著作権法上のプログラムとして保護されることが確定した。この係争は単にインテルと日本電気間の問題ではなく,知的財産権に基づいたインテルの戦略的行動に弾みをつけ,MOSマイクロ市場でのインテル独占を可能

にした。さらに，知的財産権はソフトウエアでの優位をもつアメリカ企業にとって有力な武器になったのである。

第 3 部の演習問題

1 1973 年 2 月に日本は変動相場制に移行した。まず，1950～60 年代に機能していた固定相場制のメカニズムを整理したうえで，なぜ移行せざるをえなかったのか，変動相場制に期待された役割は何であったのか，移行によっていかなる変化が生じたのかを考えてみよう。
2 石油危機後の日本はスタグフレーションからの脱却が速やかであった。なぜ，スタグフレーションからの速やかな脱却が可能であったのか，とくに，この構造調整に日本型企業システムが果たした役割に注意して検討してみよう。
3 1950 年代から近年までの原油価格の推移を調べ，第 1 次石油危機および第 2 次石油危機の影響の大きさを評価してみよう。
4 労働集約型産業，素材産業のいずれかから関心のある産業を 1 つ選び，石油危機後の経営環境への具体的な対応を，省力化，雇用調整，資金調達の変化に即して整理してみよう。
5 自動車・電気機械などの加工組立型産業のうち 1 つの産業を選択し，輸出拡大のプロセス，貿易摩擦の実態などを追跡してみよう。

第 3 部の参考文献 ＊は読者のための基本文献を表す。

浅沼萬里（菊谷達弥編集）[1997]『日本の企業組織 革新的適応のメカニズム』東洋経済新報社。

藤本隆宏 [1995]「能力蓄積プロセスと過剰対応」企業行動研究グループ編『日本企業の適応力』日本経済新聞社。

藤本隆宏＝キム・B. クラーク（田村明比古訳）[1993]『製品開発力』ダイヤモンド社（増補版，2009 年）。

福田赴夫 [1995]『回顧九十年』岩波書店。

長谷川信 [1996]「技術導入と日本のテレビ開発」橋本寿朗編『日本企業システムの戦後史』東京大学出版会。

Hasegawa, S. [2004], "The Americanization and Japanization of electronic firms in post-war Japan," A. Kudo, M. Kipping & H. G. Schröter, ed., *German and Japanese Business in the Boom Years*, Routledge.

長谷川信［2013］『通商産業政策史7　機械情報産業政策』経済産業調査会。

＊橋本寿朗［1991］『日本経済論』ミネルヴァ書房。

橋本寿朗［1996］「中小企業〈自立化〉の戦後史」中小企業研究委員会編『なぜ，今，起業家の時代か？』社会経済生産性本部。

井手英策［2013］『日本財政　転換の指針』岩波新書。

＊伊丹敬之・伊丹研究室編［1989］『日本のVTR産業　なぜ世界を制覇できたのか』NTT出版。

＊伊丹敬之・伊丹研究室編［1995］『日本の半導体産業　なぜ「三つの逆転」は起こったか』NTT出版。

伊丹敬之・伊丹研究室編［1996］『日本のコンピュータ産業　なぜ伸び悩んでいるのか』NTT出版。

＊伊丹敬之・加護野忠男・小林孝雄・榊原清則・伊藤元重［1988］『競争と革新　自動車産業の企業成長』東洋経済新報社。

金森久雄編［1990］『戦後経済の軌跡』中央経済社。

桂木洋二［1988］『てんとう虫が走った日　スバル360開発物語』グランプリ出版（新装版，1995年）。

川原晃［1995］『競争力の本質　日米自動車産業の50年』ダイヤモンド社。

経済企画庁［1975］『経済白書』昭和50年版。

経済企画庁［1978］『経済白書』昭和53年版。

経済企画庁［1982］『経済白書』昭和57年版。

経済企画庁［1987］『経済白書』昭和62年版。

経済企画庁［1997］『経済白書』平成9年版。

清成忠男［1970］『日本中小企業の構造変動』新評論。

小池和男［1981］『中小企業の熟練』同文舘出版。

＊小宮隆太郎［1988］『現代日本経済』東京大学出版会。

＊小宮隆太郎・奥野正寛・鈴村興太郎編［1984］『日本の産業政策』東京大学出版会。

香西泰［1981］『高度成長の時代』日本評論社（日経ビジネス人文庫，2001年）。

黒坂佳央［1988］『マクロ経済学と日本の労働市場』東洋経済新報社。

小関智弘［1981］『大森界隈職人往来』朝日新聞社（朝日文庫，1984年；岩波現代文庫，2002年）。

＊三橋規宏・内田茂男［1994］『昭和経済史』下，日経文庫。

三輪芳朗［1990］『日本の企業と産業組織』東京大学出版会。

宮島洋［1989］『財政再建の研究』有斐閣。

＊中村隆英［1978］『日本経済　その成長と構造』東京大学出版会（第2版，1980年；第3版，1993年）。

Nishiguchi, T.［1994］, *Strategic Industrial Sourcing*, Cambridge University Press.

OECD［1984］, Foreign Trade by Commodities, series C.

労働省［1982］『労働白書』昭和57年版。

ソニー株式会社［1986］『源流　ソニー創立40周年記念誌』。

鈴木和志・宮川努［1986］『日本の企業投資と研究開発戦略』東洋経済新報社。

田端博邦［1991］「現代日本社会と労使関係」東京大学社会科学研究所編『現代日本社会 5 構造』東京大学出版会。

武田晴人［1995］「自動車産業」同編『日本産業発展のダイナミズム』東京大学出版会。

東京都労働経済局［1994］『新規開設事業所実態調査報告』。

通商産業省［1987］『通商白書』昭和62年版。

通商産業省，通商産業政策史編纂委員会編［1989］『通商産業政策史5』通商産業調査会。

内田公三［1996］『経団連と日本経済の50年』日本経済新聞社。

Williamson, O.［1985］, *The Economic Institutions of Capitalism*, Free Press.

＊吉川洋［1992］『日本経済とマクロ経済学』東洋経済新報社。

第 4 部
バブルの形成と崩壊

株価史上最高値(東京証券取引所, 1988年)

バブルがはじけ, 建設が中断しているマンション(市原市, 1993年)

第15章 概　説

バブル経済とその崩壊

1　安定成長下のマクロ経済

●輸出主導から内需主導へ

世界最大の債権国に

　1980年代前半, OECD諸国の平均成長率に比べて, 相対的に高い成長を維持した日本経済は, **プラザ合意**を契機として円が急騰した1980年代後半にも, 成長パターンを輸出主導から内需主導に転じながら平均4.9％と高成長を維持した。アメリカ経済には第2次石油危機による景気後退を経験し, その後は1984年の高成長はあったものの, 債権国から純債務国に転換するという大きな変化が起こっていた（**表15・1**）。これに対して, 日本は経常収支黒字を拡大し, 1986年に世界最大の純債権国に躍り上がった。1980年代の日本は, 世界経済でも突出した高成長を実現し, 世界経済のプレゼンスを急速に上昇させていた。高成長を可能にした日本経済の制度的な特性に内外の注目が集まったのもこの時期である。1990年代前半には, 日本の1人当たりGDPは, アメリカに対して85％に達し, これがアメリカとの相対的関係でいえばピークであった

表 15・1 各国成長率・経常収支比率

(単位:%)

	1980〜85年	86〜90年	91〜95年	96〜2000年
実質成長率				
日　　本	4.0	4.9	1.5	1.1
ドイツ	1.2	3.5	2.0	1.9
アメリカ	2.8	3.4	2.6	4.3
イギリス	1.7	3.5	1.6	3.3
NIEs	7.2	9.1	7.5	5.0
ASEAN 4	4.2	7.5	7.0	2.6
経常収支比率				
日　　本	1.3	2.7	2.5	2.3
アメリカ	−1.0	−2.4	−1.0	−2.5

(注) NIEsは,韓国,台湾,香港,シンガポール,ASEAN 4は,タイ,マレーシア,インドネシア,フィリピン。
NIEs,ASEAN 4については,それぞれ4カ国(地域)の実質成長率の平均値。

(出所) IMF, *World Economic Outlook Database.*

(図20・1)。しかし,皮肉なことに,日本型企業システムの評価が高まり,その成長促進的な機能に注目が集まっていたまさにこの時期,日本型システムは,過剰投資の促進に機能を転じていた。

2 急速な円高から「平成景気」へ

●バブルの発生

プラザ合意による円高　　石油危機後から1980年代前半までの経済成長は,輸出に主導されていた。こうした輸出主導の日本の成長パターンを転換させる契機になったのは,1985年9月22日のプラザ合意であった。プラザ合意とは,先進5カ国蔵相会議(G5―日本,アメリカ,西ドイツ,フランス,イギリス)が,ニューヨークのプラザホテルにおいて発表した為替介入に関する声明文である。これによって,1ドル237円台で

あった為替レートは，2年半のうちに1ドル120円台に上昇した。円安・ドル高から，一挙に**円高・ドル安**に転換したのである。

プラザ合意は基本的に，①先進国間の対外ポジションには大きなインバランスがあることを前提に，②アメリカの経常収支赤字の持続可能性（サステナビリティ）に対して厳しい現状認識をしたうえで，③対外不均衡の原因としてドル高の存在を認めた（石井［1990］）。したがって，インバランス是正のためには「**政策協調**」が必要であり，アメリカの財政赤字縮小，日本，西ドイツの内需拡大が政策目標として掲げられた。また，インバランス是正のためには，為替レートの役割が重視され，非ドル通貨の対ドル・レートの上昇が望ましいとした。

プラザ合意の意義は，国際的な「政策協調」がはじめて認知され，実施に移された点にあった。マクロ経済政策が国内の景気対策のためだけに運営されるのではなく，一定の国際的な目標を設定して運営されるのは，画期的な試みであった。そして，1986年の東京サミットから政策協調のためG7（G5とイタリア，カナダ）が設置された。G7では，7カ国が互いの政策を監視しあう多角的サーベイランス方式が導入され，政策協調の仕組みが整備された。

では，プラザ合意のドル安という目標が速やかに達成されたのはなぜであろうか。それは1980年代前半のドル・レートが本来の均衡レートとは大幅に乖離した水準にあり，それが，プラザ合意を契機に本来の均衡レートに戻ったという説明が妥当であろう。為替レートの長期理論である購買力平価理論は，均衡レートの動きを各国間のインフレ格差によって説明する。しかし，この説明では生産性格差のような実体的な要因が考慮されないという欠点をもつ。この点を考慮した吉川洋の計測によれば，均衡円ドル・レートの変化は，「主として日本側の労働生産性の上昇と，アメ

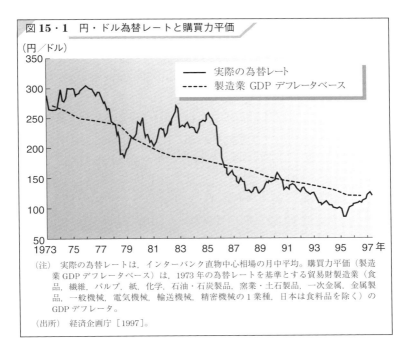

図15・1 円・ドル為替レートと購買力平価

(注) 実際の為替レートは，インターバンク直物中心相場の月中平均。購買力平価（製造業GDPデフレータベース）は，1973年の為替レートを基準とする貿易財製造業（食品，繊維，パルプ，紙，化学，石油・石炭製品，窯業・土石製品，一次金属，金属製品，一般機械，電気機械，輸送機械，精密機械の1業種，日本は食料品を除く）のGDPデフレータ。

(出所) 経済企画庁［1997］。

リカ側の原材料，エネルギーコストの上昇という2つのファクターによりもたらされた」（吉川［1992］）。図15・1のように，推計による均衡レート（1973年基準の購買力平価）は一貫して円高に動いていたにもかかわらず，1982年から85年の間，実際にはドル高が保たれることによって，両者は大幅に乖離する状態であった。この乖離が解消され，本来の均衡レートの水準に近づいたのが，プラザ合意後の円高であった。

「円高不況」からの回復　　急激な円高は，1986年に「円高不況」をもたらした。実質経済成長率は1985年の5.2％から86年の2.6％へと低下し，鉱工業生産指数の伸び率は85年の3.4％から86年の0.5％に急落した。輸出数量指数は1985年から86年にかけて0.6％とほぼ横ばいであったが，円

ベース金額では約15％程度の減少となった。企業の経常利益は対前年比3.1％の減益であったが，製造業では22.2％の大幅減益となった。とくに電気機械，輸送機械など輸出型製造業の減益がこの大幅減益の要因になった。

　この「円高不況」を契機に，日本経済は従来の輸出主導型成長から転換し，1987年から**内需主導**による経済成長が始まった（経済企画庁［1988］）。「平成景気」と呼ばれた長期の好況の始まりである。表15・1のように，アメリカ・イギリス・ドイツなどの先進国の成長率も1980年代前半よりも高まり，世界的にみても好況の時期が継続した。なかでもアジアNIEs諸国（韓国，台湾，香港，シンガポール）は1980年代後半には10％近い高度成長を記録し，世界経済の相互依存構造は変化し始めた。

　日本経済の成長要因は内需にあった（**表15・2**）。国内総支出の増加寄与度をみると，純輸出は1986年から90年までマイナスを記録した。一方，1980年代前半に比べて寄与率が高まった内需の項目をみると，公的需要の寄与率は86年に高まった。政策協調のために打ち出された1986年の総合経済対策，翌87年の緊急経済対策の効果があったとみられる。しかし，その後，財政再建のため公共事業は厳しく抑制され，財政政策は景気抑制的であった。

　「平成景気」の要因は，国内の民間最終消費支出にあった。その寄与は，1980年代後半の国内総支出のほぼ半分にあたる。この消費の増加に対して，1986年の回復局面では円高メリットの波及効果が大きかった。1985年9月から進行した円高による輸入価格の低下は，卸売物価の低下を通じて最終需要財の価格低下と，中間の製造業者・流通業者の収益増加をもたらした。これが1986年から87年には民間最終消費支出の増加となって現れた。また，民間設備投資の寄与も大きかった。民間投資は1987年か

表 15・2　経済成長の要因分解（需要サイド）

（単位：％）

年	1981-85	86-90	91-95	96-2000
国内総支出	3.1	4.8	1.5	1.4
国内需要	2.7	5.4	1.5	1.2
民間最終消費支出	1.7	2.4	1.2	0.5
民間住宅＋民間企業設備＋民間在庫	0.6	2.2	−0.7	0.4
公的需要	0.4	0.7	0.9	0.3
公的固定資本形成＋公的在庫品増加	−0.1	0.2	0.5	−0.2
政府最終消費支出	0.5	0.5	0.5	0.5
財貨・サービスの純輸出	0.5	−0.5	0.0	0.3
財貨・サービスの輸出	0.6	0.2	0.3	0.6
（控除）財貨・サービスの輸入	0.1	0.7	0.2	0.3

（注）　1.　国民総支出＝国内需要＋財貨・サービスの純輸出。
　　　 2.　国内需要＝民間需要＋公的需要。民間需要＝民間最終消費支出＋民間住宅＋民間企業設備＋民間在庫増加。
（出所）　内閣府経済社会総合研究所『国民経済計算確報』各年版。

ら回復し，88年から90年にかけて内需拡大に貢献した。1987年から投資を拡大したのは，製造業では食品・印刷・出版など消費の好調な産業であり，88年からは一次金属・化学・紙パルプなど収益が改善された素材産業，そしてストック調整を終えた加工型産業が加わった。民間消費に先導されるかたちで，投資が拡大したといえる。しかし，この「平成景気」が進行するにつれて，国内では「バブル」現象が発生し，土地・株式など資産価格の高騰と投機を招く結果となった。

　　バブルの発生　　1980年代後半の日本経済は，株価，地価，ひいては絵画に至るまで，あらゆる資産価格が高騰するという現象に見舞われた。いわゆる「バブル」の発生である。株価と地価は「平成景気」が始まった1986年から急激に上昇した。株価（日経平均株価）は1986年1月の約1万3000円から89年末の約3万9000円までおよそ3倍になり，地価（大都市商業地地価）も同時期におよそ3倍になった。図

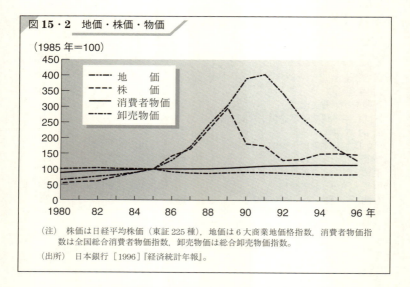

図15・2 地価・株価・物価

(注) 株価は日経平均株価（東証225種），地価は6大商業地価格指数，消費者物価指数は全国総合消費者物価指数，卸売物価は総合卸売物価指数。
(出所) 日本銀行［1996］『経済統計年報』。

15・2のように，消費者物価指数，卸売物価指数ともに安定的だったのに対比して，株価と地価の上昇は明らかに異常であった。ただし，この時期は高度成長期のいざなぎ景気とならび称される長期好況の時代であり，経済成長率も高かった。したがって，資産の膨張と経済規模の拡大を比べる必要があろう。国内総生産（GDP，名目値）と株式時価総額・土地資産額を対比してみると，やはり，1986年以降，土地資産額の対GDP比は86年に1を超え（すなわちGDPを上回り），88年のピーク時には1.4倍になった。株式時価総額の対GDP比も1988年に1を超え，89年のピーク時には1.3倍になった。

このような資産価格上昇は，なぜ生じたのであろうか。資産価格を変化させるファンダメンタルズ（経済の実体的な要因）として，金利と収益がある。金利については，1980年代は金融緩和の時期であり，プラザ合意以降，89年5月まで公定歩合は引き下げられていった。金利の低下とそれによる金融緩和は，資産価格を

Column ⑦　バブル期における巨額の絵画購入

　バブル経済期には，日本の資産家や企業による高額な美術品の購入も過熱化した。その代表例が，損害保険業界で第2位の安田火災（現・損保ジャパン日本興亜）が，創立百周年記念事業の一環としてゴッホの「ひまわり」を購入したことであった。

　1987年3月，世界を代表するオークションハウスであるクリスティーズがロンドンでゴッホの「ひまわり」をオークションにかけることが決まったとき，落札予想価格は400万〜600万ポンドであったが，最終的な落札額は2475万ポンド（約53億円，手数料などを含めると約58億円）であった。これは，美術作品価格の世界記録（当時）の3倍もの金額であった。落札された「ひまわり」は安田火災東郷青児美術館（現・東郷青児記念損保ジャパン日本興亜美術館）に所蔵され，1987年10月から展示された。

　これ以外にも，たとえば，大昭和製紙の会長であった齊藤了英は，1990年5月に，ニューヨークのオークションで2点の傑作を1週間のうちに相次いで落札した。すなわち，ルノワールの「ムーラン・ド・ラ・ギャレットの舞踏会」とゴッホの「医師ガシェの肖像」を，それぞれ7800万ドル（約117億1000万円），8250万ドル（約124億5000万円）で落札したのである。日本のコレクターによる絵画の買い漁りは，まさに世界の注目の的であった（フック［2009］）。

　こうした絵画の購入をどのように評価すべきかは難しい問題である。前出の「ムーラン・ド・ラ・ギャレットの舞踏会」，「医師ガシェの肖像」を含め，バブル経済期に購入された絵画の多くが海外に流失した。一方，「ひまわり」は今日でも国内にとどまり，上記の美術館で常設展示されている。とくに小・中学生の入場料は無料に設定され，本物の美術作品に接する機会を広く提供している。

引き上げる方向に働いた。また，収益については，1985年度から89年度にかけて全産業の経常利益は増益が続き，1.87倍になった。地価については，ビル賃貸料をみると1986年から上昇率が高まり，商業地地価についても同じく86年から上昇が著しくなった。東京を中心とした地価・賃貸料の上昇の背景には，経済活動の東京への一極集中が1980年代に進行したという要因があった。株価・地価の値上がりの背景にはそれぞれ実体的な要因があったが，価格上昇がファンダメンタルズに見合った水準か否かについては，意見の分かれるところであった。結果論からいえば，その後の資産価格の低下からみて1980年代にファンダメンタルズの水準を超えるバブルが発生したことは明らかであろう。それでは，このように実態と乖離した資産価格の高騰はなぜ起こったのか。

「財テク」と資産価格の高騰

マクロ的条件としては，第1に，円高に対する対応として大規模な金融緩和が実施され，しかも，1987年10月のアメリカの株式市場クラッシュを背景に，低金利政策が継続するという期待が支配的となったという政策環境が重要であろう。さらに17章で述べる規制緩和の結果，1980年代後半には，株式と結びつけられた社債（転換社債，ワラント債など）の発行が可能となり，株価の上昇とともに，内外でこの**エクイティ・ファイナンス**が急拡大した。株式の配当利回りは1％以下に低下し，エクイティ関連債のクーポンレート（表面利率）はしばしばゼロに接近した。企業経営者は，増資・エクイティ関連債による調達コストが低下したと認識し，この資金を実物，**財テク**投資に振り向けた。また，エクイティ関連債の発行が規制されている企業も，低金利とこれまでの顧客を失った銀行の積極的貸出姿勢の結果，資金調達が著しく容易となった。バブル期に金融機関の貸出残高の増加は200

兆円を超え，貸出残高はほぼ倍増した（表17・2）。この背後には，保有株式・土地の価格上昇が担保価値を引き上げ，貸出の増加を可能とするというメカニズムが作用していた。

第2に，この資金を背景に，法人企業が土地・株式売買に積極的となった。金融自由化（第17章）によって特金・ファントラ，大口預金などの投資の選択肢が増え，しかもこうした金融投資が有利になったからであった。企業には低利の調達資金を金融投資にまわすことによって，利益をあげられる条件が生まれたのである。さらに，大型のリゾート開発などの資金は，**土地担保金融**による銀行借入によってファイナンスされたことが知られている。

第3に，金融機関・事業法人のリスク選択の拡大を牽制するメカニズムがこの時期後退していた点もバブルをもたらした条件であった。高度成長期には，大蔵省・日本銀行が金融機関の過度の行動を監視し，都市銀行（メインバンク）が顧客企業の行動を監視することによって過度のリスクテイクを抑制するメカニズムが存在した。しかし，金融自由化の進展とともに，こうした機構が崩壊し，統治機構に空白が生じつつあった（橋本［2002］）。

こうして，資産価格の上昇が期待されるなかで，容易な資金調達が金融投資・土地投資を促し，こうした株式・土地への投資が，いっそうの資産価格の上昇を促すという事態が発生したのである。

3　バブルの崩壊
●資産価格の下落と実体経済への影響

過度の金融引締め　　1991年に始まる景気後退の直接の契機は，ストック価格上昇の過熱抑制を目的とした89年末からの金融政策の転換であった。1987年2月以来据え置かれていた当時史上最低といわれた公定歩合（2.5%）は，

89年5月から段階的に引き上げられ，90年8月には6.0％に達した。さらに，同年4月からの土地取引に対する総量規制が実施され，1991年12月まで継続した。マネーサプライの（M2＋CD）対前年増加比は，バブル期の10％から一挙に0～2％に低下した。この急激な金融引締めとその継続は過度にすぎ，その後の長期停滞を招いたとの批判も強い（原田［1999］）。この引締めの結果，1989年12月に3万8915円でピークをつけた株価は，90年後半には2万2000円前後まで急落し，地価はこの株価の下落に1年ほどラグをおいて91年後半から低下した（前掲図15・2）。市街地価格指数は，1993年に5.5％，94年に4.6％低下し，以降も持続的に低下した。

この地価・株価の低落は，バブルの進展と逆方向のスパイラルを描いて景気の後退を引き起こすこととなった。すなわち，1980年代後半の企業部門の証券・不動産投資と金融部門の有担保貸出の急増は，含み益の増加が本来リスク資産である株や土地のリスクを低く見積もるというリスク許容度を高めるメカニズムに支えられていたが，**バブルの崩壊**は，この企業・銀行部門双方のリスク負担能力を一挙に引き下げた（経済企画庁［1996］）。この結果生じた設備投資の縮小が，有効需要の減少，企業業績の悪化という連鎖を通じて景気の後退をもたらした。

さらに景気後退を深刻化させたのは，不況に対応して企業が輸出ドライブを強めた結果発生した円高であった。円レートは，1992年末から上昇を開始し，94年には上げ足を速め，95年3月には瞬間的に80円を切るまで上昇した（前掲図15・1）。この明らかにオーバーシューティングといってよい円レートの上昇は，貿易財部門の賃金水準が国際的に大幅に上昇したことを意味し，輸出産業部門の競争力を引き下げ，国内向け産業に対する競争圧力を強めた。一方，この為替レートの上昇の結果，輸入価格の低

下を介して国内物価の低下が進展し，1994年初頭から「**価格破壊**」として注目されることとなった。同年第3四半期には，実質成長率が名目成長率を上回るという戦後はじめての事態が発生した。

設備投資の低迷

1990年代前半の成長の鈍化を需要サイドからみれば，最大の要因は民間投資の低迷にあった。同期の民間投資の寄与はマイナス0.7％を示した。その後退が明確となったのは1993年からである。1993，94年の両年，低金利と地価の低下を背景に民間住宅投資が景気を下支えしたものの，民間設備投資の対前年増加率は，94年第4四半期までマイナスを続けた。

この投資の停滞は，第1に，ストック調整が長期化したためであった。バブル経済下の設備投資の拡大の結果，資本ストックが積み増されていた。しかも，政府は，1991年10月に好況持続期間の「いざなぎ越え」を宣言するなど景気後退を認めず（後に，公式日付では91年4月が景気の山と修正された），また株価・地価の低下後も企業はしばらくの間積極的な経営姿勢を維持していたため，設備投資額は92年第1四半期まで高水準を保った（三橋・内田［1994］）。

第2に，企業業績の悪化が長期化し，期待成長率，ならびに期待収益率が低下したことである。企業の売上げの対前年増加率は，1991年から鈍化し，92，93年にはマイナスを記録した。一方，売上高経常利益率は1992年に2％を割り込み，以降94年まで低水準に苦しんだ。その低下の要因分解によれば，製造業・非製造業とも利益率の低下に対する人件費要因の寄与が大きく，これが円高にともなう変動費の低下，金融緩和にともなう金融費用の低下を相殺した（経済企画庁［1995］）。短期的にいえばバブル期の雇用の拡大の結果，より構造的には，雇用調整が困難な長期雇用

を基軸とする日本企業の特徴のために，とくに間接部門を中心に過剰雇用が発生し，労働分配率は1991年の67.9％から95年の72.7％まで約5％ポイント上昇し，以降この高水準で安定した。この労働分配率の上昇が企業収益の低迷の最大の要因となった（橋本［2002］）。

不明確な回復

1995年に入ると，景気は，①ストックの調整の進展，②0.5％の公定歩合に示される金利低下，③円高修正を，背景に回復に転じたが，そこにもいくつかの特徴があった。第1に，製造業が1995年第1四半期に鋭角的な上昇をみせたのに対して，これまで不況期に民間投資の低迷を支えた非製造業の回復が遅れた。従来の円高局面では，交易条件の改善を介した収益率の上昇を背景に非製造業の投資の増大がみられたが，1995年半ばからの景気回復ではこうした事態は発生しなかった。

第2に，製造業は各部門がいっせいに回復するのではなく，その中心は情報化関連投資の急拡大に支えられた電気機械にあった。1995年の製造業設備投資に対する電気機械の寄与率は63.1％に達し，輸送機械は10.6％，化学は7.3％にとどまった（経済企画庁［1996］）。高度成長期に典型的にみられ，石油危機後に弱まったとはいえ，日本経済を特徴づけていた投資の部門間の同時性が著しく弱まった。

貯蓄・投資パターン

バブル期からバブル崩壊後のマクロ経済変化は，**図15・3**の部門別貯蓄・投資バランスにも表れている。高度成長期の活発な企業部門の設備投資を個人部門の貯蓄が補うというパターンは，第1次石油危機を契機にドラスティックに変化していた。1975年からは，企業部門の投資超過がしだいに縮小する一方，公共部門（財政支出）の資金需要が増加し，高い貯蓄率に支えられた個人部門の貯蓄が政府

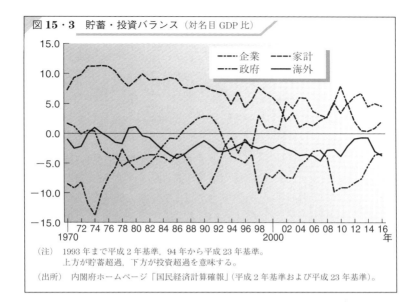

図15・3 貯蓄・投資バランス（対名目GDP比）

(注) 1993年まで平成2年基準，94年から平成23年基準。
　　 上方が貯蓄超過，下方が投資超過を意味する。
(出所) 内閣府ホームページ「国民経済計算確報」（平成2年基準および平成23年基準）。

の赤字を補うパターンが80年代半ばまで続いていた。しかし，1980年代後半に入って財政再建が進むにつれて，公共部門の比率はいったん低下し，80年代後半には，個人部門の貯蓄超過は，拡大する海外部門の投資超過によって吸収され，さらに90年前後の数年間は後半には企業部門が吸収するという関係を示した。

しかし，こうしたパターンは一時的にとどまり，1990年代に入ると，企業部門の投資超過幅が縮小し，もはや投資超過主体ではなくなった。他方，バブルの崩壊に対応して政府部門の支出超過が加速し，個人部門の貯蓄超過は，この政府部門と海外部門に吸収される構造となった。1990年代前半には，近年にも続く貯蓄・投資パターンが表れたのである。

長期不況

日銀の引締め政策を契機に資産価格バブルは崩壊し，1990年代前半の平均成長率は，1.5％にとどまった。1990年代前半は，現代にまで続く長

期停滞の出発点でもあった。もっとも,国内の政策担当者・経営者はこの1990年代の成長率の低下を,通常の景気循環による景気後退と理解し,バブル崩壊の影響は,当初金融・建設・不動産などの局所的なものにとどまると認識していた。しかし,株価の低迷と土地価格の低下は継続し,その影響は広く実体経済に広がった。

たしかに,失業率は,低水準を維持し,1995年でも3.2％にとどまった。しかし,これは,企業が長期雇用の維持を選択した結果であり,企業内には過剰雇用が累増し,その結果,労働分配率が上昇していた。また,1990年代には,不動産価格が低下し,保有土地の売却が進展したにもかかわらず,バランスシート上は土地の保有額が増加していた。多くの法人企業が,何らかの会計操作を通じて土地の評価額を積み増していた(橋本 [2002])。この企業の資産サイドの動きは,銀行部門が,貸出債権の時価評価が低下しているにもかかわらず,銀行部門の貸出はかえって増加しているという事態と照応していた(表17・2)。この結果,非製造業を中心に,収益が低下し,本来市場から退出すべきであるにもかかわらず,債権者や政府の支援により事業を継続する「ゾンビ企業」が発生していた(星・カシャップ [2013])。

1990年代前半,日本型企業システムへの関心が高まり,その成長促進的な側面が称揚されていた。しかし,実際には日本企業システムの核をなす長期継続雇用の仕組みは,必要とされた雇用調整を遅らせ,銀行部門は不良債権処理を先送りした。日本型企業システムは,いまや必要とされた事業再組織化を先送りするように機能し始めたのである。

4 民営化と規制緩和
●トレンドの世界的転換

「小さな政府」への潮流　アメリカでは，カーター政権末期から規制緩和が進展し，イギリスでは，1979年のサッチャー政権の登場以降，民営化が進展した。規制緩和・民営化の動きは，1980年代には世界的潮流となり，日本を巻き込んでいった。**表15・3**は，1965年および90年時点において，規制産業が日本経済に占めるウエイトを示している。大別すれば，規制分野には，成長資金の優先投入と金融システムの安定性確保のために広範な規制が存在した金融部門，自然独占的性格が強いため参入規制を通じて「独占」を保証し，価格規制によって「独占力」の濫用を阻止しようという需給調整型の規制が支配的な公共部門（電気・ガス，運輸・通信），中小企業が多く雇用政策的観点から，参入規制，あるいは価格規制が行われている分野（流通，農業）があった。

こうした規制の起源は，しばしば戦時統制に求められることがあるが，実際には，①戦時に制定された法律が戦後も存続したケース，②戦後の経済発展の過程で新規に導入されたケース，さらに，③戦前の枠組みが高度成長期に再び導入されたケース，など多様であった。食糧管理法，借地・借家法，日銀法などは①に属するのに対して，金融部門の規制はすでにみたとおり，戦後改革期に実施された制度改革を当時の条件に適合させる過程で形成されたという意味で②のケースであった。また，電気事業法，石油業法，大規模小売店舗法（大店法）は③の事例であって，たとえば，大店法は，その前身である百貨店法が戦後改革の過程でいったん廃止された後，高度成長期に戦前とほぼ同じ仕組みがあらた

表15・3 規制産業のウエイトと各分野における規制

	付加価値合計(10億円) 1990年	規制分野の業種内ウエイト 1965年	1990年	1990年時点の参入規制	価格	業務
農林水産業	10,219	85.7%	87.1%	—	○	—
鉱業	1,145	100.0	100.0	—	—	—
建設業	41,131	100.0	100.0	—	—	—
製造業	115,395	23.4	14.1	—	—	—
卸売・小売業	57,481	—	—	○	○	—
金融・保険・証券業	21,963	100.0	100.0	○	○	○
不動産業	42,044	2.6	7.5	○	—	—
運輸・通信業	27,510	98.8	97.3	○	○	○
電気・ガス・水道・熱供給事業	10,782	100.0	100.0	○	○	○
サービス業(文教・医療・福祉等を含む)	101,672	72.8	55.6	○	○	○
公務	14,487	0.0	0.0	—	—	—
その他	2,330	0.0	0.0	—	—	—

(注) 1. この試算では,産業連関表で区分されている各業種について,なんらかの関連法律が存在すれば,業種全体を規制対象分野とみなしている。このため,当該分野で規制緩和が行われても,規制対象分野は変化しない。
2. 関連法律が対象分野の一部のみを対象としている場合,その分野の付加価値全体が規制対象とみなされている。
3. 再販制度の対象は,書籍,CD,化粧品。

(出所) 経済企画庁[1995],通商産業省[1996]『日本経済の構造改革』,加藤雅[1994]ほか。

めて立法化された。

臨調答申と民営化・規制緩和

わが国の民営化・規制緩和の出発点は,1981年3月に設置された臨時行政調査会(第2次臨調)による提言であり,82年7月の臨調第3次答申は,国鉄,日本電信電話公社,日本専売公社という3公社の民営化を打ち出した。なかでも国鉄改革が焦点であった。国鉄の赤字要因は,モータリゼーションによる輸送構造の変化,公社である国鉄の企業意識の欠如,国会・政府の過度の関与など複雑であった。公社は設備投資・料金について国会の承認を必要とし,運輸族といわれる議員による過剰な要求が

起こりがちな一方,膨大な設備投資をめぐる利権が発生した。その結果,経常損益が赤字のまま設備投資が継続するという,民間企業では考えられない事態が進展した。さらに1970年代には,労使関係が不安定で労働規律の低下が目立っており,国鉄改革の目的の1つは,戦闘的労働組合の解体に置かれた(中曽根[1996])。1986年11月に国鉄改革法案が成立し,87年4月,旅客6社,貨物1社のJR7社が発足した。

日本電信電話公社(電電公社)の民営化の背景には,急速な技術革新の進展があった。コンピュータの普及とともに電話ネットワークは,データ通信の媒体としての重要性を高め,通信回線利用の自由化に対する産業界の要求が強まった。臨調第3次答申は,電電公社の民営化と事業分割,および電気通信産業への競争原理の導入を提言した。1985年,電電公社の法的独占を規定した公衆電気通信法が廃止され,新たに事業法が施行された。電電公社は日本電信電話株式会社(NTT)に改組され,同時に電気通信産業への新規参入の可能性が開かれた(奥野ほか[1993])。

以上に加えて,特殊会社であった日本航空(JAL)も完全民営化された。1983年には日本航空は輸送実績で世界第1位となり,参入規制は意味を失いつつあったが,87年9月の日航法廃止法案の成立により,日本航空は経営の自主性を確保する一方で,他企業の国際線への参入も可能になった(前掲 *Column* ⑤)。

一方,規制緩和は,1983年の臨時行政改革推進審議会(第1次行革審)によって,財政再建の手段から,経済・社会改革というより広い文脈のなかに位置づけられた。さらに,1985年の行革審規制緩和部会「規制緩和への推進方策」は,金融,運輸,エネルギー,都市整備の4分野を中心に10業種について,規制緩和の具体的なアクション・プランを提示した。しかし,非製造業を中心とする規制緩和は,実際には部門ごとに進展のテンポを異

にした。規制緩和の進展が速やかであったのは、すでに企業の資金調達などに実体的変化が生じていた金融部門であり、一方、公益事業、流通、農業に対する規制緩和の進行は遅れた。1990年の時点で、産業における規制部門の比率は65年に比してやや低下したものの、大きな変化はなかったのである（前掲表15・4）。

規制緩和の本格化

1980年代に繰り返し提議されながらも具体化しなかった**規制緩和**は、90年代に入ると急速に進展することとなった。既述の日米経済摩擦の深刻化によるアメリカからの要求を契機に、1990年から大規模小売店舗法の緩和（出店調整期間の短縮）が進み、流通業の仕組みが変わり始めた（加藤［1994］）。しかし、こうした外圧は、規制によって損失を受けながらも、組織的な力を形成しえない消費者の利害を代替する効果があったものの、基本的にアメリカ企業の対日進出に関連する財に限定された。電力・ガス、運輸、通信などの非貿易財部門の規制緩和が政府の緊急の政策課題となったのは、円高が進展した1993年からであった。

1955年以来の自民党1党支配体制に代わって非自民8党派連立内閣として成立した細川内閣は、円高の進行と国内の景気後退が深刻となった1993年に「緊急経済対策」を策定し、内需の振興・輸入拡大を図るために、94項目の規制緩和の実施を決定した。さらに翌1994年に閣議決定をみた行革大綱「今後における行政改革の推進方策について」は、経済改革研究会（平岩研究会）の報告を踏襲して「経済的規制は原則自由に、社会的規制は自己責任を原則に最小限に」という規制緩和に関する基本的な考え方を確認する一方、同年度中に規制緩和推進計画を策定するという手順を定め、その方針を検討するため行政改革委員会が設置された。ここで規制緩和は、ようやく本格的な実行段階に入った。これを受けて、村山内閣は、①住宅・土地、②情報・通信、③輸入促

進・流通，④金融・証券保険を重点4分野として279項目の規制緩和を打ち出した。1995年には95～99年度の5年間で1228項目の規制緩和を行うという「規制緩和推進計画」が閣議決定された。

需給調整型規制の撤廃

こうした規制緩和の進展は，確実に競争を促進することになった。すでに1990年代前半から消費財関連の部門では，競争の仕組みが変化し始めた。たとえば食糧管理法に代わって新食糧法が制定され，米の卸し・小売りが許可制から登録制となり，米の流通にようやく競争が導入された。米がスーパーマーケットで買えるようになり，町の「お米屋さん」がコンビニに変わった。また，既述のように大規模小売店舗法の運用が緩和されたため，大型店の出店がスムーズとなり，流通産業の競争環境が変化した。郊外のモール・ショッピングセンターが急増したのはこの頃である。1990年代後半に入ると運輸・通信・電力などの規制産業に効果が及んだ。1995年には，電気事業法が改正され，一般企業から電力会社に対する電力販売が原則自由化され，これにより卸売電力の競争入札が開始された。さらに，これまで厳格な参入規制の下にあった運輸分野では，需給調整規制の段階的廃止などにより，新規参入が促進されるとともに，運賃設定の多様化が進み，利用者の選択の幅が広がった。既存企業の主要航空路線にスカイマークなどが参入し，「早割り」など航空運賃の多様化と低廉化が進んだ。

また，情報通信分野でも，新規参入が活発に展開された。代表的な新規事業者としては，国内通信市場（市外通信）では第二電電（DDI），日本テレコム，日本高速通信（TWJ）の3社，また，地域・市内通信では東京通信ネットワーク（TTNet）があげられる。こうした新規参入により，料金値下げを中心とした競争が展開され，この料金値下げが需要の拡大を喚起し，固定通信市場全

体が成長するという理想的な競争導入の効果が現れることとなった。

5　日本経済のサービス化
●消費の高級化とスタイル変化

　1970年代以降，日本経済のサービス化の傾向が明確になった。前掲表10・4のように，第3次産業の構成比が高まり，その内訳では，サービス業の構成比の上昇が大きかった。1995年には，付加価値（名目）の構成比において，第3次産業が64.3％，そのうちの公共・対事業所，対個人サービスからなるサービス業が16.3％を占めるに至った。

　就業構造の変化をみると，経済のサービス化はより明確になる。**表15・4**のように，第3次産業の比率は，1970年の45％から2000年の64.2％へと傾向的に上昇した。とくにサービス業の就業者の増加は顕著であり，1970年の12.7％から2000年の26.7％へと，14％ポイント上昇した。サービス業就業者の増加（1071万人）で，第3次産業就業者の増加（1849万人）の過半を説明できることになる。

|家計消費支出の変化|

　経済のサービス化は，家計消費支出の面ではどのように現れているだろうか。家計消費支出は，1975年から90年まで，実質で18％の伸びであった。さらに家計消費支出の内訳を示す**表15・5**によると，1970年から90年にかけて比率を低下させたのは，食料，家具家事用品（耐久消費財を含む），被服履物などであり，この傾向は1990年代も継続した。これに対して，構成比が上昇したのは，交通・通信，教育，その他などであった。言い換えれば，食料，被服履物，家具のような生活に最低限必要な固定的消費の比率が低下し

表15・4 就業者数の構成

(単位:%, 万人)

	1970年	1980年	1990年	2000年	2010年	2014年
第1次産業	19.7	12.9	8.8	5.1	4.0	3.6
第2次産業	35.3	34.3	33.8	30.7	24.8	24.4
鉱業	0.5	0.3	0.2	0.1	0.0	0.0
製造業	26.7	24.0	24.0	20.5	16.8	16.4
建設業	8.1	10.1	9.6	10.1	8.0	8.0
第3次産業	45.0	52.8	57.4	64.2	71.2	72.0
卸売小売業	16.0	17.8	17.2	22.9	16.9	16.7
金融保険不動産業	3.0	4.0	4.8	3.8	4.4	4.2
運輸通信電気ガス	5.5	5.7	5.5	7.0	9.3	8.9
サービス業	12.7	16.1	20.9	26.7	36.2	37.0
政府サービス	5.8	6.7	6.1	3.3	3.5	3.7
その他	1.9	2.6	3.0	0.6	1.0	1.6
就業者数総数	5,094	5,536	6,249	6,446	6,257	6,351

(出所) 総務省統計局ホームページ「労働力調査 長期時系列データ」,「労働力調査年報」各年版。

たのである。加えて,それらの固定的消費のなかからも新しい選択的消費が拡大しつつあった。

1975年以降の消費変化の特徴は,①消費の質的変化,②サービス経済化という2点に要約できる。①の消費の質的変化とは,単純化すれば高級化と消費スタイルの変化となろう。被服の購入平均単価(実質値)は1970年代から80年代半ばにかけて上昇していたから,消費者は高級品へ需要をシフトさせたことになる。また,食事の洋風化が進み,副食嗜好品のウエイトが高まったことを示すように,食料費の内訳でパン,野菜,菓子,飲料,酒類などの伸び率が高く,米の消費は伸び悩んだ。

②のサービス経済化の進展は,交通・通信,教育,教養娯楽といった費目の比率の上昇に表れている。交通・通信費の中心は自動車関連であるが,通信の比率も高まった。教育は授業料以外の

表 15・5　家計消費支出の内訳

(単位：％，円)

	1970年	1980年	1990年	1995年	2000年	2010年
食　　料	34.1	29.0	25.4	23.7	23.3	23.3
調理食品	1.2	1.7	2.1	2.2	2.5	2.8
外　食	3.0	3.7	4.0	3.8	3.9	3.9
住　　居	4.9	4.6	4.8	6.5	6.5	6.3
光熱・水道	4.4	5.7	5.5	6.1	6.8	7.6
家具家事用品	5.0	4.3	4.0	3.8	3.5	3.5
被服履物	9.5	7.9	7.4	6.1	5.1	4.0
保健医療	2.7	2.5	2.8	3.0	3.6	4.3
交通・通信	5.2	8.0	9.5	10.0	11.5	13.4
自動車関係	2.2	4.1	5.2	5.7	6.3	7.5
通　信	1.0	2.0	2.1	2.1	3.0	4.1
教　　育	2.7	3.6	4.7	4.7	4.4	4.0
授業料	2.3	2.9	3.4	3.4	3.3	3.0
補習教育	0.3	0.6	1.1	1.1	1.0	0.9
教養娯楽	9.0	8.5	9.7	9.6	10.1	11.0
旅　行	1.5	1.6	2.2	2.2	2.3	2.0
月　謝	0.8	1.3	1.3	1.2	1.2	1.1
その他	22.6	25.8	26.3	26.6	25.3	22.6
交際費	7.8	9.3	9.6	10.0	9.4	8.2
消費支出計	79,531	230,568	311,174	329,062	317,328	290,244

(注)　1世帯当たり年平均1カ月消費支出（全国・2人以上の世帯）．2000年以降は農林漁家世帯を含む．
(出所)　総務省統計局ホームページ「家計調査　長期時系列データ」，「家計調査年報」各年版．

補習教育費，すなわち塾などの費用の伸びが目立つ．1980年代半ば以降，高校入試，大学入試に向けた準備のための費用に加え，私立中学校への進学率が急上昇した事実が示すように（文部科学省「学校基本調査」），より早い段階での受験準備への支出増加を反映しているとみられる．教養娯楽の比率も上昇し，2000年には10％を超えた．海外旅行者数は1980年代後半に急増し，80年代の年間400万人台から97年の1600万人台へと大幅に増加した（法務省「出入国管理統計」）．1970年代に普及したパッケー

ジツアーから自由旅行へと中心を移しながら，消費者は旅行への支出を多様化，拡大させたのである。

サービス産業の変化　消費の質的変化とサービス経済化の進展という条件の下で，その供給側にも変化が生じた。第1に，外食産業の発展がみられた。1970年にケンタッキーフライドチキンが進出して以来，アメリカのノウハウを学びながら外食産業は発展した。ケンタッキー，マクドナルド，モスフードのようなファストフード，および，すかいらーく，デニーズのようなファミリー・レストランを中心とした外食産業は，核家族化の進展，週休2日制の普及などによる市場機会をとらえ急成長した。

第2に，調理食品の増加は，スーパーマーケットの進出，コンビニエンス・ストアの普及と関連している。コンビニエンス・ストアは，まず1970年前後にボランタリーチェーンが開店し，さらに74年にセブン-イレブン，75年にローソンが第1号店を開業するなど，スーパー系店舗によって市場が開拓された。また，大規模小売業の進出は，一方で既存の零細小売業の衰退をもたらした。小売業の総数は1982年をピークに減少したが，これは1～2人規模の事業所数の減少によるものであった。また，3～4人規模の事業所数も1988年をピークに減少した。

そして第3に，教養娯楽などの支出がサービス産業の成長をもたらした。1985年におけるサービス業の事業収益の業種別内訳をみれば，パチンコ業を中心とした娯楽産業がサービス産業全体の事業収入のおよそ3分の1を占めた（総務庁統計局『サービス業基本調査報告　平成元年』）。身近な娯楽が需要を拡大したといえるが，1980年代には，既述の旅行への支出の増加に対応するように，旅行業も急成長をみせた。1970年代に普及したパッケージツアーは80年代にも順調な拡大を続けた。

第16章 債権大国日本

世界一の純債権国に

1 債権大国への道
● 1980年代の急進展

前史　日本経済は，1980年代に入ると急速に債権国としての地位を確立した。戦後復興から高度成長期前半までの日本は，すでにみたように経常収支は一貫して赤字傾向を示していたから，大幅な対外債権を保有することはなかった。しかし，1960年代後半から輸出競争力が上昇するとともに，日本は69年を境に恒常的な純債権国に転じた。1972〜73年には，貿易収支黒字の増加，大幅な円高，実質賃金水準の上昇を背景として対外直接投資が急増し，72年は「**海外投資元年**」と呼ばれた。たとえば，ソニーがカリフォルニアでカラーテレビの現地生産を開始したのは，1972年であった。そして，すでにみたニクソン・ショック後の金融緩和政策は，企業の直接投資のための投資資金の調達を容易にした。輸出産業の企業はこの時期になってはじめて，対外進出をその経営戦略の1つとして想定することが可能となったのである。もっとも，その後，

対外投資はやや停滞することとなった。石油危機後，過剰能力に直面した日本企業は，しばらく国内の生産調整に忙殺され，1970年代半ば（1975〜77年）には，東南アジアへの進出企業の撤退がみられた（洞口［1992a］）。また，2度の石油危機の影響のために，証券投資も1970年代には大きな増加をみずに推移した。この結果，日本の対外資産ポジションは，1970年代には大幅に改善されることはなかった。

急速な債権国化

しかし，1980年代に入って経常収支黒字が拡大するのと並行して，日本の対外長期投資は急速に増加した。日本の毎年の**対外投資額**は，1980年の108億ドルから85年の820億ドルに急増し，ピークとなった89年には1920億ドルの巨額に達した（長期資本収支ベース）。その後，投資額はやや減少したものの1994年には1100億ドルに回復している。その結果，日本の対外資産ストックも**表16・1**にみるとおり，1980年の1600億ドルから劇的に増加し，95年には2兆7225億ドルに達した。しかも，この対外資産の増加は，これも急速な対外負債の増加と並行して進展した。外国資本の対日投資は少額にとどまったものの，民間金融機関の短期負債の取入れと，民間企業の海外での資本調達の増加のため対外負債は急増し，日本は海外の資本市場との関連を強めたのである。もっとも，対外資産の増加テンポは，負債の増加テンポをはるかに上回り，1980年代には，日本の対外資産ポジションが劇的に改善された。**対外純資産残高GNP比**は，1981年の1％から86年の10％の水準に上昇し，94年でも10％前後を維持している。

以上のように1980年代に入って急増した対外投資額（長期資本収支）の内訳をみると，81年には証券投資38％，借款・延払信用が34％，直接投資が21％であったが，83年から証券投資が急速に増加した。1984年には，証券投資の対外資産残高がはじ

表16・1 日本の対外資産負債残高

(単位:10億ドル)

	1971年	1975年	1980年	1985年	1990年	1995年
対 外 資 産	32.8	58.3	159.6	437.7	1,857.9	2,722.5
長　　　期	11.3	32.4	87.9	301.3	1,096.1	1,676.8
直 接 投 資	1.9	8.3	19.6	44.0	201.4	296.0
証 券 投 資	0.3	4.1	21.4	145.7	563.8	835.1
延払・借款他	5.4	12.1	25.5	74.8	208.4	255.5
短　　　期	21.5	26.0	71.7	136.4	761.8	1,045.7
負　　　債	23.0	51.3	148.0	307.9	1,529.8	1,974.4
長　　　期	9.6	13.6	47.3	122.3	464.0	902.7
直 接 投 資	1.3	2.1	3.3	4.7	9.9	19.8
証 券 投 資	3.8	7.7	29.7	84.8	334.5	614.4
延払・借款他	2.9	1.8	1.7	2.3	63.7	757.0
短　　　期	13.4	37.7	100.8	185.6	1,065.8	1,071.7
純 資 産	9.8	7.0	11.5	129.8	328.1	748.1

(注)　1995年は円建残高を為替レートで換算している。
(出所)　日本銀行『国際収支統計月報』。

めて負債残高を上回った。証券投資勘定でもネットの債権国となったのである。その後の証券投資の増加は急激であって、ピークの1989年には1100億ドルの巨額に達した。証券投資の対外投資に占めるシェアも1985〜89年平均では、80〜84年の46％から65％に上昇した。一方、この間対外投資に占めるシェアをやや低下させるものの、直接投資の増加も堅調であって、1988〜91年には毎年300億ドル以上の水準に達した。つまり、1980年代に日本の債権国化は、負債の増加をともなう対外証券投資の急速な増加と直接投資の堅調な増加によってもたらされたといってよい。そこで、その展開をいま少し立ち入って追跡しておこう。

2 プラザ合意と直接投資の第3の波
●海外進出の本格化

> 円高のインパクト

1978年の急速な円高以降,わが国の**直接投資**は増加に転じ,第2の波を迎え,毎年の届け出ベースの投資額は80年の47億ドルから85年の132億ドルにまで増加した。しかし,直接投資が劇的な増加を示したのは,1985年9月の**プラザ合意**後の円高局面であり,これが直接投資の第3の波であった。1980年代後半に毎年の投資額は,86年の220億ドルから急増し,ピークの89年には680億ドルに達した(**図16・1**)。1986〜90年の累計額2271億ドルは,80年代前半の5倍に達する。とくに1988〜90年をとると,日本の直接投資は主要8カ国の直接投資の27.5%を占め,イギリス,アメリカをしのぐ世界一の投資大国となった(三橋・内田[1994])。このようにプラザ合意をはさんで急増をみせた1980年代の直接投資の特徴と要因については,次の点が重要である。

地域的にみれば,1980年代以前に高い比重を占めた発展途上国,東南アジアへの投資が,80年代には相対的に減少し,北米,ECのシェアが急速に上昇した。1951〜80年の直接投資累計額はアジア26.9%,中南米17%と発展途上国のシェアが高く,北米,ヨーロッパのシェアは合計で40%にとどまっていたが,80年代に入ると北米のシェアが上昇し,80年代の後半の北米,ヨーロッパの合計のシェアは70%近くに達した(金融財政事情研究会[1997]。以下,数値はすべて届出ベース)。他方,1980年代前半には対アジア直接投資が投資環境の悪化のためやや停滞するが,プラザ合意後の円高局面では,**ASEAN**(東南アジア諸国連合)を中心とする東南アジアが低付加価値製品や標準品の生産基地として

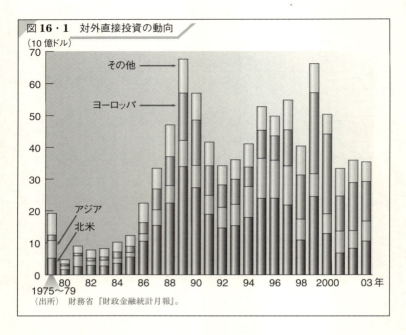

図16・1 対外直接投資の動向
（出所）財務省『財政金融統計月報』。

再び重要性を増した。円高に加えて，国内の賃金の高騰，物価上昇に直面した日本企業は，東南アジアを対日供給基地，あるいは対米供給基地として活用するために直接投資を拡大し，ASEAN諸国の外資に対する規制の緩和がそれを促進した。この傾向は，1990年代に入るとさらに強まることとなる。

> サービス業での急進展

直接投資を部門別にみれば，第3次産業，金融・保険，不動産，運輸，商業，サービスの比重が増加し，1980年代以前に大きな比重を占めた製造業，鉱業の投資のシェアが低下した点に80年代の特徴があった。1951～80年の累計直接投資額の産業別のシェアは，製造業34.5％，鉱業20.3％と両者で50％を超えていた。これはそれまで投資が対象国の低賃金の利用，あるいは資源確保を主たるモチーフとしていたことの反映であった。しかし1980年代には，金融・

保険,不動産の投資が急速に増大し,そのシェアは製造業のシェアに迫った。金融・保険業の投資はとくに顕著であって,その投資額は1981～85年の累計で1200億ドル（シェアは20.6％），86～90年の累計では5400億ドル（24.3％）に達した。こうした**金融・保険業の進出**の要因は,当初は日本企業の進出にともなうバックアップにあった。企業の海外進出とともにメインバンク関係にある銀行が後を追うように進出し,現地の資金市場での資金借入,日本企業への貸出にあたった（寺西［1987］）。そして,1980年代半ばから,対米証券投資の増大にともなう日本の機関投資家の拠点づくりや,急拡大するユーロ市場での日本企業の資金調達の支援というモチーフが加わった。1981～85年に銀行が設立した現地法人は85,86～90年には119に達した。証券会社の現地法人の設立もとくに1980年代後半に顕著であって,前半の21法人に対して89法人に達した（金融財政事情研究会［1997］）。

　また,1980年代後半の不動産・サービス業への直接投資の増加も86～90年の累計で4300億ドル（シェア19.3％）とめざましかったが,これは,円高の結果,円ベースでみたドル資産価格が大幅に低下したためであった。三菱地所によるロックフェラー・ビルの買収をはじめニューヨークの摩天楼が日本企業の投資対象となり,またワイキキ・ビーチの一流ホテルや周辺の土地が日本企業によって買い占められた。さらに,1989年にはソニーがコロンビア映画社を買収（48億ドル）し,翌90年には松下電器が『ジョーズ』や『E.T.』の制作で知られるMCAを買収（61億ドル）するなど,日本企業による**買収**が大きな注目を集めた。もっとも,このバブル期の外国企業の買収は,①過大な事業拡張,②本体事業とのシナジーが不十分,③甘い財務戦略のために失敗し,撤退に陥ったケースも少なくない。

製造業:貿易摩擦対応

一方,総投資額に占めるシェアはやや低下したものの,製造業の投資額も1980年代に大幅に増加した。直接投資の中心は1970年代に成長した輸出産業,自動車・電気機械であって,80年代後半には両者でほぼ40％を占めた。一方,1970年代末から80年代初頭に高いシェアを示した鉄・非鉄,化学の地位が後退した。海外の日本製品に対する輸入障壁が高められ,貿易摩擦が深刻化する状況に対して,電機・自動車は直接投資の拡大を通じて対応したのである。

たとえば,アメリカでは,ホンダのオハイオ工場(1982年生産開始),GMとの合弁によるトヨタのNUMMI(第18章参照)設立が早期の事例であり,日産のイギリス・サンダーランドでの工場建設(86年生産開始)は,反ダンピング関税や輸出監視といったECの厳しい対日通商政策に加えて,92年のEC域内市場の統合を展望した生産拠点づくりとの判断に基づいていた(工藤[1995])。さらに,1986年からの大幅な円高は,80年代後半の直接投資の急増をもたらした。大幅な円高は,対外直接投資のコストの大幅な低下と,日本国内の賃金・その他のコストの急速な上昇を意味し,この円高にともなう大幅なコスト条件の変化が,これまで対外進出に躊躇していた日本企業の決断を促進することとなった。広範な部品・資材調達ネットワークを抱え,企業内では長期雇用に基づく生産システムを形成してきた自動車・電機メーカーは,実は海外進出には消極的であった。しかし,プラザ合意以降の急速な円高は,こうした逡巡を打破する大きな契機となったのである。

寡占間競争による促進

さらに,1980年代を通じた急速な対外投資の拡大には,以上の対外環境の変化のみでなく,**国内寡占企業間の競争**がそれを促進した側面があった。たとえば自動車産業では,円高が進展した1986年から先発

のホンダ，日産，トヨタに続いて，国内メーカーがいっせいに対米進出を決め，90年初頭には，ダイハツを除くすべてが現地工場をもつこととなった。こうした同時，ないしいっせいの進出の背後には，同業他社の現地生産の拡大によって自社の輸出シェアの低下が避けられないとの判断があった。たとえ進出が高い収益を生まない，あるいは場合によっては損失が発生するにしても，この損失は進出しなければ発生する売上げ（輸出）の低下による損失よりは小さいというわけである（洞口［1992b］）。

こうした組立メーカーの進出は，関連産業の対外進出をも誘発した。この関係は，単に組立メーカーの下請関係にある部品メーカーばかりではなく，たとえば鉄鋼メーカーの進出にもみられた。石油危機後，鉄鋼業は付加価値の高い表面処理鋼板をその収益源泉の1つとしていたが，自動車の現地生産が進むなかで，予想される現地調達率の引上げ，円高による輸出採算の上昇に対応しようとすれば，現地生産に踏み切らざるをえなかった。1980年代後半には，高炉5社がアメリカ企業との合弁というかたちをとりながらいっせいに北米に進出した（東洋経済新報社［1994］）。

また，製造業の現地生産の本格化は，並行してマーケティングの**現地化**をともなった。1985年を境に，海外マーケティングの拠点として，アジアだけでなくアメリカ，ヨーロッパでも，販売子会社の新設，拡充が進み，これまで輸出を商社に依存する傾向の強かった日本の製造企業は，自前のマーケティング・ネットワークを構築することとなった。

直接投資の拡大の結果，1980年代末には日本企業の海外生産は本格的に稼働を開始し，その海外生産比率は，90年には製造業全体で6.7％，電気機械で11.0％，輸送機械で13.7％（通商産業省［1993］）に達することとなった。この比率は，多国籍化の進展したアメリカ（25％），ドイツ（17％）に比べれば低いものの，

日本企業の生産が本格的に国際化したことを意味した。

3 証券投資の急拡大
●マネーの時代の到来

証券投資の大部分は，海外で発行される債券への投資であった。主要な投資先は，先進国（OECD 諸国）であって，そのシェアは 1986 年で 94％を占めた（以下，長期資本収支ベース）。その中心はアメリカであり，証券投資総額中に占めるシェアは，1981～85 年で 40％，円高が進展し，日米金利格差が縮小し，さらにニューヨーク市場の株価の暴落（87 年 10 月）があった 86～89 年にはややシェアが下がったものの（31％），年平均 2700 億ドル前後に達し，依然最大のシェアを占めた。日本の機関投資家にとってアメリカ証券は最大の投資対象であった。一方，EC 諸国への証券投資も増加した。プラザ合意以降，とくに 1987 年 7 月のニューヨーク市場の株式暴落後，日本の機関投資家は，イギリスやルクセンブルクなどの西欧市場発行の証券への投資を増大させて危険の分散を図り，89 年末には EC 諸国への投資の対外証券投資に占めるシェアは合計で 60％に達した。

こうした高金利を求めた証券投資の増加は，構造的には，輸出競争力の上昇と高貯蓄率の維持によって可能となった大幅な経常収支黒字の持続によって支えられた。企業の生産性の上昇についてはすでに他の個所で説明したので，**部門別の投資・貯蓄構造**について触れておこう（図 15・3 参照）。国内投資に対する貯蓄超過の対 GNP 比は，1981 年の 0.4％から 83 年の 1.8％，85 年の 3.6％と上昇し，80 年代後半には 4％前後で安定した。経済部門別にみれば 1970 年代後半に進展した政府部門の貯蓄不足が，80 年から本格化した財政再建のための歳出抑制の結果，80 年代後半に

改善され,政府部門はほぼ収支均衡を維持することとなった。一方,家計部門はこの間一貫してGNP比10％前後の貯蓄超過を維持し,他方,1970年代前半まで10％以上の大幅な不足を示した企業部門の貯蓄・投資バランスは80年代に大幅に改善され,後半再びやや拡大するものの平均5％前後であったから,結局,上記の国民経済全体の貯蓄超過は,企業部門の不足を大幅に上回る家計部門の貯蓄超過に帰着する。そして,この過剰貯蓄部分が海外投資に向けられた。言い換えれば,高度成長期に家計の貯蓄が銀行を介して企業部門の投資を支えたのに対して,1980年代には家計の貯蓄は,金融機関を介して海外に投資されたわけである。既述の金融機関の海外進出は,その基盤であった。

外国為替法の改正　もっとも,過剰な貯蓄が海外に投資されるためには,自由な資本移動を可能とする制度的条件が整備されている必要がある。そうした条件の整備としては,1980年代以降の為替管理の自由化と民間資本取引規制の緩和・撤廃が重要であった。1980年には新外国為替法が制定され,これまで原則禁止,例外許可として規制されていた為替取引が原則自由へ転換した。さらに**日米円・ドル委員会**の勧告（1984年）を受けて政府当局は,金融・資本取引のいっそうの自由化・国際化のための環境整備を推進した。同年4月には,実体取引に対応しない先物取引を厳しく制限していた**為替取引の実需原則を撤廃**し,これにより企業や投資家（機関）は,実体取引の有無に関係なく,まったく自由に先物取引を行うことが可能となった。さらに6月には,**円転換規制を撤廃**し,量的制限なく外貨を円貨に転換する道が開かれた。そして,1986年に機関投資家に対する外国証券保有の上限規制の緩和が実現して,対外投資の側面で機関投資家の行動を制約する規制は事実上消滅した。

反面,1980年代後半に進展した日本の金融機関のEC地域で

表16・2　株式・社債による資金調達

(単位：%)

	1976年度	1980年度	1985年度	1990年度	1995年度
合計（100億円）	250	304	649	947	890
国内合計	79.7	74.0	49.8	42.6	81.8
増　　資	32.9	38.2	10.0	7.0	6.2
事　業　債	44.6	32.7	14.5	21.8	64.3
転換社債	2.2	3.2	24.4	9.6	11.3
ワラント債	0.0	0.0	0.8	4.2	0.0
海外合計	18.3	26.0	50.2	57.4	18.2
増　　資	3.6	3.5	0.2	0.0	0.1
事　業　債	8.5	5.5	22.1	24.3	5.3
転換社債	6.1	16.9	14.6	5.4	5.1
ワラント債	0.0	0.0	13.3	27.7	7.8

(注)　事業債には金融債を含まない。
(出所)　公社債引受協会『公社債月報』各版。

の証券投資の増加には，国内の規制緩和の遅れがそれを促進した側面もあった。1980年代前半には国内企業がユーロ市場で転換社債の発行を進め，さらに後半には，ドル建てないし円建ての新株引受権付社債（ワラント債）を大規模に発行し，これを日系の機関投資家が大量に購入するという事態がみられた（**表16・2**参照）。1980年代後半の日本の対外債権の増加が負債の増加をともなっていた理由の1つもここにあるが，こうした事態は，社債発行にあたって担保・収益などにさまざまな条件が課されていた日本市場を避けて，発行企業・投資金融機関の双方が，自由・開放的で取引コストの低いユーロ市場での発行・引受けを選好したためであった。

アメリカのマクロ政策　さらに，1980年代のアメリカへの証券投資の増加には，前述したアメリカのマクロ経済的要因も重要であった。レーガン政権が推進した拡張的な財政政策は，大幅な財政赤字を生み出す一方，ドル金利の上昇

とドル高を招き、この金利の上昇が日本の機関投資家に大きな投資機会を与えることになった。アメリカの経常収支は、1983年以降赤字幅を広げ、この間国債（10年もの）の日米金利差は安定的に3〜5%を維持し、これが日本の機関投資家の継続的な対米証券投資の条件となった。アメリカが財政赤字・経常収支赤字を継続させ、日本が対米証券投資を通じてこの「**双子**」の**赤字**をファイナンスし、しかも、日米金利差がそれを支えるという構造が形成されたのである。

　もっとも、一般に対外投資は、投資のリターンばかりでなく、為替相場の変動によっても影響される。しかし、1980年代後半の円高局面でも、アメリカへの投資は金融機関を中心に継続した。日本の金融機関、とくに生命保険会社がアメリカの国債入札に大きな影響を及ぼし、「ザ・セイホ」としてウォール・ストリートで注目を集めたのもこの頃であった。たしかに、この局面でも日米の金利差は持続していたにしても、なぜ大幅なドルの減価にもかかわらず証券投資は継続したかは問題として残るが、その要因としては、キャピタル・ゲインを配当の原資にあてることが制度的に禁止されている日本の機関投資家（生命保険）は「直利志向」が強く、高い表面金利を生む外国証券の取得に重点を置いた点が指摘されている（河合［1992］）。

4　債権国の含意
●マクロ協調と円の国際化

パックス・ニッポニカ？

日本は、1985年にはネットの対外純資産額で世界第1位の**純債権国**となり、88年にはグロスの対外総資産でも世界第1位の債権大国となった。また、対外純資産が生み出す果実である

投資収益率をみても，1980年代に入ると急速に拡大し，80年代後半にはGNPの0.8％に達した。こうした日本の債権国化は，1980年代半ばの短期間のうちに急速に進み，しかもこの債権国化が，第1次世界大戦以来，一貫してプラスの対外純資産ポジションを維持していたアメリカがマイナスの対外純資産ポジションを記録しただけでなく，世界最大の債務国に転化するのと入れ替わりに生じたために大きな関心を呼ぶこととなった。持続的な経常収支黒字と対外資本純流出の直接的帰結である対外純資産の蓄積は，「日米経済の逆転」の象徴として注目されたのである（石崎［1990］）。たとえば，*Japan as Number One* の著者として知られるエズラ・ヴォーゲルは，1986年春の *Foreign Affairs* 誌に "Pax Nipponica?" なる題名の論文を寄せ，「後世の歴史家は1980年代半ばを日本がアメリカを追い越して世界第一級の経済大国に突出した時期として記憶することとなるかもしれない」と記した（宮崎［1988］）。

政策協調

このように日本が債権大国化したことは，日本の国内・対外経済関係に大きなインパクトを与えることとなった。第1に，債権国化するとともに，日本経済と世界経済との関係を金融市場の面から双方向で強めることとなった。日本の対米証券投資を例にとれば，1988年の日本の対米証券投資360億ドルは，アメリカの連邦財政赤字の23％，アメリカの個人貯蓄総額の25％に相当し，このため日本の対米証券投資が大幅に減少すれば，アメリカの金利が急上昇し，アメリカ経済には大きな重圧がかかるという関係が形成された。1987年10月のブラック・マンデーは，日本の金融機関の財務省証券の大量売りが引き金となったといわれている。当時（1987年3月），7.5兆円（保有資産の11.5％に達する）をアメリカに投資していた生保11社は，ドル安を容認するベーカー財務長官の発言を契機

に為替差損を回避するために財務省証券を販売し、これが証券価格の上昇、資金の株式市場から債券市場へのシフトをもたらしたというのである（宮崎［1992］）。他方、こうした証券投資における緊密な日米の相互依存関係は、日本の経済運営にも影響を与える。たとえば、1987 年、景気の過熱から日銀は金利の引上げを検討したが、その直前にブラック・マンデーがあったため、日本の金利の引上げがアメリカへの資金移動を制約し、株価をさらに引き下げるのではないかという配慮から、公定歩合の引上げを中止したという（三橋・内田［1994］）。

国際金融センター

第 2 に、債権大国化の進展とともに東京市場が**国際金融センター**として浮上することとなった。この章の初めに触れたとおり、1980 年代の債権国化のプロセスでは、長期資産と短期資産が増大する一方、負債、とくに短期負債が増加した。これは、国内の貯蓄を海外に投資するという「内―外」の取引にとどまらず、海外から短期の資金を取り入れて、これを海外に投資するという「外―外」の取引が活発に行われていたためである。内外の取引のみならず、「外―外」の資金仲介（期間変換）を行うことは、国際金融センターの重要な役割であるが、この意味で 1980 年代には東京が国際金融センターとしてしだいに成長した（河合［1992］）。1986 年 12 月に金融規制上の判断が緩和され、非居住者が資金調達・運用を行える東京オフショア・マーケットが創出され、その取引額も増加した。もっとも、東京がニューヨークやロンドンと並ぶ金融センターの役割を担うためには、円が中心的な国際通貨としての役割を演ずること、市場が自由で開放的であることなどが重要な条件となるが、東京市場は必ずしもこの条件を満たしていなかった。この点が、1990 年代に入ると金融空洞化との関係で大きな問題となるのである。

第17章 金融自由化と金融ビッグバン
銀行型金融システムから市場型金融システムへ

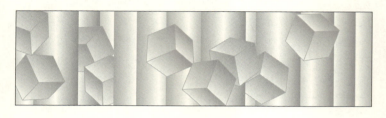

1 金融自由化の進展
●その背景と1980年代の展開

高度成長の金融規制

1970年代前半までの高成長を支えた金融システムは、①内外の資本取引の規制、②社債発行規制、③金融機関に対する金利規制、④業態別分野の規制から成り立っていた。外国為替管理法を通じた①の内外資本取引の規制によって企業は、海外のライバルの参入の脅威から自由となる反面、海外での自由な資本調達が許されなかった。また、社債発行を有担保原則の下で厳格に規制する②は、公益企業を除く企業が、投資資金の不足をもっぱら銀行借入に依存するという関係を固定化した。他方、③の預金金利の上限規制は銀行間の金利競争を抑制し、これが金融機関の低い調達コストを支えた。さらに、銀行、証券、保険業に対する業法を基礎として営業を許可制とする④の業態別分野規制は、各部門の参入を厳格に規制していた。こうした規制の下で、行政当局は、金融システムの安定を目的として、「護送船団方式」とも呼ばれた裁量的な行政を展開

した。そこでは，最も収益の低い金融機関にも利益が保障され，また財務危機に陥った金融機関は，健全な金融機関による救済が指導された。

経済の国際化：内外金融取引の自由化

こうした高度成長期の枠組みは，1980年代に入って徐々に修正されることとなった。**金融自由化**である。これをもたらした1つの契機は，経済の国際化であった。1980年に，改正外国為替管理法が施行され，海外との金融取引が従来の原則禁止から原則自由となった。この改正によって，居住者の海外での証券発行，資金調達が自由化された。国内で社債発行を試みる企業は，自己資本比率，ROA（総資産利益率），1株当たり配当などの収益・財務基準を満たす必要があったから，日本企業は，厳格な規制のある国内での起債を避けて，海外市場での起債を開始した。さらに，1984年には，先物取引の実需原則が撤廃された。これにより，企業は長期の為替変動リスクを回避できるようになり，日本企業の海外での起債がさらに加速した。前章表16・2によれば，外国為替法が改正された1980年から，企業は，規制から自由な海外市場で，事業債，転換社債の発行を試み，80年代前半の海外調達比率は過半に達した。

適債基準の緩和

こうした内外の規制の格差と，その下での海外での起債の進展は，国内の金融市場の空洞化を意味した。こうした金融の空洞化を防ぐため，1981年には**新株引受権付社債（ワラント債）**発行が認められる一方，これまで企業の社債発行を規制してきた**適債基準**が緩和された。1979年には，後述の国債市場の形成を背景として，無担保普通・転換社債の発行がはじめて認められた。もっとも，この時点で，その基準は厳しく，適格企業は松下電器とトヨタ自動車工業の2社にとどまった。しかし，その後，この条件が段階的に緩

和され，1985年には，全上場企業1691社のうち，無担保転換社債の適債基準を満たす企業，つまり，自由に資金調達手段を選択できる企業は200社前後，有担保転換社債については500社に増加した。1987年には，これまでの財務基準に格付基準が追加され，89年には財務基準が廃止され，原則的に格付基準に移行した。この結果，無担保転換社債の適債基準を満たす企業は1847社中ほぼ500社（有担保転換社債で600社）に増加した（宮島・蟻川 [1999]）。さらに社債発行について，1990年代に入って全面的な自由化が実現された。まず，1993年に，適債基準が格付基準に一元化され，その下限がBBB格に引き下げられた。さらに1996年には適債基準が撤廃され，企業は完全に自由な資金調達手段の選択が可能となった（宮島・蟻川 [1999]）。

国債の大量発行と金利の自由化

金融自由化のいま1つの要因は，石油危機後の財政収支の悪化をファイナンスすることを目的とした**赤字国債の大量発行**であった。この国債の大量発行は，これまでの規制金利体系の変容を促すこととなった。高度成長期の国債発行は，シンジケート団を組成した銀行団による全額引受けによって消化されていた。国債利回りは貸出金利を下回り，しかも，期中の売却が禁止されていたため，銀行部門の機会損失は大きかった。それにもかかわらず，1970年代半ばまで，この仕組みが維持されていたのは，国債の発行規模が小さく，銀行の保有の大部分は日銀の買いオペによって買い上げられていたからであった。

しかし，国債の大量発行の結果，金融機関が低利の国債を満期まで保有することが困難となり，1977年には保有国債（発行後1年後）の市中売却が認められることとなった。こうして**国債の流通市場**がはじめて誕生し，既発国債という自由金利商品が生まれた。この国債売却開始は，債券流通市場の形成を促す一方，これ

までの規制金利に守られていた定期預金の地位を脅かすこととなった。それに対応するためにまず，1979年には，期近国債購入の可能性が高い大口顧客向けの金融商品，譲渡性預金（1口5億円以上）が導入された。さらに，1985年には，市場金利連動型預金（MMC），10億円以上の大口定期預金の金利が自由化され，89年には1000万円以上の大口定期預金金利の自由化が実現された。こうした預金**金利の自由化**の結果，全国銀行の資金調達に占める自由化預金の比率は，1984年度末の7.5％から89年度には53.0％に上昇した（小峰［2011］）。金利の自由化は，最終的に1993年の完全自由化によって完了した。

2 金融自由化とバブル経済
●バブルの資金的背景

エクイティ関連債の発行

こうした内外資本取引の自由化，金利の自由化，社債市場の規制緩和は，1980年代後半の資産価格バブルに拍車をかける要因でもあった。その経路として重要なのは，次の3つであろう。

第1は，エクイティ関連債の発行による調達コストの低下である。規制緩和が進展するなかで企業は，内外を問わず，増資，起債，借入のいずれを通じても，資金調達を自由に行えることとなり，企業の資金調達も大きな変化を示した。**表17・1**（対象は上場大企業600社）によれば，1980年代に入って，内部資金調達の比率が上昇する一方，外部資金では，借入から増資，社債への急速なシフトが生じた。これまでの銀行借入中心の資金調達が変化し，**エクイティ・ファイナンス**（新株発行，転換社債，ワラント債などを含む）が急拡大し，とくに1987～89年の3年間の資金調

表 17・1 大企業の資金調達

(単位：%)

	1965～73年	1974～80年	1981～85年	1986～90年	1991～95年
内部資金	31.9	39.3	59.5	42.8	103.6
内部留保	7.9	8.0	14.3	12.6	13.2
減価償却	24.0	31.3	45.3	30.2	90.4
外部資金	47.4	45.0	32.8	37.5	9.8
借入金	38.9	29.5	11.4	8.0	−3.0
社債	5.3	8.4	10.2	16.0	9.3
増資	3.2	7.1	11.1	13.5	3.5
その他	20.7	15.7	7.6	19.7	−13.4
合計	100.0	100.0	100.0	100.0	100.0

(注) 各年度増減額の構成比。
(出所) 日本銀行『経済統計年報』各年版，鈴木・岡部［1996］。

達は巨額であった。株価が昇するなかで，経営者は，増資・エクイティ関連債による調達コストが低下したと認識し，この資金を実物投資に振り向けた。こうした資金調達は，バブル期における一部の企業の過剰投資を支える資金的条件となったとみられる。

財テク

しかも，第 2 に，企業は，調達した資金を設備投資などの実物投資だけではなく，金融投資に振り向けた。いわゆる「**財テク**」である。1983 年から 89 年まで金融投資は実物投資を上回り，とくに 87 年から 89 年まで倍以上の規模になった（野口［1992］）。企業が金融投資を増加させた要因は，金融自由化によって金融投資の選択肢が増え，しかもその投資が有利になったからであった。代表的な商品が，特定金銭信託（特金）とファンドトラスト（ファントラ）である。その拡大を支えた制度面の措置としては，1980 年の簿価分離容認措置が重要であった（小峰［2011］）。この措置により，特金，ファントラのいずれも決算上，他の運用資産（たとえば，以前か

ら保有する持ち合い株）と分離して簿価計上が可能となり，特定，ファントラの利用が促進された。1984年に2兆円台だった両者の残高は90年には40兆円台に急膨張した。

　このうち特金とは，法人が，信託銀行に資金を委託し，証券の銘柄・価格・数量などを指定して資金運用させるものである。経営者のなかには，本業への投資ではなく，金融投資にエネルギーを注ぐものも現れることとなった。もっとも，多くの場合，投資家（法人）は，資金の運用を投資顧問会社か証券会社に委託した。証券会社に委託したものは営業特金と呼ばれた。他方，投資家からの預かり資金を信託銀行が自社の裁量で運用するものを「特定金外信託」と呼び，住友信託銀行の開発したこの商品名に因んで「ファントラ」と称された。

　特金にせよ，ファントラにせよ，運用リスクは本来投資側が負う性質のものであったが，バブル期にはこの原則を逸脱した行動も目立った。信託銀行は，利回り保証（当時「にぎり」と呼ばれた）を通じてファントラの販売を図った。また，証券会社は，顧客に損失補償を約束する場合も多かった。こうした慣行が，運用にともなうリスクを過少評価させる条件となり，企業が財テクを進める条件となった。これがバブルの崩壊後，証券会社では「**損失補償問題**」として顕在化することになった。他方，企業側は，バブルの崩壊によって，この財テクを通じて投資された金融資産について大きなキャピタル・ロスを抱えることとなった。この損失処理は，資産価格の再上昇を期待して先送りされる傾向が強く，1990年代末の時価会計の導入までずれ込むことになった。

土地担保融資と顧客プールの劣化

　規制緩和で可能となった債券の調達コストは借入に比べて低く，そのため製造業を中心に，これまで銀行の優良顧客であった大企業の銀行離れが起こった。これに対して銀行は，証券ビ

表17・2 全国銀行貸出残高

(単位:1000億円,%)

年	全国銀行貸出残高			業種別構成比			
		都市銀行	地方銀行	製造業	非製造業	(建設)	(不動産)
1965	192	56.5	28.7	48.3	46.1	4.3	2.3
1970	395	55.1	29.8	44.7	48.4	4.7	3.8
1975	888	53.8	30.2	37.8	50.2	5.9	6.2
1980	1,365	52.3	32.1	32.0	52.7	5.4	5.6
1985	2,372	52.1	29.9	26.1	59.5	5.7	7.7
1990	4,433	47.5	26.0	15.7	65.0	5.3	11.3
1995	4,864	44.9	27.8	15.0	65.5	6.4	11.8
2000	4,639	46.4	29.5	14.6	62.3	6.3	12.4
2005	4,085	46.1	34.2	12.2	56.4	4.2	13.5
2010	4,204	42.4	37.1	13.1	52.2	3.1	14.5

(出所) 日本銀行『経済統計年報』各号,日本銀行ホームページ「時系列統計データ預金・貸出関連統計」。

ジネスへの参入などの新たなビジネス戦略の採用をめざすのではなく,伝統的な貸出拡大戦略をとった(岡崎・星[2002])。全国銀行の貸出残高を示す**表17・2**によると,1970年から90年にかけて製造業への貸出比率は30%近く低下した。それに代わって,非製造業,なかでも不動産業への貸出が比率を高めた。さらに,企業規模別にみると,大企業の貸出残高の増加は僅少であり,中小企業への貸出残高の増加が著しかった。金融機関は,業種別には不動産業,規模別には中小企業という新規分野に貸出をシフトしたのである。低金利と銀行の貸出行動の変化の結果,資金調達が容易となった企業は,しばしば収益性の低い投資を試みた。近年の実証研究も,銀行との関係が強い企業が適正な水準を超えた投資を行う傾向が強かったことを明らかにしている(宮島ほか[2001])。

しかも,この結果,銀行の顧客プールは,従来に比べてリスクの高い企業に偏ることとなった。厳格な規制が機能していた

1970年代までは,投資資金を内部資金では賄えない企業はほぼ等しく銀行に依存していた。しかし,1980年代に入って成長可能性が高く,倒産リスクの低い企業は急速に社債にシフトし,銀行の顧客として残ったのは,相対的に成長可能性が低く,デフォルトリスクの高い企業であった。銀行部門は,こうした企業に対して高い金利を課すことができるから,その取引自体は合理的であったが,銀行の顧客プール自体は,リスクの高い企業群に偏ることとなったのである(顧客プールの劣化)。

3 金融ビッグバン
●護送船団方式の終焉

業態別分野規制の撤廃　　以上のように1980年代には,政府によりコントロールされたかたちであったが(堀内[1994]),対外資本取引の自由化,国内の金利・社債発行の規制緩和が進展し,1990年代初頭に残存していた最後の規制領域は,金融機関間の業態別分業体制のみとなった。他方,バブルの崩壊とグローバル化の進展とともに,金融システムの効率性・安定性の低下が顕在化し,金融制度改革も新たな局面に入った。バブルの崩壊は,金融システムの安定性をいかに確保し,金融機関の経営をいかに規律づけるかという問題を提起した。また,一方での家計の金融資産の蓄積の進展と,他方での1990年代の超低金利による金融機関の資産運用パフォーマンスの低下も,ビッグバンを促した大きな要因であった。当時1200兆円に達するといわれた家計の金融資産は,その55％までが定期預金のかたちで保有されており,国際的にみれば,株式・債券などのリスク資産に対する投資比率が著しく低かった。さらに,外資系金融機関の活動拠点,人員の東京から香港・シンガポールへのシフト,

国内社債発行適格会社の海外起債，未上場企業の海外における株式上場，外為取引の世界シェアの急低下，外国企業の東証への上場廃止など「金融の空洞化」も規制緩和の重要な契機であった。こうした空洞化の要因の1つが，東京市場の規制の過多にあるとみられたからである。

金融ビッグバン

こうした背景の下で，1996年11月に橋本首相が，Free（市場原理が働く自由な市場），Fair（透明で信頼できる市場），Global（国際的で時代を先取りできる市場）を3原則とする改革案を提示してから，金融の規制緩和が強力に推進され，金融機関間の業態別分野規制の見直しが進むこととなった。いわゆる**金融ビッグバン**である。すでに1992年の金融制度改革関連法により銀行と証券間について，また94年には生命保険と損害保険業務について子会社の設立による相互参入が認められた。さらに1997年度から全面的な業務範囲の見直しが開始され，この金融の各業態の垣根を除去する総合的な改革は，98年6月の金融システム改革法として実現された。

同法により，一括して改正された法律は銀行法，証券取引法，保険業法など，22に及んだ。具体的には，証券投資信託（投資信託）の整備や，銀行，証券，保険業への新規参入と相互参入の促進，証券会社の免許制から原則登録制への移行，株式売買委託手数料の自由化，有価証券の金融派生商品（デリバティブ）の解禁，企業情報開示（ディスクロージャー）の充実，破綻金融機関の処理制度の整備などが講じられた。

金融行政の変化・資産運用規制の撤廃

以上の金融ビッグバンは，従来の裁量行政を転換することによって護送船団方式と呼ばれた金融行政も転換することとなった。1996年，金融監督と検査の行政機能が大蔵省から分離され，新設された金融監督庁に移管された。さらに，銀行法の改正

によって，早期是正措置が導入された。この早期是正措置の下では，規制当局は，事前に決定された基準を下回った銀行に対して迅速に介入することが要請され，ここに戦後復興期以来機能してきた，護送船団方式の裁量行政は終焉を迎えることになった。

　金融制度改革の対象は資産運用規制にも及んだ。高齢化による厚生年金基金などの年金資産の増加とともに，その資産を運用する生命保険会社や投資信託などの機関投資家の役割が増大したが，その資産運用には「5・3・3・2規制」(安全資産5割以上，国内株式3割以下，外貨建て資産3割以下，土地等不動産2割以下) があり，資産の効率的な運用を妨げていた（経済企画庁［1997］）。この撤廃を通じて資産運用の効率化が図られたのである。

　この措置は，さらに，2000年の年金制度改正によって，厚生年金・国民年金の積立金が，それまでの資金運用部への預託から市場運用に抜本的に変更されるという制度変化につながった。2001年には年金資金運用基金（現・年金積立金管理運用独立行政法人〔GPIF〕）が設立され，国内株への運用が本格化した。この結果，2003年度末には，国内の機関投資家の保有比率は急増して20％を超え，それと並行して，運用機関の議決権行使体制が本格的に整備されることになった。

　また，金融制度改革は，政府による規制以外の規制や慣行にも及んだ。1999年，証券取引所規則によって長く固定されていた有価証券取引に関する手数料の自由化が実現された。これを契機に，マネックスなどのインターネット証券の新規参入が進展した。この結果，証券会社の手数料率の平均は，自由化前の1999年3月期の0.42％から，2002年3月期には0.2％前後に低下した（『日本経済新聞』2012年9月5日）。他方，東京市場の使い勝手を確保し，金融市場としての競争力を高めることをねらって，譲渡益課税・有価証券取引税も引き下げられた。

第18章 トヨタ生産システム

日本で創造された革新的生産システム

　1980年代以降,日本の製造業が,自動車産業やエレクトロニクス産業をはじめとして,際立った国際的な競争力をもったとき,その生産システムのすぐれた点が注目された。日本の機械工業の生産システムを代表したのが,日本最大の輸出製造企業であるトヨタ自動車のそれであり,それは**トヨタ生産システム**と呼ばれた。この生産システムは,多様な需要に柔軟に生産活動を適応させ,労働者に働く意欲を与え,「作りすぎのムダ」「過剰在庫のムダ」「運搬のムダ」などのムダを排除して環境条件に適応性の高いものとして,フォードやGMが代表した大量生産システムに代わる,新たな普遍的な生産システムとして**リーン生産システム**(Lean production)と規定された(ウォマック=ジョーンズ=ルース[1990])。まず,トヨタ生産システムの特徴をみておこう。

1 トヨタ生産システムの基本

●その仕組み

> JIT

大量生産システムは,製品品種を少数にして製品規格を画一的に標準化し,部品・労働者の互換性を達成し,計画的に各工程の規模の経済を最大限活用する生産システムであった。1955年にアメリカでは,たった6車種で全販売自動車の80%を占めたほど画一的な製品構成をとっており,労働者(作業者)を機械と同じようにいつでも誰とでも代替できるようにすることが追求された(ウォマック=ジョーンズ=ルース[1990])。これに対して,生産の製品構成・数量を販売の速度に合わせて行おうというのがトヨタ生産システムの基本的な特徴点であって,それは「必要な物を,必要な量を,必要なときに作る」という**ジャスト・イン・タイム(JIT)** の生産システムと定義できる(門田[1993])。

JITを実現するには大量生産型の中央計画では困難であって,逆に,販売から生産の最終工程へ,そこからさらにその1つ前の工程へと情報を逆流させるという革命的な発想が必要であった。その情報(どんな種類の部品がどれだけ必要か)を前工程に伝えるための手段として「**かんばん**」方式が開発された。後工程から前工程に流される長方形のビニール袋に入ったシート,すなわち「かんばん」は,生産量を円滑に管理するための情報を運搬するものである。

> 生産の平準化

「かんばん」の指示が有効であるためには,**生産の平準化**が達成されていなければならない。後工程の生産量,すなわち前工程からの引取量の変動が大きければ,前工程はその変動を在庫で調節しなければなら

ないからである。生産の平準化とは次のようなことである。

1日8時間操業で1月（20日）に1万台のコロナをセダン5000台，ハードトップ2500台，ワゴン2500台で生産すると仮定すると，「1日当たりセダン250台，ハードトップ125台，ワゴン125台となる。これら3つの仕様の車を毎日この数量だけ作ることは，各乗用車の平均日次生産台数という次元での，生産の平準化である」。これらを8時間（480分）で生産しなければならないとすれば，「コロナ1台を生産すべき平均時間は0.96（480÷500）分，すなわちほぼ57.5秒（単位サイクル・タイム）である。各車種の適正な混流比率ないし生産順序は」この単位サイクル・タイムと各車種の1台当たり最高時間との比較で決まる。セダンは最大時間1分55秒（480÷250）で生産される必要がある。これはサイクル・タイムの2倍だから，「セダン以外の車種1台は，セダン1台が完成する時間と次のセダン1台を生産すべき時間との間に生産できることは明らかである。したがって基本的な生産順序は，セダン，他車種，セダン，他車種，……というぐあいになる。ワゴンないしハードトップ1台を生産すべき最大時間は，3分50秒である。この数字を57.5のサイクル・タイムと比較すると，各ワゴンないしはハードトップが生産される間に他車種3台を生産できることがわかる。セダンに続いてワゴンを生産するとすれば，生産順序はセダン→ワゴン→セダン→ハードトップ→セダン→ワゴン……ということになる。これが，製品の種類別数量の平準化という次元での，生産の平準化の具体例である」（門田 [1993]）。この生産の平準化によって，需要変動への機敏な対応が可能になり，部品，半製品在庫を最小化できる。

自働化　　生産の平準化が実現するには，1個流しの生産が実現し，生産着手から完了までの生産リードタイムが短縮されなければならない。別の言い方を

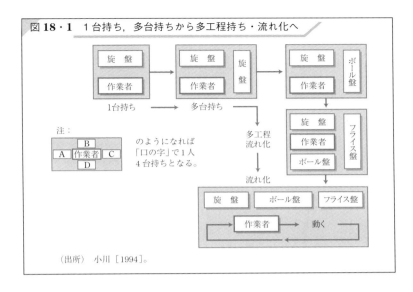

図18・1 1台持ち，多台持ちから多工程持ち・流れ化へ
(出所) 小川[1994]。

すれば，JITシステムにはリードタイムを短縮するインセンティブがビルトインされている。金型，治工具交換など段取り替え時間の短縮による「小ロット生産」が実現しなければならないのである。そして，「小ロット生産」を実現するためには多工程持ちの多工程作業者が不可欠であるが，それは図18・1に示したように多台持ち，多工程流れ化，流れ化という発展のステップを踏んで実現された。しかも，作業班構成人数の少数化，「省人」ではない「目のない少人化」が重要な役割を占めたし，部品の品質管理については**統計的品質管理**が想定する許容不良率という考え方を否定するという革命的な発想が必要であった。そうした発想に裏づけられて100％の良品の達成のための「**自働化**」（自動的な不具合の管理方式）が進められ，「アンドン」に代表されるような「目で見る管理」と組み合わされて，自働化は異常の発見とその原因の除去に貢献した。

第18章 トヨタ生産システム　277

2 新生産システムの発生と洗練
●日本的条件の活用

| システムの創造＝発生 | JITの着想は，1937年のトヨタ自動車の創業時からあったといわれるが，トヨタ

生産システムは，アメリカで発達した産業が日本の，とくに敗戦直後の経済的な条件に適応していく過程で，新たな生産システムとして発生・創造されたということができる。

トヨタ生産システムの発生は，その構想だけなら「生産の方法は米国式の大量生産方式に学ぶが，そのまま真似するのでなく〈研究と創造〉の精神を活かし，国情にあった生産方式を考案する」と豊田喜一郎が書いた1933年にまでさかのぼれるが，現実としては49年にさかのぼる。ドッジ・ラインが実施された後の深刻な不況のなかで，トヨタは倒産の危機に見舞われた。この危機は日銀融資に基づく銀行融資，さらには販売部門の分離と人員整理によって乗り切られるが，続くトヨタ争議では強引に人員整理を行うと争議コストが高いことを経営者は悟らされた。

また，地価が相対的に高く金利が高かった。したがって，解雇をできるだけ回避して，採用した人材の能力をできるだけ活用し，「ムダ」を徹底的に排除するインセンティブがあった。しかも，日本の小規模だが需要は多様な市場の下では「課題は，多種少量生産でどうしたら原価が安くなる方法を開発できるか，であった」（大野［1978］）。しかし，新しい生産システムを創造することは，未知で不確実な問題を1つ1つ解決し，部分システムを開発・発展させ，他のサブシステムとのコンフリクトに遭遇し，それをさらに新たなシステムに改編するという過程の積み重ねであり，長い時間を要するものである。ごく簡単にトヨタ生産システムの

発生・洗練の歴史を記述しておこう。

　新しい生産システムの創造とは旧方式との闘いであり，旧方式を是とする人々とのコンフリクトが大きくなる。変化を生み出そうとする「チェンジ・エージェント」として重要な役割を果たしたのが，機械工場長・大野耐一であった（小川 [1994]）。経営危機が旧方式の抵抗を弱める条件になったが，もう１つ重要なのは，トップの強い支持の下で大野の取組みが開始されたことであった。まず，取り組まれたのは，職人的熟練から知的熟練への転換であった。戦前の綿紡績業の経験を活かして，大野は作業者の多台持ち，多工程持ちを実現していった。これは作業機械機種別に成立していた専門性を打破するものであった。他方，職人にとって従来きわめて大切であった刃具の研磨は集中研磨に置き換えられた。標準作業の組合せ票，標準作業表が整えられて，個々の作業は標準化された。こうしたことは，イギリスのような職種別組合が存在すればほとんど不可能であったであろう。そして，多数の作業を広く，適切な判断力をもって遂行することが新しい熟練であった。故障や不良品の発生を直ちに誰にでもわかるように示すものとして，つまり「目でみる管理」方式としてのアンドンなどが開発され，現場の作業員にラインを停止する権限が与えられ，修理が行われる仕組みになった。現場作業員を判断業務から徹底的に排除したフォード方式と対照的である。

　ムダを徹底的になくし，在庫を最小化するうえでは工程間の同期化が重要であった。まず，機械加工と組立ての同期化が行われ，さらに組立工場と車体工場の同期化へと進んだ。そして，1953年に「かんばん」方式の試行が開始されたが，これはスーパーマーケットから着想を得たといわれている。「スーパーマーケットを生産ラインにおける前工程とみてはどうか」というのがそれである（大野 [1978]）。できるだけ小口の部品引取，小口の生産が

追求され,生産の平準化の基本が整えられ,1962年には「かんばん」方式が全社的に導入された。1963年からは外注部品にも「かんばん」方式が取り入れられた。

1959年,品質管理部は「検査の理念は検査しないこと」と考えるようになり,61年にTQC(全社的品質管理)の導入を決断して,「品質は工程で作り込む」を追求し,65年にはデミング賞実施賞を受賞した。さらに1961年に「原価統制」を開始し,「原価改善」を進め,62年にはバリュー・アナリシス(VA)を導入した。こうして1970年には「トヨタ生産方式の体系化」が成し遂げられた(小川[1994])。

> システムの洗練=高度化

1970年代,トヨタ生産システムはさらに洗練されたものとなった。自働化が徹底され,既存の工夫が発展・精緻化された。たとえば,1950年代に2~3時間を要した段取替えの時間はシングル化(10分未満)した。さらに,大型プレスの金型取替えの時間もシングル化したのである。石油危機後には取引先企業へのJITシステムの移転が開始された。トヨタからの生産システムについての技術伝播の最初の対象が,取引先部品メーカーであったことは容易に推測できるであろう。JITシステムが完成度を高めようとすれば,それは部品メーカーと統合することが必要だったからでもある。

3 トヨタ生産システムの普及

●普遍性の確立

> 普遍性

トヨタ生産システムは,戦後の日本経済が特有の制約条件の下で,当時先端にあったアメリカで普及していた製品,発展していた産業を導入しよ

うという試みのなかから生み出されたものであった。したがって，実はトヨタと類似の生産システムを開発する試みは広く行われていた。それをきわめて精緻に体系的に展開し，達成した新生産システムの水準が高く，その成果を 1970 年代末に公開したのがトヨタだったという点で，トヨタ生産システムと固有名詞を冠して呼ぶことができるが，他面で，トヨタ生産システムの成果が明らかになれば，日本国内において**多品種少量供給**という条件に制約されている産業・企業には急速に普及する条件があったのである。

　自動車産業の他社，たとえば，日産も JIT システムを目的意識的に導入することを試みたし，他産業でも，トヨタの取引先である日本板硝子では，装置産業であったにもかかわらず，トヨタ向けの板硝子の生産には JIT を導入した。川崎重工のオートバイ生産工場では 1970 年代の末に，トヨタに人を派遣して研修を受けたり，トヨタから専門家を呼んで指導を受け，JIT システムの導入を試みた（門田 [1989]）。また，個別受注生産の鉄構材（橋梁・鉄骨）でも，同一手順を要する製品をグループ化して適当な大きさのロットにまとめて工程ごとに加工していたのを，混流組立ラインで 1 個流しを実現した。このためには生産が平準化しなければならないが，公共工事が多く，受注・納期は特定の時期に集中する，つまり仕事量（負荷）を「山積み法」でグラフに書けば，高い山になる時期がある。高い山についてはより早い時期に山を作る「山崩し」で前倒しして平準化し，工程ごとの配置人員数の柔軟な増減を実現した。この結果，生産リードタイムの大幅な短縮に成功している。空調設備のダイキンでは，石油危機後に生産が半減したのに対処するため JIT システムの導入に取り組んだ。1977 年からトヨタ系のダイハツ工業，そしてトヨタから体験実習などの指導を受けたのである（ダイキン工業株式会社 [1995]）。

広い範囲への普及

普及の範囲は製造業にとどまるものではなかった。コンビニエンス・ストア・システムでは,弁当・惣菜などの主力商品に関して,セブン－イレブンと米飯商品,調理パンのメーカー,米菓メーカーとの間に「一括受注生産システム」を構築した。これは小売業の効率的な発注情報の収集・加工によって,発注情報を食品メーカーの生産諸工程のうち早い工程に投入し,製品在庫ゼロを実現したものであり,店舗における品切れ,売残り回避のための的確な販売情報創造と多頻度小口納品とが組み合わせられている（矢作 [1994]）。また,レストラン・チェーンでもメニューを標準化し,需要予測を行って,加工度の高い食材を発注する体制がとられるようになった。食材は食品メーカーとの間で共同開発され,需要予測に基づく発注,その修正を行い,配送頻度を高めて,食材の店舗在庫を縮減させることが試みられている。流通業やサービス業における新たな試みにおいても,トヨタ生産システムが参考事例として念頭に置かれることが多いのである。

海を渡って

トヨタ生産システムの国際的な伝播も開始された。1983年,GMとトヨタが合弁したNUMMI（New United Motor Manufacturing Inc.）の実験が重要であった。アメリカに進出したトヨタは,トヨタ生産システムの重要な概念のいくつかを日本語そのもので伝達した。たとえば,自働化（JIDOKA）,アンドン（ANDON）,かんばん（KANBAN）,平準化（HEIJYUNKA）,ムダ（MUDA）,改善（KAIZEN）,仕事（SHIGOTO）などがそれである（小川 [1994]）。そして,全米自動車労働組合と慎重な準備交渉を行い,従業員の異動や解雇についての先任権制度というアメリカの労使慣行を受け入れ,雇用の安定化のために最大限の努力を行うことを約束し,他方,職種の整理,普段の改善活動の移植を受け入れさせた。約10％の従業員

を日本の工場に派遣し，トヨタ生産システムについての教育を行い，現場作業を体験させた。この人たちがアメリカに帰国後，チームリーダーとなった。さらに日本人トレーナーの派遣，現場の経験者のなかから選抜した人たちに対する，キー・パーソン・プログラムによって8週間に及ぶ徹底的な改善活動の実践教育，PSC（Problem Solving Circle）など改善活動のための組織と運営ノウハウの移転，作業者自身による職場の清掃，整理・整頓の実施などが徹底されたのである。こうして前提条件を整えたうえでJITシステムが導入され，劇的な生産性の上昇を記録したのである。

　現在，海外に進出した日本企業によって，また目的意識的にトヨタ生産システムを学ぼうとする外国企業によって，トヨタ生産システムの国際的な伝播が進んでいるが，それは完成された生産システムの移植というよりは，現地の要素市場状況，条件，労使慣行に合わせて修正されながら浸透しているのである（Abo［1995］）。

第19章 流通革命

革新的小売業態のドメスティフィケーション

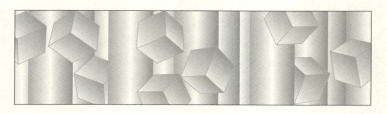

1 流通産業の構造
●商業のウエイトと機能

流通は暗黒大陸?

かつて,P. F. ドラッカーは,流通は「暗黒大陸」であると指摘した。「暗黒大陸」とは経済活動の大きな分野でありながら,その分野で行われている活動は合理的に認識できないことを意味していた。流通といえば,鉱工業,農林漁業の生産活動や運輸業などと結合している部分もあるから非常に広い範囲を含むが,狭く卸売・小売商業に限定しても,後に触れる主要5カ国とも,流通が国内所得の13〜15%を占めているし,就業人口の15〜22%を占め,しかもその比率は最近では安定している(日本銀行[1996])。したがって,卸売・小売商業は経済活動の分野としては,いまでも「大陸」というに値するほど大きなウエイトを占めているが,他方,現在では流通業についての研究はかなり活発に行われていて,「暗黒」というのはあたらない状況になっている。

卸売・小売商業は商品を生産者から購入し,配達なども含めて

空間を移動させて，異なったときに消費者に販売するが，その際に店頭展示や広告を行ったり，対面販売では商品の評判を買い手に伝えたり，逆に消費者の購買行動の情報を生産者に伝達する。商店と消費者の関係が緊密で安定的に継続していて，消費者の家計のおおよその所得，人員，好みなどをよく知っている場合には，消費者の好みと生産者の供給条件を小売商が自ら調整して，相手にあった商品セットを作り，販売することもあり，事後に販売した商品セットの評判を聞いて，消費者の好みへの適合性を高める努力をすることは販売促進になる。これは消費者の購買に必要な費用を商店が代替してサービスを供給することでもあるが，商店には売残りのリスクを回避するというメリットがある。したがって，市場における情報交換の重要な機能を商業が担っているのである。また，「ツケ」で買うということがしばしば行われるが，これは商店が販売を販売台帳に記帳して，決済については消費者に猶予を与えることであるから，与信機能になる。つまり，商業は単に商品売買の仲介をするだけではなく，多様なサービスを付加して供給しながら販売活動を行っているのである。

流通の国際比較

商業は多数の事業所（店舗）で構成されている。表19・1は面積，人口当たりで商業店舗がいくつあるかという店舗密度の国際比較を示したものである。店舗密度1，2をみると，ほぼアメリカと日本が対照的な数値になっており，面積比，人口比ともに日本の店舗密度の高さが特徴的である。日本では商業が高密度で展開していることになる。しかし，こうした商業店舗は日本全国に満遍なく分布しているわけではなく，都市に高密度の商業集積を形成している。そして，商店街やショッピング・ゾーンといわれる高密度の商業集積は外部性をもっている。東京の吉祥寺の商店街と横浜の商圏が競合するということは，外部性があるからであり，消費者の多様

表19・1 流通構造の国際比較

	小　売　業		卸　売　業			W/R比率 (卸販売額/ 小売販売額)
	店舗密度1 (店/千km²)	店舗密度2 (店/万人)	店舗密度1 (店/千km²)	店舗密度2 (店/万人)	店舗密度3 (店/千店)	
日　　本	4,311	135	1,093	34	254	4.2
西ドイツ	1,636	67	505	21	309	1.8
アメリカ	205	81	40	16	196	1.9
フランス	1,018	102	290	29	285	1.6
イギリス	1,406	61	—	—	—	—

(注) 調査時点は日本，西ドイツが1985年，アメリカが82年，フランスが86年，イギリスが84年である。店舗密度1は対国土面積比，店舗密度2は対人口比，店舗密度3は対小売店舗数比である。

(出所) 通商産業省［1988］。

なニーズを適切に満たせるすぐれた商業集積では，消費者はより高いアクセス費用を負担してもそこで購買するようになる。

表19・1でもう1つ顕著な日本の特徴は，W/R比率の高さである。通常，これは日本の卸売業が第1次卸（元卸），第2次卸（中間卸），第3次卸（最終卸）と多段階構成となっていることに基づくとみられているが，むしろ世界的にみて日本に独自とみられる総合商社の国外販売や産業企業への販売が卸売額に算入されているためである。そうした小売とは直接には対応関係のない卸売販売額を控除してW/R比率を修正すると，1.7に低下する（通商産業省［1988］）。したがって，W/R比率の高さは日本の商業構造の際立った特徴とはいえない可能性がある。

他方，卸売業の「多段階性」の水準が高いという点については，広く認められている。製造大企業の流通の垂直統合は「多段階性」の水準を下げ，製品多様化がそれを引き上げるという2つの方向に変化させる力が働く。しかし，高度成長期以降の経済発展にもかかわらず，想定されるほど「多段階性」が低下しないの

表 19・2　流通業の平均規模比較

	小売業			卸売業		
	年間販売額 (100万円/ 店)	従業者数 (人/店)	1人当たり 販売額	年間販売額 (100万円/ 店)	従業者数 (人/店)	1人当たり 販売額
日　　本	55	3.7	15	929	9.5	97
アメリカ	155	7.5	25	1,191	12.0	94
西ドイツ	94	5.8	16	581	9.6	61
フランス	65	3.9	17	599	11.9	50
イギリス	87	6.5	13	487	10.7	45

(注)　調査時点は日本，アメリカ，フランス，イギリスは1982年で，西ドイツは85年である。
(出所)　経済企画庁［1989］。

には理由があり，後述の1973年に制定された「大規模小売店舗における小売業の事業活動の調整に関する法律」(**大店法**)などの規制政策と小売店に対する保護政策が「零細性，過多性，生業性という構造特質」をもった小売業を温存し，それが卸売業の「多段階性」を支えていると評価するのが通説である(田村［1986］)。「過多性」と関係するのは既述の店舗密度であろう。しかし，店舗密度の高さが「過多」かどうかは，店舗効率で判断するべきことであろう。また，「生業性」はどの国にもみられることであろう。では「零細性」はどうか。

　流通業の平均規模を国際的に比較してみると，**表 19・2**のようになるが，卸売業では従業員規模に関しては各国でほぼ同じであり，年間販売額，1人当たり販売額では日本，アメリカとヨーロッパ3国が大きく異なる。ただ，日本の卸売販売額は既述のように過大に表示されている可能性があるから，むしろアメリカが際立って大規模だという点に特徴がある。それは集計上の問題を含まない小売業でははっきりしている。アメリカがすべての数値で

著しく大きく，アメリカを基準におけば日本とヨーロッパ3国はほぼ同じである。したがって，日本，ヨーロッパを基準に考えれば，アメリカの小売業が異常であるということになる。何事によらず，アメリカを標準に物事を評価するのは危ういことである。

　小売業の年間販売額，1人当たり販売額でみると，前者に関しては日本の数値が小さいから，日本の小売業は零細規模であるということもできるが，この調査時点は異常な円安の時期であるので，そのように言い切ることはできない。効率の指標を小売業の1人当たり販売額（一種の労働生産性）でみれば，日本の小売商業の水準は表19・2に示された異常な円安の時点でもヨーロッパ並みであった。効率がとくに低いとはいえない。実は，卸売商業の「多段階性」といっても取り扱われる商品ごとに異なるが，既述のように商業は情報交換を行っていると考えれば，価値ある情報の最良の利用方法は情報の所有者自身が活用することであり，価値ある情報が多様に生み出されていれば，卸売は「多段階性」をもつと考えることができるのである（倉沢［1991］）。

　このことは，日本の消費者が多頻度・少量購買を基本とし，日用品（最寄品）は徒歩や自転車で買物に行き，買回り品は電車・自家用車を利用して大都市の商店街で購買することと整合している。**多頻度の購買**によって多くの情報が生み出されているのであり，少量購買だから少額の価格差より品質の差を重視する。そして，価格差の単純な相違とは異なって，品質の差は多様な情報を含むのである。日本の消費者は品質が標準化されていて，その差を無視でき，繰り返し消費し，年間の消費量が大きな商品などに限って「選択的」に価格感応的である。むしろ，一般的には商品の品質とそれに付随するサービスに敏感に反応する。これが高い小売店舗密度，卸売の「多段階性」の需要サイドからみた根拠になる。

| 流通マージンの変化 | 商業は商品販売にともなうサービスを供給していることになるが、それを（購入者価格×数量－生産者価格×数量）で示し、これを**流通マージン**と定義すると、（流通マージン÷購入者価格 × 数量）×100％が流通マージン率の定義になる。この流通マージン率は、流通サービスの商品に対する相対価格を示す。産業連関表から日米比較が可能なように修正されて、推計された流通マージン率は表 **19・3** のようになる。アメリカの流通マージン率がほとんど変化していないのに対して、日本の流通マージン率は消費財でほぼ一貫して上昇し、投資財では高度経済成長期に上昇した。マージンは労働費用（給与）、営業費（借家代、広告費など）、利益に分解できるが、流通マージン率上昇を規定したのは労働費用であった。サービスの質を不変と仮定すれば、消費財・投資財の流通マージン率の上昇は、商業部門の労働生産性伸び率が製造業部門と比べた場合はるかに低く、実質賃金の上昇を吸収できなかったために生じている（西村［1996］）。しかし、流通サービスの質を一定・不変と仮定することは現実的ではないことはいうまでもない。

2 「流通革命」と日本型流通システム

●日本的な「流通革命」

| 流通革命 | 商業の供給するサービスを的確に知ることは難しい。しかし、戦後の日本においてはアメリカから小売の新しい業態という新種のサービスが導入されたから、そうした新種の業態が日本でどのように展開したかによって、サービスの革新をある程度計ることができるであろう。戦後、アメリカから学習した最初のものはスーパーマーケットであった。1960年代初めに、林周二『流通革命』（中央公論社、1962

表19・3 流通マージン率の日米比較

基　準　年		消　費　財		投　資　財		貿　易　財	
J	A	J	A	J	A	J	A
1960		20.6					
1965	1963	26.4	39.2	12.1	14.7	6.6	11.6
1970	1967	28.9	40.6	15.6	12.4	7.0	11.6
1975	1972	32.6	38.6	17.6	12.8	5.4	11.9
1980	1977	34.9	37.5	18.3	16.1	5.8	12.7
1985	1982	36.7	37.2	16.0	14.5	7.6	13.1
1990	1987	37.8	38.9	19.8	14.8	5.8	12.6

(注)　Jは日本，Aはアメリカの略であり，基準年とは産業連関表の基準年である。
(出所)　西村［1996］。

年）が話題を集めたが，それは大規模小売店としてのスーパーが，大量の商品を生産者から直接に，しかも集中仕入れし，多段階の卸売をパス・オーバーすること（流通経路の短縮）によって安く仕入れ，安く販売して，伝統的な小売商業に取って代わることへの期待の表明であった。

　スーパーは対面販売に代えてセルフサービスを採用し，多数の標準化された店舗を一括して運営するチェーン・オペレーションという経営方式を取り入れ，**ディスカウント商法**によって価格競争を挑んだ。スーパーでいち早く全国展開したダイエーが「安売りの哲学」を唱えたのは，ディスカウント商法を端的に示すものであった。ダイエーの売上高は創業7年目の1963年には小売業として売上高10位に躍進し，72年には長らく売上高首位を維持した百貨店の老舗・三越を上回って，ついに売上高第1位になった。西友（ストア），ジャスコ，イトーヨーカ堂などがダイエーに続いて成長した。しかし，スーパー業態の特徴を示す指標であるセルフサービスに注目して，セルフサービスを採用している店舗の小売業の総売上げに占めるシェアをみると，1972年におい

ても8％台であって，そのシェアはアメリカの3分の1程度にとどまった。

業態革新

スーパーのシェアが低かっただけではなく，標準店舗で全国どこでも標準化された品揃えで販売するという方法が失敗した。地域ごとに消費者の購買の好みが異なったからである。そのうえ，食料品を中心とするスーパーの品揃えにも問題があった。消費者は多様な商品を1カ所で購買できる機能，つまりワンストップ・ショッピングの機能を求めていた。したがって，地域ごとの需要の特性にフィットした，食料品のみならず，衣料品，家具，雑貨などの最寄品の販売を行う店舗が勝利したが，地価の高い日本では多様な売場を平面に拡張することで満たすことはできなかったので，まずは3〜5階の中層の量販店が創造されたのである（上野ほか［1991］）。日本型の小売業態が開発され，新たなサービスが供給されたが，20万〜30万品目といわれる多様な商品の品揃えには卸売業は不可欠であり，卸売業は排除されなかった。そして，多様な商品を豊富に品揃えするかどうかによって店舗間の優劣が決定されるから，同一地域（商圏）で地域1番店（売場面積最大店舗）となることが重要な出店戦略となり，競争の手段となったのである。

大規模な店舗の開発は中層から高層化へと展開したが，他方で，1970年代になるとモータリゼーションが進展し，「電車と徒歩」という購買から「乗用車，電車そして徒歩」という購買へと変化していた。したがって，店舗の大型化は駐車場を備えた郊外立地に変わったが，1店舗に多様な小売業を集積した量販店が郊外の幹線道路沿いに立地することは，従来の鉄道（電車）の駅を中心に形成された**商業集積**に大きな打撃を加えるものであった。既述の大店法による大型店の出店規制は，しばしば大規模小売業と零細小売商店の利害対立に基づくとみられているが，鉄道を中心と

した商業集積と自動車・道路を中心とした集積との利害対立という面が大きいのである（伊藤・松島 [1989]）。

出店規制政策

実は，出店規制は多様であった。商品ごとの主な規制をみると，酒，みりん（酒税法），たばこ（たばこ事業法），塩（塩専売法），米穀（食糧管理法），医薬品（薬事法），ガソリン（揮発油販売業法）などがあげられるし，業態規制としては 1956 年に復活した**百貨店法**による規制があった。しかし，なんといっても重大なのは既述の大店法であった。百貨店の出店を原則禁止とした百貨店法と異なって，大店法は原則的には出店自由，例外的に規制という内容のものであったが，大規模店から零細商店を保護するという一面的な政策的観点から運用され，大規模小売店が出店する場合，出店対象の地域において商業活動調整協議会（商調協）の事前協議で地元商店がその出店に対して同意することが必要とされた。この規制対象は，さらに 1970 年代に強化された。地方自治体による中規模店舗に対する規制（上乗せ規制，横出し規制）が続々と導入され，1979 年 5 月には，大店法の改正によって出店規制が強化され，規制対象の店舗売場面積の下限は $3000m^2$ ないし $1500m^2$ から一律 $500m^2$ に引き下げられた。商調協では多くの場合，「調整」が難航し，出店できたとしても大型店の出店に要する時間は長期化し，店舗面積は計画からみると大幅に削減されるのが普通であった（鶴田・矢作 [1991]）。上乗せ・横出し規制の強さの程度を指数化して分析した結果では，大店法の競争制限政策が参入コストを引き上げて大規模店の販売価格を引き上げ，土地を保有することを有利にする税制の歪みが非効率な零細商店を残存させていると結論している（西村 [1996]）。

CVS の革新

大店法の出店・営業時間制約の下で量販店は，「小さな商圏（徒歩での購買）のな

かで生活必需品（3000品目）をセルフサービス方式で販売する長時間，年中無休営業の小型店舗」(矢作［1994］）と定義できる**コンビニエンス・ストア**（CVS）に着目した。また，中小企業庁も小売商店の活性策としてコンビニエンス・ストアに着目した。この場合もコンビニエンス・ストアが，すでにアメリカで急成長し，新たな革新的な小売業態とみられていたことが大きな影響を与えた。たとえば，コンビニエンス・ストア・チェーン最大のサウスランド（セブン-イレブン）は，1970年前後には約4000店舗，売上高10億ドルの規模に成長し，小売の有力企業となっていた（川辺［1994］）。

1973年にイトーヨーカ堂がサウスランドと提携してセブン-イレブンを設立し，75年にはダイエーがローソンの店舗を開設し始め，78年には西友がファミリーマート事業部を設立し，80年にはジャスコ，ユニー，長崎屋などがコンビニエンス・ストアの1号店を開設した。その後，1980年代になると，**表19・4**から明らかなように，住関連スーパーを別にすると，多くの小売業態が低迷し，個人商店が純減するなかで，コンビニエンス・ストアは急成長を続け，小売に占めるそのシェアは82〜91年に2倍強になり量販店（総合スーパー）に近づいた。

しかし，コンビニ業態の独自開発をしたファミリーマートなどはもとより，当初アメリカに学んだセブン-イレブンなどでも，それは日本の小売市場の特性に合わせて，新たな小売システムを開発するものであった。たとえば，アメリカの直営店中心と対照的な**フランチャイズ方式**がとられたが，これは既存の高密度の小売店舗経営者をフランチャイジーとして活用するものであった。フランチャイズ加盟店は独立経営であり，加盟店が商品の発注権をもったのも，本部が商品を計画的に個別店舗に配送するアメリカとは対照的であった。独立経営であるという点が，店舗面積の

表 19・4　業態別小売業

	1982 年		1991 年	
	販売		販売	
	店舗	シェア	店舗	シェア
百貨店	461	7.8	455	8.1
総合スーパー	1,507	5.6	1,924	5.9
衣料品スーパー	606	0.5	618	0.3
食料品スーパー	4,358	4.4	5,214	4.4
住関連スーパー	531	0.4	1,327	1.0
その他スーパー	58,777	6.5	66,290	6.9
コンビニ	13,235	2.3	42,976	5.0
その他小売	1,641,990	72.5	1,472,382	68.4

(出所)　矢作［1994］。

　狭隘性という強い制約のなかで，日用品・サービスに関する需要を的確に満たすためには多様な品揃えを実現する鍵になったのである。つまり，この狭隘性と多様な品揃えという二律背反を解決する，1つの創造的工夫が店舗の発注権を大切にすることであった。顧客が徒歩で来店できる程度の小さい商圏の多様な消費者ニーズや地域催事などを最も的確に認識しえるのは，現場の経営者であったからである。ただ，現場の経営者は広い消費者動向，製品開発情報には劣る。そこで，コンビニエンス・ストア・チェーンの本部は推奨品目を 5000 程度に絞り込んだ情報を提供し，商品露出度を最大化した店舗レイアウトを開発し，合理的な品揃えの条件を提供し，加盟店が取扱品目を 3000 にまで増大することを実現した。たかだか，$500m^2$ を上限とする零細な店舗に 3000 品目という多様な品揃えを実現したことは驚くべきことであった。ちなみに，セブン－イレブン・ジャパンがハワイのサウスランドの店舗を買い取った際には，それらの店頭には日本の半分ほどの品目しかなかったのである（川辺［1994］）。

さて，特定の品目は店頭にごく少数あるだけであるから，品切れによる販売チャンスの喪失を避けるための多頻度小口配送システムや高鮮度の商品配送システムがなければならないが，それを開発したのがコンビニエンス・ストア・チェーン本部であった。つまり，コンビニエンス・ストア・チェーン本部会社は，販売・生産情報などを収集・処理・加工して販売促進，在庫縮減などのための情報を創造し，それらの情報を提供する新たなサービス業として誕生したのである。これが，日本のコンビニエンス・ストア・システムが開発したもう1つの革新であった。そして，1990年代にアメリカのコンビニエンス・ストアが次々と倒産するなかで，セブン－イレブン・ジャパンがサウスランドの経営権を掌握してその再建に成功したことは，日本における新業態の革新の成果とみることができるし，それは流通サービスの質が高められていることをも示している，といえるであろう。

Column ⑧　「住宅すごろく」

　1990年代初頭までの日本では，地価はほぼ一貫して上昇してきた。そうした地価上昇を活かしつつライフステージに対応した住宅の選択のあり方が，「住宅すごろく」と表現された方法であった。「住宅すごろく」は，建築学者の上田篤が1970年代前半に提唱し，下宿，寮・寄宿舎から，就職直後の単身アパート住まい，結婚してマンションへ転居，子どもの誕生を機に分譲マンションを購入といった段階を経て，「庭付き郊外一戸建て」を購入することで「上がり」となる，平凡ながら多くの日本人が期待しえた人生を表現していた。継続的な賃金上昇の期待がこうした人生設計を可能にしたのはもちろんのこと，不動産価格の上昇が，マンションを売却して一戸建てへ住み替えることを容易にした。その意味で，不動産価格の継続的上昇が「住宅すごろく」の前提

条件であった。

ところが，バブル崩壊により，不動産価格の継続的上昇という期待がもはや成立しないことが明白になった。バブル崩壊直後には，「上がり」に到達する以前にマンション価格が急落し，多額のローン支払いが残るケースも続出した。野村総合研究所「住宅選択に関するアンケート調査」

© 上田篤
「住宅すごろく 『上がり』は6つに」
『日本経済新聞』2007年2月25日，より掲載。

（2009年6月）によれば，持ち家志向はいぜん根強いものの，現実的な選択としては「持ち家・新築」よりも「賃貸・中古」を優先する傾向がみられるという。バブル崩壊は，日本人の住宅取得に対する考え方をも変えたのかもしれない。

余談になるが，2007年2月の『日本経済新聞』には，「住宅すごろく」を考案した上田篤による「新住宅すごろく」が掲載された。「上がり」が6通りになり，多様な人生が想定されるとともに，6つの「上がり」には老人ホームや海外定住，農家への回帰などが含まれる。また，「上がり」までの過程には，テント暮らしや危険マンションなどもある。多様な人生が想定されるのは望ましいことであるが，社会不安の要素が含まれることは今日の社会がある種の問題を抱えていることを示している。はたして，社会不安の要素を含まない「新々住宅すごろく」が作られる日は訪れるのであろうか。

第4部の演習問題

1　国内・国外を含めたマクロ経済政策がバブル発生の要因になったという見解がある。第4部の記述から，この見解の内容を確認してみよう。また，バブル発生を防ぐような政策運営の可能性を検討してみよう。
2　1980年代における債権国化の特徴は，債権の増加とともに債務も増加した点にあった。このような特徴が生じた要因について考察してみよう。
3　1980年代には，日本の企業システムの優位性が高く評価された。この企業システムを構成したサブシステム（生産，技術，労使関係，資金調達など）から，重要性の高いものをいくつか取り上げ，「発生」「洗練」「普及」した条件を確認してみよう。
4　バブル崩壊とともに発生した不良債権問題が10年以上にわたって長期化した背景について考えてみよう。
5　トヨタ生産システムは非製造業を含めた他産業へと普及した。トヨタ生産システムが他産業（製造業でも非製造業でもよい）に普及した事例を1つあげ，普及のプロセスについて調べてみよう。

第4部の参考文献　＊は読者のための基本文献を表す。

Abo, T. ed.［1995］, *Hybrid Factory*, Oxford University Press.
ダイキン工業株式会社［1995］『ダイキン工業70年史』。
フック，フィリップ（中山ゆかり訳）［2009］『印象派はこうして世界を征服した』白水社。
原田泰［1999］『日本の失われた十年』日本経済新聞社。
＊橋本寿朗［2002］『デフレの進行をどう読むか』岩波書店。
＊洞口治夫［1992a］『日本企業の海外直接投資』東京大学出版会。
　洞口治夫［1992b］「日本企業の海外進出」森川英正編『ビジネスマンのための戦後経営史入門』日本経済新聞社。
　堀内昭義［1994］「日本経済と金融規制」同編『講座・公的規制

と産業　5』NTT出版。
　星岳雄＝アニル・カシャップ（鯉渕賢訳）［2006］『日本金融システム進化論』日本経済新聞社。
　星岳雄＝アニル・カシャップ［2013］『何が日本の経済成長を止めたのか』日本経済新聞出版社。
＊石井菜穂子［1990］『政策協調の経済学』日本経済新聞社。
＊石崎昭彦［1990］『日米経済の逆転』東京大学出版会。
　伊藤元重・松島茂［1989］「日本の流通――その構造と変化」『ビジネス・レビュー』第37巻第1号。
　加藤雅［1994］『規制緩和の経済学』東洋経済新報社。
　川辺信雄［1994］『セブン－イレブンの経営史』有斐閣（新版，2003年）。
　河合正弘［1992］「日本の債権国化」東京大学社会科学研究所編『現代日本社会　7　国際化』東京大学出版会。
　経済企画庁［1988］『経済白書』昭和63年版。
　経済企画庁［1989］『経済白書』平成元年版。
　経済企画庁［1995］『経済白書』平成7年版。
　経済企画庁［1996］『経済白書』平成8年版。
　経済企画庁［1997］『経済白書』平成9年版。
　金融財政事情研究会［1997］『国際金融年報』。
　小峰隆夫編（内閣府経済社会総合研究所企画・監修）［2011］『日本経済の記録　第2次石油危機への対応からバブル崩壊まで』内閣府経済社会総合研究所。
　工藤章［1995］「日欧経済関係の変貌」同編『20世紀資本主義 II』東京大学出版会。
　倉沢資成［1991］「流通の〈多段階性〉と〈返品制〉」三輪芳朗・西村清彦編『日本の流通』東京大学出版会。
＊三橋規宏・内田茂男［1994］『昭和経済史』下，日経文庫。
　宮島英昭・蟻川靖浩［1999］「金融自由化と企業の負債選択」『フィナンシャル・レビュー』第49号。
　宮島英昭・蟻川靖浩・齊藤直［2001］「日本型企業統治と『過剰』投資」『フィナンシャル・レビュー』第60号。
　宮崎義一［1988］『ドルと円』岩波新書。
　宮崎義一［1992］『複合不況』中公新書。

門田安弘［1989］『実例自動車産業のJIT（ジャストインタイム）生産方式』日本能率協会。

門田安弘［1993］「トヨタ生産方式」伊丹敬之・加護野忠男・伊藤元重編『リーディングス 日本の企業システム3』有斐閣。

中曽根康弘［1996］『天地有情』文藝春秋。

日本銀行［1996］『日本経済を中心とする国際比較統計』。

西村清彦［1996］『「価格革命」のマクロ経済学』日本経済新聞社。

野口悠紀雄［1992］『バブルの経済学』日本経済新聞社。

小川英次編［1994］『トヨタ生産方式の研究』日本経済新聞社。

岡崎哲二・星岳雄［2002］「1980年代の銀行経営――戦略・組織・ガバナンス」村松岐夫・奥野正寛編『平成バブルの研究 形成編』上，東洋経済新報社。

奥野正寛・鈴村興太郎・南部鶴彦編［1993］『日本の電気通信』日本経済新聞社。

大野耐一［1978］『トヨタ生産方式』ダイヤモンド社。

＊鈴木淑夫・岡部光明編［1996］『実践ゼミナール 日本の金融』東洋経済新報社。

田村正紀［1986］『日本型流通システム』千倉書房。

寺西重郎［1987］「日本の『資本輸出国』化と銀行の国際化」館龍一郎・蠟山昌一編『日本の金融2 国際化の展望』東京大学出版会。

東洋経済新報社編［1994］『海外進出企業総覧』1994年版。

鶴田俊正・矢作敏行［1991］「大店法システムとその形骸化」三輪芳朗・西村清彦編『日本の流通』東京大学出版会。

通商産業省［1988］『通商白書』昭和63年版。

通商産業省［1993］『第22回我が国企業の海外事業活動』。

上野千鶴子・中村達也・田村明・橋本寿朗・三浦雅士［1991］『セゾンの発想』リブロポート。

ウォマック，J. P.＝D. T. ジョーンズ＝D. ルース（沢田博訳）［1990］『リーン生産方式が，世界の自動車産業をこう変える』経済界。

矢作敏行［1994］『コンビニエンス・ストア・システムの革新性』日本経済新聞社。

＊吉川洋［1992］『日本経済とマクロ経済学』東洋経済新報社。

第 5 部
長期停滞と日本型企業システムの転換

ボーダフォン買収で記者会見するソフトバンクの孫社長

買収の経緯を説明する日本電産の永守会長兼社長

第20章 概　説

長期停滞下の経済循環

1 経済環境の変化

● 3つの大変動

グローバリゼーション　　1980年代以降進展した世界経済のグローバリゼーションは，89年の東欧革命による社会主義諸国の市場経済への復帰，中国の改革・開放路線の定着，東アジアの新興経済国の急速な発展などにより90年代に入ると加速し，しばしば世界経済はメガ・コンペティションの時代に入ったともいわれる。世界貿易は，東アジアを成長のセンターとしながら1980年代半ば以降から急速なテンポで拡大した。世界輸出の成長率は，1980年代6.2％，90年代6.5％と加速し，2000年代前半には10％を超えた（表22・1）。この貿易の拡大は，直接投資を通じた国際的な企業活動の拡大によって支えられた。世界の直接投資の対GDP比は，1970年代には0.4％を下回っていたが，80年代後半から急増し，90年代前半に0.8〜1％前後，2000年代前半には2％に達した。さらに金融面の国際化も加速した。為替管理の自由化，金利や業務の自由化，金融資産の蓄積

の進展を背景に，実体経済から相対的に独立した資金移動が活発化した。こうした国際的な金融取引の拡大は，為替の大幅な変動を通じて実体経済に影響を与える一方，国際金融センターの位置と役割，金融機関の競争，企業や個人の資金調達・運用のあり方にも大きな影響を及ぼすこととなった。

以上の貿易・資本移動の活発化は，序章で触れた航空機の大型化，航空運輸と海上・陸上運輸の融合にみられる運輸産業の革新と，後述のIT（情報技術）革命と呼ばれる技術革新の進展に支えられた。CALS（生産・調達・運用支援統合情報システム）の活用により国内の本社と海外の工場との一体的運営が可能となり，情報・通信の革新が複雑な金融商品の開発や金融事務処理の迅速化などを通じて金融の国際化を進展させた。さらに，世界経済の相互依存関係の深化は，各国間の制度間競争を生み出すこととなった。各国は，経済活動の場として優位な環境整備をめぐって競争を開始し，これが1980年代から進展していた規制緩和をさらに促進する要因となった。各国では，リーマン・ショックに至るまで規制緩和が基本的な政策方向となった。

市場化の進展

上記のグローバル化は，**金融革命**といわれる変化をともなった。金融制度の自由化と金融技術の発達は，企業の資金調達のオプションを大幅に増加させることとなった。いまや各国の企業は，十分な信用と名声を確立すれば，内外の資本市場で，これまでに比べてはるかに低い利子率，少ないプレミアム支払いによって資金を調達することが可能である。そのため，企業にとって高い株式市場の評価や信用格付けを得ることが，自社の収益を直接に規定する要因として重要な意味をもつこととなった。

この企業の資金調達面の変化とともに，**企業統治（コーポレート・ガバナンス）** 面でも，市場の圧力が上昇した。先進国の年金

資産を中心とする金融資産の蓄積や、産油国資金の増加を背景に、その運用にあたる内外の機関投資家の保有比率が上昇し、これら機関投資家の積極的な議決権行使が企業経営に影響を与え始めた。また、市場化の進展は、内外の企業、投資ファンドによる買収を容易にし、英米以外の国にも経営権を売買する**経営権市場**（market for corporate control）が拡大した。

　こうした企業金融・統治面での変化は、各国の法・経済制度に対して平準化の圧力を加えた。金融業務の国際化とともに、国際業務を営む銀行の経営健全性を確保することが重要な課題となり、自己資本比率8％以上という **BIS 規制**（国際決済銀行の関連機関であり、日米欧など13カ国の銀行監督当局が組織するバーゼル銀行監督委員会の設定したルール）が各国金融機関に新たなルールとして課されることとなった。また、会計基準の国際的標準化が進み、並行して、企業統治に関する制度、商法や証券取引法における少数株主保護規定、情報公開規定が整備された。こうして世界的な法・制度の収斂が徐々に進展した。

IT革命

1990年代以降の世界経済が直面したいま1つの大きな変化は、**IT革命**と呼ばれる情報・通信技術の革新であった。半導体技術の画期的進展によってパーソナル・コンピュータ（PC）、ワーク・ステーション、携帯電話などの価格低下と性能向上が劇的に進展し、これら情報機器が通信網によって結合されることで通信産業も新たな次元を開いた。鉄鋼・化学ばかりでなく、自動車部門も成熟化するなかで、電子・電機、通信産業は20世紀末から21世紀初頭の最大の成長産業となった。企業にとって最大のビジネス・チャンスはこの情報・通信関連分野にあり、そこでの競争力が先進国の経済成長を維持するうえで戦略的重要性をもつこととなった。しかも変化はそればかりではない。パーソナル・コンピュータや情報端

末による分散化した情報創造・処理と通信ネットワークによるその結合を特性とする情報革命は，そうしたIT投資の多寡が企業の生産性に大きな影響を与える一方，これまでの市場競争，企業戦略，組織構造にもインパクトを与えることとなった。

IT革命は定型化された情報処理のスピードを一気に引き上げるだけでなく，ネットワークに結合されることによって情報交換に関して大きな外部効果をもった。さらに，IT化は，設計や製品のモジュール化（1つのシステムまたはプロセスを，一定の連結ルールに基づいて独立に設計される半自律的なサブシステムに分解すること）をともない，その結果，統合的技術を自前でワンセット揃えるよりも，特定のモジュールの設計・製造に集中する戦略の有効性を高めた（青木・安藤［2002］）。また，IT化はメンバー間の情報共有を可能とすることによって，組織のフラット化などの変化をもたらした。こうした変化と照応して，企業の資産の中心も，工場，設備，大型店舗に代表される有形資産から専門知識・熟練技術をもつ人材，特許・ノウハウといった無形資産に移りつつある（岩井［2003］，宮川ほか［2016］）。

2 「失われた20年」
●実験と構造調整

長期不況の明確化　　第15章で見たとおり，1980年代後半に繁栄を享受した日本経済は，90年代に入ると一転して不況に直面することとなり，91～96年の年平均GDP成長率は1.8％にとどまった。銀行危機に直面した1997年以降のそれはさらに低く0.5％，景気の回復した2003～07年にも1.7％にとどまり，**世界金融危機**に見舞われた08～12年は，マイナス成長に陥った（**表20・1**）。こうした低成長率は，成長の

表20・1 各国の実質GDP成長率

(単位:％)

	1991～96年	1997～2002年	2003～07年	2008～12年	2013～16年
世　界	2.9	3.4	5.1	3.2	3.4
先進工業国	2.4	2.9	2.7	0.5	1.9
アメリカ	2.8	3.4	2.9	0.7	2.1
ＥＵ	1.6	2.7	2.7	－0.0	1.7
日　本	1.8	0.5	1.7	－0.2	1.2
発展途上国	3.6	4.1	7.7	5.5	4.6
アジア(発展途上国)	8.5	5.8	9.5	7.8	6.7
中　国	11.9	8.4	11.7	9.4	7.2
インド	5.5	5.3	8.8	6.9	7.3

(出所) IMF［2018］, *World Economic Outlook Database*, April 2018.

著しい新興国はもとより，他の先進国に比べても低く，とくに1990年代に入ってアメリカがドル高の下で輸入価格の低下と海外からの資本供給，さらにIT投資による生産性の上昇を通じてインフレなき拡大を持続したのとは対照的であった。1980年代に日米逆転を論じた論壇では，一転して「日米再逆転」が論じられ，さらに長期不況が明確となった2000年前後からは，その原因の解明が大きな焦点となった。もっとも，1980年代後半の日米逆転という見方自体が，すでにやや誇張であった。購買力平価で換算した1人当たりGDPでみて，日本のアメリカに対する比率は，それがピークに達した1990年代前半ですら，いぜん80％強にとどまっていたからである。しかも，同比率は，その後の日米の労働生産性変化率の対照的な軌跡の結果，2000年時点では73％に低下し，以降も相対的な地位の低下は継続し，14年時点では，68％にとどまる（図20・1）。

　2000年に入って，1990年以来の日本のGDP規模がほとんど増加していないこと（たとえば，名目ベースのGDPは92年の480兆円に対して2002年のそれは498兆円にとどまる）に注目して「失

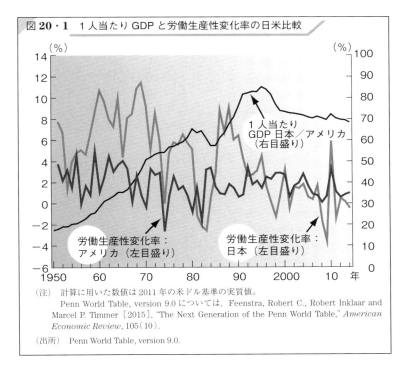

図20・1 1人当たりGDPと労働生産性変化率の日米比較

(注) 計算に用いた数値は2011年の米ドル基準の実質値。
Penn World Table, version 9.0については, Feenstra, Robert C., Robert Inklaar and Marcel P. Timmer [2015], "The Next Generation of the Penn World Table," *American Economic Review*, 105(10).

(出所) Penn World Table, version 9.0.

われた10年」(a lost decade) という表現がしばしば用いられた。その背景には，本来不況期に進められるべき苦痛をともなう経済改革が先送りされ，いたずらに時間と体力を浪費しているという認識があった。さらに，2008年の世界金融危機の発生後，日本のGDPは大幅に低下し，デフレが再び進行するなかで，「失われた10年」は，転じて「**失われた20年**」(lost decades) と呼ばれることとなった。バブル崩壊から20年を経て，世界のなかで日本が相対的に貧しくなっていた。たとえば，1992年に日本は，1人当たりGDPでルクセンブルクについで世界第2位の地位を占めたが，2014年には14位にまで後退した。

経済システムの転換

しかし,長期停滞に直面したものの,日本経済がこの20年間に経験した経済システムの変化は大きい。第25章で述べるように銀行危機を境として,独禁法の改正,会社法の改正,企業結合法制の整備など多方面にわたって制度改革が進展した。この制度改革による選択肢の増大とともに,日本企業は,所有構造の調整,賃金制度・雇用システムの見直し,内部組織の改革などのさまざまな実験を試み,日本型企業システムは大きく変容することとなった。また,日本企業は,**M&A**(合併・買収)を積極的に利用しながら,コア事業の強化,不採算部門の整理など事業再組織化を進める一方,カンパニー制や持ち株会社の導入など組織の**分権化**を進めることになった。また,1999年以降,インターネット関連の事業を中心に,**新興企業**が急速な成長を示し,経済活動の担い手である企業にも大規模な新旧交代が徐々に発生した。この意味で1990年代後半からの20年は,ゆるやかな創造的破壊をともなう「実験と構造調整の20年」でもあった。

3 銀行危機とデフレの進行

●混迷する財政金融政策

銀行危機

1990年代前半の数次にわたる財政出動のため,政府債務残高は1990年度末の217兆円から96年度末には355兆円に増加し,財政再建が再び重要な政策課題となった(図21・2)。そのため,1996年に成立した橋本内閣は,明確に財政再建路線を選択した。しかし,1997年5月,すでに景気は後退局面に入っており,この年の11月には**銀行危機**が発生した。資産価格の持続的低下を主因とする金融部門の不良債権問題は,ついに大手金融機関の破綻として爆

発し，深刻な金融システム不安を生み出すこととなった。さらに，同じ頃に発生した**アジア通貨危機**による輸出の後退も加わって，1998年には，石油危機直後以来，20年ぶりにマイナス成長を記録した。翌1999年からの景気回復は，情報通信産業によって牽引された限定的なものにとどまり，景気回復は戦後最短の2年に満たず，2001年初頭から早くも景気は減速した。デフレの進行と不良債権の累積の悪循環が懸念されるなか，2001～02年の成長率は低迷し，02年には失業率はピークの5.5％に達した。この間，民間投資の低迷は著しく，その寄与度は，1998，99年に大幅にマイナスに転じ，2001，02年にも再びマイナスを記録した（表 **20・2**）。

当初，**不良債権問題**は，銀行部門に限定された問題と考えられていたが，銀行危機の発生した1997年から2002年まで，さまざまな経路を通じて実体経済に影響を与えることとなったのである。

一方で，バブルの崩壊にともなう資産価格デフレの結果として発生した不良債権問題は，ひるがえって，銀行部門の不良債権の投売りを通じて，資産価格デフレをさらに深刻化させ，この資産価格デフレの進展が，逆資産効果による消費の低迷，担保価値低下による投資の低迷などの経路を通じて実体経済に影響を与えた。また，バブルの崩壊による資産価値の低下は，購入時に予想したよりも資産の収益性が大幅に低下したことを意味し，他方，負債はそのまま残存するため，企業の利払い負担の増加がキャッシュ・フローを圧縮した（デット・デフレーション）。さらに，不良債権処理の遅れによる**信用連鎖の破壊**（credit disorganizationと呼ばれる）によって，取引関係の連鎖や企業間分業に慢性的な萎縮が発生した可能性も指摘された（小林・加藤 ［2001］）。

表20・2 経済成長の要因分析（需要サイド）

(単位：％)

年	国内総支出	民間最終消費支出	民間住宅＋民間企業設備＋民間在庫	政府最終消費支出	公的固定資本形成＋公的在庫品増加	財貨・サービスの純輸出	財貨・サービスの輸出	財貨・サービスの輸入
1990	5.6	2.8	1.8	0.4	0.4	0.0	0.7	0.7
91	3.3	1.2	0.8	0.5	0.2	0.6	0.5	−0.1
92	0.8	1.1	−2.3	0.4	1.1	0.5	0.4	−0.1
93	0.2	0.5	−1.9	0.4	0.9	0.1	0.0	−0.1
94	0.9	1.2	−0.7	0.5	0.1	−0.2	0.4	0.6
95	2.7	1.3	1.3	0.6	0.0	−0.5	0.4	0.9
96	3.1	1.1	1.5	0.4	0.5	−0.4	0.4	0.8
97	1.1	0.4	0.1	0.2	−0.6	1.0	1.0	0.0
98	−1.1	−0.3	−1.0	0.2	−0.4	0.3	−0.3	−0.6
99	−0.3	0.6	−1.8	0.6	0.5	−0.1	0.2	0.3
2000	2.8	0.9	1.6	0.6	−0.8	0.5	1.3	0.8
01	0.4	1.0	−0.1	0.6	−0.3	−0.8	−0.7	0.1
02	0.1	0.7	−1.4	0.5	−0.3	0.7	0.8	0.1
03	1.5	0.4	0.6	0.3	−0.5	0.7	1.0	0.3
04	2.2	0.7	1.0	0.2	−0.6	0.9	1.7	0.8
05	1.7	0.7	1.0	0.1	−0.5	0.2	0.9	0.7
06	1.4	0.6	0.2	0.0	−0.3	0.8	1.4	0.6
07	1.7	0.5	0.1	0.2	−0.3	1.1	1.4	0.3
08	−1.1	−0.6	−0.4	0.2	−0.2	0.2	0.3	0.1
09	−5.4	−0.4	−4.3	0.4	0.3	−1.4	−4.1	−2.7
10	4.2	1.4	0.8	0.4	−0.1	1.8	3.1	1.3
11	−0.1	−0.2	0.8	0.4	−0.2	−0.8	0.0	0.8
12	1.5	1.2	0.7	0.3	0.1	−0.8	0.0	0.8
13	2.0	1.4	0.3	0.3	0.2	−0.4	0.1	0.5
14	0.4	−0.5	0.8	0.1	0.0	0.0	1.5	1.5
15	1.4	−0.2	0.8	0.3	−0.1	0.3	0.5	0.2
16	1.0	0.2	0.1	0.3	−0.2	0.6	0.2	−0.4

(出所) 内閣府［2017］。

信用縮小とデット・オーバーハング

他方，不良債権の累積は，以下の経路から企業の投資活動に影響を与えた。第1の経路は，不良債権問題が，銀行の貸出

行動を制約し，非効率な信用供与と，貸渋り・貸剝がしを同時にもたらした可能性である。銀行部門に対して自己資本比率規制が厳格に施行されると，自己資本の減少を回避しようとするインセンティブが高まり，銀行の融資先企業への追加融資が，再建後の収益の回復に関する判断ではなく，もっぱら，回収不能となった債権の顕在化を回避するために行われる可能性が上昇する。このように清算を「先延ばし」するために銀行が追加融資を行ういわゆる「追貸し」は，不動産，建設，流通部門で大規模に発生したとみられ，そこでは，本来，早期に清算されるべき収益の低い企業が人為的に温存されることとなる。他方，そうした企業に貸出が固定化されると，銀行の資産サイドの圧縮が避けられず，はなはだしい場合は，貸剝がしが同時に発生することとなる。こうした事態は，借入以外の資金調達手段をもたない中小企業部門で発生した（Motonishi and Yoshikawa [1999]）。

　第2の経路としては，銀行の貸出行動に対する，顧客企業の負債水準上昇の影響である。なかでもこれまで注目されてきたのは，**デット・オーバーハング問題**である。有望な投資案件があったとしても，この新規投資のための融資を行う貸し手の債権が既存の債権に劣後し，かつ，新規投資の収益を既存負債の返済にあてると新規債務の返済費用は賄えないとすれば，債権回収が不可能である以上，新規の貸し手が現れることはない。その結果，借り手企業はたとえ優良な投資機会をもっていたとしても，その投資の実現が不可能となる。

　第3の経路として，借り手にとっての過剰債務が，倒産リスクを上昇させた可能性がある。経営者が企業経営そのものから大きな便益を受けていたり，他の就職先を得ることが困難な場合，あるいは企業のもつ無形資産の価値が大きい場合には，財務危機によって経営者が負うコストが上昇するため，経営者はこの倒産リ

スクを回避するために，仮に優良な新規の投資機会があっても，それを実行せず，債務削減を選択することなる（蟻川ほか［2003］）。

消費の低迷

1999年からの景気回復は脆弱で，短命なものに終わった。牽引力が外需とIT関連業種に限定されていたためである。しかも，これまで不況期に成長を下支えした消費の寄与も低迷することとなった。1990年代前半までは，所得の伸びが低下すると，消費性向が上昇し，消費を下支えするというメカニズムが働いた（表20・2）。しかし，銀行危機の発生した1997年以降，消費性向は安定的となり，所得の緩慢な改善がそのまま消費の低迷につながった（内閣府［2001］）。しかも，1999年半ばには，景気が回復に向かっているにもかかわらず，消費の低迷が続くという過去に例をみない状態が発生した。この背後には，将来の雇用や所得の不安などの家計における不確実性の上昇があった。主要銀行や4大証券の一角ですら破綻に直面し，リストラ，雇用削減が現実化するなかで，家計の消費に対する態度が消極的となった。また，デフレの進展とともに，物価先安期待による耐久消費財需要の繰延べの影響も大きかった。土地価格が継続的に低下するなかで，住宅購入の先送りが発生した。さらに，名目所得の低下をともなうデフレの進行は，住宅ローンのある家計の消費に強くネガティブな影響を与えた。1999年から住宅ローン負担のある世帯と，その負担のない世帯との間に明確な消費行動の差が発生したことが確認されている（内閣府［2001］）。

失業率の上昇

上記の消費の低迷の背後にあった失業率の上昇も深刻であった。1998年に景気後退の過程で失業率は上昇し，しかも，99年に入って景気が反転したにもかかわらず，失業率の上昇は続いた（**表20・3**）。企業側で人手不足（欠員）が増加する一方，失業率が高止まりする

事態が発生した。1990年代前半まで3％を超えることのなかった失業率は，2000年に入ると5％を超えた。雇用のミスマッチ，転職・職探しプロセスで発生する失業を，循環的失業と区別して**構造的失業**と呼ぶが，2000年度末の5％の失業率のうち，循環的失業率は1％にとどまり，残りの4％は構造的失業率と試算されている（内閣府［2001］）。

しかも，この失業率の上昇には，いくつかの特徴があった。第1に，25歳未満の失業率が平均よりはるかに高かった。2000年には，25歳未満の男性の年平均失業率は10％を超え，翌01年9月には月次で最高の12.4％を記録した。長期雇用の維持を試みる日本企業は新規採用を厳しく抑制したのである（玄田［2001］）。その結果，新卒市場は，「就職氷河期」と呼ばれ深刻な状況を示した。この時期に正規雇用への就業の機会を逸し，その後長く非正規雇用の地位にとどまった層は厚く，近年でも60万人に達し（「働き方改革実行計画」2017年3月），後の格差問題の焦点の1つとなった。第2に，失業期間2年超の長期失業者が増大した。この背後には既述の雇用のミスマッチがあった。職業別には専門・技術職，販売職など高度な技術や経験が問われる職種で不足が発生する反面，管理職・事務従事者では過剰が継続し，この傾向は2003年度にはさらに強まった（内閣府［2004］）。

デフレの進展

銀行危機以降，物価の低迷が深刻となり，日本経済に大きな制約を課した。いわゆるデフレの進展であり，このデフレの克服が重要な政策課題となった。先の表20・3のとおり，国内企業物価指数（卸売物価指数に相当）の対前年比は，1998年には−1.5％を示し，99年から消費者物価指数もマイナスを示し始めた。財政政策が自由度を失うなかで，**デフレ対策**として金融政策への期待が上昇した。1999年2月，日本銀行は，無担保コール・オーバーナイト・レートを

表 20・3 主要経済指標

年	鉱工業生産指数 2010年 ＝100	稼働率指数 （製造工業） 2010年 ＝100	法人企業売上高経常利益率 （全産業） （％）	労働分配率 （全産業） （％）	完全失業率 （％）	有効求人倍率 （倍）
1990	105.8	124.5	3.1	73.5	2.1	1.40
91	107.6	121.9	2.7	72.9	2.1	1.40
92	101.0	111.9	2.0	73.6	2.2	1.08
93	97.1	106.2	1.8	74.6	2.5	0.76
94	98.1	105.8	1.9	75.5	2.9	0.64
95	101.2	108.5	2.0	76.5	3.2	0.63
96	103.5	109.6	2.4	76.9	3.4	0.70
97	107.3	113.3	2.5	76.8	3.4	0.72
98	99.9	104.8	1.9	77.2	4.1	0.53
99	100.1	104.5	2.3	77.1	4.7	0.48
2000	105.9	109.1	3.0	74.5	4.7	0.59
01	98.7	100.8	2.5	72.0	5.0	0.59
02	97.5	101.9	2.7	73.4	5.4	0.54
03	100.4	106.4	3.0	72.9	5.3	0.64
04	105.2	111.3	3.6	70.0	4.7	0.83
05	106.7	112.7	3.9	68.8	4.4	0.95
06	111.4	115.8	4.0	68.6	4.1	1.06
07	112.4	116.8	4.0	68.5	3.9	1.04
08	110.7	111.5	3.0	68.0	4.0	0.88
09	86.5	83.6	2.3	73.1	5.1	0.47
10	100.0	100.0	3.5	74.4	5.1	0.52
11	97.2	95.7	3.4	71.5	4.6	0.65
12	97.8	97.8	3.8	72.5	4.3	0.80
13	97.0	97.3	4.6	72.4	4.0	0.93
14	99.0	101.3	5.0	69.7	3.6	1.09
15	97.8	98.7	5.4	68.6	3.4	1.20
16	97.7	97.7	5.5	67.5	3.1	1.36
17	102.1	101.5	5.9	66.0	2.8	1.50

（注）　法人企業売上高経常利益率，労働分配率は年度ベース。労働分配率＝人件費／（人件費
（出所）　財務省財務総合政策研究所『財政金融統計月報』，内閣府『経済財政白書』平成28年

国内銀行貸出約定平均金利（％）	国内企業物価指数 対前年比（％）	消費者物価指数 対前年比（％）	市街地価格指数（2010年=100）対前年比（％）	輸出総額（1000億円）	輸入総額（1000億円）	貿易収支黒字（1000億円）
7.7	1.5	3.1	14.1	407	306	101
7.0	1.1	3.3	10.4	415	285	129
5.6	−0.9	1.6	−1.8	421	263	158
4.4	−1.5	1.3	−5.5	392	237	155
4.0	−1.6	0.7	−4.6	393	246	147
2.8	−0.9	−0.1	−3.7	403	279	123
2.5	−1.6	0.1	−4.4	430	340	90
2.4	0.6	1.8	−4.1	489	365	124
2.3	−1.5	0.6	−3.5	483	322	161
2.1	−1.4	−0.3	−4.8	453	311	141
2.1	0.0	−0.7	−5.8	490	363	127
1.9	−2.3	−0.7	−6.3	460	372	88
1.8	−2.0	−0.9	−6.7	489	368	121
1.8	−1.0	−0.3	−7.1	513	389	125
1.7	1.3	0.0	−8.4	577	433	144
1.6	1.6	−0.3	−7.1	630	512	118
1.8	2.2	0.3	−4.8	720	610	111
1.9	1.8	0.0	−2.1	800	658	142
1.9	4.6	1.4	−0.8	776	718	58
1.7	−5.2	−1.4	−3.9	511	457	54
1.6	−0.1	−0.7	−4.6	644	549	95
1.5	1.4	−0.3	−4.1	630	633	−3
1.4	−0.8	0.0	−3.4	620	662	−43
1.3	1.2	0.4	−2.7	678	766	−88
1.2	3.2	2.7	−1.6	741	845	−105
1.1	−2.3	0.8	−0.9	753	762	−9
1.0	−3.5	−0.1	−0.5	691	636	55
0.9	2.3	0.5	−0.1	773	723	50

＋営業利益＋減価償却費）。
版。

事実上0％で推移させるという**ゼロ金利政策**実施を表明し，同4月，デフレ懸念の払拭が「展望できるような情勢になるまで，このゼロ金利政策を継続する」姿勢を示した。この間，日本経済は，いまや経済主体が流動性資産（つまり現金）を保有するほうが債権の保有よりも好ましいと判断するため，ゼロ金利ですら民間投資を喚起することもできないという流動性の罠に陥っているという認識が広く共有された。これに対処するため，政策的にインフレーションを発生させるべきだとするクルーグマンに代表される主張，政府が一定水準の物価上昇の維持にコミットすべきだとする**インフレ・ターゲット論**，金利を下げる余地がなくなっても，マネーサプライをさらに増大させることによって金融緩和を行うべきだとする**量的緩和政策**が提示され，この是非をめぐって活発な論争が展開された（深尾・吉川［2000］，吉川・通商産業研究所編集委員会［2000］，小宮・日本経済研究センター［2002］）。

量的緩和政策の導入　その後，景気がやや回復した2000年8月には，日本銀行はゼロ金利政策を解除し，公定歩合を0.25％に引き上げた。しかし，ちょうどこの頃には，景気はすでにピークを越えていたから，このタイミングは必ずしも適切とはいえなかった。2001年からの景気後退とともにデフレ傾向が深刻となり，日本経済はデフレスパイラルに陥ることが懸念された。こうしたなか，2001年3月，日銀は，ついに伝統的な金融政策の枠を踏み越えて，非伝統的，かつ大胆な新たな金融緩和策，すなわち量的緩和政策の採用を決定した。金利はゼロを下限とするが，資金量を目標とし，大量の資金を供給すれば，金利が0％になった後も，一段の緩和効果を生むことができるという判断であった。

日本銀行は，金融市場の操作目標を，これまでの無担保コールレートから当座預金残高に変更し，当面，当座預金残高5兆円程

度を目標として，この当座預金残高を円滑に供給するために必要に応じて，長期国債買入れを増額するとの方針を示した。さらに，この新しい金融市場調節方式は消費者物価指数の前年比増加率が安定的にゼロ以上となるまで継続するという強いコミットを示した。日本銀行は同政策の採用後，当座預金残高を段階的に引き上げ，2004年第4四半期には，その残高の上限は30〜35兆円にまで引き上げられた。こうした日銀の量的緩和政策は，短期から中長期の金利を低位に安定させ，金融システム不安を和らげ，デフレの進行の抑制に一定の効果をもったとみられる（内閣府［2005］）。

4 構造改革路線の定着
● 改革なくして成長なし

小泉内閣の成立　1999年からの景気回復が短命に終わり，景気後退が明確となった2001年4月，小泉内閣が成立した。同内閣は，組閣後直ちにデフレと不良債権処理の悪循環を断ち切るために，「緊急経済対策」を発表して，不良債権処理に強いコミットメントを示す一方，財政政策に関して国債新規発行30兆円枠を設定して，財政規律を維持する姿勢を示した。既述のとおり政府債務残高は累積しており，財政支出による景気拡大の余地はもはやないという判断があった。2001年から02年にかけて，不良債権の累積とデフレの相互作用（デフレが不良債権の新規発生を招き，不良債権処理のための資産売却がデフレを深刻化させる）が強まっていたから，党内外にも，財政支出の再拡張による景気浮揚を先行させるべきだという意見も強かった。だが，小泉内閣はそれを断固として退け，財政規律の復活を明確に選択する一方，2001〜04年を不良債権処理の集中調整期間として位置づけて，金融再生プログラムを頂点とする一連

の措置を強力に実施した。

さらに，同内閣は，「改革なくして成長なし」のスローガンの下に一連の構造改革に着手した。**構造改革**とは，「労働力，資本，技術といった我が国の持てる貴重な資源を，生産性の低い分野から，生産性の高い分野や社会的ニーズの高い分野に移動すること」と定義される（内閣府［2001］）。改革は財政構造改革，規制緩和・改革，新規起業促進，道路公団などの特殊法人の民営化など多岐にわたった。とくに就業者25万人，郵便貯金残高181兆円，保険契約高152兆円の巨大公企業，日本郵政公社を対象とした郵政民営化は象徴的な意味があった。また，小泉内閣の政策運営の特徴は，「官邸主導」といわれるトップダウンによる政策運営にあった。同内閣は，2001年1月に設置されていた，首相，官房長官，財務相，経済産業相，経済財政相，総務相，日銀総裁，および有識者から構成される経済財政諮問会議をフルに活用した。同会議は，組閣直後に経済財政運営に関する基本方針として「骨太の方針」を発表し，以降，年度初頭には，同様の「基本方針」が提示され，それに従って各年度の経済運営と一連の改革を進めるというスタイルが定着していった。

自律的回復　2003年から景気は回復に向かった。公共事業などの政府支出が抑制されるなかで，設備投資などの民需が景気回復を主導し，とくに輸出の寄与度が大きく，2006, 07年には1.4％に達した（前掲表20・2）。また，2004年からは消費も回復に向かった。IT関連分野の世界的調整により2004年後半に一時的に踊り場的状況を示したものの，景気回復は持続した。失業率も低下した。2005年に入るとデフレギャップも縮小した。また，この間，中国からの輸入財価格下落による輸入デフレなどのためにデフレは緩やかに継続していたものの，2005年には物価もほぼ横ばいに転じ，地価の下落も縮

小して，東京では上昇を示し始めた（表20・3）。この結果，2006年3月には「量的緩和政策」が解除されることとなった。

2003年初頭からの景気回復は，それ以前の1990年代の2回の回復（95〜96年，99〜2000年）とは異なって，公共事業などの政府支出が抑制されるなかで，設備投資などの民需が景気回復を主導した点に大きな特徴があった。この背後には，第1に，世界経済の急速な拡大があった。アメリカへの輸出が拡大し，世界の工場として地位を高めた中国経済への資本財，部品・部材の輸出が拡大した。2002年以降，110〜120円前後の円安の為替水準と，デフレの進展にともなう賃金の安定が日本の製造業の国際競争力を高め，輸出関連産業の投資を促した。

第2に，不良債権処理の進展による金融システム不安の低下があった。2002年10月の金融再生プログラムの実施によって不良債権処理が進展し，1997年以来日本経済を苦しめた不良債権問題も2003年度末にはほぼ峠を越えた。中小企業を中心に，投資が金融的側面から制約されるという事態も緩和された。

第3に，企業収益の大幅な改善が設備投資の回復を支えることとなった。2004年には，上場企業の純利益は過去最高を記録した。2003年からの景気回復は，各社が取り組んできた過剰設備の処理，過剰債務の圧縮，事業再構築，雇用システムの改革がようやく効果を示し始めた結果とみることができる。とくに，人件費の圧縮，労働分配率の低下が進み，売上げが伸びないなかでも利益を生み出す体質が形成された（表20・3）。また，1998年前後から進展した事業ポートフォリオの組替え（いわゆる選択と集中）や，合併による統合効果も収益の向上に寄与した。

5 リーマン・ショックと世界同時不況
● 100年に1度の危機

サブプライム問題の発生

2003〜07年に世界経済はブームを迎えていた。同期間の世界経済の平均成長率は5％を超え，先進諸国の成長率も3％近くに達していた（表20・1）。このブームを主導したのは，資産価格バブルに支えられたアメリカの消費の拡大であった。ITバブル後の不況のなかで，アメリカは低金利政策を継続し，2004〜06年には空前の住宅ブームが発生した。この資産価格バブルは，低所得の信用力の低い個人を対象とした住宅ローンであるサブプライム・ローンによって支えられた（岩田［2009］）。資産価格の上昇は担保価値の上昇，家計の借入余力の上昇を介して，消費の拡大をもたらした。このアメリカの過剰消費が，中国をはじめとした各国の対米輸出の拡大を可能とし，この輸出ブームが各地域の経済の拡大をもたらした。他方，サブプライム・ローン自体は，証券化され，他の金融商品などと組み合わされ，世界に販売されていた。

しかし，このメカニズムは2007年夏から反転した。住宅価格が下落し始めると，サブプライム・ローンの返済延滞率が上昇し，サブプライム・ローンを組み込んだ金融商品の信用が失われた。2008年3月にはベアスターンズ危機が発生，9月15日には全米4位の規模をもつ名門投資銀行のリーマン・ブラザーズが破綻した（リーマン・ショック）。

危機の拡大と深度

リーマン・ショック後の世界経済の縮小は急激であり，100年に1度の危機，1929年の世界恐慌に匹敵する危機と理解された。資産価格の低

下の結果,サブプライム・ローンを供給した金融機関には巨額の不良債権が発生し,しかも,サブプライム・ローンはヨーロッパの金融機関にも広く保有されたから,不良債権問題は拡大し,信用収縮は深刻となった。**世界金融危機**の発生である。しかも,リーマン・ショック後の危機は,アメリカにおける資産価格の急速な低下,消費の収縮,アメリカへの輸出の減少という経路を通じて,各国経済に波及した。2005年からの資源ブームの恩恵を受けていたロシアなどの資源供給国は,資源価格の急激な低下のために大きな打撃を被った。ドイツ,日本では,アメリカ,EUへの輸出の急減が経済の縮小をもたらした。リーマン・ショック以前には7兆円前後(月間)を維持していた日本の輸出は,ボトムの2009年1~2月には3兆5000億円程度まで低下した。また,生産の縮小も急激であった。生産指数はボトムの2009年3月には72にまで低下し,稼働率は62に落ち込んだ。表20・3に,通年であるが,以上の経済指標が掲げられている。

しかし,各国中央銀行の協調的な介入と,財政支出の拡大を中心とした景気拡大政策の結果,2009年春には,金融システム不安という意味では危機を脱し,世界景気も回復に転じた。もっとも,アメリカのバランスシート調整は時間を要し,EUでは"PIGS"と呼ばれるポルトガル,イタリア,ギリシャ,スペインといった諸国の財政状態の悪化が回復の大きな制約となった。そのため,日本を含めた先進国経済の回復はV字型というより,むしろL字型で緩慢であり,世界経済は世界同時不況といわれる事態に陥ったのである。

円高の制約

金融機関のサブプライム・ローンへの投資が少なかったにもかかわらず,日本の成長の落ち込みは,アメリカ,EU諸国よりもむしろ大きかった。この大きな生産の落込みは,2003~07年の経済成長が輸出に大

きく依存していたためであった。同期の総需要成長（平均1.7%）に対する輸出の寄与度（1.3%）は，実にその8割近くに達していた（表20・2）。しかも，景気の回復は，急速な円高の進展によっても制約された。円相場はリーマン・ショック以前の110円前後から，2009年1月には90円の水準に上昇し，輸出企業の採算悪化をもたらす一方，国内経済にデフレ圧力を加えた。各国の中央銀行が通貨供給を増加させたため，世界的な資金過剰が発生し，その一部が，アメリカ，EU諸国での金融不安が継続するなかで，「質への逃避」として，消去法的に日本通貨への需要を増加させ，これが急激な円高を招いたといわれる。

　2009年半ばからは再び物価下落が明確となり，この物価低下は，工業製品のみならず，サービス価格でもみられた点に2000年代初頭のデフレ局面とは異なる特徴があった（内閣府［2010］）。円高により輸出が伸び悩むなかで，物価の低下は実質金利の上昇，実質債務の増加をもたらし，実体経済にマイナスの影響を与えた。国内の投資マインドは低迷し，2009年の投資のGDEに対する寄与度はマイナス4.3%に達した（表20・2）。

　また，失業率は生産調整にやや遅れて上昇し，2009年7月には5.7%に達した。2009年通年の失業率は5.1%であり，10年も同水準を示した。有効求人倍率はリーマン・ショック以前の0.8から2009年3月には0.4に低下し，その後も低水準で推移した（表20・3）。とくに若年層（15〜24歳）の高失業率は深刻であり，2009年の失業率は9.1%に達する。景気が反転しても，企業は新規雇用の拡大に慎重な姿勢を崩さず，新卒者の内定率は，2002年から03年の「就職氷河期」に比べてさらに低いといわれた。

経済危機への対応：政策総動員，新しさは需要の下支え

　リーマン・ショックを契機とする急速な景気後退に対して，政府は「平時の経済原則・政策原理からの乖離も辞さない覚

悟」(「経済危機対策」2009年4月)で対応した。その中心は,定額給付とエコカー減税などによる消費の下支えと雇用対策であった。

2008年10月,リーマン・ショックへの対応のために麻生内閣は,**定額給付措置**を決定した。各世帯に1人当たり1.2万円,高齢者(65歳以上)・子ども(18歳以下)には2万円を一律に給付する措置であり,2兆円規模の需要促進策であった。また,翌2009年4月からは,**エコカー減税・補助金,エコポイント**が導入された。エコカー減税とは,13年以上乗った乗用車を廃車にして,ハイブリッド車や電気自動車,天然ガス車などの「エコカー」と呼ばれる車に買い換える場合,政府から支援金が購入者に支給される制度である。リーマン・ショック後,ドイツ,アメリカなどでも時限的に導入された措置である。エコポイントとは,省エネ家電の購入者に対して商品やサービスと交換可能なポイントを付与する制度で,家電製品の消費拡大と,地球温暖化対策,地上デジタル放送対応テレビの普及を図ることが目的であった。こうした措置によって,2009年の可処分所得は,1.6%引き上げられたと試算されている(内閣府[2010])。

雇用政策としては,再就職支援,住宅・生活支援策と並んで,雇用保険料の引下げ(労使各0.2%の引下げ),雇用調整補助金の拡充などの一連の対策がとられた。また,資金面で大きな困難に直面した中小企業に対しては,信用保証協会による緊急保証枠が拡大された。また,日本政策投資銀行・商工中金などの政府系金融機関などを活用した中小企業の資金繰り支援も進められた。

デフレ対策 　2009年秋からは,デフレ傾向が明確となった。世界金融危機と円高の進展のなかで,**デフレギャップ**は拡大し,物価は大きく低下した(表20・3)。民主党政権は同年11月に物価が持続的に低下するデフレの状態に陥っているというデフレ宣言を発し,デフレへの対決姿勢

を明確にした。翌2010年6月には民主党政府は「新経済成長戦略」において、デフレの克服を最優先課題の1つに定め、需要面を中心とする政策によりできるだけ早期にデフレを終結させるとの姿勢を示した。さらに、欧州金融危機の再燃のため円相場が80円前後に近づいた2010年10月、日銀は、ついに06年7月以来4年3カ月ぶりにゼロ金利への復帰を決定した。合わせて、市場に対して長期金利の低下とリスク・プレミアムの縮小をうながすという日銀の姿勢を示すために、ETF（指数連動型上場投資信託）、不動産投資信託（J-REIT）など株価や不動産価格に連動する投資信託の買入れを開始した。もっとも、0.1％からの引下げであり、その他の措置も小規模であったから、実質的な効果は小さかった。

こうして2008年の世界金融危機により、日本経済は低成長とデフレに逆戻りした。危機後に日本政府は、経済成長の回復のためにさまざまな政策を展開し、その多くは財政支出の拡大による景気刺激策であったが、全体として効果的とはいえず、財政赤字をさらに悪化させるのみであった。また、デフレと流動性の罠による制約のために、通貨当局は、実質金利の引下げを実現することは困難であり、円安の誘導もきわめて困難であった。

東日本大震災と「6重苦」

2011年3月、日本は、観測史上最大規模のマグニチュード9.0を記録した東日本大震災に襲われた。広い範囲にわたる強い揺れによる被害に加え、巨大な津波、福島第1原子力発電所における炉心融解と放射能汚染、その後の長期にわたる電力不足を通じて、震災は、日本経済に大きな影響を与えた。震災で損壊した資本ストックは、日本経済全体の1％程度にとどまったものの、震災後には、日本全体で15.5％と試算される大規模な生産の縮小が生じた（深尾［2012］）。サプライチェーンが寸断され、

自動車産業を中心に国内産業が大きな打撃を受けたからである。また，震災後，各地の原子力発電所の停止とそれにともなう火力発電へのエネルギー転換は，日本企業のコスト構造に悪影響を与えた。

東日本大震災後の原子力発電所の稼働が全面的に停止され，火力へのエネルギー転換が不可避となった。原油輸入の増大を主因に輸入が増加し，他方，世界市場の縮小，円高が進行中で，輸出は停滞したため，貿易収支は，2011年，石油ショック後はじめて赤字を記録し，翌年には赤字幅を広げた（表20・3）。企業部門では，継続する円高，国際的にみて高い法人税率，自由貿易協定への対応の遅れ，製造業の派遣禁止などの労働規制，環境規制の強化などの困難に直面していたが，これに加え，東日本大震災後に電力不足やエネルギー価格所上昇などの制約が加わり，「6重苦」に直面していると指摘された。デフレの進行，低迷する株価，貿易収支の赤字転換などが進展した2012年には，経済停滞が長期化する不安が横溢していたのである。

6 IT革命下の生産性

●低迷する非製造業

労働投入の減少とIT関連ストックの増大

最後に，1990年代の成長率低下の原因を経済の供給サイドから検討しておこう。図20・2のとおり，1980年代までの日本経済の成長は，高い資本ストックと**全要素生産性（TFP）**の成長率によって実現されてきた。しかし，1990年代に入るとGDP成長率は1%弱に低下し，その低下は，①労働投入のマイナスの寄与と，②資本ストックの成長率の鈍化，③TFPの寄与度の大幅な低下に起因していた。

図 20・2 経済成長の要因分解

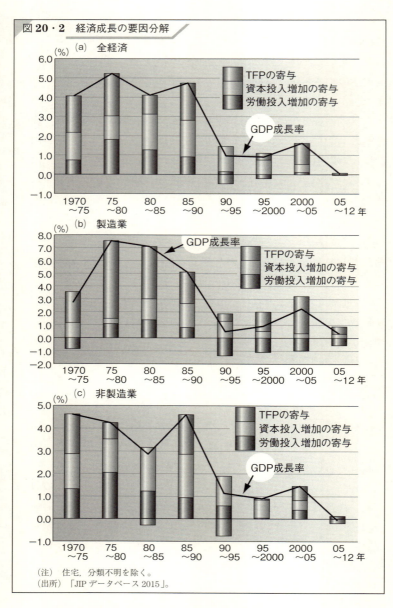

(注) 住宅，分類不明を除く。
(出所) 「JIP データベース 2015」。

このうち，労働投入のマイナスの寄与は，①1990年代に関しては，92年に制定された「労働時間の短縮の促進に関する臨時措置法（時短法）」と1994年の労働基準法の改正による労働時間短縮の影響が大きい（Hayashi and Prescott [2002]）。同法施行によって週40時間労働，週休2日が定着し，その結果，年間総労働時間は，1988年の2083時間から，90年代後半には1850時間にまでに減少した。②2000年代には，15歳以上人口比率の低下や，高齢化による男子労働力比率の低下という少子高齢化要因が大きく作用していた。さらに，③1998～2002年の不況期には，失業率の上昇，景気に感応度の高い女性労働力比率の低下といった要因が作用していた（深尾［2012］）。

他方，1990年代のGDPの成長は，もっぱら資本ストックの伸びによったが，その寄与もこれまでに比べて小さかった。もっとも，資本ストックの伸びは，労働投入に比べれば堅調であり，そのため，ほぼアメリカと同程度の資本労働比率（資本装備率）を実現していた。しかし，問題は，並行して1単位のGDPを生み出すのに必要な資本ストック，つまり資本係数（資本ストック／GDP，資本の生産性の逆数）が上昇したことである。この資本係数の上昇は1990年代に顕著であり，2000年代に入ってやや減速したと推計されている。部門別にみれば，この資本係数の上昇は，市場部門でなく，医療・衛生，教育，不動産，一般政府部門で発生していた。長期にわたる低金利政策や公共部門の活発な投資がこうした資本係数の上昇の要因と考えられている（深尾［2012］）。

TFP成長率の鈍化　1990年代のGDP成長率の低下の最大の要因は，TFPの伸びの大幅な低下にあり，これが長期停滞の重要な要因となった。さらにこれを部門別にみると，図20・2(b)(c)のとおり，製造業と非製造業ではTFPの伸び率，およびTFPの成長に対する寄与に大きな格差があった。

製造業では1990年代後半にはTFPの伸びは回復しており，TFPの寄与も90年代後半で6割弱，2000年代前半に入ると9割近くを占めた。

ただ，製造業内部でも，TFPの伸びには部門間格差があった。情報通信技術（ICTと呼ばれる）を生産する産業（電機，郵便および通信）では，年率5％とアメリカとほぼ同水準のTFP上昇を記録していた。しかし，電機以外の製造業，つまり，ICT（情報通信技術）を投入する産業で，TFP上昇は1995年以降鈍化した。たとえば，食品，金属製品，その他の製造部門におけるTFPの上昇はマイナスであった（西村・峰滝［2004］，深尾［2012］）。

他方，非製造業の労働生産性の伸びはもっぱら資本装備率，したがって資本ストックの増加によっており，TFPの貢献は，1990年代にはマイナス，または，ほとんどゼロであり，2000年代に入っても停滞した。製造業のTFPが一貫して上昇傾向したのに対して，非製造業のTFPの伸びはこのように鈍く，両者の乖離が1990年代以降拡大した（内閣府［2015］）。付加価値構成で，2000年に70％，13年には74％を占めるに至ったサービス産業で，TFPがこのように停滞していたことが，日本の経済成長に大きな制約となった。

サービス産業の低生産性

では，サービス産業のTFPが上昇しない要因は何か。第1に，1990年代にサービス産業の生産性の上昇が急速に高まったアメリカでは，業務管理や人事管理にICTが積極的に利用された。しかし，日本のサービス部門はICTの利用に消極的であり，日本のICT投資は諸外国に比べ格段に低かった。このICT投資の低迷が，在庫管理や人事・給与システムを通じた業務効率改善の遅れにつながり，TFPの低迷の一因になった可能性が高い（深尾［2012］）。また，日本における非製造業の研究開発は全

体の10%程度で，OECD平均の38%に比べて劣り，これが長期的な生産性の上昇を制約している一因とみられる（内閣府［2015］）。

第2に，非製造業は，非貿易財のため，製品市場競争の競争圧力が作用しにく，また，非製造業，とくにサービス業には生産と消費が同時に行われるという特性がある（同時性）。このため非製造業では，同一部門であっても，生産性の企業間格差が大きい。近年の推計によれば，生産性水準の上位10%の企業と，下位10%の企業の格差は製造業より約2割大きいという。つまり，サービス産業のなかには製造業の平均的な企業に比べて低生産性の企業も多く，これが産業全体の生産性を引き下げているのである（森川［2014］）。

第3に，非製造業各部門では産業の「新陳代謝」が低い。経済・産業レベルの生産性向上は，①個々の企業の生産性上昇（内部効果），②生産性の高い企業のシェア拡大と低い企業のシェア縮小（再配分効果），③効率性の高い企業の参入と非効率な企業の撤退（純参入効果）からなり，このうちの②と③が「新陳代謝」の効果である。IT革命にともなって生産性の大きく上昇したアメリカにおける小売業の実証分析では，生産性上昇のほぼ100%が純参入効果で説明されるという。他方，日本では，情報通信産業を除き，卸売・小売では，純参入効果がゼロ，ないしマイナスであり，金融・事業サービス，個人・社会サービスなどのサービス産業では再配分効果がゼロ近傍と推計されている（森川［2014］）。多くの分析では，1990年代から2000年代のTFPの低迷が，新陳代謝の遅れによるものと試算されており，ここに，90年代後半以降，速やかな産業の「新陳代謝」を可能とする規制緩和・構造改革が重要な政策課題として繰り返し提議される理由があった。

第21章 財政赤字の深刻化

日本財政が抱える構造的問題

1 財政の急激な悪化
●世界最大規模の政府債務

財政赤字の長期的な推移

1990年代以降の日本経済に起こった主要な問題の1つは，**政府債務**の急激な拡大であった。1970年代半ばから多額の国債が発行されるようになったが，とくに90年代以降における政府債務の累増は深刻であり，近年までに日本は主要先進国で最大の政府債務を抱える国になった。

最初に，この間における一般会計歳出・税収と国債発行額の推移を図**21・1**により確認する。1970年代後半から80年代末までは，歳出が急速に増加し，ほどんどの年度で税収を10兆円以上上回ったが，税収も90年度に60兆円に達するまで相応のペースで増加しており，単年度の財政赤字が傾向的に拡大するという状況にはなかった。しかし，1990年代以降になると，歳出が引き続き増加したのに対し，税収は40〜50兆円台で推移した。その結果，**財政赤字**は傾向的に拡大し，図**21・2**が示すように

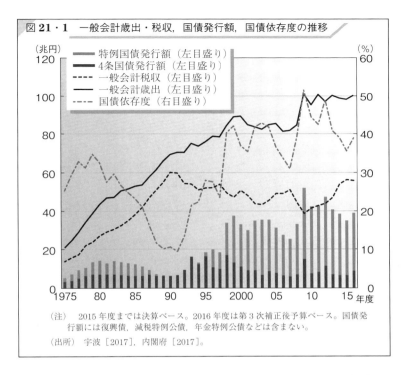

図21・1 一般会計歳出・税収，国債発行額，国債依存度の推移

(注) 2015年度までは決算ベース。2016年度は第3次補正後予算ベース。国債発行額には復興債，減税特例公債，年金特例公債などは含まない。
(出所) 宇波［2017］，内閣府［2017］。

国債の発行残高も累増したのである。まずは，日本がこれほどまでの政府債務を抱えるに至った歴史を振り返っておこう。

2 赤字財政の歴史的展開
●政府債務の累増と財政構造改革

赤字国債発行の本格化　　1949年3月のドッジ・ラインにより均衡財政（特別会計，政府関係機関も含めた財政全体の収支均衡）を達成して以来，60年代半ばまで一般会計の**均衡財政原則**は維持された。公共事業や社会保障関係費などの増加により財政規模は拡大を続けたものの，高度経済成長に支え

第 *21* 章　財政赤字の深刻化　331

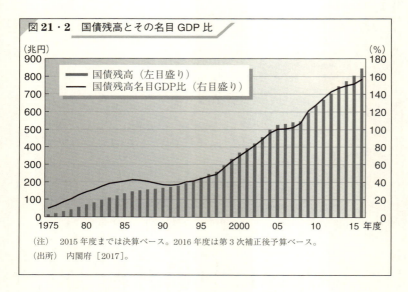

図21・2 国債残高とその名目GDP比

(注) 2015年度までは決算ベース。2016年度は第3次補正後予算ベース。
(出所) 内閣府［2017］。

られた自然増収によって十分に賄われたためである。

しかし，1965年度には証券不況による税収不足を背景として**赤字国債**発行を盛り込んだ補正予算が組まれ，翌66年度には当初予算から建設国債を発行することとされた。これにより敗戦直後の時期から続いた均衡予算主義は終わりを迎えた。とはいえ，1960年代半ばから70年代初頭までの国債発行は，発行額も小さく，残高も対GDP比で60年代後半に3％台，74年でも7％程度と，いまだ限定的なものであった。また，この時期に発行された国債のほとんどを銀行が保有し，1年以内に日本銀行が公開市場操作により買い入れた（星・カシャップ［2006］）。これは政府が金融機関から短期借入を行っているのと大差なく，多額の国債が発行され流通する近年のような状況とは異なっていた。

赤字国債の発行が本格化したのは1970年代後半であった（第11章）。低成長段階への移行にともなって税収の伸びが鈍化する一方で，福祉元年と呼ばれた1973年以降，社会保障制度が拡充

されたことに加え，70年代後半には公共投資が拡大されたことで，歳出は大幅な増加を続けた。その必然的な帰結が財政赤字の拡大であり，赤字国債発行の本格化であった。1978年度には国債発行額が10兆円を超え，83年度には早くも発行残高が100兆円に達した（前掲表11・1）。

| 1980年代における財政再建への取組み |

赤字財政からの脱却をめざして，1980年代には「小さな政府」への動きが本格化した。鈴木内閣が「増税なき財政再建」をスローガンとして掲げたことが象徴するように，この時期の**財政再建**への動きは，主に歳出削減の徹底というかたちをとった。1980年は「財政再建元年」と位置づけられ，82年度予算で一律ゼロシーリングの設定がなされたうえで，83年度以降の予算ではマイナスシーリングの設定がなされた。そして，1980年代後半においても，87年度こそ景気対策として大型の補正予算が組まれたものの，歳出削減への取組みはほぼ一貫して進められた。こうした予算における歳出抑制の徹底に加え，臨時行政調査会の答申を受けた民営化の効果もあり，1987年度以降は新規の国債発行額が10兆円を下回った。そして，1990年度予算において，念願の特例国債依存からの脱却が達成されたのである。

一方，税源の拡大に関しては，一般消費税の導入が議論されたものの2度にわたって失敗し，「3度目の正直」として1989年4月に3％の**消費税**が導入された（石［2009］）。高度成長期以来，主に都市中間層を念頭に置いて減税による利益分配を繰り返してきた経験が，増税を困難にした面もあろう（井手［2012］）。

| 景気対策と構造改革のせめぎ合い |

1990年代に入ると，バブル崩壊後の経済の低迷を受けて，財政面からの景気対策が相次いで講じられた。宮沢内閣が1992年8月に「総合経済対策」と称する10.7兆円に及ぶ支出を

第*21*章　財政赤字の深刻化

行ったのをはじめ,「公共投資の拡大」や「社会資本整備」といった名目で多額の財政支出が行われ, 94~96年には所得税の特別減税も行われた（大矢［2015］）。

　これらの景気対策の効果もあり, 1995~96年には景気回復が明確なものとなりつつあった。それを背景として, 1996年に成立した橋本内閣は**財政構造改革**を含む6大改革を掲げた。そして, 1997年度を「財政構造改革元年」と位置づけ,「聖域」を設けない歳出削減に取り組んだ。しかし, 1997年半ば以降, 金融システム不安が発生するとともに, 実体経済も悪化し, 98年には戦後2回目のマイナス成長を記録することとなった。それを受けて, 橋本内閣は財政支出の拡大に転じざるをえなくなり, 16兆円を超える規模の「総合経済対策」(1998年4月) が策定された。また, 1997年11月に制定された財政構造改革法も, 98年5月に赤字国債の発行を弾力化する方向で改正され, 12月には同法自体が凍結された。加えて, 所得税の特別減税も1999年に恒久化された。経済の低迷が財政健全化への取組みを困難にさせたのである。以降の内閣でも, 大型の景気対策が繰り返された。

　もっとも, 政府支出の効果は限定的であったとみられる。この時期における**財政乗数**（1単位の財政支出が何単位の国内総支出等の増加をもたらすかを示す値）は低位にとどまった（吉野・中島［1999］）。これは, 財政支出の効果が輸入に漏出したこと, 国内企業が収入の増加をもっぱら負債圧縮に利用したこと, さらに, 家計が将来の増税を警戒して消費を手控えたことの結果とみられる。こうした状況の下で, 歳出削減や増税がむしろ民間需要の自律的な回復に寄与しうるという「非ケインズ効果」も注目された。

　以上のような一連の景気対策の財源として, 再度の赤字国債発行が避けられなくなった。1994年度に赤字国債の発行が再開され, 以後, 国債発行額は急速に増加し, 96年度に10兆円, 99

年度に20兆円を突破した。他方，税収は1990年度を境に低迷したが，これには税収の減少に加え，既述の減税措置も大きく影響した。たとえば，2000年度には国税・地方税あわせて6兆円を超える減税となった。消費税の3％から5％への引上げ（1997年4月）など，税源の拡大への動きもみられたが，全体としては税収の増加は実現されなかったのである。その結果として**国債依存度**（歳入全体に占める国債の比率）は急上昇し，1999年には42.1％に達した。

小泉内閣期における財政再建の成果

こうした財政赤字の拡大に一時的とはいえ歯止めがかかったのが，2000年代半ばの小泉内閣期であった。小泉内閣は財政再建への強い姿勢を示し，2002年度予算で国債新規発行枠（30兆円）を設定するとともに，06年度までの間，一般政府の支出を02年度水準（対GDP比38％）を上回らない程度とし，10年代初頭における国と地方の**プライマリー・バランス**（「借入を除く税収等の歳入」と「過去の借入に対する元利支払いを除いた歳出」の差）を黒字化するという長期目標を閣議決定した。また，大臣のトップダウンによる予算の重点化・効率化を図るとともに，事業・政策評価，財政の透明性，成果重視的な予算手法の導入というかたちで，予算編成プロセスの改革が試みられた。さらに，2006年7月策定の「基本方針2006」では，歳出削減と歳入改革を車の両輪とする「歳出・歳入一体改革」の基本的考え方が示され，①2011年度までに国と地方のプライマリー・バランスを黒字化する，②10年代半ばまでに国と地方の債務残高の対GDP比を安定的に引き下げる，などの目標が掲げられた。

小泉内閣が示した財政構造改革の方向性は，後継の内閣でも維持された。こうした取組みの結果，2003年度に−19.8兆円であったプライマリー・バランスは，07年までに−6.1兆円となり，

約70％の改善を達成するなど，財政構造改革は一定の成果をあげた。ただし，①増税には着手せず，②財政改善の大部分は金利低下による国債費の減少など構造改革に関係ないものであった，という点で改革には限界もあった（木村［2014］）。また，輸出に牽引されて長期的な景気拡大期にあったことで，構造改革路線の採用がはじめて可能になったという面もあろう。

再び加速する財政悪化　以上の財政構造改革は一定の成果をあげたが，リーマン・ショック（2008年9月）後の世界的な景気後退への対応として行われた大規模な財政支出により頓挫した。リーマン・ブラザーズ破綻直後に組閣された麻生内閣では，「生活対策」(2008年10月)，「生活防衛のための緊急対策」(同年12月)という，「生活」を前面に掲げた景気対策が矢継ぎ早に打ち出され，翌年度にも未曾有の規模の「経済危機対策」(09年4月)が実行されるなど，財政支出が再度拡大することになったのである。他方，2009年度税制改正法の附則のなかで景気回復後の消費税増税が掲げられ，増税による「中福祉・中負担」の方向性が示されたことは，従来の構造改革路線とは異なる方針への転換として特筆される（佐藤［2014］）。

政権交代により2009年9月に成立した民主党政権では，政治主導の実現をめざした改革が行われるとともに，事業仕分けに象徴される歳出削減への取組みがなされた。とはいえ，財政運営におけるこの政権交代の意義は，自民・民主両党の政策面における違いを縮めた点にあろう。民主党政権の後半には，社会保障の財源を消費増税に期待する姿勢が明確となり，2012年8月に「**社会保障と税の一体改革**」の関連8法案が成立した。また東日本大震災後には，公共投資を積極的に位置づける姿勢すら現れた（佐藤［2014］）。

再度の政権交代後，2012年12月に成立した第2次安倍内閣の

下でも，積極的な財政支出が継続した。前掲の図21・1が示すように，歳出が高止まりするなかで，税収が回復した分だけ財政赤字の額が減少する状況となっている。そうしたなか，2014年4月に17年ぶりの消費税率引上げが実施され，税率が8％とされるとともに，さらに10％への引上げが予定されている。安倍内閣は「基本方針2015」で，2020年度におけるプライマリー・バランスの黒字化を財政健全化目標として掲げたが，社会保障関連支出の傾向的な増加が見込まれるため，仮に消費税を10％に引き上げ，経済成長によりある程度の税収増加が実現したとしても，この目標の達成は容易ではない。将来的な租税負担の水準や方法について，さらに議論が深められる必要があろう。

3 日本財政の構造的問題
●財政硬直化と社会保障，地方財政

歳出の構成

表21・1には，①赤字国債依存からの脱却が達成された1990年度，②財政が悪化した後の2003年度，③小泉内閣における財政構造改革への取組みにより一定の成果が達成された07年度，④リーマン・ショックの影響で税収が低迷した10年度，および，⑤17年度の5時点における歳入・歳出（当初予算ベース）の構成が要約されている。

歳出については，以下の点を指摘する必要があろう。第1に，政府債務の増加に対応して国債費が傾向的に増加し，2017年度には23兆円を超えている。これは，歳出全体の約4分の1にあたる。国債費は既発行の国債に関する費用であり，利払いや償還にあてられる部分が大半である。うち利払い部分（「利子及割引料」）は9兆円を超える。後述の社会保障関係費と合わせ，「当然

表 21・1　一般会計歳入・歳出の内訳

(単位：億円，%)

	年　　度	1990	2003	2007	2010	2017
歳入	税　　収	87.6	51.1	64.5	40.5	59.2
	その他収入	5.9	4.4	4.8	11.5	5.5
	公　債　金	8.4	44.6	30.7	48.0	35.3
	4条公債（建設国債）	8.4	7.8	6.3	6.9	6.3
	特例公債（赤字国債）	0.0	36.7	24.4	41.1	29.0
歳出	国　債　費	21.6	20.5	25.3	22.4	24.1
	地方交付税等	23.1	21.3	18.0	18.9	16.0
	一　般　歳　出	53.4	58.2	56.7	57.9	59.9
	社会保障関係費	17.5	23.2	25.5	29.5	33.3
	その他支出	2.0	0.0	0.0	0.8	0.0
合　　計		662,368	817,891	829,088	922,992	974,547

(注)　予算ベース。
(出所)　『図説 日本の財政』東洋経済新報社，各年度版。

増経費」(政策内容によらず毎年増加していく経費)が歳出の大部分を占めるようになることで，弾力的な財政運営を行うことが困難になる**財政硬直化**の問題が深刻化しつつあるといえる。また，国債の長期金利が低位にあることによって隠されているが，国債費の動向は日本経済にとって大きなリスク要因である。

第 2 に，地方交付税などの地方財政に関連した支出が 2000 年代前半までは歳出総額の 20% を上回り，その後は構成比を低下させたものの，いぜん，歳出の 16% 程度を占めている。地方交付税は，税源の偏在による地方自治体間の財政力格差を調整する機能（財源調整機能），および，財政力の弱い自治体であっても最低限の行政サービス（ナショナル・ミニマム）を提供できるように，必要な財源を保障する機能（財源保障機能）を備えている。そして具体的には，2015 年度以降においては，地方交付税法による法定率部分（所得税・法人税の 33.1%，酒税の 50%，消費税の 22.3%），地方消費税の全額，および別途法定された加算額との合計

が地方に交付される。また、この合計額と地方の歳出総額との間に乖離が生じる場合は、国と地方が折半して負担（国は一般会計からの特例加算、地方は赤字地方債発行）する。

> 社会保障関係費の構成

第3に、一般歳出のなかでは**社会保障関係費**の占める比率が高く、2017年度には一般歳出の55％を超えている。社会保障関係費の内訳をみれば、かつては相応の比重を占めていた保健衛生対策費や失業対策費のウエイトが低下し、逆に社会保険費の上昇がみられ、社会保険費が社会保障関係費総額の約4分の3を占めるに至った（国立社会保障・人口問題研究所編『社会保障統計年報』）。

さらに社会保険費の内訳に着目すれば、とくに医療、年金の比重が大きい。このうち医療保険制度については、日本の医療費は対GDP比の国際比較によればけっして高くはなく、1人当たり医療費もアメリカ、ドイツなどを下回るが（長坂 [2010]）、同時に、日本では総医療費に占める公的支出の割合が相対的に高い。2014年度の国民医療費は41兆円ほどであったが、その財源構成は保険料49％、国費26％、地方負担13％、患者負担ほか12％であった。また、2017年度の社会保障関係費（予算）のうち医療給付費は11兆5000億円となっている（宇波 [2017]）。

一方、年金制度については、積立方式（現役期のうちに拠出した保険料を積み立て、運用された基金を年金給付の財源とする方式）と賦課方式（現役世代が保険料として拠出した額を同時期の引退世代の年金給付にあてる方式）の2通りの方式があるが、日本の公的年金では賦課方式を中心とし、積立方式を一部併用する、**修正賦課方式**が採用されている。そのため、人口に占める現役世代と引退世代の構成比が年金制度の運営に大きな影響を与え、高齢化の進展が財政負担を大きなものとしつつある。そのため、保険料のみで年金給付を賄うことは困難であり、国民年金（基礎年金）の

一部は国庫負担とされているが，2004年6月に成立した「国民年金法等の一部を改正する法律」は，国庫負担割合を3分の1から2分の1に引き上げることを定めた。2017年度には社会保障関係費（予算）のうち年金給付費は医療給付費とほぼ同じ11兆5000億円に達した（宇波［2017］）。

地方分権への動きと地方財政改革

財政再建のためには，深刻化する地方財政問題への対応が不可欠であるが，これまで地方財政のあり方は**地方分権**に関連して論じられてきた。地方分権に関する議論は，1993年6月に衆・参両院で「地方分権の推進に関する決議」がなされたことで本格化し，95年5月の地方分権推進法に結実した。また，同法に依拠して設置された地方分権推進委員会における議論を経て，1999年7月の地方分権一括法が成立した。その結果，機関委任事務の廃止や地方自治体に対する国の関与の見直しが行われ，国と地方自治体を対等とする新たな関係が構築された。

地方財政のあり方は，こうした地方分権に関する議論の一環と位置づけられた。上記の地方分権推進計画においては，地方自治体の自主性を高める目的から，国庫補助金の見直しや，地方債発行の許可制から事前協議制への変更などが掲げられた。さらに，2001年6月の地方分権推進委員会最終報告は，地方分権改革における課題として地方財政の再構築を掲げ，具体的方策として，国と地方の税源配分の見直しによる地方税収の増加と，国庫補助金や地方交付税といった財源の縮小をあげた。以上のような**地方財政改革**への動きは，小泉内閣において本格化し，「基本方針2002」において，国庫補助負担金改革，地方交付税改革，税源移譲の3分野を一体的に検討する，いわゆる「**三位一体の改革**」として明示された。そして，2006年度予算までに国庫補助負担金改革4.7兆円，地方交付税改革（臨時財政対策債の縮減を含む）

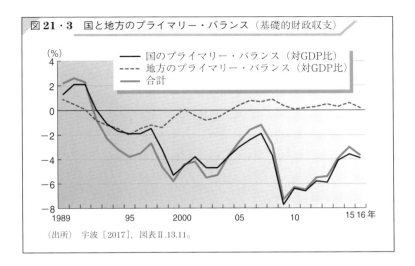

図21・3 国と地方のプライマリー・バランス（基礎的財政収支）

(出所) 宇波［2017］, 図表Ⅱ.13.11。

5.1兆円, 税源移譲3兆円, といった成果が得られた。

　地方自治体の債務は, 財政規律を欠いた地方債の発行の結果, 1990年代から2000年代初頭にかけて急激な増加をみせていた（土居［2007］）。地方の長期債務残高の対GDP比は1990年代初頭における15％以下の水準から, 2004年には40％を超えるまでに上昇した。しかし, その後は低下して2017年度には35％となった。この間, 図21・3が示すように, 国とは対照的に地方のプライマリー・バランスは改善し, 2005年度以降は黒字を維持している。地方財政は全体としては改善の傾向にあるといえる。ただし, 地方交付税を負担する国の財政は依然として深刻な状況にあり, 国・地方の双方を視野に入れて地方財政問題を考える必要があろう。

Column ⑨　介護保険の創設

　社会保障の中心をなすのが医療保険や年金などの社会保険であり，そのうち介護保険（40歳以上を被保険者とし，要介護状態になったときに，主に介護サービスを現物給付する保険）は2000年に創設された新しい種目である。もちろん，これ以前の時期にも介護サービスに対する需要は存在したが，社会保障のなかの別の制度で提供されていたのである。では，なぜ介護保険が創設されたのであろうか。その背景を考えると，日本経済と社会保障制度をめぐるさまざまな構造的問題が浮かび上がってくる。

　第1に，家族構成が多様化し，とくに核家族化が進展したことにより，要介護状態になった高齢者の介護を家族内で行うことが困難になったことがあげられる。かつては家族が果たしていた機能が外部化されたのである。第2に，従来の制度では介護サービスは，①社会福祉制度のなかの措置制度，②医療保険のなかの老人保健制度という複数の制度で提供されたことにより，提供されるサービスが不均質であるという問題があった。必要に応じてそのつど対応してきた結果，社会保障全体での体系性に欠けるという問題の表れである。第3に，上記の制度のうち，措置制度の利用は心理的な抵抗感を生じさせやすいという問題があった。というのも，かつて社会福祉制度は生活保護とともに公的扶助に含まれていたためである。その結果，介護の対象とすべき者が「社会的入院」をし，医療機関による医療サービスの提供に非効率が発生するという問題も生じていた。介護「保険」であれば，保険料のかたちで利用者が費用負担していることになり，抵抗感なく介護サービスを利用することができる。最後に，高齢化による介護費用の増加が予想されたという財政面の問題も考えなければならない。

　望ましい社会保障のあり方を考える際には，このようにさまざまな要素を総合的にとらえる必要があろう。

第22章 東アジア経済の成長

アジア間ネットワークの深化

1 成長する東アジア経済圏
●一大経済圏の出現と中国の躍進

東アジア地域の台頭 　1980年代後半からのグローバリゼーションの中心の1つは、東アジア市場の拡大であった。1980年代には、**NIEs**（Newly Industrializing Economies）と呼ばれる韓国、台湾、シンガポール、香港（ヴォーゲル[1993]は"four little dragons"と表現した）が急速な成長を示し、その後、経済成長はインドネシア、タイ、マレーシアなどのASEAN諸国に拡大し、90年代に入ると対外開放を進めた中国、ベトナム、さらにインドがめざましい経済成長をみせるようになった。1990年代におけるアジアの経済成長率（年率）は新興経済地域で6％、発展途上地域で7％を超えた（前掲表20・1）。世界貿易（輸出）に占めるアジア以外の発展途上国のシェアが**表22・1**のとおり1980年の26.7％から2000年の15.6％に低下したのに対して、アジアの発展途上国のシェアは同時期に4.6％から12.2％に急増し、2000年以降も構成比を上昇させた。いまや

表 22・1　世界貿易の地域別構成

(単位：10億ドル, %)

輸　出	1980年	1990年	2000年	2005年	2010年	2015年
世界合計	1,916	3,508	6,595	10,679	15,395	16,585
先進工業国	66.9	77.6	70.8	64.1	57.9	56.5
アメリカ	12.4	11.7	12.6	8.7	8.0	8.7
ヨーロッパ	34.1	39.4	32.0	32.0	28.1	27.2
日　本	6.5	8.8	7.7	6.1	5.3	4.2
発展途上国	31.5	21.2	27.9	34.1	40.3	41.3
アジア	4.6	6.2	12.2	15.3	18.9	21.8
中　国	1.0	2.5	6.1	9.2	11.7	13.9
インド	0.4	0.6	0.7	1.0	1.5	1.5
ASEAN 5	2.7	2.7	4.9	4.7	5.2	5.6

輸　入	1980年	1990年	2000年	2005年	2010年	2015年
世界合計	1,831	3,375	6,401	10,375	15,093	16,363
先進工業国	72.1	80.0	77.4	72.6	64.5	62.5
アメリカ	38.8	41.6	34.8	34.8	30.2	27.5
ヨーロッパ	6.2	6.2	5.3	4.5	4.1	3.6
日　本	12.4	14.6	18.5	15.4	12.1	13.1
発展途上国	25.4	18.5	21.7	26.4	34.4	36.8
アジア	4.3	5.2	8.2	10.9	15.6	17.0
中　国	1.0	1.5	3.3	5.7	8.2	8.7
インド	0.6	0.7	0.7	1.0	2.3	2.3
ASEAN 5	2.2	2.6	3.7	3.7	4.3	5.0

(注)　アジアは，日本，香港，韓国，シンガポール，台湾を除くアジアを指す。
　　　ASEAN 5 はインドネシア，マレーシア，フィリピン，タイ，ベトナムを指す。
(出所)　IMF, *Direction of Trade Statistics*, April 2017.

東アジア地域は，ヨーロッパ，北米と並ぶ一大経済地域となった。

資本自由化・外資導入とASEAN諸国の成長

1980年代後半から急速な成長をみせたASEAN諸国は，①外資が工業化を主導し，②外資導入に対応して，重化学工業の輸入代替と同時，ないしそれに先立って金融自由化が進められたという点において，すでに経済成長を経験していた日本，さら

には韓国・台湾といった東アジア地域と異なっていた（奥田[2000]）。外資の導入が輸出の拡大を通じて国内所得・内需の拡大をもたらし、この国内市場の拡大といっそうの規制緩和がさらに外資導入を誘発するという好循環が形成された。この好循環は、GATT 体制下で膨大な輸出を吸引したアメリカ市場の存在と、国内の高い貯蓄率、外国資本のもたらす技術を吸収できる人的資本によって支えられた（世界銀行[1994]）。

さらに、1990 年代に入ると域内の**直接投資**も増加した。NIEs の輸出企業、とくに雑貨・繊維・衣類・電子製品部品の企業は国際競争力の低下に直面し、その生産・輸出拠点を東南アジア地域に移転し、その結果、タイ、マレーシア、インドネシアで投資ブームと工業製品の輸出増加が生じた。こうした域内の資本移動による分業の深化とともに、部品生産の集積、特殊技能者のプール、企業間のノウハウ・技術情報のスピルオーバーなどのいわゆる「マーシャル的な外部経済性」が発生した。産業立地としても ASEAN 諸国は優位性を高め、それがいっそうの資本流入を促進した。

中国の改革開放路線と躍進

1997 年のアジア通貨危機により NIEs、ASEAN 諸国が深刻な経済停滞に直面するなか、アジア地域の成長を牽引したのは中国であった。中国では、天安門事件後の経済停滞の打破をねらって、**改革・開放政策**の徹底を訴えた鄧小平の「南巡講話」があった 1992 年以降、安価で豊富な労働力の存在と巨大な消費市場としての魅力を背景に、直接投資のブームを迎えた。1992 年に 10％を超えた中国の実質成長率は、2000 年前後にはやや鈍化するものの、アメリカを中心とした欧米諸国への輸出と、輸出向け生産の拡大に向けた投資に主導され、2003～07 年には 5 年連続で 10％を超える成長率を維持した。

2000年代半ばにおける**固定資本形成**の対GDP比は40％を上回った。一方、輸出については、2000～05年に年平均25％強の成長を記録し、07年には対GDP比が40％を超えた。輸出の品目別構成では、繊維などの軽工業の堅実な伸びと、電気機械の急拡大が原動力であった。とくに輸出の成長に対する電気機械の寄与率は53％に達した。そして、投資や輸出の相当程度を外資系企業が担ったことが、この時期の中国経済の1つの特徴であった。たとえば、中国の輸出入に占める外資系企業の比率は、輸出で2005年に58.3％、輸入で06年に59.7％とピークを記録した（経済産業省［2009］、内閣府政策統括官室［2006］）。

　その結果、1995年から2005年の10年間に世界の貿易が2倍に拡大したのに対し、中国の貿易は輸出が4.2倍、輸入が4.0倍と、それを大きく上回る伸びを示し、世界貿易に占めるシェアも急上昇した。なお、貯蓄率が高く、消費性向が低い高所得者層に所得分配が集中していたこともあり、投資、輸出に比べて消費の成長率は相対的に低かった。

世界の工場から世界の市場へ

　2000年代半ば以降も中国の経済成長率は相対的に高く、リーマン・ショックの影響も軽微であった。欧米向け輸出は急減したが、2008年11月に決定された4兆元（約60兆円）規模の財政支出の効果もあり、中国は08～09年にも9％前後の実質成長率を確保した。リーマン・ショック後のアジア地域では、輸出比率（輸出／GDP）と経済成長率の間に負の相関があったが（内閣府政策統括官室［2010］）、膨大な内需が輸出比率を相対的に低位にとどめていた中国は、内需の下支えによって高い成長率を維持したのである。

　1990年代以降の高成長の結果、2010年には、中国がGDP規模で日本を抜き、世界第2位の地位に立った。中国の1人当た

Column⑩　中国における消費の成長

　GDP規模で日本を抜いて世界第2位になった事実が示すように、すでに2010年代を迎える段階で、中国は経済大国としての地位を確固たるものにしていた。

　その後、中国経済は質的にも大きく変容した。総需要の構成からみれば、資本輸出、輸出に代わって消費が構成比を上昇させつつある。1人当たり消費支出は、2013年から17年までに1万3000元から1万8000元へと約4割の増加となり、都市部と農村部の消費支出の格差も徐々に縮小しつつある。とくに中国における電子商取引の規模は世界第1位であり、インターネットによる小売を通した農村部の潜在需要の掘り起こしが、同国の消費拡大の要因の1つになっていると考えられる。中国では、パソコンが普及する前にスマートフォンが普及したが、これがスマートフォンを利用したモバイル決済の発展を促し、インターネットによる小売を増加させる要因となったと考えられる。また、旅行予約サービス、配車サービス、金融サービス関係などの分野で、多彩な消費者向けインターネットサービスが展開され、利用者数の伸びが著しい。

　こうしたインターネットサービスの発展の一方で、中国における日系現地法人の売上高では製造業の割合が高く、個人消費関連サービスの売上高は限定的である。また、アメリカやヨーロッパの企業の現地法人との比較でも、日系現地法人は個人消費関連サービスの売上高が相対的に小さい。中国の個人消費関連サービスの分野には、日本企業にとっても大きなビジネスチャンスが存在するといえよう（経済産業省［2018］、内閣府政策統括官室［2018］）。

りGDPはいまだ低く，2015年時点で日本の4割程度にとどまるものの，中国が世界経済のあらゆる領域で存在感を高めていることは紛れもない事実である。中国は世界最大の輸出国であるとともに，外貨準備高でも世界1位であり，この外貨準備の継続的な拡大が2000年代半ば以降に急増した対外直接投資を支えた。他方，中国は世界最大の資源消費国，CO_2排出国でもある。また，自動車販売台数で2位のアメリカを大きく上回るなど，消費市場としてもめざましい成長を遂げている。中国は世界の工場から世界の市場に姿を変えつつある。

2000年代後半以降，中国から他地域に軸足の一方を移す動きがみられ，「チャイナ・プラスワン」として注目された。高成長にともなう人件費の高騰を主因の1つとして，輸出向け生産のための立地としての中国の魅力が相対的に低下したのである。世界経済の牽引役としての中国の重要性は繰り返すまでもないが，投資主導の成長には限界がある。1人当たり所得の成長の余地を踏まえ，今後は投資主導から消費主導の成長への転換が課題となるが，2015年まで継続された「一人っ子政策」の影響もあり，生産年齢人口は減少局面に入っており，予断を許さない状況にある。

2 アジア地域内経済関係の緊密化
●国際分業と貿易構造

国際分業と貿易の変化

1990年代以降，国際分業と貿易のあり方は大きく変化した。産業を単位とする分業ではなく，産業内において**生産工程を単位とする国際分業**が進展したのである。こうした分業のあり方は，とくにアジアで顕著であり，また，多様な技術を必要とする多くの部品・中間財を用いて生産される機械産業が典型的であった（木村・安藤［2017］）。

日本企業を含むアジアの企業は，こうした技術発展，いわゆるモジュール化の進展を利用して，生産工程間の国際分業の一部を担ったのである。

　アジア地域において，1970年の段階で機械輸出を行っていたのはほぼ日本に限られ，しかも完成品輸出がその中心であった。しかし，1980～90年代に部品輸出の比率が上昇し，2010年までには，アジア諸国の多くが機械部品の輸出国であり，同時に輸入国でもあるという状況になっている（木村・安藤［2016］）。これは日本にも該当し，貿易の品目別構成において，1990年代に輸入における電気機器の構成比が急上昇し，2000年代以降は13～15％で推移した（表22・3）。また，2009年の段階で，日本は後発開発途上国（Least Developed Countries）からも無視しえない額の精密機械，電子部品，半導体素子・集積回路などの輸入を行っており，国際分業の広範な展開が示唆される（清田［2016］）。域内貿易を促進する制度的な枠組みが存在しないにもかかわらず，直接投資によって構築された生産ネットワークの活用により，東アジア地域が**高い域内貿易比率**を実現したことは特筆されてよい。

　こうした域内分業の進展を基盤として，2003～07年頃には，日本・NIEsが中間財を生産し，中国・ASEANが中間財を輸入して最終財に組み立て，これを最終消費地である欧米に輸出するという三角貿易構造が産業横断的に成立した。この構造のなかで取引される貿易額は，1990年の850億ドルから2003年には4470億ドルと5倍以上に増加し，この三角貿易の額が地域全体の輸出額に占める比重も11.7％から23.1％に上昇した（経済産業省［2005］）。ノート型PCの事例では，台湾政府による対中投資解禁を契機として台湾のOEM企業（original equipment manufacturer：他社ブランドの製品を生産する企業）が組立ての拠点を中国に移し，生産能力を飛躍的に高めることでブランド企業に対する相

対的な地位を高めたことが知られている（川上［2012］）。

こうした国際分業を前提とした貿易は，2000年代に急速な拡大をみせたが，10年代に入ると貿易の成長は鈍化した。2012年に貿易の成長率が実質GDP成長率を下回って以降，その状態が16年まで継続するとともに，15，16年には，貿易額は2年連続で減少した。こうした状況は**スロー・トレード**とも呼ばれる。貿易額が停滞した要因として，①世界的な経済成長率の鈍化，②2011年以降の原油価格の下落に加え，③新興国の中間財国内生産化が指摘されている（経済産業省［2017］）。また，最大の輸出国である中国でも，外資系企業による輸出の構成比が低下し，現地企業による輸出の増加が顕著になるとともに，輸出品の構成も最終財から中間財，資本財へとシフトしつつある（内閣府政策統括官室［2017］）。

産業の発展パターンの変化

国際分業と貿易のあり方が変化したことは，産業の発展パターンの変化としても注目された。従来，産業構造の長期的な変化を理解するための有力な視角の1つとして，各国経済は技術水準の低い財から高い財へ生産の中心をシフトさせていくという**雁行形態的発展**が想定されてきた。日本の産業構造についても，2000年代半ばまでの時期については雁行形態的発展というとらえ方が有効であると指摘されている（清田［2016］）。

しかし，この雁行形態論を前提とすれば，遅れて工業化を開始した地域が早期に高度な技術水準が必要とされる財の生産にかかわるという状況は説明できない。たとえば，1990年代末に，NIEs，ASEANに遅れて工業化を開始した中国が，NIEsやASEANを飛び越えて，PC，携帯電話など知識集約的な財の輸出を増大させたことは驚愕をもって受け止められた（内閣府［2001］）。雁行形態論は産業単位の国際分業が行われていた時期

に対応した議論であり,生産工程単位の国際分業が一般的となった状況では,成立する可能性が低いということであろう(木村・安藤[2017])。

自由貿易協定をめぐる動き

貿易をめぐる制度面の動向としては,1990年代以降,特定の地域間で関税などの貿易障壁を撤廃し,自由貿易地域を形成することをめざす **FTA**(自由貿易協定)の締結が増加したことが重要である。貿易をめぐる国際交渉の場として,従来はWTO(世界貿易機関,1994年以前はGATT)による多国間交渉が重要な位置を占めた。しかし,単なる協定にすぎなかったGATTと異なり,国際機関として法的拘束力を有したWTOの下で自由貿易体制の推進力が強化された反面,多数国が参加するため交渉が難航するという問題も生じていた。対照的にFTAは,当事者間での弾力的な合意が可能であったことから急速に増加した。

アジアにおけるFTAへの取組みでは,1993年1月にAFTA(ASEAN自由貿易地域)を締結したASEAN諸国が先行した。東アジア地域についても,このAFTAを軸として,日本,中国,韓国がそれぞれASEAN諸国とのFTAを締結する方式(ASEAN+3FTAと称される)により,事実上のFTAを実現する方向性が模索されている。日本はFTAへの取組みが遅れていたが,1999年のシンガポールとの **EPA**(FTAより進んだ経済連携協定)締結(2002年発効)をはじめ,アジア諸国を中心に交渉を進め,2008年にはASEAN全体とのEPAが締結された(経済産業省[2008])。

世界のFTA発効件数は,2017年6月の段階で290件であり,そのうち日本が関係するものは15件(アジア11件,中南米3件,ヨーロッパ1件)である。また,同時期における日本の **FTAカバー率**(FTA発効済みの国・地域との貿易が貿易全体に占める比率)は22.5%(輸出20.8%,輸入24.3%)であり,アメリカ(39.1%),

EU（全体74.7％，域外30.2％），中国（29.3％）を大きく下回る。これは貿易額が大きい相手国・地域との間でのFTA締結がなされていないことによるものであり，日本はFTAを十分に活用しているとはいえない状況にある（日本貿易振興機構［2017］）。

3 日本経済への影響
●貿易構造の変容と高付加価値化への圧力

水平貿易・垂直的産業内貿易の進展

アジア諸国・地域の急成長と域内経済関係の緊密化は，日本経済に対して大きな影響を与えた。影響の1つが，1990年代以降における貿易構造の変化であった。貿易の地域別構成では，**表22・2**が示すようにアジアの比率が大幅に上昇した。2015年におけるアジアのシェアは輸出で53.3％，輸入で48.9％に達し，1990年に比しておおむね20％ポイント増加した。とくに中国のシェアの上昇は著しく，輸入ではアメリカを凌ぐ最大の貿易相手国となった。

他方，貿易の品目別構成も注目すべき変化をみせた（**表22・3**）。輸出では，1990年代に，自動車などの輸送用機器輸出のシェアがやや低下し，一般機械，電気部品を中心とした生産・資本財輸出のシェアの上昇が顕著であった。輸入では，機械のシェアが急上昇し，2000年代以降は30％前後で推移した。長く日本の貿易構造を特徴づけていた加工貿易というパターンは，1980年代から変化を示し始めていたが，90年代に入ると**水平貿易**，さらには**垂直的産業内貿易**という傾向はいっそう明確化したのである。

産業空洞化

対外直接投資の拡大は，国内の生産・輸出を海外生産によって代替する側面をもつことから，しばしば「**産業空洞化**」との関係で論じられた。製

表22・2 日本の貿易構造(1)地域別

(単位：%)

輸 出 国	1980年	1990年	2000年	2005年	2010年	2015年
アメリカ	24.2	31.5	29.7	22.5	15.4	20.1
E U	12.8	18.7	16.3	14.7	11.3	10.6
アジア	27.7	30.9	41.1	48.4	56.1	53.3
NIEs	14.8	19.7	23.9	22.9	23.7	21.7
ASEAN	10.0	11.9	14.3	12.7	14.7	15.2
中 国	3.9	2.2	6.3	13.5	19.4	17.5

輸 入 国	1980年	1990年	2000年	2005年	2010年	2015年
アメリカ	17.4	22.4	19.0	12.4	9.7	10.3
E U	5.6	14.7	12.3	11.4	9.6	11.0
アジア	27.7	29.1	41.7	44.4	45.3	48.9
NIEs	5.2	10.8	12.2	9.8	8.8	9.2
ASEAN	17.4	12.8	15.7	14.1	14.6	15.1
中 国	3.9	5.3	14.5	21.0	22.1	24.8

(出所) 経済産業省『通商白書』，財務省ホームページ「貿易統計」より作成。

造業の海外生産比率は，1990年の6.4％から，95年に9.0％に上昇し，2001年には14.7％に達した。産業部門別にみると，2001年度末の自動車を中心とする輸送機械の海外生産比率は35.5％，電気機械は26.5％を占め，1990年には5％にとどまった化学工業でも14.1％に上昇した（『経済統計年鑑』東洋経済新報社，2005年）。この結果，製造業の雇用が縮小し，中小企業の産業集積地帯では転・廃業も進展した。円高が進展し，しかも国内の投資比率が大幅なマイナスを示す一方で，海外投資が14％増加した1994年には，産業空洞化に対する悲観的な議論が強まった。その後も，円高のたびに産業空洞化への悲観論は繰り返された。

また，1990年代末には，中国からの輸入の増加を背景に，産業空洞化が再び注目された。1998，99年には輸入全体が減少しているにもかかわらず，中国からの繊維・電気機械輸入が増加したためである。とくに技術的に高度なIT関連財の輸入について

表 22・3　日本の貿易構造(2)品目別

(単位：%，10億円)

輸　　出　　品	1990年	1995年	2000年	2005年	2010年	2015年
化 学 製 品	5.5	6.8	7.4	8.9	10.3	10.3
金属・同製品	6.8	6.5	5.5	7.2	8.9	8.4
機　　　　械	74.1	74.2	74.1	69.4	64.2	63.8
一 般 機 械	22.1	24.1	21.5	20.3	19.8	19.1
電 気 機 器	23.0	25.6	26.5	22.2	18.8	17.6
半導体等電子部品	4.7	9.2	5.7	6.7	6.2	5.2
輸送用機器	25.0	20.3	21.0	23.1	22.6	24.0
総　　　　額	41,457	41,531	51,654	65,657	67,400	75,614

輸　　入　　品	1990年	1995年	2000年	2005年	2010年	2015年
食 料 品	13.5	15.2	12.1	9.8	8.6	8.9
繊 維 製 品	5.5	7.3	6.5	5.5	4.9	5.6
鉱 物 性 燃 料	23.9	15.9	20.3	25.6	28.6	23.2
原　料　品	12.2	9.8	6.5	6.2	7.8	6.2
鉄鉱石・非鉄金属鉱	3.3	2.3	1.9	2.8	4.6	3.2
機　　　　械	17.0	24.8	31.1	29.1	26.1	30.5
電 気 機 器	5.5	10.4	14.2	13.0	13.3	15.3
化 学 製 品	6.9	7.3	7.0	7.6	8.9	9.9
総　　　　額	33,855	31,549	40,938	56,949	60,765	78,406

(出所)　財務省ホームページ「貿易統計」より作成。

は，前出の雁行形態的発展では説明できない現象として注目された（内閣府 [2001]）。

産業構造の高度化

低付加価値製品，あるいは成熟した製品の生産を海外に移し，高付加価値の製品の生産と研究開発に特化するのは，技術的フロンティアに接近した経済にとって避けられないプロセスである。また，一般に直接投資は，①受入国で生産された製品が受入国から第三国に供給され，投資国の輸出を代替するという「輸出代替効果」や，②受入国の製品が投資国に輸出されるという「逆輸入効果」を通じて国

内の生産に代替する作用をもつだけでなく，③投資国のプラントの設置・拡大のための資本財や，現地で調達不可能な部品・材料などの中間財に対する「**輸出誘発効果**」を通じて，国内の産業の高度化を促す。

　実際，1990年代以降の動向は必ずしも産業空洞化一色であったわけではない。1990年代前半に産業空洞化が問題視された時期にも，生産・資本財の輸出が大幅に増加し，とくに機械部品輸出に占めるアジア向けのシェアは，88年の33.5％から96年には45.8％に上昇した。また，中国の成長は化学，鉄鋼などの素材産業の輸出拡大に大きく寄与し，2005年以降に急激な円安が進んだことと合わせ，2000年代半ばにおけるこれらの産業の回復を支えた（内閣府［2007］）。また，産業空洞化が国内の雇用減少に帰結したかどうかについてもさまざまな議論がある。たとえば，「企業活動基本調査」の個票データを用いて雇用創出・喪失を分析した研究では，産業空洞化の影響は限定的であったと報告されている（Ando and Kimura［2015］）。生産工程単位の国際分業が広がったことが，一定の雇用を国内に残す効果をもったと考えることができる。

アジアへの対外直接投資の増加

　世界の直接投資は1990年代半ばから増加したが，日本の**対外直接投資**は90年代から2000年代初頭にかけて低迷した（図**22・1**）。そうしたなか，アジア地域の成長もあり，日本企業による対外直接投資はアジア地域が中心となった。

　地域別新規進出件数でみれば，1993年からの対外直接投資は「アジア一色」と評され，アジア向けの直接投資が一時的に低迷したアジア通貨危機後にも，中国への進出は継続した（黒田［2001］）。この結果，アジアの現地法人数は，1990年の2300社から，95年5000社弱，2003年には7500社と急増し，08年に1

図22・1 日本の対外・対内直接投資の推移

(注) (a)はIMFの「国際収支マニュアル」第5版準拠，(b)は同じく第6版準拠の数値。日本の対外・対内直接投資額はネットのフロー額である。
(出所) 財務省「国際収支統計」，国際貿易投資研究所『ITI国際直接投資マトリックス』2017年版より作成。

万社を突破した。なかでも，中国の現地法人数は，1995年の780社から2008年には5000社を超え（香港返還の効果を含む），15年には7900社（うち製造業4150社）となっている。これは，北米の3268社，ヨーロッパの2942社を大きく上回る（経済産業省「海外事業活動基本調査」）。

日本による対外直接投資の残高でみてもアジア地域の成長は著しい。**表22・4**によれば，日本の直接投資残高は，1990年にアメリカ41.9％，ヨーロッパ18.9％，アジア15.1％であったが，その後，アジアの構成比が上昇し，2015年には28.7％となり，ヨーロッパへの投資残高を上回っている。とくに中国に対する直接投資残高の構成比は，1990年の0.9％から8.8％へと大きく上

表22・4 世界の直接投資残高の動向

(単位：％，10億ドル)

年次 投資国	投資先地域別構成比						投資残高 （全体）
	アメリカ	ヨーロッパ	アジア	(NIEs)	(ASEAN)	(中国)	
1990年							
アメリカ(1)	—	49.6	10.7	3.5	1.8	0.1	430.5
日本(2)	41.9	18.9	15.1	7.5	6.7	0.9	311.3
OECD	23.2	43.5	7.4	3.3	2.1	0.2	1,654.4
2000年							
アメリカ(1)	—	50.9	12.6	5.2	2.0	0.8	1,316.2
日本(6)	47.5	20.3	17.7	8.3	5.6	3.1	278.4
OECD	18.6	49.8	6.9	3.0	1.3	0.8	5,197.5
2010年							
アメリカ(1)	—	54.0	11.6	5.1	1.1	1.6	3,741.9
日本(8)	30.3	23.3	25.5	8.2	7.0	8.0	831.1
OECD	12.6	38.5	8.3	3.4	1.1	1.8	16,099.2
2015年							
アメリカ(1)	—	58.1	11.9	6.8	0.9	1.5	5,040.6
日本(6)	33.7	23.1	28.7	9.4	8.2	8.8	1,226.6
OECD※	10.9	45.3	6.9	3.5	1.1	1.8	24,508.3

(注)　「アジア」は東アジア，東南アジア，南アジアの合計であり，中東や中央アジアを含まない。NIEsは韓国，台湾，香港，シンガポール。ASEANはタイ，マレーシア，フィリピン，インドネシア。※は2014年のデータ。アメリカ，日本の後のカッコ内の数字は，当該年におけるOECD諸国内での直接投資残高の順位。
(出所)　国際貿易投資研究所『ITI国際直接投資マトリックス』2017年版。

昇した。

対内直接投資の低迷　　一般に，**対内直接投資**は，雇用の創出といった利益のみでなく，競争促進を通じて，消費者余剰の拡大などの効果をもつ。他方，M&Aによる対内直接投資は，被買収企業に買収企業から経営手法，技術などの経営資源が移転し，価値創造につながる効果も期待される。1999年にルノーによる出資を受け，CEO（最高経営責任者）に迎えられたカルロス・ゴーンの下で経営再建を経験した日産自動車

が好例であろう(ヘラー・藤本[2007])。海外企業によるM&Aのすべてが成功したわけではないが,1994～98年を対象期間とする計測では,外資系企業による買収は,日本企業による買収に比べて,被買収企業のTFP(全要素生産性)の上昇が約10％高く,資本の収益率も高いと報告されている(深尾・天野[2004])。

また,対内直接投資の促進も図られた。1999年4月には,対日投資会議が「対日投資促進のための7つの提言」を公表し,対内直接投資の促進が本格化した。さらに,小泉内閣の成立後には,対内直接投資の促進は構造改革の一環として明確に位置づけられ,2003年1月には以後5年間での対内直接投資残高の5倍増という目標が公表された。また,同年3月に作成された対日投資促進プログラムが「合併等対価の柔軟化」を提唱し,2006年5月に施行された新会社法で合併対価の柔軟化が明文化された。それにより,子会社が他の会社を吸収合併する際に,親会社(国籍を規定しない)の株式を合併対価として交付する方式(**三角合併**)などの利用が可能になった。

しかし,対外直接投資の伸長とは対照的に,日本の対内直接投資は低迷した。1999年以降,日本の対内直接投資は若干の増加をみせたが,全体としては低い水準にとどまったのである(前掲図22・1)。アジアからの直接投資についても,経営危機に陥ったシャープを鴻海(台湾)が買収した案件など目立つ事例はあるものの,全体としては低調である。日本経済の成長にとっては,価値を生む対内直接投資を抑制するメリットはなく,活性化が期待される。

第23章 新たなビジネスモデルを模索する企業経営

グローバル化と国際分業の変化

1 産業構造変化の方向

● 急速なサービス経済化

ウエイトを高めた第3次産業

産業構造の変化を**表23・1**によってみると，1990年代に入って第2次産業，製造業の比率が低下し，第3次産業の比率が高まった。第2次産業の付加価値構成比は，1995年の31.6％から2010年の25.7％へ低下したのに対して，第3次産業の構成比は95年の66.7％から，2010年の73.1％へと増加した。2015年における第2次産業の付加価値構成比26.5％，第3次産業の付加価値構成比72.4％と対比すると，90年代に急速に進行した**サービス経済化**は，2010年代に大きな変化をみせなくなった。

就業者数の比率でも同様の傾向がみられ，前掲表15・4のように，第2次産業，すなわち製造業の比率が低下し，第3次産業の比率が上昇した。第3次産業のなかでは，サービス業，そして卸売・小売業が中心であった。就業者数の推移をみると，製造業は1992年まで増加していたが，その後，減少を続け，94年か

表23・1 産業別生産額(名目)の構成比

	1995年	2000年	2005年	2010年	2015年
第1次産業	1.7	1.5	1.1	1.1	1.1
第2次産業	31.6	29.5	27.2	25.7	26.5
鉱業	0.2	0.1	0.1	0.1	0.1
製造業	23.6	22.5	21.6	20.9	20.9
素材型	7.7	7.0	6.8	6.9	6.6
加工型	9.7	9.7	9.7	9.1	9.5
労働集約型	6.3	5.8	5.1	4.8	4.8
建設業	7.8	6.9	5.6	4.8	5.6
第3次産業	66.7	69.0	71.7	73.1	72.4
電気・ガス・水道・廃棄物処理業	3.0	3.2	2.9	2.8	2.6
卸売・小売業	13.9	13.0	14.3	13.8	14.1
運輸・郵便業	5.5	4.9	5.1	5.1	5.1
宿泊・飲食サービス業	3.1	3.1	2.7	2.6	2.3
情報通信業	3.2	4.6	4.9	5.1	5.1
金融・保険業	5.0	4.9	5.9	4.8	4.4
不動産業	9.9	10.3	10.4	11.9	11.5
専門・科学技術, 業務支援サービス業	4.8	5.7	6.4	7.0	7.3
公務	4.9	5.2	5.1	5.3	5.0
教育	3.6	3.6	3.5	3.7	3.6
保健衛生・社会事業	4.4	5.3	5.5	6.4	6.9
その他のサービス	5.2	5.2	4.9	4.7	4.4
合計	100.0	100.0	100.0	100.0	100.0

(注) 製造業のうち素材型は, パルプ・紙・紙加工品, 化学, 石油・石炭製品, 窯業・土石製品, 一次金属, 金属製品。加工型は, はん用・生産用・業務用機械, 電子部品・デバイス, 電気機械, 情報・通信機器, 輸送用機械。労働集約型は食料品, 繊維製品, 印刷業, その他製造業。
(出所) 「2016年度国民経済計算」(2011年基準・2008SNA), 内閣府ホームページより。

らサービス業, 96年から卸売・小売業の就業者数を下回るようになった。2000年代に入ってからも第3次産業の比率は上昇し続け, 2013年からは80％台を推移した。

2005年から15年にかけての就業者数増加率を示す**表23・2**によれば, 増加率がプラスだったのは, 第3次産業の保健衛生・社会事業, 不動産業, その他のサービス, 情報通信業, 専門・科

表 23・2 就業者増加率 (2005～15 年)

(単位：%)

業　種	2005～15 年 就業者増加率	GDP 構成比
保健衛生・社会事業	44.0	6.9
不 動 産 業	14.6	11.5
石油・石炭製品	9.7	0.7
その他のサービス	8.3	4.4
一 次 金 属	7.6	1.8
情報通信業	7.6	5.1
輸送用機械	7.4	3.4
専門・科学技術，業務支援サービス業	6.3	7.3
化　　学	6.1	2.2
宿泊・飲食サービス業	3.1	2.3
運輸・郵便業	1.6	5.1
電気・ガス・水道・廃棄物処理	1.2	2.6
食　料　品	1.2	2.5
卸売・小売業	−1.6	14.1
教　　育	−3.0	3.6
電 気 機 械	−3.5	1.4
公　　務	−4.3	5.0
金融・保険業	−4.4	4.4
製　造　業	−6.9	20.9
はん用・生産用・業務用機械	−7.3	3.1
金 属 製 品	−8.0	0.9
窯業・土石	−10.5	0.5
パルプ・紙・紙加工品	−12.9	0.4
その他の製造業	−14.8	2.0
繊 維 製 品	−15.0	0.3
建　設　業	−16.2	5.6
鉱　　業	−19.6	0.1
電子部品・デバイス	−23.7	1.0
農林水産業	−26.5	1.1
情報・通信機器	−34.0	0.8
合　　計	100.0	100.0

(注) 経済活動別就業者数の増加率・名目 GDP の構成比。業種の網掛けは製造業の内数。
(出所) 内閣府経済社会総合研究所ホームページ「国民経済計算」。

学技術，業務支援サービス業などであった。第2次産業では，石油・石炭製品，一次金属，化学という素材型が増加し，機械工業では唯一，輸送用機械が増加した。これに対して，減少した産業分野は，第3次産業では金融・保険業，公務，教育，卸売・小売業であり，第2次産業では，情報・通信機器，電子部品・デバイス，はん用・生産用・業務用機械という加工組立型産業の就業者が大きく減少し，製造業全体がマイナス6.9％減であった。第3次産業では，少子高齢化時代を反映した保健衛生・社会事業，および低金利が持続するなかでの不動産業の拡大が目立ち，第2次産業の製造業においては，加工組立型産業のなかで，輸送用機械は増加したが，情報・通信機器，電子部品・デバイスなどは減少した。加工組立型産業を中心にグローバル化が進み，生産拠点が海外に移転し，その一方では，情報・通信機器の競争力が低下し輸入が増加していた。

　2010年を100とした海外出荷指数をみると，2017年第4四半期の全業種は139.3，これに対する同時期の国内出荷指数は101.1であり，国内，国外を合わせた**グローバル出荷指数**は110.3であった。同時期の海外出荷指数を主要業種についてみると，輸送機械の154.1が最も高く，はん用・生産用・業務用機械は140.8，化学は124.0，電気機械は120.3であった（経済産業省ホームページ）。日本企業のグローバル化が進展するなかで，国内総生産（GDP）に含まれない，海外における企業活動は拡大しており，その中心は自動車産業であった。

| リーマン・ショックの影響と生産回復の遅れ |

リーマン・ショックは製造業に大きな影響を与えた。鉱工業生産指数は2008年9月から09年2月まで低下し，リーマン・ショック発生直前（08年8月）と比較して，31％の低下であった。その後の回復も緩やかであり，発生前比90％の水準を超

Column ⑪　プロ野球球団にみる産業構造の変化

　産業構造の変化は身近なところでも観察することができる。その一例として、プロ野球球団の親会社の業種構成がある。

　日本プロ野球は、創設された1936年以降、戦後の70年代頃までは、新聞社や電鉄会社といった新聞の拡販や乗客の増加など、本業とのシナジーが大きい業種の企業が親会社となる球団が中心であったことが知られている（橘川・奈良 [2009]）。たとえば、プロ野球が今日のような2リーグ制となった1950年には、新聞系の球団として巨人、中日、毎日、電鉄系の球団として阪神、阪急、近鉄、南海、東急、西鉄があった。

　しかし、その後、産業構造の変化を反映して、親会社の業種構成にも変化がみられるようになる。1970年前後には、ロッテ（69年）、ヤクルト（70年）、日本ハム（74年）といった消費財メーカーの参入が相次いだ。また、バブル全盛の1989年にはダイエー、オリックスという流通、金融分野の企業が参入した。この両球団の前身が電鉄系の南海、阪急であったことも、本業（電鉄）とのシナジーという旧来のプロ野球球団経営のモデルが変化したことを示すものとして象徴的といえよう。近年では、2005年にソフトバンク、楽天、12年にDeNAという、通信・IT分野の企業が参入している。その結果、現在（2019年時点）では、新聞、電鉄、消費財、金融、通信・ITというバラエティに富む構成となっている（各年の球団構成については、ベースボール・マガジン社 [2014]）。

　スポーツ観戦の楽しみ方としては邪道かもしれないが、将来どのような業種の企業が参入するのかを想像してみるのも興味深い。

えたのは1年4カ月後の2010年1月であった。そして、2011年3月11日の東日本大震災によって、鉱工業生産指数は前月比15.5％という急激な下落を記録した。震災の影響からの回復は半

年間程度で実現したが,それ以降も生産回復は緩やかであり,鉱工業生産指数が2010年の水準を超えたのは17年になってからであった。リーマン・ショックによる世界的な景気後退は,輸送用機械,IT関連機器の輸出急減をもたらし,製造業部門に大きな打撃を与えた。また,リーマン・ショック以降の円高の持続は,輸出企業の競争力にマイナスの影響を与えるとともに,海外現地生産を進める要因になった(内閣府[2012])。製造業の海外生産比率(国内全法人ベース)は,2006年度の18.1%から,15年度の25.3%に上昇し,すでに海外生産を進めていた輸送機械は37.8%から48.8%へとさらに海外生産比率を高めた(経済産業省「第46回海外事業活動基本調査概要」2017年)。

2013年からの円安傾向の下でも,生産の回復は業種によって異なった。素材型産業のなかで化学工業,繊維工業の一部では,炭素繊維のような高機能素材において高い国際競争力を有する製品分野が登場し,またパソコン,スマートフォンを含む情報通信機械においては輸入の急増がみられた。東アジアを中心とした国際分業と工程内分業が進行し,それは電気機械工業に顕著に反映された。とくに,情報通信機械は大幅な輸入超過となり,これまで黒字を続けてきた貿易収支が2011年から15年まで赤字に転ずる要因になったのである。

2 自動車産業の優位

● グローバル化する自動車産業

日本企業の持続的競争優位

自動車産業は,1990年代後半以降も,高い国際競争力を保持した。日米の自動車生産量を比較した前掲図12・1によれば,アメリカの生産量は1993年に日本を上回り,日本の生産

表23・3 自動車生産台数

(単位：1000台，％)

年	国内生産		海外生産	海外生産比率	総計
	乗用車	四輪車計 A	B	B／(A+B)	A+B
1985	7,646	12,271	891	6.8	13,162
1990	9,947	13,486	3,265	19.5	16,751
2000	8,359	10,140	6,288	38.3	16,428
2010	8,310	9,628	13,181	57.8	22,809
2015	7,830	9,278	18,094	66.1	27,372

(出所) 日本自動車工業会ホームページ．

量は90年代に漸減傾向にあったが，**表23・3**のように，日本企業は海外生産を増加させ，グローバル生産としての日本車生産量は伸びていた。ただし，トヨタ，ホンダが好調な一方で，日産が1990年代半ばに経営危機に陥り，ルノーの傘下に入ることによって再生したこと，2000年代に入ってから三菱自動車が経営悪化に陥り，日産と提携したことから明らかなように，1990年代半ば以降，企業間で収益性の差異が顕著になり，提携・再編が進んだ。2017年の世界自動車販売台数は，フォルクスワーゲングループが前年に続いてトップを維持し，ルノー・日産・三菱自動車グループが第2位に飛躍し，14，15年にトップであったトヨタは第3位であった。上位3社は1000万台を超える販売台数を記録し，以下，第4位GM，第5位現代・起亜グループ，第6位フォード，第7位ホンダであり，日本企業は引き続き，世界市場において，高い競争力を維持した。

　この間，2000年代には，中国，インド，ブラジルなどの**新興国市場**の比率が高まり，10年代には世界市場のなかで35％を超える比率を維持するようになった。そのなかでも中国市場の成長が顕著であり，一方で，既存の北米，日本市場の比率は低下傾向にあった。国別販売台数では，2009年に中国が日本を追い抜き，

17年の販売台数は2901万台と,第2位アメリカの2.6倍にあたる巨大市場に成長した。この中国市場への進出度が主要自動車企業の業績に影響を与えるようになるとともに,先進国市場を含めて市場と製品種類の多様性が増したことが自動車企業の開発・生産の体制に変革をもたらしつつある。

　日本の自動車産業の競争優位を支えてきた要因として,生産システムの役割がある。日本の自動車産業は,**トヨタ生産方式**に代表される生産システムの優位が国際競争力の源泉と指摘されてきた(第18章)。1990年代に入ると,海外企業にトヨタ生産方式が導入され,理念化された「リーン生産方式」として普及した。また,日本の部品系列(部品購買システム)は,欧米の部品購買システムが階層的に変化することによって,欧米と共通性をもつようになった。日本企業の生産システムにおける優位性は縮小していったといえよう。

　1990年代後半から,日米欧の主要自動車メーカーは,組み付ける部品の種類が多い工程,組立ての作業が複雑な工程をメインの組立ラインから切り離して,自社のサブライン,または外注による組立作業を行うようになった。これによって,運転席回り,ドア関連部品などの一部領域の生産,調達の**モジュール化**が進行し,コスト削減に貢献した。さらに,2012年以降,まずフォルクスワーゲンが,車両設計そのもののモジュール化に着手し,ルノー・日産,トヨタがそれに続いた。そこでは,車種群ごとの共通の設計思想に基づき,複数の車種に適用できる設計モジュール,部品が定められ,設計モジュールの組合せを変更することによって,多様な車種を柔軟に開発することができる。上位の設計モジュール(商品企画,製品開発)から出発する方式は,生産システムの柔軟性と部品共通化による品質向上などをもたらし,さらにサプライヤー・システムの変化をもたらすことになるが,その影

響はまだ明らかでない（古川［2018］）。

　以上のような開発・生産システムの動向をみると，自動車企業の競争優位を支える要因として，市場と製品の多様化に対応する**商品開発能力**がより重要になってきた。差別化が可能で，消費者の購買意欲を高めるモデルを短期間で提供できる能力が重要だったのである（藤本［2003］）。北米市場におけるトヨタ，ホンダの優位，ルノーと提携した日産の復活，それと対照的な三菱自動車の失敗，その一方での国内市場におけるヨーロッパ車の浸透など，いずれも商品開発能力を中心とした総合的な能力を構築できるか否かが問われ，それに応えた企業が成功したことを示している。

自動車部品調達のグローバル化

グローバリゼーションの進展は，日本型企業システムの特徴とされてきた**系列取引**の変容をもたらした。自動車産業における組立メーカーと部品メーカー間の系列取引は，日米構造協議のなかで「不公正な取引」という非難を浴びた。組立メーカーは，アメリカからの部品購入への圧力に加えて，1994年からの急激な円高の下で，海外からの部品購入への対応を強化し，「世界最適調達」を目標に掲げて輸入比率の上昇を購買計画に織り込んだ。マツダは部品の輸入比率を1994年度の5％から97年度には30％に引き上げる方針を95年6月に発表し，またトヨタは95年6月の「新国際ビジネスプラン」において海外製部品の購入拡大方針を打ち出した。

　自動車部品の国内需要は1994年前後の落ち込みを除いて安定的に推移した。輸入比率は1990年代前半に緩やかに上昇して96年に6.5％に達したが，90年代後半には5～6％台を推移した。輸送コストの大きい自動車部品の場合，海外からの部品輸入という点に限れば，「世界最適調達」という方針は実現しなかった。しかし，アメリカ製部品の現地調達は1990年代に急増した。日

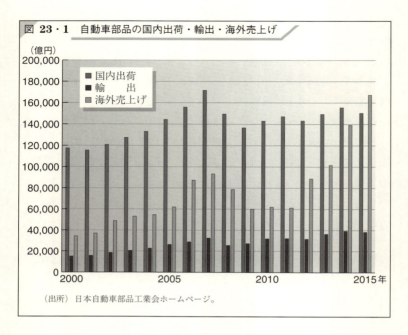

図 23・1 自動車部品の国内出荷・輸出・海外売上げ

(出所) 日本自動車部品工業会ホームページ。

系自動車メーカーが現地調達したアメリカ製部品は 1990 年の 71.3 億ドル (輸入額 19.5 億ドル) から 2004 年には 423.2 億ドル (輸入額 29.1 億ドル) へと増加した。アメリカが要求した部品購入の増加は，現実には，日系自動車メーカーが現地調達を増加させるかたちで実現したのである。

2000 年代に入ると国内の自動車産業は，東アジア地域からの部品輸入を増加させた。労働集約的な部品を中心に，地域別ではタイ，中国からの輸入が増加した。他方，部品の輸出比率も上昇し，地域別には東南アジアへの輸出が増加したが，それを上回って，部品メーカーの海外生産が増加した (図 23・1)。リーマン・ショックによる海外売上げ (海外生産) の落ち込みは大きかったが，2015 年には国内出荷を上回った。東アジア地域には，日本の自動車メーカーとともに部品メーカーが進出し，とくにタイ東

南部に部品産業の集積が進んだことが示すように，日本とアジアの自動車産業は緊密な地域ネットワークを形成した（小林・大野［2005］）。日本企業のアジア現地法人は，ASEAN域内の分業体制の構築をめざし，現地で作り，現地で販売するビジネスモデルが中心になったのである（経済産業省［2010］）。

> 系列組織の変化

部品調達の変化は，従来からの系列組織のあり方にどのような影響を与えたであろうか。組立メーカーの現地生産にともなって，1980年代後半から部品メーカーの海外移転が進行したが，さらに，94年からの急速な円高は，輸出採算の悪化をもたらし部品メーカーの海外移転を促進した。現地において部品メーカーは日系企業以外への拡販を行い，GMなど系列外への販売が拡大していった。グローバリゼーションと円高は，組立メーカーと部品メーカーのそれぞれの行動を通じて，**系列組織の変化**をもたらしたのである。

さらに，組立メーカーは部品メーカーの選別を強化しつつある。2000年からの「日産リバイバル・プラン」によって，日産は系列部品メーカーとの資本関係を打ち切り，部品メーカーを少数に絞る方針を打ち出した。一方，トヨタは人的・資本的な関係を維持しており，両者の方向性は相反しているようにみえる。しかしながら，日産は2005年度から再び部品メーカーと技術面での緊密性を高める方針を打ち出し，トヨタの系列内部でも，発注先を絞るとともに海外生産比率の上昇によるコスト削減，技術改善などに条件をつけるケースがみられた。すなわち，両者はともに，①高い共同開発能力をもつ部品メーカーとの長期的関係を強化する，②コスト競争力をもつ少数者に発注先を絞ることによって量産効果を高めるという戦略をとった。このように組立メーカーと部品メーカーの関係は，選別と長期的関係の強化という両面をもっている。他方で，欧米自動車メーカーは1次部品メーカーの選

別を行い階層的な組織構造を志向しており,単純化すれば,日米欧のサプライヤー・システムの変化は同一の方向性をもつようになった(塩見・堀［1998］,西口［2000］)。

　このような系列関係の変化は,上位の部品メーカーの規模拡大と技術力の向上をもたらし,メガサプライヤーと呼ばれる大規模部品メーカーが登場した。とくに複数部品をあらかじめ組み付けるモジュール化が進展するなかで,一部の大規模部品メーカーの独自性が高まりつつある。世界的にみると,2016年度売上高で,ボッシュ(ドイツ)を筆頭に,デンソー(日本),ZF(ドイツ),マグナインターナショナル(カナダ),コンチネンタル(ドイツ)などが続き,またアイシン精機などの日本メーカー,中国の部品メーカーが成長して海外進出しつつある。系列組織の変化が進み,グローバルなネットワークのなかでの競争が進むとともに,部品の電子化の進行は,今後組立メーカーと部品メーカーの関係を変える可能性をもっている。

　自動車産業全体としてみると,中国市場を中心とした電気自動車(EV)へのシフトが始まり,その一方でトヨタ,ホンダはハイブリッド車を供給し燃料電池(水素)の開発を続けている。また,自動運転システムの開発にグーグルが参入して,自動車メーカーとの提携が進められ,車載用半導体の需要増加は半導体メーカーのM&Aによる大規模な再編を引き起こしている。今後,EV,自動運転,半導体を核としたIoT (Internet of Things)における新技術と事業化の展開が,自動車産業全体の構図を大きく変えていくであろう。

3 電機産業の再編

●消費財からの後退

<small>家電・ハイテクハードウエアの競争劣位</small>

1990年代以降,自動車産業と比較して,電機産業の不振が目立った。1990年代に家電の目立ったヒット商品はなく,家電流通の規制緩和と家電量販店のバイイングパワーの向上によって,家電事業の収益性は低下した。パソコンなどのハイテクハードウエアにおいては,ノートパソコンの技術革新はあったものの国際競争によって収益性は低かった。しかし,2001年のITバブル崩壊による景気後退を経て,03年度から電機メーカーの業績は回復した。**デジタル家電ブーム**とそれにともなうシステムLSI,液晶をはじめとする半導体事業が回復したためであった。デジカメ,薄型テレビ,DVDレコーダーに代表されるデジタル家電は日本企業の競争力が高い分野であり,シャープが開発した液晶テレビに代表される技術革新を先導したのは日本企業であった。2004年の世界生産シェアにおいて日本企業が占める比率は,デジカメ81.2%,液晶テレビ61.9%,DVDレコーダー77.4%であった(中日社[2006])。

デジタル家電製品の市場では,自動車産業と同様に,消費者に受け入れられる商品の開発能力が重要であるとともに,収益を確保するビジネスモデルをもつか否かで成否が分かれた。薄型テレビ,デジタルカメラでは,日本企業は部品開発から最終製品までの垂直統合型ビジネスモデルを他社に一歩先んじて確立しようとした。日本企業は,最終製品に関して蓄積されたノウハウをソフトウエア化してチップに搭載することによって,部品メーカーが得るはずの利益が最終製品のメーカーに移転し,最終製品の技術

的な差別化が可能になり,ブランド価値の向上をもたらすというビジネスモデルを追求したのである。

しかし,デジタル家電における韓国,中国企業などの追上げは激しく,ビジネスモデルの優位性は持続しなかった。液晶テレビの場合,韓国の三星電子(サムスン)は 2006 年に北米で発売したモデルが評価され,商品開発能力,マーケティング能力ともに日本企業を上回ったといわれる(西澤[2014])。2000 年代半ばの時点で,韓国メーカーが高級品でキャッチアップに成功し,中国市場ではすでに中国メーカーが優位に立っていた。また,鴻海精密工業のような受託生産企業,EMS(electronics manufacturing service)が成長し,日本企業は家電,ハイテクハードウエアの製造を中国のEMSに委託する動きが広がった。

表 23・4 は,デジタル家電ブーム下の 2005 年より,リーマン・ショックからの回復を経て 2015 年に至る間の電子工業の成長を示している。この 10 年間で電子工業の世界生産額は 1.4 倍に増加する一方で,日系企業の生産額は減少し,そのシェアは 27.1% から 14.6% に低下した。電子工業の内訳をみると,世界生産の伸びは電子機器 1.4 倍,通信機器 2.3 倍,コンピュータ 1.1 倍,電子部品・デバイス 1.4 倍であり,スマートフォンを含む携帯電話が 3.3 倍と最も高い伸びをみせた。日系企業の生産額,生産シェアは,電子部品と電子応用装置を除けば減少しており,日本の電子工業の競争力は低下したといえよう。この間,日系企業の海外生産比率は 50.3% から 61.9% に高まった。

半導体事業の国際競争力低下

日本の電子工業が後退し,そのなかでも総合電機メーカーが収益性を低下させた要因の 1 つは,半導体事業における競争力の低下であった。半導体の企業ランキングをみると,1989 年の上位 10 社に,日本電気(1 位),東芝(2 位),日立(3 位),富

表23・4　電子工業の世界生産と日系企業

(単位：100億円，％)

製　品	2005年				2015年				世界生産伸び率	日系企業伸び率
	世界生産	日系企業	海外比率	日系比率	世界生産	日系企業	海外比率	日系比率		
電子工業	13,968	3,788	50.3	27.1	20,176	2,942	61.9	14.6	1.4	0.8
電子機器	8,942	2,173	54.7	24.3	12,944	1,465	72.9	11.3	1.4	0.7
AV機器	1,498	725	64.7	48.4	1,376	380	82.6	27.6	0.9	0.5
テレビ	740	293	—	—	864	131	95.3	15.2	1.2	0.4
映像記録再生機器	112	47	—	—	39	24	—	60.8	0.4	0.5
デジカメ・ビデオ	198	171	—	—	73	62	72.9	85.2	0.4	0.4
カーAVC	270	165	—	—	237	114	63.3	48.2	0.9	0.7
音声機器他	178	49	—	—	—	—	—	—	—	—
通信機器	2,469	403	26.3	16.3	5,585	263	62.5	4.7	2.3	0.7
無線通信	1,607	275	17.5	17.1	4,634	188	61.0	4.1	2.9	0.7
（携帯電話・スマホ）	1,148	189	12.7	16.5	3,748	102	85.2	2.7	3.3	0.5
有線通信	862	128	45.3	14.8	951	75	66.5	7.9	1.1	0.6
コンピュータ	4,093	786	70.2	19.2	4,623	589	82.4	12.7	1.1	0.7
サーバ・ストレージ	490	53	5.7	10.8	872	41	24.8	4.7	1.8	0.8
パソコン	2,120	161	29.8	7.6	1,886	149	71.4	7.9	0.9	0.9
情報端末	1,483	572	87.6	38.6	1,865	399	92.4	21.4	1.3	0.7
その他電子機器	882	259	23.9	29.4	1,359	233	45.1	17.2	1.5	0.9
電子応用装置	412	138	27.5	33.5	661	134	55.0	20.3	1.6	1.0
医用電子機器	—	—	—	—	273	42	31.5	15.3	—	—
電子計測器	406	77	22.1	19.0	424	57	32.0	13.5	1.0	0.7
事務用機械	64	44	15.9	68.8	—	—	—	—	—	—
電子部品・デバイス	5,026	1,615	44.4	32.1	7,232	1,477	51.0	20.4	1.4	0.9
電子部品	1,697	841	67.4	49.6	2,216	841	70.0	38.0	1.3	1.0
ディスプレイデバイス	756	241	21.2	31.9	1,325	188	12.8	14.2	1.8	0.8
半導体	2,573	533	18.6	20.7	3,691	448	31.5	12.1	1.4	0.8

(注)　情報端末は，プリンタ，スキャナ，タブレット端末，ディスプレイモニタ。
(出所)　JEITA「電子情報産業の世界生産動向調査（第1回）」2007年3月，JEITA『電子情報産業の世界生産見通し』2017年。

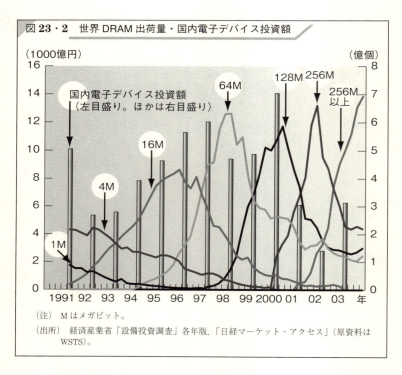

図 23・2　世界 DRAM 出荷量・国内電子デバイス投資額

(注)　M はメガビット。
(出所)　経済産業省「設備投資調査」各年版,「日経マーケット・アクセス」(原資料は WSTS)。

士通 (5位),三菱電機 (6位),松下 (9位) と,日本企業 6 社が入っていたが,93 年になると,インテルが第 1 位となり,第 7 位に韓国企業の三星電子が登場して,アメリカ企業の復権と韓国企業の成長が明らかになった。さらに,2002 年度には上位 10 社に入っている日本企業は 3 社 (東芝 3 位,日本電気 6 位,日立 10 位) となって,半導体業界での地位は大幅に低下した。

　1990 年代から 2000 年代初めにかけて,DRAM ビジネスは 3 回の不況とこれにともなう半導体投資の減退を経験した (図 23・2)。第 1 期は,1992 年から 93 年にかけて,第 2 期は,98,99 年の投資の落ち込み,そして第 3 期は,2001 年から 02 年にかけて,1986 年水準以下への投資減退の時期であった。この間,DRAM

製品は，1990年代に入ってから，1Mビットから4Mビットへ，さらに，16Mビット，64Mビットへと集積度が向上し，さらに2000年代に入ってから，128Mビット，256Mビットへの転換が進んだ。

第1期には，4Mの量産投資と16Mの立ち上げの新規投資が行われた。この時期に設備投資を削減した日本企業は4Mの量産投資を優先し，16Mへの新規投資を先送りする傾向があった。これに対して，韓国メーカー，とくに三星電子は1991年に16M，64Mの製品開発で日本企業と同レベルに到達し，92，93年には16M立ち上げへの新規投資を積極的に行った。1993年の設備投資見込み額は，三星電子9億3000万ドル，東芝5億1900万ドル，NEC 4億8200万ドルであった。この積極的な投資によって三星電子は16Mのリーディング・カンパニーとなり，世界市場シェア第1位になったのである。

第2期には，日本企業のDRAM市場における後退が明確になった。1995年にかけての需要回復によって史上最高益を記録した日本企業，とくに上位企業はDRAMへの積極的な設備投資を再開したが，その規模は三星電子の投資額に及ばなかった。アジア通貨危機による景気後退が波及するなかで，日本企業の半導体投資は1998年に大幅に減退した。

第3期は，ITバブル崩壊の影響を受けた日本企業がDRAM事業からの撤退，または半導体事業の分離独立という大規模な再編を進めた。一方で，日本企業はシステムLSI事業への移行を本格化し，これは2003年以降のデジタル家電ブームによって日本の半導体事業の収益性が回復する要因になった。以上，3つの時期に区分して日韓企業の行動を比較すると，第1期に日本企業が先端DRAMへの投資に遅れをとった時点で，日本企業のメモリ事業からの後退はほぼ決定的になっていたといえよう。

半導体業界の変化と日本企業の対応

半導体事業の競争力が1990年代に低下した要因として，DRAM事業における競争優位が失われたことに加え，世界的な半導体業界の変化に日本企業の対応が遅れたことがあげられる。従来は，設計，製造という一貫したプロセスを一企業が行い，さらに日本企業の場合にはさまざまな半導体製品を総合的に扱う傾向が強かった。しかし，1990年代には，設計に特化して付加価値を追求する欧米の**ファブレス企業**（製造部門をもたない企業）が登場し，さらにファブレス企業から生産委託を受ける**ファウンドリ企業**（製造に特化した企業）として，TSMC（台湾積体電路製造公司）などの台湾メーカーが成長した。DRAMにおける韓国企業の躍進を考え合わせると，韓国，台湾，さらに中国へと半導体の生産基地が東アジア地域にシフトしたことになる。

上記のように，設計開発の中心が欧米，製造拠点が東アジアという国際分業の構造がつくられるなかで，1990年代の日本企業は，従来からの総合製作，および設計から製造までの一貫生産というビジネスモデルを維持した。インテルも一貫生産企業であったが，MPUのような技術独占に基づく競争優位をもたない日本企業は，国際分業の構造のなかで優位性を発揮することができず，1990年代初めから次の有力商品としてきたシステムLSIへのシフトは90年代末からであった。2002年頃からデジタル家電ブームが盛り上がるなかで，デジタル家電製品に用いられるシステムLSIを中心に半導体事業の収益性はある程度好転したが，ナノレベルの微細加工技術を競うための設備投資を韓国・アメリカの半導体メーカーが拡大するなかで，収益性の低下した総合電機メーカーは米韓に匹敵する設備投資を行うことができなかった。

2000年前後から，総合電機メーカーは半導体部門の再編に着手し，日立製作所，日本電気はDRAM事業を分離統合してNEC

日立メモリを設立し，2000年にエルピーダメモリと改称した。さらに，富士通（1999年），東芝（01年），三菱電機（03年）のDRAM撤退が続き，エルピーダメモリも経営破綻して，12年にアメリカのマイクロンテクノロジーの子会社となった。システムLSI事業は，日本電気が2002年にNECエレクトロニクスとして分社化する一方，03年には日立と三菱電機がルネサステクノロジを設立し，10年にNECエレクトロニクスと合併してルネサスエレクトロニクスに統合された。ルネサスエレクトロニクスは2013年から産業革新機構の傘下で経営再建に取り組み，車載用LSIなど特徴ある半導体を供給している。また，東芝の主力事業に成長したNAND型フラッシュメモリー事業はスマートフォンの需要拡大によって好調であったが，ウエスチングハウス社原子力事業の買収による損失を補填し経営再建するため，2017年に売却された（同年東芝メモリ，2019年キオクシア）。以上のようなプロセスを経て，総合電機メーカーは1980年代からの主力事業であった量産型の半導体事業から撤退した。

　2017年度における半導体企業の世界ランキングは，汎用メモリメーカーである韓国の三星電子（売上高620億ドル）がインテル（売上高614億ドル）を抜いてはじめて第1位になり，SKハイニックス（第3位，韓国），マイクロンテクノロジー（第4位，アメリカ）も順位を上げた。また，ファブレス企業である半導体設計会社のブロードコム（シンガポール，第5位），クアルコム（アメリカ，第6位），NVIDIA（アメリカ，第10位）が上位に並び，一方のファウンドリ（受託生産）企業の第1位であるTSMC（台湾）は売上高約322億ドルと，第3位のSKハイニックスを超える規模であった。垂直統合型モデルと設計・受託生産という水平分業型モデルの両者が併存するなかで，東芝メモリはNAND型フラッシュメモリに注力することによって第8位を保っている。

総合電機メーカーの再編

半導体分野の事例をみると、台湾のファウンドリ企業が急速に競争力を高めたことが特徴的である。同様の事例は、パソコン産業の場合にもみられ、台湾パソコン産業の受託生産による急成長のメカニズムは「**圧縮された産業発展**」と呼ばれている（川上 [2012]）。パソコンの事例では、共通のプラットフォームであるMPUを供給するインテルと、そのMPUを使うブランド企業が付加価値の取り合いを繰り広げるなかで、ブランド企業からノートパソコンの受託生産を行う台湾メーカーが学習機会を得て、技術能力を構築することに成功し、みずからブランド企業に転換しようとしている。このように、電子機器および半導体の分野では、アメリカのオープン標準を活用するプラットフォーム企業（立本 [2017]）と東アジアの急成長する「ものづくり企業」とのはざまに日本企業、とくに総合電機メーカーは置かれることになった。

総合電機メーカーはその名のとおり、重電・社会インフラ、家電、情報システム、半導体など、広範囲に多角化した諸事業からなっており、たとえば、2001年度には、アメリカのITバブル崩壊の影響を受けて、総合電機メーカーの多くが損失を計上した。事業別にみると、経営不振の最大の要因は半導体事業による巨額の欠損であった。その他の事業では、重電事業の利益率は安定していたものの、半導体事業の損失を補うことはできなかった。また、通信機事業の利益率も1990年代に低下した。情報システム部門は、一定の収益をあげたものの、ハードウエアの収益性の低下という問題を抱えており、ソフトウエアの収益性も低かった。家電、ハイテクハードウエアの競争力低下によって、日本企業は家電、情報機器の事業再編を進める必要に迫られ、海外への生産委託に加えて、中国メーカーなどとの提携、事業譲渡を進めた。

液晶事業への大規模投資に失敗したシャープは2015年に鴻海の子会社となり，東芝は白物家電事業を中国の美的集団に売却するなど，総合電機メーカーの選択と集中にともなって，家電・ハイテクハードウエア事業からの撤退が続いたのである。

総合電機メーカーは，**選択と集中**を進め，家電，情報通信機器，半導体部門の再編，不採算事業の切り離しが行われた。2010年代になると総合電機メーカーにおいては，日立製作所，東芝は重電，社会インフラ部門，パナソニックは住宅関連に注力し，富士通，日本電気は情報システムに重点を置く方向性が明確になったのである。

電子部品メーカーと東アジアの産業ネットワーク

総合電機メーカーの低迷に対して，一部の電子部品専業メーカーは高い収益性を示した。**図23・3**(a)(b)によって，2000年前後と15年前後における総合電機メーカー5社（日立製作所，パナソニック，シャープ，富士通，NEC）と電子部品メーカー12社（村田製作所，TDK，アルプス電気，ローム，太陽誘電，フォスター電機，日本航空電子，ミネベアミツミ，マブチモーター，ホシデン，ヒロセ電機，日本電産）を比較すると，電子部品メーカーは売上規模では差があるものの，高い海外比率が特徴であり，総合電機メーカーよりも比較的高水準の営業利益をあげていた。さらに，両年度を比較すると，総合電機メーカーはシャープを除いて若干利益率を回復させたのに対して，電子部品メーカーは，海外比率をさらに高めつつ（12社すべて），売上げを伸ばしたこと（12社中10社），利益率は低下した企業が多かったこと（12社中8社）がわかる。

これらの電子部品メーカーは，小型精密モーター，コンデンサー，コネクタ，半導体など特定の電子部品に強い競争力をもつとともに，早くから積極的な海外展開を行ったことが特徴であった。

図 23・3 総合電機メーカーと部品メーカーの売上高・営業利益率・海外比率

(a) 1999〜2003年度平均

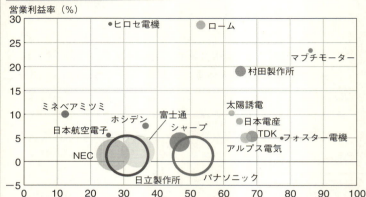

(b) 2013〜17年度平均

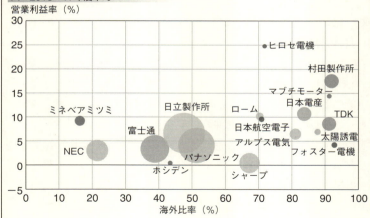

(注) (a)は，1999〜2003年度の5カ年平均，(b)は，2013〜17年度の5カ年平均の営業利益率，海外売上比率，円の大きさは売上高を示す。

(出所) 日経 NEEDS-Financial QUEST。

2010年代に入るとこれら電子部品メーカーにとってスマートフォン部品,部材の割合が高まり,とくに村田製作所,アルプス電気,京セラなど,Apple（iPhone）への大量供給によって利益をあげる企業が登場した。一方,全体的には利益率の低下傾向がみられ,中国部品メーカーなどとの競争の影響が表れている。

前掲表23・4によれば,日本の電子部品産業は世界市場において高い市場シェアをもち,海外生産を進めた。2015年度の電子部品出荷額3兆9739億円の地域別内訳は,日本23.4％,米州9.6％,ヨーロッパ9.2％,中国37.5％,アジアその他20.4％であり,アジア地域への出荷額が6割近くを占めていた（JEITA電子部品部会ホームページ）。

日本の電子部品産業は東アジア地域を中心に生産拠点の海外移転を進め,2000年代に入ると,進出先の電子機器産業,電子部品産業と密接な関係をもつようになった。情報通信機械の場合,2010年時点における日系現地法人の現地調達,現地販売比率はいずれも40％以下であった。これは日系現地法人が国外との生産販売ネットワークと深くリンクしながら活動するようになったことを示している（経済産業省［2012］）。日本の電子部品メーカーは,国内市場が縮小する一方で,成長するアジア市場に展開して細分化した工程内分業に対応するようになったのである。

第24章 流通再編と情報化のインパクト

「日本的流通」と情報通信産業の変化

1 商業の変化

● 「多段階性」の低下

流通構造の再編

商業（卸売・小売業）の付加価値額は，1995年から2015年まで，名目GDPの14％前後を占め，サービス産業のなかで最大であった（前掲表23・1）。商業を卸売業と小売業に分けてみると，**図24・1**(a)のように，卸売業の販売額は1991年をピークとして，2015年にはピーク時の56％の水準に低下した。小売業は1992年をピークとして減少したが，2015年にはピーク時の96％程度の水準にあった。卸売業の販売額の減少が小売業よりも大きかったために，卸売・小売比率は，1982年の4.3倍をピークに減少傾向をみせ，2015年には2.2倍にまで低下した。

W/R比率（〔卸売販売額−産業使用者向け販売額−国外向け販売額〕／小売販売額）の高さは，日本的特徴である卸売業の「多段階性」（第19章参照）を示しているといわれる。ここでは，図24・1(a)の卸売・小売比率（卸売販売額／小売販売額）の推移をみると，

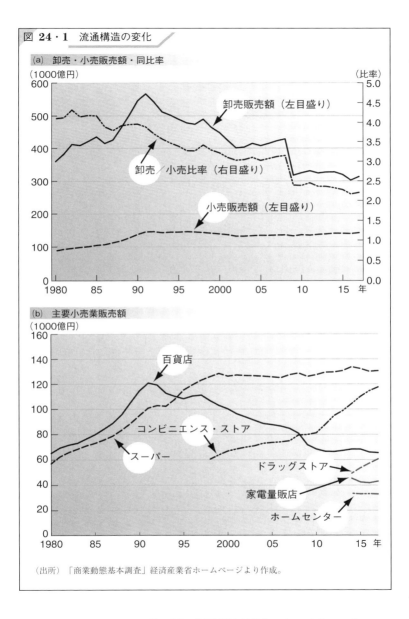

図 24・1 流通構造の変化

(出所) 「商業動態基本調査」経済産業省ホームページより作成。

1980年代以降,2010年代までかかって「**多段階性**」が低下したことを示している。実際には,卸売業の販売額は1991年まで増加し,その後も卸売・小売比率は横ばいで推移する時期が続き,卸売業の比率は急速には低下しなかった。大規模小売業による卸排除が進むという「問屋無用論」は現実には適合せず,むしろ大規模小売業による卸売業の活用が進むことによって,両者の共存が続いた(三村［2011］)。卸売業の活用が必要になった理由は,日本の消費者が多頻度・少量購買を基本としており(第19章参照),大規模小売業が対応できない,きめ細かい品揃え,小口少量化による対応能力が卸売業に求められたところにあった。コンビニエンス・ストア(CVS)のセブン-イレブンの商品配送システムに既存の卸売業者が組み込まれた事例は,このような卸活用の延長線上にあった。

1990年代に入って,卸売・小売業の販売額が減少していくなかで事業所数の減少が起こった。1991年をピークに減り始めた卸売業事業所数は,2007年にかけて27.5%減少した。1982年をピークに減り始めていた小売業事業所数は,1991年から2002年にかけて29.1%減少した。事業所数の減少は,とくに中小規模事業所の減少によるところが大きく,卸売業,小売業ともに大規模化が進行したのである。卸売業の事例をみると,食品卸売業における再編は,総合商社によって進められた。三菱商事系の菱食は1992年以降,合併,資本参加,業務提携などによって加工食品,酒,菓子などのフルライン卸を展開し,2011年には,菱食,明治屋商事,フードサービスネットワーク,サンエスが経営統合し,三菱食品となった。三菱食品に加え,日本アクセス(伊藤忠商事系),国分という3大卸売業(メガ卸)を中心とした上位企業への集中が進行したのである。

ただし,**卸売・小売業の大規模化**が生産性の上昇につながるか

は今後の課題である。非製造業のTFP上昇率は，1990年代と比較して2000年代に入って低下した。また，そのなかで，卸売・小売業，金融・保険業といった分野での落ち込みが大きかった。卸売・小売業のTFP上昇率は，1990年代の2%台から2000～09年にはマイナスに転じている（内閣府［2015］）。非製造業（サービス産業）におけるICT投資の促進などによるイノベーションが求められている。

大規模小売業の成長　大規模小売業においては，中心的な業態の変化が進行した。図24・1(b)によって大規模小売業の動向をみると，**百貨店**は1991年以降，売上高の減少が続いた。また，**スーパーマーケット**の売上高は1998年から停滞し，そのなかで，総合スーパーの売上高は97年から減少したのに対して，売上高を伸ばしたのは，専門スーパーとコンビニエンス・ストアであった。とりわけ衣料品，食品，住関連（ホームセンター）スーパーからなる専門スーパーの競争力が高かった。2000年代には厳しい経営環境が続くなかで，高度成長期の流通革新の旗手であったダイエーが，04年に産業再生機構による再編の対象となる一方で，イトーヨーカ堂の収益性とイオンの成長性が注目を集めた。ただし，2007年以降，総合スーパーの売上高，売場面積はともに減少し，店舗の縮小も行われた。

この間，コンビニエンス・ストアは，1990年代後半の消費減退の時期にも売上げを伸ばして2009年に百貨店を上回り，総合スーパーに並ぶ小売業態として成長を続けた。コンビニエンス・ストアは，ワンストップ・ショッピングの利便性と日用品サービスに関する需要を的確に満たす多様な品揃えを実現した（第19章参照）。それに加えて2000年代には，差別化されたプライベート・ブランド（PB）の商品開発，ATMの設置など新規商品・事業の開発により，コンビニエンス・ストアの店舗数は4万店台を

推移し，さらに，10年代に入って5.5万店を超え，総合スーパーに代わる小売業態の主役となった。コンビニエンス・ストアは，女性，中高年という新しい客層を取り込み，また中食（総菜，弁当など），いれたてコーヒーなどを提供することによって，ファストフード店などの他業態の客層を獲得しつつ成長を続けた。

　コンビニエンス・ストアにおいては，百貨店，スーパーとは異なり，寡占化が進行した。2015年度において，セブン-イレブン42％を筆頭に，ファミリーマート（サークルK，サンクス）29％，ローソン19％という3社で，90％のシェアを占めた。コンビニエンス・ストアは売れ筋商品を選別し，世界的規模での調達，生産，配送，販売，データ収集・分析，開発，調達というサイクルを動かすためのIT投資，新商品開発費，広告宣伝費などが増大した。また，発注量の増加による購入価格低下，地域での店舗数増加によるドミナント効果などによるスケールメリットが働く産業であった。このような産業の変化・特性によって，中小コンビニエンス・ストアの淘汰・経営統合が進行した。

　コンビニエンス・ストア以外では，ドラッグストア，家電量販店，ホームセンターなどの**専門量販店**も成長した。このうち2010年代に売上げを伸ばしたのはコンビニとドラッグストアであり，その共通点は，小商圏向けの小型店舗を展開したことである。少子高齢化，人口減少という日本社会の変化が，近隣型，小商圏型店舗の必要性，利便性を高めている。

「日本的流通」の変化

　高度成長期に創出されたメーカーによる系列販売網は，1990年代に入って急速に力を失った。家電販売では1992年に家電メーカーのヤミ再販による価格維持行為が発覚した。メーカーの販売会社が家電量販店に対して価格を指定したことは，結果的には，系列販売店以外の家電量販店がメーカーの公式なチャネルになっていることを明

らかにした。同年2月の公正取引委員会による排除勧告は，価格設定のリーダーシップがメーカーから量販店側へ移り，オープン価格による価格競争が激化するきっかけになった。量販店内部でも，NEBA（日本電気大型店協会，2005年8月解散）系量販店がシェアを落とし，代わってY2KB（ヤマダ電機，ヨドバシカメラ，コジマ，ビックカメラ）などの家電ディスカウンターが主役に躍り出た。このなかから，2000年代にはヤマダ電機が大規模店舗の展開とM&Aによって急成長した。他方で，加工食品分野では1990年代以降，建値制の廃止，リベート制度の見直し，特約店のテリトリー制廃止などが進んで，いわば「日本的流通」の終焉が指摘されている。

政府の出店規制政策は，1989年の日米構造協議に後押しされた規制緩和によって，90年代には大店法の基準が緩和され，また独占禁止法の適用が強化されることによって，メーカーによる末端価格の規制，出荷規制などの慣行はしだいに維持が困難になっていった。2000年に大店法は廃止され，代わってまちづくり3法の一つとして，大規模小売店舗立地法が制定された。同法は，店舗規模などの制限ではなく，大型店と地域社会との融和の促進を図ることを目的としていた。流通過程の変化が進行するとともに，これまで通産省が進めてきた流通近代化政策は終息し，日本的流通を支えてきた制度的枠組みも変化したのである。

2 インターネット企業の台頭
●プラットフォーム企業の優位

情報通信産業の変化とグローバル企業の登場

情報通信産業（ICT産業）の実質成長率は，**表24・1**のように，1990年代後半から2015年にかけて，5年ごとのいず

表24・1 情報通信産業とその他産業の成長率比較

	1996〜2000年	2001〜05年	2006〜10年	2011〜15年
情報通信産業				
労働の質	0.34	0.84	0.62	0.43
労　　働	−0.10	−0.04	−0.02	−0.41
一般資本	1.66	0.49	0.04	−0.24
ICT資本	1.09	0.57	0.22	0.34
ＴＦＰ	6.28	2.33	2.39	1.87
付加価値成長率	9.27	4.19	3.26	1.99
その他の産業				
労働の質	0.47	0.47	0.23	0.53
労　　働	−0.62	−0.19	−0.33	−0.02
一般資本	0.85	0.30	0.00	0.04
ICT資本	0.23	0.24	0.11	0.04
ＴＦＰ	−0.59	−0.20	−0.57	0.23
付加価値成長率	0.35	0.62	−0.56	0.82

(注)　「その他の産業」は，全産業から情報通信産業を除いた産業。
(出所)　総務省［2018］，34ページ。

れの期間においても，他産業の成長率を大きく上回った。その他産業のTFPが2011〜15年を除いてマイナスであったことと対比すると，情報通信産業は高いTFPに支えられて成長したことが判明する。

情報通信産業は，総務省の定義によれば，表24・2のように9つの部門から構成されている。1990年代後半には，情報通信関連製造業を筆頭に，すべての部門が名目生産額を伸ばしたが，2000年以降，情報通信関連製造業が大きく名目生産額を減らし，携帯電話の普及によって投資を拡大した通信業も10年以降，名目生産額が低下した。これに対して，情報サービス業，インターネット附随サービス業は名目生産額を伸ばし，その重要性を高めた。

1990年代から2010年代に至るまでの間に，情報通信産業にお

表 24・2　情報通信産業の部門別名目生産額

(単位：10億円)

部　門	1995年	2000年	2005年	2010年	2015年
通　信　業	12,630	16,729	14,607	17,304	16,667
放　送　業	2,679	3,307	3,678	3,799	3,991
情報サービス業	7,383	14,063	17,403	17,376	17,758
インターネット附随サービス業	—	—	1,064	1,627	3,232
映像・音声・文字情報制作業	6,402	7,699	7,752	6,540	5,867
情報通信関連製造業	19,382	39,087	29,967	26,025	19,525
情報通信関連サービス業	18,949	21,797	20,393	15,036	15,033
情報通信関連建設業	781	1,445	312	250	151
研　　究	11,018	12,499	13,216	12,084	14,153
合　　計	79,224	116,627	108,392	100,042	96,379

(出所)　総務省［2005, 2018］。

いては，大きな変化が起こっていた。1985年に**日本電信電話公社**（**電電公社**）が民営化されNTTが誕生するまでは，電電公社が民間に対する電話，電気通信サービスなどすべてを提供していた。そして，日本電気，富士通，日立製作所などの通信機器製造業者は電電公社との電子交換機の共同開発などによって，必要な通信機器（インフラ・端末）を生産し，電電公社に納入していた。この構造が変化した画期は，1985年の第1次規制緩和によって，NTT，第二電電が登場したときであった。これによって，電話サービスに競争が生まれ，インフラ・端末分野では，海外の通信機器製造業者が参入しやすくなった。技術的には，大型コンピュータである電子交換機，オンラインシステムの提供によって，すでに情報と通信の融合が進行しつつあった（武田［2011］）。

　この情報と通信の融合という変化を破壊的に進めたのは，インターネットの登場であった。Windows 95が発売され，**インターネット元年**と呼ばれた1995年前後から，情報と通信の融合が本

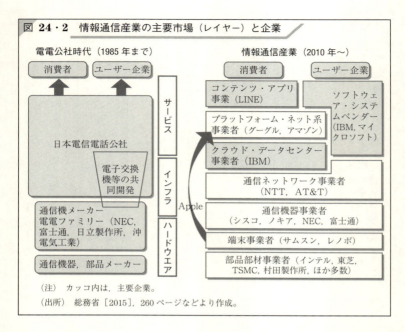

図 24・2 情報通信産業の主要市場（レイヤー）と企業

(注) カッコ内は，主要企業。
(出所) 総務省［2015］，260 ページなどより作成。

格的に進行し，インターネット技術の革新にともなって，情報通信産業の構造は水平的にいくつかの層（レイヤー）に分かれるようになったとされる（総務省［2015］）。各レイヤーのなかには複数の新興企業が生まれ競争を繰り広げるとともに，レイヤーを越えた垂直的な参入と提携を行い，図 24・2 のように，情報通信産業は複雑な構造をもつようになった。とくに，2000 年代後半になると，07 年の iPhone 発売を契機にスマートフォンが爆発的に普及し，新規市場の出現，市場成長の加速が顕著となり，インターネット企業のグローバルな成長がみられた。

インターネットの影響が大きかった情報通信産業のレイヤーの事例をみておこう。サービス系のコンテンツ・アプリケーション事業者においては，2011 年にスタートしたメッセンジャーアプリの LINE がある。LINE スタンプの提供が人気となり，無料電

話の機能の付加などによって，2014年7月時点の利用者は4.9億人と，アジアを中心に世界展開している。

　プラットフォーム・ネット系事業者の事例として，アップルがあげられる。アップルの場合，App Store（アプリストア）というプラットフォームを通じてアプリケーション（多くの無料アプリを含む）をユーザーに提供し，一方では，サードパーティによるアプリ開発を誘発して，販売収入から開発者に利益配分を行う仕組みを構築した。これによって，アプリの種類とユーザーによるダウンロードが飛躍的に増加した。アップルは，アプリ開発者とユーザーという，需要の相互依存関係にある両者のマッチングを行い，直接的・間接的なネットワーク効果を生み出し，持続的成長と利益をもたらした。SNSにおいては，ツイッター，フェイスブックなどが直接的・間接的なネットワーク効果による高成長を達成した。

　ICTサービスには，新規に立ち上がったクラウド事業およびデータセンター事業がある。この領域には，コンピュータ事業者であったIBM，マイクロソフトに加えて，インターネット企業であるアマゾン，グーグル，NTTのような通信事業者など多様な事業者が参入している。

　以上のように，情報通信産業の上位レイヤーは，インターネット利用の進展とスマートフォンの普及にともなって大きな変化が生じ，インターネット企業，そのなかでも**プラットフォーム企業**といわれる企業群の成長がみられた。とくに，**GAFA**と称されるグーグル（Google，持株会社Alphabet），アップル（Apple），フェイスブック（Facebook），アマゾン（Amazon）の4社は，2018年の株式時価総額ランキングの上位を独占し，4社の時価総額は3.42兆ドル，アメリカの主要500社の13.2%を占めた。とくに，アマゾンは1兆ドル（約110兆円）を超え，アメリカ国内の流

通業だけでなく，グローバルな影響力を発揮するようになったのである。

> インターネット企業の
> スタートアップ

1990年代半ばになると，国内においてもさまざまな分野においてインターネットの利用が進み，ビジネス化する動きが活発になった。東京都区内のネット企業1442社を対象にした調査によれば，インターネット企業（以下，ネット企業）は，Windows 95が発売されインターネット元年と称された1995年から97年にかけてのブーム期前後に，94年47社から95年86社，96年122社，97年130社，98年129社と数多く設立された（湯川［2004］）。ソフトバンク，楽天，ライブドアなど，2000年代前半の成長企業はいずれもこの時期に事業をスタートさせている。さらに1999年に232社，2000年には447社というITバブルによる起業ブームが到来したが，ITバブル崩壊とともに01年180社，02年54社，03年15社と設立数は急減した。

これらネット企業の業種は，インターネット用システムなどの開発を行う企業が30％程度を占めており，コンテンツ・プロバイダー15％，インターネット広告6％などであった。企業規模は，従業員30名未満の企業が63.4％を占め，資本金規模では1000万円以上3000万円未満が34.8％であり，小規模企業が多く存在した。一方，1億円以上5億円未満の大規模企業も28.7％あり，ネット企業は大規模企業と小規模企業に二極化していた。

ネット企業1442社のうち上場会社は43社であり，上場までの平均年数は3年4カ月であった。ネット企業は高い成長性によって，短期間での上場を果たす企業が生まれた。ITバブル崩壊によってネット企業設立ブームは終わったが，その後もネット企業の成長は続いていた。2000年から01年，01年から02年にかけての増収増益の状況を262社について調査した結果は，2000

表24・3 情報通信産業とエレクトロニック・コマース

年	情報通信産業			電子商取引			
	名目国内生産 (10億円)	実質 GDP (10億円)	対全産業 (％)	B to C (兆円)	EC化率 (％)	B to B (兆円)	EC化率 (％)
2000	116,627	30,552	6.52	0.82	0.30	21.60	3.80
2005	108,392	36,538	7.54	3.45	1.01	140.40	12.90
2010	100,042	41,679	9.05	7.78	2.84	168.50	15.60
2015	96,379	45,262	9.41	13.77	4.75	202.52	19.20
2016	94,391	45,380	9.45	15.13	5.43	204.00	19.80

年	インターネット		携帯電話契約数 (万件)	携帯電話普及率 (％)	電子マネー決済 (億円)	インターネット広告比率 (％)	マスコミ4媒体比率 (％)
	利用者数 (万人)	普及率 (％)					
1995	—	—	1,171	9.3	—	—	—
1997	1,155	9.2	3,825	30.5	—	—	—
2000	4,708	37.1	6,678	52.6	—	—	—
2002	6,942	57.8	8,112	63.9	—	1.5	63.0
2005	8,529	70.8	9,648	75.5	—	4.7	61.2
2008	9,091	75.3	11,205	87.7	7,581	10.4	49.3
2010	9,462	78.2	12,329	96.3	16,363	13.3	47.5
2015	10,046	83.0	16,056	126.3	46,443	18.8	46.5
2016	10,084	83.5	16,685	131.3	51,436	20.8	45.5

(注) インターネット普及率，携帯電話普及率は，人口に対する普及率。
マスコミ4媒体とは，テレビ，ラジオ，新聞，雑誌の合計。
(出所) 経済産業省『電子商取引に関する市場調査報告書』，総務省『情報通信白書』，同ホームページ「情報通信データベース」，電通ホームページより作成。

年から01年にかけての増収増益企業の比率は44.7％，01年から02年にかけては39.7％であった。増収増益企業の比率は高く，ネット企業の「勝ち組」は成長を続けた。これらネット企業の成長は，2004年から05年にかけて起業した楽天，ソフトバンクなどネット企業のプロ野球参入，ライブドア，楽天による放送業界へのM&Aなど他業種への参入行動となって表れた。

> **エレクトロニック・コマースの成長**

インターネット普及率（対人口）は，**表24・3**のように2015年には83％に達した。携帯電話の世帯保有率はすでに2003年94.4％に達して頭打ちの状況であり，また契約数による人口普及率は2015年126.3％に達した。さらに，2007年に始まったスマートフォンの普及は急速であり，2010年の世帯保有率9.7％から，2015年72％へと急伸した。若年層を中心としたスマートフォンの普及は，ツイッター，フェイスブックなど，アメリカ発のSNSビジネスの成長をもたらした。国内でもLINEが普及し，グローバル市場に進出している。

そして，**エレクトロニック・コマース（EC）**，すなわち電子商取引（インターネット技術を利用した電子的媒体を通して行う商取引）が成長している。消費者向けの電子商取引（B to C）は，2000年から15年にかけて16.8倍に，事業者向け電子商取引（B to B）は9.4倍になった。B to CのEC化率はさほど上昇していないが，その背景には実店舗での取引と電子商取引を統合するオムニチャネルを指向する事業者が増えていることがある。

2016年度のエレクトロニック・コマースの市場規模は，B to C（企業―消費者間取引）についてみると15兆1358億円，対前年伸び率は9.9％であり，その内訳は，物販系分野8兆43億円，サービス系分野5兆3532億円，デジタル系分野1兆7782億円であった。このうち，物販系分野のEC化率は5.43％であり，さらにスマートフォン経由の物販系市場規模は2兆5559億円（31.9％）であった。2002年のECの市場規模（B to C）が2兆6850億円，EC化率1.02％であったことと比較すると，この間のEC市場の急成長が明らかになる。国際的には，ネットショッピング額が個人消費に占める比率では，アメリカ60％，イギリス51％，日本8％であり，スマートフォンによる消費額の比率は，アメリ

カ 19％，イギリス 9％，日本 8％となる。日本は，ネットショッピングでは米英に遅れており，スマートフォンではアメリカが最も高くイギリス，日本は同水準であった。スマートフォンの普及はこれまでの B to B，B to C のビジネスに加えて，C to C（消費者と消費者の取引）の場を提供する新しいビジネスを生み出した。*Colume* ⑫で取り上げるメルカリなどが参入したフリマアプリの市場規模は，2017 年には 4835 億円に急成長した。

　電子商取引の端緒にさかのぼると，パソコン通信による通販を，セシール（1994 年），ディノス（95 年）が開始し，95 年以降，T シャツのネット通販「岸本屋」，家具の青木などが開店し，97 年にモール型の楽天市場が開設された。1999 年には，ヤフーオークション，Yahoo! ショッピングが開始された。しかし，EC 市場で優位に立ったのはアマゾンであり，世界の EC 市場を席巻することになった。1994 年にジェフ・ベゾスは Cadabura.com（後に Amazon.com）を立ち上げ，日本においても，2000 年に本のストアをオープン，02 年にアマゾンマーケットプレイスを開設した。アマゾンは，日本の EC 市場において**表 24・4**のように売上高第 1 位（2016 年度）であり，2 位以下の日本企業との差は大きい。アマゾンは多額の投資によって日本国内に物流拠点をもち，先端的なレコメンデーション機能で顧客に訴求し，クロネコ便などを用いた短期間の正確な配送で顧客の信任を得た。これは，日本企業が同様のビジネスモデルでキャッチアップすることを難しくしている。また異なったビジネスモデルであるモール型の楽天市場，そして専門型の EC 企業などもアマゾンとの競争にさらされた。さらに，アマゾンをはじめとする EC 企業が成長するにつれて，複数の業界における流通業者，生産者の経営に影響が波及している。

　インターネット・ビジネスの分野では，ネット企業の急成長と

表24・4 EC売上高ランキング（2016年度）

順位	企業名	売上高（100万円）	取扱商品
1	アマゾン（日本）	780,000	総合
2	アスクル	227,231	日用品
3	ミスミ	140,000	金型部品
4	大塚商会	110,000	オフィス用品
4	ヨドバシカメラ	110,000	家電
6	千趣会	73,783	総合
7	MonotaRO	67,105	工具
8	ディノス・セシール	58,260	総合
9	上新電機	55,000	家電
10	カウネット	52,000	オフィス用品
11	デル	50,000	PC
12	ジャパネットたかた	48,000	総合
13	イトーヨーカ堂	44,735	総合
14	ビィ・フォアード	43,063	中古車
15	ユニクロ	42,167	アパレル
16	ビックカメラ	42,000	家電
17	キタムラ	40,500	カメラ
18	ニッセン	38,000	総合
19	ヤマダ電機	37,000	家電
20	爽快ドラッグ	35,000	日用品

（出所）ECのミカタ編著［2017］。

M&Aを含めた他部門への参入行動が顕著になってきている。アメリカを中心としたアマゾン，グーグルに代表されるIT企業は，デジタルプラットフォームの構築による競争優位を獲得し，高収益を得るようになった。理論的には，グローバルなプラットフォーム企業は，複数のプラットフォーム（マルチサイドプラットフォーム）からなるビジネスを展開することによって，**間接的なネットワーク効果**による競争優位を得ることができる（エヴァンス＝シュマレンジー［2018］）。

さらに，インターネットはデジタルプラットフォームがもたら

Column ⑫ スマートフォン社会の到来

　電車に乗ると多くの人がスマートフォン（以下，スマホ）を眺め，こどもたちのあこがれの職業はYou Tuberになった。2007年のiPhone発売に始まるスマホの普及率は，2016年に72％（世帯）に達し，世代別にみると20代の普及率は94％であった。10代からの若者は1日の大半をスマホとともに生活している。スマホは，新しいビジネス，人間関係を生み出し，多様な情報の生産と蓄積，そして情報と機会の共有をもたらし，スマートフォン経済と称されるような社会変化が起こりつつある（総務省［2017］）。スマホはパーソナルな情報端末であり，多くの人々が常時もつことによって，個人に提供されるサービスの種類は格段に豊富になった。パソコン時代からすでにSNS，音楽，映像などのサービスがあり，また日本発の携帯電話向けインターネットサービスi-modeがNTTドコモから提供されていたが，2010年代に入るとスマホの特徴を活かした新しいサービスが次々と提供された。フリマアプリ，シェアリング，フィンテックなどである。

　たとえば，2013年7月にサービスを開始したメルカリは，出品者がスマホで商品の写真を撮って値段と説明をつけて出品し，購入希望者は興味のある商品について出品者に質問や値段の交渉ができる。決済はメルカリが仲介し，購入者が商品を受け取り評価してから出品者に振り込まれる方式で，利用者同士は名前や住所を伝える必要はなく商品を配送する「らくらくメルカリ便」を提供した。これは消費者間（C to C）の売買であり，基本的に消費税もかからない。この手軽な仕組みでメルカリは人気を集め，2017年6月までに5000万件のダウンロードが行われた。メルカリのようなフリマアプリは，個人間で利用していないモノを共有するシェアリング・サービスであり，フリマアプリの利用者は，シェアリングへの寛容度の高い20代の利用率が最も高くなっている。スマホは，需要と供給を個々に，そしてリアルタイムでマ

ッチングさせることによって，生産性の向上と新たなサービスの登場を促進した。日本経済の課題である第3次産業の生産性向上という面からも，スマホの活用が期待される。

~~~~~~

したシェアリング・サービス，シェアリング・エコノミーのように，新たなビジネスと社会生活を生み出そうとしている。個人の生活面でも，前掲表24・3のように，電子マネーによる決済が普及し始めている。また，インターネット広告の比率が高まる一方で，従来型のマスコミの広告媒体としての役割は低下しつつあり，インターネット広告の7割以上は個人を対象としたターゲティング型広告であるといわれる。インターネットは，個人の購買行動に瞬時に影響を与えるようになった。

　このように，インターネットがもたらす経済社会の変化が進むなかで，産業発展の新しい方向性を示す企業家活動，そしてビジネスモデルの革新は，日本経済の今後を左右する役割を果たすといえよう。

第25章 企業制度改革と企業組織

事業ポートフォリオの変化と企業組織の多様化

1 企業制度改革

●事業再編成の促進

企業制度改革の背景

1990年代末には，制度設計の重点が，従来の規制緩和から，しだいに雇用の創出，新規事業の創出を可能とする経済システム全体の改革を目的とした規制改革に移行した。本章で扱う企業の組織再編の前提となる**企業制度改革**についても，こうした規制改革の動きの一環であった。この企業制度改革により，戦後改革期に形成され，ほぼ半世紀にわたって存続してきた制度的枠組みが大きく変更された。

企業制度改革の背景としては，1990年代に入って急速に進展したグローバル化にともなう対外競争の激化が重要である。貿易財では，低・中付加価値製品分野でNIEs，ASEAN，中国との競争が強まり，高付加価値製品分野では先進国企業との開発競争が加速した。また非貿易財部門でも，規制緩和の進展によって内外の新規参入が進み，企業間競争が激化した。こうした背景の下，日本企業は，①各産業で規模の過少性が問題視され，統合の必要

性が高まるとともに、②「選択と集中」という表現が象徴するように、**事業ポートフォリオ**を見直すことが不可欠となった。この後者の課題は、複数の事業のうちどの事業を自社内に抱え、どの事業を自社外のグループ企業とするか、また、外部のグループ企業とすれば、どの程度の影響力（株式保有）を維持するかという企業の境界の再設定をともなう。一連の制度改革は、こうした課題に直面した企業に多様な選択肢を提供するものであった。

持株会社解禁

第1に、経済における第9条と呼ばれ、長く神聖視されていた独占禁止法の**純粋持株会社**の禁止規定が、1997年の同法改正の際に削除された。独禁法上、純粋持株会社とは、「株式を所有することを唯一の主たる事業目的とする企業、すなわち、自らは事業を行わず、グループ全体の戦略の立案・調整やグループ会社の監督・監査に特化する企業」を指す。この改革により、純粋持株会社を利用した組織再編や成長戦略の追求が容易になった。

一般に、持株会社を設立する目的は、個別企業グループ内の経営効率向上のための「内部組織再編」と、規模ないし範囲の経済を実現する目的で行われる複数の企業による「経営統合」の2つに大別される（下谷 [2009]）。持株会社は日本企業の有力な組織形態として着実に増加し、2012年10月の時点で、全上場企業約3600社のうち420社、東証1部上場企業に限定すると約1700社のうち219社であった。これらを「内部組織再編」と「経営統合」に分類すると、2000年代半ば以降、「内部組織再編」を目的とする事例が増加し、12年10月時点の持株会社420社のうち320社（76.2%）を占めた（外松・宮島 [2013]）。

企業結合法制の整備

第2に、事業再組織化の要請を背景に、数次にわたって**企業結合法制**の整備が進められた。1997年の独禁法改正で企業合併基準が明確化され、

水平合併が促進されるとともに、審査にあたっては、海外との競争が明示的に考慮され、審査の短縮化が図られた。1998年以降に進展した、鉄鋼、製紙、セメントなどの大型合併の背景には、こうした独禁法の運用の変化があった。

また、1999年の商法改正では、株式交換、株式移転制度が導入された。株式交換制度により、現金ではなく、親会社の株式（金庫株：一時的に保有された自社株）を利用して、子会社を完全（100％）買収することが可能となった。たとえば、上場子会社であった松下通信工業など5社をこの株式交換を通じて完全子会社化した松下電器の事例が先駆的である。

他方、株式移転は、共同持株会社を利用した合併を容易にする制度である。旧企業の株式は共同持株会社に移転され、共同持株会社の株式と交換される。これにより、純粋持株会社の設立が容易となる。また、旧事業法人は別法人として存続するため、人事・組織面での摩擦を回避し、円滑な事業統合を可能とした。この株式移転制度を利用して、みずほフィナンシャルグループやJFEホールディングスなどが設立された。

さらに、2001年の商法改正により、同一会社内の事業などを別会社に移すという事業再編成の一手法として、会社分割制度が創設された。同制度によって、それまで現物出資による分社化にあたって必要とされた検査役（裁判所が選任）による検査や、債権者の同意といった要件が緩和された。

税制の整備

以上の一連の企業再編法制の整備と並行して、その他の制度の整合も図られた。税制面では、2001年に企業組織再編税制が、一定の条件を満たした組織再編成について移転資産の譲渡損益の課税繰延べ、旧株主の譲渡損益の免除などの特例を認めるかたちで整備された。また、2002年には**連結納税制度**が導入された。従来は、親会社と

子会社であっても,個別に法人税が計算されたが,同制度の導入により,親会社が100％所有する子会社については,所得を合算して法人税を計算することが可能になった。組織法制によって,グループ再編成が促進されても,グループ企業間の損益通算が認められなければメリットは少ない。連結納税が可能になったことにより,この難点が是正されたのである。

企業会計制度の改革

グローバル化を背景に,国際会計基準への統合の一環として企業会計制度の改革も進展した。一連の改革により企業会計制度の幅広い面で大きな変化がもたらされたことから,会計ビッグバンとも呼ばれた。

第1に,1999年度(2000年3月期)には,企業による決算報告のあり方が連結会計制度に本格的に移行した。同時に,連結対象となる子会社・関連会社の定義も,保有比率に基づく形式支配基準から,親会社による支配が実質的なものであるかどうかに着目した実質支配基準へと変更された。これによりグループ経営を展開する企業の会計面の実態が的確に開示されることになった。

第2に,従来の取得原価主義に代えて時価会計の導入が進んだ。デフレが進行するなかで,導入に対して慎重な意見も強かったが,2001年に金融商品の時価会計が導入され,02年からは持合株式にも適用された。さらに,事業用固定資産について帳簿価格より時価が下落したときにそこまで減損処理をする減損会計制度の導入も決定され,2006年3月期より強制適用となった。

第3に,情報開示についても著しく進展した。連結会計への移行にともない会計期間の企業活動をキャッシュ・フローで開示するキャッシュ・フロー計算書の作成開示が新たに義務づけられた。また,2003年から東京証券取引所の適時開示規則に四半期業績の概況に関する開示が付け加えられた。さらに,2004年より,①リスクに関する多面的な情報,②経営者による財政状態,経営

成績の分析，③内部統制システムなどのコーポレート・ガバナンスに関する情報の有価証券報告書への記載が義務づけられた。

また，上記以外に，2000年3月期に税効果会計（企業会計における費用と税務会計における損金の乖離を調整し，税金費用を適切に期間配分する制度）が，01年3月期に退職給付会計（企業が将来負担することになる退職一時金や企業年金などの費用を時価評価して開示する制度）が，それぞれ導入されている。

新規参入の促進

日本経済が持続的な生産性向上を実現するためには，既存企業における事業再組織化と並んで，新規事業の創出が不可欠であった。しかし，国際比較において日本の**開業率**は低位にとどまってきた。たとえば，2001〜15年の開業率はおおむね5％であり，一貫して他の先進諸国を大きく下回った（経済産業省［2017］）。

ベンチャー企業の技術の審査は困難である。しかもベンチャー企業は物的資産を保有しない。多くの調査は，ほぼ共通して創業の最大の難点が資金調達にあることを報告している。そのため，金融ビッグバン以降，**ベンチャー企業の創出**と成長を組織・金融面から支える措置が相次いで導入された。

投資事業有限責任組合法などを通じて，柔軟な組織形態の選択を可能とする一方，早期の株式公開の実現，店頭登録市場の活性化，未登録・未上場企業株の流通促進を通じてベンチャー企業の資金調達環境が整備された。1998年には，証券取引法の改正により，店頭市場（ジャスダック〔JASDAQ〕）が取引所市場と対等な有価証券市場として位置づけられた。さらに，1999年に東京証券取引所が成長企業を上場対象とするマザーズ（Mothers）を創設し，翌2000年には，大阪証券取引所がナスダック（NASDAQ）との業務提携を通じて，ナスダック・ジャパンを創設した（02年12月，業務提携解消にともないヘラクレスと改称）。それまで日

表25・1 新規上場と上場廃止

(a) パネル1：新規上場

	東証1部・2部		新興市場合計	JASDAQ	TSEマザーズ	ヘラクレス
	新規上場	直接上場				
1991～98年平均	34.6	10	86.3	86.3	—	—
1999	73	8	75	73	2	—
2000	130	26	161	97	27	37
2001	85	24	147	97	7	43
2002	86	34	100	68	8	24
2003	87	34	102	62	33	7
2004	96	36	143	71	56	16
2005	61	24	124	65	37	22
2006	73	39	133	56	40	37
2007	43	22	96	49	22	25
2008	41	19	41	19	13	9
2009	19	16	13	8	4	1
2010	20	12	22	9	6	—
2011	38	18	25	16	11	—
2012	42	15	39	14	23	—
2013	25	21	41	12	29	—
2014	34	27	56	11	44	—
2015	27	23	75	11	61	—

(出所) 日本取引所グループホームページ「新規上場基本情報」(http://www.jpx.co.jp/equities/listing-on-tse/new/basic/04.html) より作成。

(b) パネル2：上場廃止（東証1部・2部）

	上場廃止企業数	廃止理由			
		会社更生・再生	合併	完全子会社化	その他
1991～98年平均	8.3	1.6	4.9	0	1.8
1999	21	6	10	3	2
2000	40	10	18	11	1
2001	44	5	8	30	1
2002	78	17	7	48	6
2003	64	6	8	43	7
2004	48	4	6	35	3
2005	48	1	6	36	5
2006	42	0	7	33	2
2007	63	3	8	44	8
2008	65	13	2	31	19
2009	62	10	6	32	14
2010	59	3	3	35	18
2011	43	1	3	25	14
2012	46	3	4	19	20
2013	44	0	8	25	11
2014	29	0	3	21	5
2015	36	3	1	20	12

(注) 1) 会社更生・再生には，金融整理管財人による管理を含む。
2) 完全子会社化には，松下電器による松下電工の完全子会社化，JFEホールディングスによる日本鋼管，川崎製鉄の株式交換を通じた子会社化などを含む。
3) その他は，上場基準未達成（株式分布不良，債務超過）など。
(出所) 日本取引所グループホームページ「上場廃止銘柄一覧」(http://www.jpx.co.jp/listing/stocks/delisted/index.html) より作成。

本のベンチャー企業は,上場までの所要時間が 23.3 年と長かったが,これらの市場の整備により,新興企業の新規公開の促進が期待された。**表 25・1** が示すように,東京証券取引所への新規上場は 2000 年に 130 社を記録した後も 00 年代半ばまで高水準を維持した。この上場にはジャスダックやマザーズを経由する事例も多かった(忽那[2008])。

2 事業再組織化の多様化
●メインバンク主導からの変化

企業倒産法制の整備 　2000 年代には,**企業倒産法制**の整備が進められた。とくに,従来は法制度の整備が十分ではなかった,企業をいったん倒産させた後に事業の存続・再生をめざす「再建型の法的整理」の制度設計が進められたことが,大きな特徴であった。

2000 年には,**民事再生法**が施行された。従来の会社更生法では,裁判所が選任した管財人のみが再建を実施し,倒産企業の旧経営者が再建に関与できないことから,再建が十分な効果をあげえないおそれがあるという問題があった。それに対して,民事再生法が想定するのは企業主導の再建であり,旧経営陣が再建を担うことも可能であったことから,再建の効果が十分に発揮されるものと期待された。また,2002 年には会社更生法が改正され,会社更生手続きの全体的な迅速化,再建の円滑化が図られた(08 年,運用拡張)。2010 年 1 月に倒産した日本航空の再建には,会社更生法が適用された。同社が大企業で,債権者の数が多く,その調整が難航することが予想されたことが,会社更生法による再建が選択された理由の 1 つであったと考えられる。以上のような法制度の整備により,再建型の法的整理の利用は徐々に広がった。

なお，同時期の2001年には，私的整理による再建整備を円滑に行えるようにするため，全国銀行協会と経団連によって「私的整理に関するガイドライン」がまとめられ，債権放棄のスキームが規定された。この規定に基づいた債権放棄がなされた場合，税務上の損金算入により債権の無税償却を行うことが可能になった（福田［2015］）。

多様化する企業再建　従来，日本型企業システムの下では，経営不振企業の**事業再組織化**にメインバンクが重要な役割を果たした。メインバンクは，取引先企業の経営の悪化に対して，経営権を掌握し，人員整理を含むリストラクチャリングを進めたが，そこには，金利の減免，経営再建のアドバイス，他の債権者との調整，過剰人員の再就職先の斡旋といった，救済の要素が含まれた（第5章参照）。一時的な経営不振から脱することで再び企業が成長軌道に乗る可能性が高い状況においては，メインバンクによる救済には効率的な面があった。

一方，1990年代末以降における事業再組織化では，メインバンクの役割が相対的に後退した。M&Aやプライベートエクイティ・ファンドが一定の役割を果たすようになるなど，事業再組織化のあり方が多様化したのである。1990年代後半に過剰債務問題が顕在化したことを受け，2000年代に入ると私的整理による債権放棄が増加した。とくに，2000年代には，銀行による系列企業に対する債権放棄がほとんどなくなり，系列外の企業に対する債権放棄が支配的となった。この事実は，従来の日本で支配的であったメインバンクによる債権放棄が果たす役割が小さくなったことを示唆している（福田［2015］）。

M&Aの急増　日本企業が関係した**M&A**の件数も増加した。**図25・1**のとおり，1980年代後半には年間400〜500件前後であったが，前出の制度変化を背景

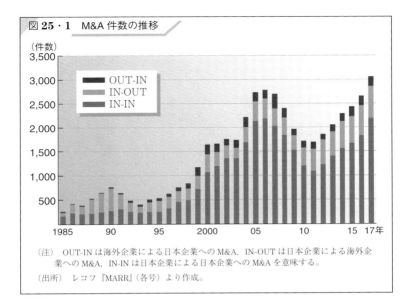

図 25・1　M&A 件数の推移

(注)　OUT-IN は海外企業による日本企業への M&A, IN-OUT は日本企業による海外企業への M&A, IN-IN は日本企業による日本企業への M&A を意味する。
(出所)　レコフ『MARR』(各号) より作成。

とした上場企業間合併・完全子会社化の急増もあり，90 年代後半に増加に転じ，99 年に 1000 件，2004 年には 2000 件を超えた。1960 年代のコングロマリットの波，80 年代の敵対的買収の波，そして，90 年代後半の株式交換を利用したブームを経験したアメリカとは異なり，戦後を通じて持続的な成長過程にあった日本では，かつて M&A が大きな波を描いて増大することはなかった。その日本が，1990 年代末から戦後初の大きな **M&A ブーム**を経験したのである。

この M&A の急速な増加の背景には，前出の制度整備に加えて，IT 化などの技術革新や需要の急減といった正負の経済ショックがあった。M&A は，低収益の部門の縮小と，成長性の高い部門の拡張という意味で資源移動を促進し，経営資源・ノウハウの移転による企業の組織効率の上昇に寄与した。この移転は，部門は限定されているものの海外企業による M&A に明確に確認できる。

他方,ファンドによる敵対的買収・大量買付けは企業の財務政策に影響を与えつつある。総じて,M&Aは日本経済の構造調整に寄与しており,しばしば指摘されるターゲット企業の過大評価や,信頼の破壊による企業価値の毀損といったM&Aの負の側面は,顕在化していない。M&Aは,市場によるビジネスモデルの評価のメカニズムとして着実に定着し,日本経済の資源配分上の効率を引き上げる有力な手段となった。

3 日本企業の組織再編
●事業再編,内部組織再編と成長戦略

> 分権的な組織形態の採用

1990年代末以降,日本企業は「選択と集中」をキーワードとして低収益部門の整理を進めた。その際,前出の企業制度改革の進展を受けて,M&Aを戦略的に利用するようになった。規模・範囲の経済の実現を目的とした経営統合が進展するとともに,中核事業および関連事業の買収と,非中核事業の売却による事業再組織化も進展した。さらに,多くの産業で国内需要が停滞するなか,この組織再編は海外への事業展開をともなった(宮島[2007])。

こうした事業ポートフォリオの再編は,企業組織の再編成をともなった。1994年にソニーが社内**カンパニー制**を導入して以来,日本企業による分権的な組織形態の採用が進みつつあった。社内カンパニー制とは,事業部に対する分権度を高め,事業単位を疑似的企業とみなし,事業責任者に大きな裁量を付与する組織形態を意味する。かつての日本企業は専業度の高い事業ポートフォリオ構成をもち,**事業部制組織**を採用する場合でも,その分権度が相対的に低かった。社内カンパニー制の採用は,そうした日本的

な事業部制組織の分権度を高める改革であった。そして，1997年の独占禁止法改正にともなう純粋持株会社の解禁は，こうした分権的な組織デザインに新たな選択肢を提供するものでもあった（青木・宮島［2011］）。

2002年2月時点の調査（310社）によれば，1990年代後半に企業組織は変化し始めた。事業部制が1995年の69.4％から，2002年には59.7％へと減少したのに対して，95年に5.5％であったカンパニー制は02年には17.1％となり，97年に解禁された持株会社は02年には1.6％となった（財務省財務総合政策研究所［2003］）。

> 日本企業の多角化・グループ化の推移

日本企業の**多角化**の推移を確認すると，多角化は1990年代を通じて進展し，2002年以降安定した。東証1部上場企業の平均事業分野数は，1991年度の2.80から2001年度の3.13まで増加した後，05年度の3.15まで安定的に推移した。その後，2010年代に入ると事業分野数はやや減少し，3を下回った。日本企業による「選択と集中」への取組みは，2002年以降の事業ポートフォリオに反映したと考えられる。ただし，総資産上位200社では，1991年度に3.16，2005年度に3.96と，事業分野数の増加が顕著である（青木・宮島［2011］，牛島［2015］）。

次に，**グループ化**の推移を確認する。第1に，連結子会社数は，東証1部上場企業の平均で1990年度の18.0社から2000年度の34.0社へと10年間で大幅に増加し，その後，05年度の35.9社まで安定的に推移した。総資産上位200社の平均では，1990年度の44.4社から2000年度の102.2社へと，より著しい増加がみられた。こうした推移は上記の多角化に関する動向と対応しており，事業ポートフォリオの変容がグループ化をともなって進展したことがうかがわれる。第2に，売上高連単倍率は，東証1部

上場企業の平均では1990年代前半の1.25倍から2005年度の1.48倍まで上昇し，対象を総資産上位200社に限ると95年度の1.43倍から05年度の1.81倍へと，上昇が顕著であった。大企業を中心にグループ化が大きく進展したといえる（青木・宮島［2011］）。

2000年前後における業界再編の進展　1997年の独占禁止法改正により持株会社解禁が実現したことを受け，2000年前後から純粋持株会社の設立が増加した。純粋持株会社を設立目的に着目して「内部組織再編」と「経営統合」に分類すると，2000年代半ばから前者を目的とする事例の構成比が上昇するが，それ以前は両者が拮抗していた（外松・宮島［2013］）。

2000年前後に純粋持株会社を利用して**経営統合**を行った代表的事例として銀行業がある。不良債権問題に苦しんでいた大手銀行は，他行との合併や，業務・組織の再編成を通じて，収益性を向上させようとした。2000年9月には，第一勧業銀行，富士銀行，日本興業銀行がみずほホールディングスを設立し，01年4月には，東京三菱銀行，三菱信託銀行，日本信託銀行が三菱東京フィナンシャル・グループを，三和銀行，東海銀行，東洋信託銀行がUFJホールディングスをそれぞれ設立した。また，住友銀行とさくら銀行は，2001年4月に合併して三井住友銀行となったうえで，02年12月に三井住友フィナンシャルグループを設立した。これらの持株会社設立は，いずれも株式移転制度を利用して行われた。こうした業界再編により，1993年初頭に13行あった都市銀行は，2001年4月までに5行にまで減少した。

一方，製造業では，鉄鋼業や製紙業で業界再編が進展した。鉄鋼業では，2002年9月に日本鋼管（NKK）と川崎製鉄が株式移転制度を利用してJFEホールディングスを設立したうえで，03

年4月に，NKK，川崎製鉄の各事業（鉄鋼事業，エンジニアリング事業など）を，会社分割制度を利用してJFEスチール，JFEエンジニアリングなどに再編した。また，製紙業では，日本製紙と大昭和製紙が2001年3月に日本ユニパックホールディング（04年10月に日本製紙グループ本社に社名変更，13年4月に子会社の日本製紙と合併）を設立し，さらに02年10月には日本板紙を買収して完全子会社化した。そのうえで，2003年4月にグループ内の事業再編が行われ，洋紙事業は日本製紙（この再編時に大昭和製紙と合併）に，板紙事業は日本板紙（日本大昭和板紙に社名変更）にそれぞれ集約された。

| 内部組織再編の手段としてのM&A |

2000年代に入ると，日本企業は株式交換などの手法を用いて，M&Aによるグループの再編を進めた。M&Aは**内部組織再編**の手段としても重要な役割を果たしたのである。

親会社と上場子会社・関連会社の資本関係を調査した研究によれば，2000年前後を境として，従来は上場子会社・関連会社であった企業が，①親会社の存在しない独立した上場企業となる事例（親会社による子会社・関連会社株の売却）と，②非上場の子会社となる事例（株式交換を通じた完全子会社化）のいずれもが増加し，その結果，同一の親会社の下で存続する上場子会社・関連会社の割合が大きく低下した。多数の子会社・関連会社を有していた日立の事例でも，2000年前後を境として，長期にわたって上場子会社・関連会社であった企業が，グループ内の企業との合併，株式交換による日立やグループ企業の完全子会社化，あるいは株式売却による日立グループからの離脱を経験した事例が増加し，しかも，合併や株式交換の実施後には事業再編が行われた事例が多い（大坪［2011］）。

もっとも，そのコスト面が議論されることが多いものの，親子

上場自体が必ずしも非効率であったわけではない。実際、上場子会社の完全子会社化が相次いだ1990年代後半以降においても、新規上場や買収による新たな上場子会社の登場がみられた。その結果、新興市場を除く上場企業における上場子会社の比率は、1995年の17.3％から2005年の15.3％へと若干の低下にとどまった。むしろ日本企業は親子上場も含めて組織デザインを戦略的に選択していたと考えるべきであろう（宮島・新田・宍戸［2011］）。

成長手段としてのM&A

従来の企業グループ研究の文脈では、新日本製鉄（現・日本製鉄）、日立製作所、松下電器産業（現・パナソニック）、トヨタ自動車などが典型的な親会社と想定されていたが、1990年代末以降が従来と異なっている点は、創業者に率いられた新興企業が親会社として企業グループを形成した点にある。そうした新興企業の成長において、純粋持株会社を中心とする企業グループの形成と、**成長手段としてのM&A**の積極的な活用が重要な役割を果たした。

その代表例が、永守重信を創業者とする日本電産と、孫正義を創業者とするソフトバンクグループである。1973年創業の日本電産は、90年代半ばまでは、主力事業の精密小型モーターの競争力強化のためにM&Aを用いたが、それ以降は、グループ経営を強く意識し、日本電産グループとしての成長のためにM&Aが活用された。とくに、すぐれた技術をもちながら経営不振に陥っている企業などが対象とされ、日本電産の経営手法を伝えつつ、相手企業の経営者・従業員を重視する手法で、グループの企業価値を高めた（渡邉・天野［2007］）。

一方、1990年代半ばまでPC用パッケージソフトの流通事業などを中心に事業展開していたソフトバンクは、98年1月に東証1部に上場（当初の業種分類は卸売業）するとともに、翌99年

4月に純粋持株会社に移行して以降,M&Aを積極的に利用して事業分野を拡大した。後に中核事業となる国内通信事業も,ボーダフォンの日本法人の買収(2006年4月)などにより獲得されている。それ以外にも,アメリカ3位のモバイル通信事業者(スプリント・ネクステル,2012年10月),イギリスの半導体設計企業(ARMホールディングス,2016年9月)の買収など,海外への投資も積極的に進められた。

第26章 日本企業の対外進出

グローバル化と現地化

1 1990年代以降における対外直接投資の本格化
●日本企業における海外市場の重要性

大企業の海外売上比率　1990年代以降,日本経済が長期的な低迷に陥るなかで,日本企業にとって海外進出がもつ意味が大きくなった。国際競争の激化や円高の進展に加え,過剰債務問題への対応の必要性もあり,コスト低下への圧力がいっそう大きくなったことが,賃金などのコスト面を考慮して最適地生産を模索する動きを加速させた。また,内需が低迷したことにより,国内の投資機会が縮小するとともに,海外市場の重要性が増したことも,1990年代以降における**対外直接投資の本格化**の重要な背景であった。

　表26・1には2000年度および16年度の2時点における連結総資産ベースの上位30社(金融,電力・ガスなど一部の産業を除く)の**海外売上比率**が示されている。本章でみるような対外直接投資の積極化に対応して,日本企業の海外売上比率も上昇した。この間,上位30社の海外売上比率の平均も31.0%から42.0%へ

表 26・1 上位企業の海外売上比率

(単位：10億円，%)

順位	2000年度 企業名	連結総資産	海外売上比率	2016年度 企業名	連結総資産	海外売上比率
1	日本電信電話	21,759	—	トヨタ自動車	48,750	75.1
2	トヨタ自動車	17,020	57.1	ソフトバンクグループ	24,634	51.0
3	日立製作所	11,247	31.2	日本電信電話	21,250	—
4	松下電器産業	8,156	47.5	本田技研工業	18,958	87.1
5	ソニー	7,828	67.2	日産自動車	18,421	84.4
6	日産自動車	6,451	62.0	ソニー	17,661	68.5
7	NTTドコモ	5,911	—	日立製作所	9,664	48.1
8	東芝	5,725	36.9	イオン	8,751	8.1
9	本田技研工業	5,667	73.1	NTTドコモ	7,453	—
10	富士通	5,200	34.5	新日鉄住金	7,262	36.2
11	NEC	4,824	26.9	JXTGホールディングス	6,793	17.6
12	三菱重工業	4,237	38.5	KDDI	6,264	—
13	新日本製鉄	4,232	17.8	パナソニック	5,983	50.2
14	三菱電機	4,182	26.4	三井不動産	5,571	—
15	KDDI	3,639	—	セブン&アイ・ホールディングス	5,509	30.9
16	日本たばこ産業	3,188	13.0	三菱地所	5,484	—
17	三菱自動車工業	2,982	60.5	三菱重工業	5,482	53.5
18	三井不動産	2,846	—	デンソー	5,151	59.8
19	キヤノン	2,832	71.1	キヤノン	5,139	79.2
20	富士フイルム	2,830	52.6	住友不動産	4,980	—
21	三菱地所	2,535	19.0	日本たばこ産業	4,744	58.5
22	鹿島建設	2,438	10.9	楽天	4,605	20.0
23	デンソー	2,343	38.2	豊田自動織機	4,558	68.0
24	大林組	2,197	7.3	三菱ケミカルホールディングス	4,464	39.5
25	大成建設	2,189	2.9	武田薬品工業	4,356	62.2
26	神戸製鋼所	2,131	22.6	JFEホールディングス	4,336	32.0
27	清水建設	2,076	6.2	国際石油開発帝石	4,312	53.1
28	ブリヂストン	2,039	62.2	東芝	4,270	53.6
29	シャープ	2,004	42.9	三菱電機	4,180	43.2
30	住友不動産	1,904	—	ブリヂストン	3,716	80.4

(注) 金融，電力・ガス，鉄道，および海外売上高を報告していない商社を除いた。2016年度の日本郵政は，連結総資産に銀行業，保険業関連の多額の資産を含むため除いた。
(出所) 「日経NEEDS」より作成。一部の企業については「有価証券報告書」で補った。

と上昇し（海外売上高が得られない企業は0%として算出），2016年度には，上位30社中半数の15社で海外売上比率が50%を超え

た。大企業の売上げは,いまや海外中心となったといっても過言ではない。

すでに2000年度の段階で,上位企業のなかにはソニー,日産自動車,本田技研工業など海外売上比率が50％を超える企業が存在したが,16年度には,上位企業の海外売上比率はさらに上昇した。自動車産業では,トヨタ自動車75.1％,本田技研工業87.1％,日産自動車84.4％と,とくに海外売上比率が高く,そのほかにも,日立製作所,新日鉄住金,デンソー,日本たばこ産業（JT）など,さまざまな産業の企業が比率を大幅に高めている。前章で紹介したソフトバンクグループも,2016年度に連結総資産ベースで2位と躍進し,海外売上比率は51.0％と過半であった。

2 製造業の成長戦略としての対外直接投資
●対外直接投資の類型と概観

対外直接投資の類型(1)：目的による整理

対外直接投資とひと口にいっても,その目的は多様である。ここでは主に清田［2015］による先行研究の整理に依拠して,対外直接投資を目的により類型化しておこう。

現地での仕入比率と売上比率に着目することで,対外直接投資を以下のように類型化することができる。伝統的に用いられてきた**垂直的直接投資**（労働や資本のコストの違いを利用して,生産・販売の工程の一部を海外子会社に移すような投資）,**水平的直接投資**（国内と同一の生産・販売の工程を投資先の海外子会社に複製するような投資）については,現地での仕入比率が低いのが垂直的直接投資,現地での仕入比率,売上比率がともに高いのが水平的直接投資と考えることができる。なお,ここでは直接投資の実施前には,自国で仕入れ,生産を行い,自国と外国で販売する状態であ

ったと想定されている。

ただし,第22章で触れたように,近年では産業内において生産工程を単位とする国際分業が進展したことにより,**ネットワーク型直接投資**と呼ばれる直接投資が増加した。ネットワーク型直接投資とは,何らかの中間財を輸入し,それを用いて生産した製品を輸出するというタイプの直接投資であり,同じ企業のなかでその輸出入が行われる点に特徴がある。このネットワーク型直接投資では,現地での仕入比率と売上比率がともに一定水準になる。

さらに,1980年代にみられた貿易摩擦を回避するための直接投資(第16章)は現地での仕入比率が低く,売上比率は高くなる。また,戦後の総合商社では開発輸入のような資源獲得型の直接投資が行われたことが知られているが(田中［2012］),このような投資の場合,現地での仕入比率が高く,売上比率は低くなる。さらに,やや極端ではあるが,輸出するために現地で最終財の生産のみを行うような輸出基地型の直接投資では,現地での仕入比率,売上比率はともに低くなる。

対外直接投資の類型(2):グリーンフィールド投資とM&A

企業が行う投資には,自前で生産設備を建設する**グリーンフィールド投資**と,他社を合併ないし買収する形の投資である**M&A**がある。対外直接投資の場合でも同様であり,グリーンフィールド投資は投資先国・地域に新たに子会社などを設立することを意味し,M&Aは投資先国・地域にすでに存在する企業の株式を取得することを意味する。なお,国境を越えて行われるM&Aは,**クロスボーダー M&A**とも呼ばれる。

対外直接投資を行う際に,グリーンフィールド投資とM&Aのいずれの方法を選択するかは,さまざまな要因によって決まる。一般的には,既存の技術,ブランド,あるいは販売網などを利用することが可能なM&Aでは,投資の実行から効果を得るまでの

時間を短縮できるが,現地の経営者・従業員を十分にコントロールできないというデメリットが発生する可能性もある。一方,グリーンフィールド投資では,時間は要するものの国内で確立した経営方法を海外でも実行しやすいというメリットはあるが,現地の人材などを十分に活用できない可能性は残る。

　それに加えて,産業の特性によって規定される部分も大きい。自動車産業のようなすり合わせ型の製造業では,M&Aによる対外進出は効果的ではないと考えられるが,対照的に,電機産業のようにモジュール化が進展した産業であれば,M&Aによる進出も十分に可能であろう。また,消費財や嗜好品のように,商品のブランドが重要になる産業では,M&Aによってそうした銘柄を獲得する意味は大きい。医薬品産業のように,新薬開発につながる研究開発能力が競争力を大きく規定する産業でも,M&Aによりそれを獲得する意味は大きい。また,とくに非製造業では,外国資本による出資が規制される国・地域もあり,それを前提として,進出の形態が決定されることになる。

日本企業による直接投資の概観

　日本の対外直接投資(フロー)は,前掲図22・1のとおり,1980年代後半における一時的なブームを経た後,90年代以降は緩やかながら増加傾向を示した。そして,2000年代半ばには10兆円を超え,リーマン・ショック後の世界同時不況期における一時的な低迷を挟んで,13年以降は10兆円を超える水準にある。一方,**対外直接投資残高**を示した**図26・1**によれば,2000年代半ば以前の時期における増加は緩慢であったが,それ以降,フローの対外直接投資額が多額であった結果として,残高も急速に増加した。1996年から2006年までの10年間に日本の対外直接投資残高は74％増加したが,06年から16年までの10年間では残高はおよそ3倍になっている。

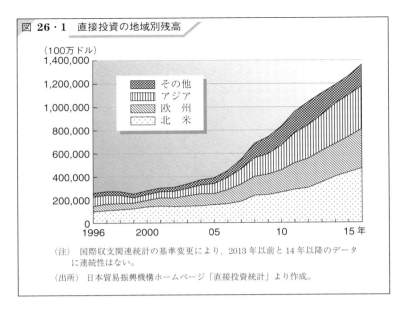

図 26・1　直接投資の地域別残高

(注)　国際収支関連統計の基準変更により，2013 年以前と 14 年以降のデータに連続性はない。
(出所)　日本貿易振興機構ホームページ「直接投資統計」より作成。

　また，対外直接投資残高の地域別構成をみれば，北米，欧州，アジアの 3 地域で 80〜90％程度を占めた。2016 年には 3 地域それぞれの構成比は，北米 34.6％，欧州 25.0％，アジア 27.1％であり，北米がトップであるものの，欧州，アジアも高い比率となっている。日本企業にとって，これら 3 地域はいずれも重要な地域であったといえる。

　次に，図 26・2 には，日本企業による対外直接投資のうち，グリーンフィールド投資と M&A の金額（ネット）が示されている。2000 年代半ば以降，グリーンフィールド投資と M&A の金額の合計に占める後者の構成比が上昇し，11 年以降は一貫して 40％を上回った。2000 年代半ば以降は，M&A が対外直接投資の主要な形態として定着したと考えられる。2000 年代半ばは，日本企業の歴史において，クロスボーダー M&A が企業成長の重要な戦略に位置づけられたはじめての時代と位置づけられることになる可

第 26 章　日本企業の対外進出　419

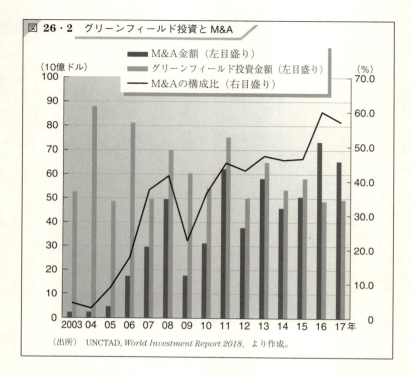

図 26・2 グリーンフィールド投資と M&A

(出所) UNCTAD, *World Investment Report 2018*, より作成。

能性が高い（宮島［2018］）。

最後に，**対外直接投資の産業別構成**が**表 26・2** に示されている。2000 年代半ば以降における日本の対外直接投資では，非製造業が製造業を上回り，とくに金融・保険業，卸売・小売業の構成比が高い。一方，製造業では，輸送機械，電気機械，化学・医薬の構成比が安定して高く，年によっては食料品も高い値となっている。なお，グリーンフィールド投資と M&A のいずれが直接投資の中心になるかは産業によって異なる。公表額の累計値によれば，クロスボーダー M&A は卸売，食品，医薬品，電気機器，通信などの産業で多く，グリーンフィールド投資に比較して上位産業への集中度も高い（宮島［2018］）。

表 26・2 対外直接投資（ネット，フロー）の産業別構成

（単位：100万ドル，％）

	2006〜10年平均	2011〜13年平均	2014年	2015年	2016年
製　造　業	44.0	40.9	50.0	37.4	35.0
食　料　品	7.3	3.8	14.4	2.6	2.0
化学・医薬	9.1	8.7	5.0	6.5	4.7
鉄・非鉄・金属	3.8	3.3	5.1	1.8	2.4
一 般 機 械	4.4	4.8	5.6	5.8	4.5
電 気 機 械	5.5	5.1	4.6	6.2	6.7
輸 送 機 械	6.5	7.2	7.4	9.5	8.3
非 製 造 業	56.0	61.0	50.0	62.6	65.0
鉱　　業	8.2	13.8	4.1	3.5	2.7
通　信　業	3.0	7.9	5.9	8.7	11.2
卸売・小売業	8.8	11.9	14.2	10.0	12.4
金融・保険業	27.0	16.4	14.7	25.4	5.6
サービス業	2.1	4.3	5.0	4.0	24.8
合　　　計	77,264	122,070	130,960	136,264	151,235

（注）　国際収支関連統計の基準変更により，2013年以前と14年以降のデータに連続性はない。
（出所）　日本貿易振興機構ホームページ「直接投資統計」より作成。

3　日本企業による対外進出の事例

●グリーンフィールド投資とM&A

> グリーンフィールド投資による成長：自動車産業

グリーンフィールド投資により対外進出を行った産業の代表例として自動車産業がある。自動車産業の対外進出におけるグリーンフィールド投資という選択は，生産システムの特性に規定されている面が大きい。自動車産業は，よく知られているように，すり合わせ型の製造業の代表例であるとともに，多数のサプライヤーからの部品供給によって成り立つ産業である。また，サプライヤーも含めてリーン生産方式を徹底することで競争力を高

めていることも，グリーンフィールド投資が自動車産業の直接投資の中心となる背景の一端であった。

自動車産業では，1980年代に貿易摩擦への対応としてアメリカを中心とした先進国市場での現地生産を本格化させた。トヨタ自動車の事例では，GMとの合弁で設立された前出のNUMMI（第18章）に加え，アメリカ，カナダに現地法人がグリーンフィールド投資により設立された。この時期には，他の自動車メーカーも軒並み北米への直接投資を行っている。ただし，この段階における直接投資には，貿易摩擦という政治問題への対応という意味合いが強く，経済的要因が果たした役割が相対的に小さかったという意味で，特殊な面があった。

1990年代以降，日本企業の対外直接投資において戦略的な立地が追求された時期においても，自動車産業の対外直接投資はグリーンフィールド投資が中心であった。トヨタの事例では，1990年代以降，コロンビア（92年），イギリス（92年），トルコ（94年），ベトナム（96年），アルゼンチン（97年），中国（99年），フランス（2001年），チェコ（05年），ロシア（07年），エジプト（12年）に新たに生産拠点が新設されている（トヨタ自動車株式会社［2013］）。

自動車メーカーによる対外直接投資の進展は，**自動車部品メーカーの海外進出**も促進した。東南アジアにおけるトヨタの最大の拠点であるタイについてみれば，タイ・トヨタ（1964年に設立された現地子会社）が2000年に，部品の現地調達率を03年までに100％にする方針を決定した。これを受け，部品メーカーによる現地生産も拡大し，豊田紡織や住友電工など，タイに新たに進出した企業もあった。さらに，こうした現地調達率向上への取組みを背景として，トヨタが2002年に打ち出した新興市場向けの世界戦略車（IMV）では，タイが生産基地として位置づけられ，日

本国内で生産されていない初の車種のマザー工場としての役割を担うこととなった。IMV生産開始以前の部品の現地調達率は60％程度であったが，IMV生産においては90％以上にまで上昇した（川邉［2011］）。

2000年代半ばの段階で，タイにおけるトヨタの1次サプライヤーからの部品調達のうち，タイ資本の部品メーカーからの調達は8％程度にすぎず，ほとんどの部品が日系の部品メーカーから供給されていた（上田［2007］）。こうした日系の部品メーカーの存在は現地においてトヨタ生産システムを徹底するための重要な背景であり，バンコク近隣の産業集積においては，8割の部品について2時間以内の在庫しかもたないというように，ジャスト・イン・タイムが相当程度に徹底されていたことが知られている（木村・安藤［2017］）。グリーンフィールド投資は，海外において自動車産業の競争力を確保するうえで重要な手段であったといえよう。

クロスボーダーM&Aによる成長：製造業

グリーンフィールド投資で成長した自動車産業とは異なり，M&Aによる成長をめざした製造業の企業もあった。M&Aによる進出を選択した理由は産業・企業により多様であるが，ある程度の類型化は可能であろう。

第1は，消費財，嗜好品のブランドを獲得することを目的としてM&Aを行う事例である。国内市場の縮小に直面し，海外企業のM&Aに成長戦略を求めたたばこ産業が典型的である。日本たばこ産業（JT）は，すでに1999年にRJRナビスコ（アメリカ）のたばこ事業を買収するとともに，海外たばこ事業を統括するJTインターナショナルをジュネーブに設立していたが，2007年にはギャラハー（イギリス）を買収し，さらに近年では東南アジアなどの新興国でのM&Aを進めている。また，国内市場の縮小

という同様の環境に直面するビール産業でも海外企業に対するM&Aが行われたが，2011年のキリンによるスキンカリオール（ブラジル）の買収のように，減損を計上して撤退した事例も含まれる。

　第2は，上記の点とも関連するが，短期的に構築することが困難な**生産・販売拠点**を獲得するためのM&Aである。タイヤ生産で世界最大手のブリヂストンは，1988年のファイアストン（アメリカ），2007年のバンダグ（同）など，従来から海外企業のM&Aにより成長してきたが，近年では，販売網を獲得するためのM&Aが目立つ。具体的には，2014年のマストヘッド・インダストリーズ（アメリカ）買収，17年のグループ・エイメ（フランス）買収などがある。

　第3は，M&Aにより**研究開発能力**，あるいは**特許**を獲得する事例である。新薬開発のために高リスクのR&D（研究開発）投資を行うことが不可欠である医薬品産業が典型であろう。有力な新薬やその候補を獲得することが主目的であり，経営統合により売上高を増加させることで研究開発費を捻出する効果もある。製薬業で国内首位の武田は，2008年にミレニアム（アメリカ），11年にナイコメッド（スイス），17年にアリアド（アメリカ）を買収し，さらに18年にはシャイアー（アイルランド）を6.8兆円で買収することが発表された。

　このように，いくつかの産業で海外企業に対するM&Aは成長戦略としての重要性を増しているが，所期の目的を達成できていない事例もある。たとえば，東芝によるアメリカの原子力発電事業，日本郵政グループが買収したトール（オーストラリア）は，それぞれ7000億円，4000億円を超えるのれんの減損損失を計上した。また，日本板硝子が2006年にピルキントン（イギリス）を買収した事例のように，予期しえなかった経営環境の悪化によ

り，十分な収益向上を実現できていない事例もある。M&Aによる対外進出を進めるうえでは，買収における評価額や，海外子会社をマネジメントする手法などの面で課題も多い。

クロスボーダー M&A による成長：金融業

M&Aによる対外進出は，金融業においても積極化した。銀行業では，国内における資金運用環境の悪化を受け，国内リテール業務と並んで海外での事業展開が主要な成長戦略となった。

もっとも，日本の銀行による海外進出の歴史はけっして短くない。ただし，1990年代までは，取引先の日本企業が対外進出するのに際して，現地で金融サービスを提供することが銀行の対外進出の主なモチーフであり，現地市場で資金調達を行い，日系企業に貸し出すことが主たる取引内容となっていた（寺西［1987］）。それに対して，2000年代半ば以降における海外での事業展開は，**リテール業務**も含めた現地の取引相手とのビジネスを本格化することをめざしたものであり，1990年代までの対外進出とは大きく異なっている。

銀行業において，リテール業務を含む現地での取引を速やかに拡大するためには，グリーンフィールド投資による進出は非効率であり，すでに現地で信用を確立している現地銀行に対するM&Aを行うことが効率的である。メガバンクのうち，M&Aによる対外進出に最も積極的な三菱UFJ銀行の場合は，2008年にアメリカのカリフォルニア州に地盤をもつユニオンバンクを買収し，現地での銀行経営に関する経験を蓄積したうえで，13年には成長性の高い東南アジア地域でアユタヤ銀行（タイ）を買収した。さらに，2017年にはダナモン銀行（インドネシア）を段階的に買収することが発表された。

保険業でも，1990年代後半から続く国内市場の縮小を受け，M&Aによる海外進出が積極化した。他の有力生保と同じように

相互会社組織を採用してきた第一生命は，資金調達力の向上を念頭に，2010年4月に株式会社に転換し，東証1部に上場したうえで，14年にプロテクティブ（アメリカ）を約5800億円で買収した。この買収に際しては，所要資金のうち2600億円あまりが公募増資によって調達された。この買収を1つの契機として，他の有力生保によるアメリカでの大型買収も続いた。一方，損害保険でも，東京海上グループが医療・傷害保険などの分野に強みがあるHCCインシュアランス（アメリカ）を買収した事例など，2015〜16年に欧米で大規模なM&Aが行われた。また，生保・損保ともに保険市場が成長するアジア地域でのM&Aも積極化している。

非製造業におけるビジネスモデルの海外移転

対外直接投資の金額としては限定的であるが，非製造業において国内で確立した**ビジネスモデルの海外への移転**を行った事例もけっして少なくない。ここでは，台湾における宅配便事業の事例を取り上げる。

宅配便事業は，翌日配達を標準サービスとするビジネスモデルであることから，それを可能にする物流ネットワークを構築することが事業展開にとって不可欠の前提となる。また，一般家庭を対象とした戸別配送を想定すれば，多数のセールスドライバーを育成する必要性もある。こうした事業を，既存の運送業者を買収することにより展開することは容易ではないため，M&Aよりもグリーンフィールド投資による進出が効率的である。

国内で1970年代から「宅急便」サービスを展開してきたヤマト運輸は，2000年に台湾企業（統一企業集団傘下の統一超商）との提携というかたちで統一速達を設立し，「宅急便」サービスを移転した。提携というかたちで事業をスタートさせたのは，運輸業（陸運業）で出資規制があったことによる（外資規制緩和後の

2004年に10％出資)。事業の開始にあたって,既存の陸運業者の買収も計画されたが,宅配便事業に適した車両の確保とドライバーの教育に相当の資金・時間を要することから,断念された。また,多数の個人顧客獲得の条件となる,利用者向けの店舗網については,コンビニエンス・ストア(統一超商が展開するセブン-イレブン)を活用することで制約を緩和した。その結果,2013年3月時点の「宅急便」の取扱店舗数は,中国,香港の200店,シンガポールの500店程度に対して,台湾では2万店を超える圧倒的な取扱店数であり,こうした店舗網が宅配便事業を成功させる要因となった。宅配便サービスは,このように台湾に根づいた後,上海,香港,シンガポールといったアジア大都市に地盤を築きつつある(大内［2014］,湊［2015］)。

第27章 日本型企業システムの転換点

多様化とハイブリッド化

1 変容する日本型企業システム

●第2の転換期

第2の転換期　戦後改革期に形成され、その後「進化」、あるいは「洗練」「制度化」の過程をたどった日本の企業システムは、経済の成熟化が進展し、資産価格バブルの発生した1980年代後半には、これまでの成長促進から過剰投資を誘発し、さらに90年代に入ると一転して必要な改革を遅らせるように機能することとなった。1997年の銀行危機は、日本型企業システムの「制度疲労」を強く意識させ、本格的な改革に取り組む重要な画期となった。第24章でみたように系列取引、流通系列といった企業間取引の特徴の一部が崩れた。また、メインバンク制、株式相互持合など、企業と資金提供者との間の関係も大きく変化した。それと並行して、長期雇用や年功的な賃金制度、内部者からなる取締役会、短期的な業績変動に非感応な報酬システムなどの日本企業の内部的な特徴も大きな挑戦にさらされた。

銀行危機後に進展した変化は，日本企業システムの歴史の文脈でみれば，その規模において，戦時から戦後改革期の変化に匹敵し，日本型企業システムは，歴史上第2の大きな転換期を迎えたとみることができる。戦後のシステム変化がGHQによる改革という外生的なショックに基づき，システムを構成するサブシステムが同時に変化した側面が強いとすれば，銀行危機以降の変化は，外部環境への変化にともなう制度の機能低下を起点として，あるサブシステムが他のサブシステムの変化を誘発するという意味で連続的で，漸進的な点に特徴があった（Jackson and Miyajima [2007]）。本章では，1990年代以降，とくに97年以降の企業システムの変化を整理しておこう。

2 メインバンク関係の後退

●先行した変化

状態依存型ガバナンスの後退

日本型企業システムにおいて変化が先行したのは企業・銀行関係であった。**メインバンク・システムの本質を企業金融に**おける情報生産と，企業統治における主導的な役割に見出せば，こうしたメインバンクの経済的役割は，すでに1970年代後半の「減量経営」や80年代の社債発行における規制緩和の進展とともに後退していた。図27・1のとおり借入のみに依存する企業が減少するにつれて，金融面で企業がメインバンク関係にコミットする誘因は，債券発行の際のサービス（国内・外の普通社債・ワラント債発行における受託と銀行保証）や海外進出の支援に移動していたが，1980年代後半に進展した国内債券市場の規制緩和（起債調整・有担保原則の緩和・撤廃）と，海外発行における無担保・無保証発行の増大の結果，この誘因も低下した（青木・パト

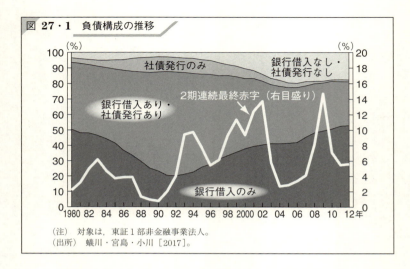

図 27・1　負債構成の推移

(注)　対象は，東証1部非金融事業法人。
(出所)　蟻川・宮島・小川 [2017]。

リック [1996]）。それと並行して，企業統治面におけるメインバンクの影響力も低下した。大企業の財務体質の強化と含み資産の増加は，短期的な企業収益の悪化に対して内部者が裁量的に処分できる資産を増加させ，このことが状態依存型ガバナンスの機能を低下させることとなった。1980年代後半以降，銀行の役員派遣は減少し，業績悪化時の経営者の交替に対する銀行の影響力も弱まった（宮島 [1998]）。

メインバンク関係の分化

規制緩和がさらに進展した1990年代以降には，期待収益が高く，倒産リスクの低い優良企業は，もはやメインバンクの提供する救済保険を必要としないため，調達コストの低い社債依存を強めるという傾向がさらに進展した（宮島・蟻川 [1999]）。内外の資本市場で自由に資金調達の可能な高収益・高成長企業では，市場ベースの資金調達が中心となり，長期資金は社債か，または契約の明示的なシンジケート・ローンに依存し，短期資金は手数料を支払ってあらかじめ一定額の借入枠を購入するというク

レジット・ラインを設定する方向に変化した。2002年度末の東京・大阪・名古屋の3市場に上場する企業（2316社）のうちA格以上を取得する企業は，企業数で14％，時価総額で64％を占めていた。こうした企業群における企業・銀行関係は，アメリカやイギリスの arm's length な（一定の距離をおいた）関係に接近し，企業統治におけるメインバンクの役割も後退した。

　もっとも，1990年代に入って，単線的に資本市場への依存が進展したわけではない。優良企業が資本市場への依存を強め，無借金の企業が増加する対極で，借入のみに依存している企業は，1992年を境に漸増し，2002年時点で，40％を超える企業が借入以外の選択枝をもたなかった（図27・1）。また，1990年代の企業収益の悪化と，リスクの上昇を背景に，企業の負債構成は借入依存の方向へ再び回帰し，しばしば「メイン寄せ」と注目されたように，メインバンクからの借入依存度も上昇した。たとえば，東証1部非金融事業法人のメインバンクからの借入/総資産は，1990年の4.5％から99年には7.0％まで上昇していた（Arikawa and Miyajima [2007]）。しかし，この銀行依存度の上昇は，再びメインバンクが経営の規律において主導的な役割を回復したことを意味しない。銀行が，規律づけの主体として有効に機能するためには，①銀行にレント（規制などの理由で発生する競争市場で得られる以上の利益）が保障されている，②清算の脅威が「信ずるに足る（credible）」といった条件が必要であり，これが満たされない場合には，容易に過度の規律，つまり貸渋りや**過剰清算**にも，逆にソフトな規律，つまり追貸しや**過剰救済**にも陥ることが知られている（青木 [2001]）。しかし，①の条件は，規制緩和の進展によって失われ，②の条件もまた不良債権問題の深刻化のために大きく損なわれた。

　その結果，第1に，顧客の収益の悪化を知りながらもメイン

バンクが追加融資を与え，それを経営側が織り込んで企業のリストラが遅れるといった悪循環が続いた。既述の1990年代後半のメインバンク依存度の上昇も，その結果とみることができる。他方，第2に，貸出を固定化し，BIS規制の下で，自己資本維持の必要に直面した銀行部門では，とくに中小企業の成長可能性をもつ顧客に対する貸出に躊躇するか，はなはだしい場合には，資金を引き上げるといった事態も発生した。こうしてメインバンク関係は，銀行危機前後に，企業統治，企業金融の両面で，かつての積極的な機能を失い，負の側面を顕在化させたのである。

| より明示的な企業・銀行関係へ |

しかし，2003年から，不良債権処理が進捗し，東京三菱とUFJ両行の合併を最後に主要行の再編成が終了するとともに，銀行の財務的健全性は回復し，顧客に対する「清算の脅威」が再び「信ずるに足る」ものとなった。ただその場合にも，**再構築された企業・銀行関係**は，かつてのメインバンクの単純な復活ではない。新たに成立したメガバンクは，伝統的な貸出ビジネスから離脱を図り，ファイナンシャルグループを形成して，ビジネスの中心を，子会社を通じた証券業務，海外業務，M&A仲介に置くこととなった。大企業部門に対する貸出は，先に指摘したとおりシンジケート・ローンやクレジット・ラインなどの明示的な契約に基づく側面が強くなり，それとともに，銀行による顧客の企業活動の恒常的な監視，つまり，期中のモニターの重要性は低下し，経営の規律は清算の脅威に支えられることとなった。銀行による顧客との長期関係に基づく私的情報の生産がいぜん重要であったのは，借入以外の資金調達方法の乏しい企業，とくに中小企業となった。

この結果，事前・期中・事後のモニタリングを銀行が統合的に担うという日本の企業統治の特徴も最終的に変化することとなっ

た。かつて，銀行が主導的役割を演じた投資プロジェクトの審査（事前のモニタリング）では，資本市場やベンチャー・キャピタルの役割が増大し，また，財務状況の悪化した企業の規律づけ（事後のモニタリング）でも，メインバンクの役割は後退し，M&Aや再生ファンドとの分業が進むこととなったのである（蟻川・宮島・小川［2017］）。

3 株式相互持合の解体
●分化をともなう進展

所有構造の変化　1990年前後まで，上場企業の所有構造における大きな特徴は，高い株式分散度，低い経営者持株比率と外国人保有比率，高い法人株式保有比率，とくに金融機関・事業法人，および事業法人間の株式の相互保有にあった。そして，この株式持合は，かつて日本的経営を支え，成長志向的な企業行動を支える制度的条件となったと理解されてきた。**安定株主化**の進展が株価最大点を上回る成長率の選択を可能とし，また，利益に非感応な配当政策，すなわち安定配当政策の条件となった（第6章）。しかし，こうした成長志向的な仕組みは，1980年代以降のバブル経済期には，一転して過剰投資の促進を誘発する条件となった（宮島・蟻川・齊藤［2001］）。株価最大点を上回る成長率の選択は，それ自体株主の立場からみて過剰投資を意味するし，成長機会の乏しい企業が安定配当政策を継続すれば，フリー・キャッシュ・フロー（企業に過剰に留保された資金）の増大につながる。しかも，1990年代に入ると，それまできわめて安定的であった日本企業の所有構造は大きく変化した。

図**27・2**のインサイダー保有比率とは，概念的には，株式保有の目的を投資収益の最大化以外の目的（たとえば，取引関係の

図 27・2 株式保有構造の長期動向

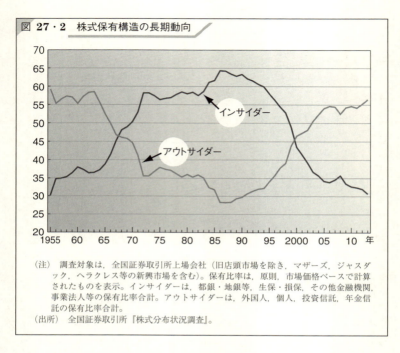

(注) 調査対象は，全国証券取引所上場会社（旧店頭市場を除き，マザーズ，ジャスダック，ヘラクレス等の新興市場を含む）。保有比率は，原則，市場価格ベースで計算されたものを表示。インサイダーは，都銀・地銀等，生保・損保，その他金融機関，事業法人等の保有比率合計。アウトサイダーは，外国人，個人，投資信託，年金信託の保有比率合計。
(出所) 全国証券取引所『株式分布状況調査』。

安定など）とする株主の保有比率を示し，都銀・地銀，生保・損保，事業法人の保有比率合計によって近似した（時価総額加重）。このインサイダー保有比率は1995年を境に明確に低下に転じ，99年以降その低下は加速した。2006年の安定保有比率は34％まで低下し，60％を超えていた1990年代前半までと比べれば，劇的な低下であった。内訳をみれば，事業法人間の持合は相対的にわずかな減少にとどまっているが，金融機関，とくに銀行の株式保有比率の低下が著しい。

持合解消のメカニズム では，こうした株式所有構造の大幅な変化はいかなるメカニズムで発生したのか。先行したのは，外国人保有の増加であった。1990年代に入ると年金基金を中心に，各国，とくにアメリカの機関投資家の海外投

資が急増し，その一環として日本株への投資も増加した。こうした**外国人株主の増加**は，カルパース（CalPERS: The California Public Employees' Retirement System〔カリフォルニア州職員退職年金基金〕）を筆頭に日本企業の経営者に，株主利益を重視した経営を求め，これまで維持されてきた株式持合の再検討を迫る圧力となった。

しかも，1995 年半ばから一部金融機関の破綻，住専問題を背景として，銀行株の下落は TOPIX の下落幅を上回り始めた。こうした銀行株の価格動向は，銀行株保有が保有側にとってTOPIX を上回る投資収益率を生んだ安定株主の形成期（1965〜74年）とは対照的であった（宮島・原村・江南 [2003]）。銀行株の保有の利回り低下，保有リスクの上昇が明らかとなったこの局面で，企業にとって第 2 次世界大戦後はじめて銀行株の保有を続けるか否かが財務上の選択として浮上した。そして，この選択の重要性は，銀行危機の発生した 1997 年からの局面で決定的に上昇した。都市銀行の格付けの引下げが続き，銀行株と TOPIX との乖離は一段と拡大し，銀行株保有の低利回りと高リスクはいよいよ深刻となった。他方，既述の連結会計制度や時価会計の導入（1999 年度より実施）は，企業に保有銀行株の処分を強く迫ることとなった。事業法人の銀行株の売却は，1997 年度から増加し，99 年度には期初に保有する銘柄のうち 20％が売却の対象となった（Miyajima and Kuroki [2007]）。

銀行危機と株式保有制限法

金融機関株を中心に事業法人の株式売却が進展するのに並行して，金融機関も株式売却を進めた。不良債権処理のための償却原資の確保，BIS 規制への対応，さらに時価会計の導入にともなう株式ポートフォリオの見直しなどが，その要因である。しかも，重要な点は，銀行の法人株式保有に対する社会的批判が高まり，銀行経営者の意識が変化したことである。自己資本比率の

算出にあたって株式保有の含み損(益)が自己資本に算入されるというBIS規制の枠組みの下で,自己資本をはるかに超える株式保有が株価の変動を介して,貸出行動に過度の影響を与える(いわゆる貸渋りの原因となる)というのである。こうして,株式相互持合に対する社会的認知と政策姿勢は,これまでの促進的,あるいは,少なくとも中立的なものから,批判的,あるいは解消を促進する方向に明確に転じた。1997年末の銀行危機は,日本企業の所有構造に関しても重要なターニング・ポイントであった。

さらに,不良債権問題がいまだ深刻であることが再認識された2001年には,持合解消に対する促進措置がとられることとなった。2001年4月の緊急経済対策の一環としてTier 1自己資本(自己資本のなかの基本的項目)の範囲内に株式保有を制限する方針が明確にされ,同年9月にはその目標年次を04年9月とする銀行等株式保有制限法が制定された。2001年3月時点で,主要行ベースの銀行保有株式は,Tier 1自己資本の約1.5〜2.0倍に達しており,10兆円近い保有株式の圧縮が必要となった。他方,銀行保有株の売却は,それに対応する受け皿を必要とする。そのために2002年1月に銀行等保有株式取得機構が設立され,11月には日銀による銀行保有株の買入れが始まった。こうした背景の下で,2004年まで銀行の保有株式売却が急速に進展した(宮島・保田・小川［2017］)。

以上のように,かつて低い外国人保有比率と企業・銀行間の持合によって特徴づけられた日本企業の所有構造は大きく変化した。しかも,重要な点は,この**持合解消**が上場企業間で均等に進展したわけではなかったことである。1997年の銀行危機後,保有株式の売却が必要となった銀行は,貸出面で関係の深い顧客の株式売却を回避し,期待収益の高い企業の株式を売却する傾向を示した。この結果,1990年代末から2002年には期待収益が高く,銀

行借入依存度の低い企業群で持合の解消が急速に進む反面で、期待収益が低く、銀行借入依存度が高い企業群では持合が相対的に維持されるという事態が発生した。

機関投資家の保有比率の増加

銀行との持合を解消した企業群では、急速に資本市場の圧力に直面し始めた。外国人投資家の保有比率が増加し、2000年代に入るとトヨタ、キヤノン、ソニーなどの優良企業では40％を超える外国人保有比率を示した。さらに、国内の**機関投資家**の保有比率も上昇した。少子高齢化の進展とともに、各家計にとって資産運用の重要性が高まり、この資産運用機関に対する期待は、企業年金が確定給付から確定拠出へ転換するにつれてさらに上昇した。こうした変化のなかで、投資先企業の企業統治において機関投資家が積極的な役割を演ずることが期待され、年金基金などの巨額の資金を運用する主体に対して、受託者責任が強調された。その結果、2000年に厚生年金基金連合会は「受託者責任ハンドブック」を作成し、さらに01年には「議決権行使ガイドライン」を公表した。

また、図27・2のとおり、投資収益の最大化を目的とする機関投資家（アウトサイダー）の保有が増大し、その安定株主（インサイダー）に対する地位が逆転するとともに、日本企業にとってあらためて**敵対的買収**の脅威が現実となった。1990年代末から増加したM&Aの大部分は、友好的買収であったが、2000年代に入ると、スティール・パートナーズや村上ファンドなどのファンドによる公開買付（TOB）が試みられ、現経営陣の経営政策に変更を迫った。さらに2005年には、メディアと通信の融合を掲げてライブドア、楽天などの新興ネット企業による放送会社の株式取得が試みられ、06年の王子製紙による北越製紙に対する買収提案が、事業法人による敵対的買収の初のケースとして注目を

集めた(ただし,失敗に終わった)。また,商法の改正により三角合併が解禁となり,外資による敵対的な買収が可能となった。こうして企業にとって,第25章でみたとおりM&Aが自らの成長戦略としても重要性を高める一方,自社がM&Aのターゲットとなる可能性も高まることとなった(宮島[2007])。

ポスト相互持合　その結果,一部の日本企業は,買収者以外の株主に対して新株予約権を無償で交付するなどの**買収防衛策**を導入する一方,新たな環境に適応した株式所有構造を模索し始めた。2006年頃から金融機関との間の持合がもはや非現実的な状況の下で,一部の企業では「戦略的提携」の一環として関係事業法人との持合を強めた(宮島・新田[2011])。しかし,この戦略的提携の試みは,リーマン・ショック後の株価急落によって減損処理を余儀なくされ,伝統的な手法の「復活」は非合理であることが明らかとなった。

そこで,新たに重要となったスキームは,企業の余剰資金が豊富な場合には,市場の浮動株,あるいは,持合解消株を購入する**自社株買**いである。2001年には商法改正により自社株取得に関する規制が撤廃され(金庫株の解禁),その後,時価総額の1～2％規模の自社株買いが継続した。自社株買いは,売却の必要が生じたインサイダー(銀行・他の事業法人)から購入するにせよ,浮動株を購入するにせよ,いずれの場合でも,アウトサイダー保有を削減する方向で株式所有構造を調整することができる。また,長期保有を投資政策とする機関投資家に対して積極的なIR活動を進める企業も増加した。さらに,トヨタなどのように長期に保有する株主を優遇するスキームも試みられることとなった。他方で,資金調達面などで公開のメリットが失われた企業では,究極の敵対的買収防衛策として上場廃止するという選択肢も考慮され始めた(たとえば,2005年のワールド社のマネジメント・バイアウ

ト)。

4 雇用システムの修正
●正規雇用の圧縮と成果主義の実験

賃金コストの上昇　不況の長期化と急激な技術進歩,さらに企業システムの以上の変化とともに,長期雇用と年功序列型賃金を核心とする**日本型雇用システム**や,企業内の昇進の仕組みも大きな挑戦にさらされた。日本企業の年功的な賃金制度は,キャリアの前半には過少支払いの傾向をもち,その未払い分をキャリアの後半に退職金を含めて回収するという特徴を備えていた。この仕組みは,新規雇用の拡大する高成長局面では,賃金コストを引き下げるように作用する反面,低成長局面では,逆に賃金コストを引き上げる作用をもつ。この負の作用が1990年代に入ると強まった(橋本[2002])。労働分配率は,1990年の73.5%から95年には76.5%に上昇し,銀行危機の直後の98年には77.2%とピークを記録した(前掲表20・3)。日本企業の国際的にみた賃金コストは上昇し,とくに高齢者に対する賃金抑制の必要性が強まった。

長期雇用の再検討　こうした環境変化の下で,日本型雇用システムは徐々に変化した。雇用面では,賃金コストの削減,事業活動のグローバル化,急激な技術進歩への対応を迫られるなかで,企業はパート・アルバイト,派遣社員などの**非正規雇用者**の活用を積極化した。雇用契約制度もこの実態変化を追認し,有期労働契約は3年から5年へと延長された。こうした雇用政策の動向は,1997・98年の不況期には,これまで不況期に低下する傾向のあった非正規従業員の雇用がかえって増加するという戦後初の事態が発生した点にも現れていた。企業

の雇用者に占める非正規労働者の割合は，1996年の21.5％から2003年には30.4％に急上昇し，その後も03〜07年の好況期，さらにリーマン・ショック後の不況期にも継続的に上昇して，同比率は08年に34％，13年には37％に達した。

もっとも，正規労働者についてみれば，1998年以降の不況局面でも，企業の雇用調整は，基本的に70年代後半に定着した時間調整，新規採用の抑制，配置転換・出向などを通じて解雇を可能な限り避けるというパターンを踏襲しており，大企業の雇用政策に大きな変化が生じた可能性は低い（仁田［2003］）。上場企業の従業員の平均勤続年数（一般労働者男子）は，1990年の12.5年から2001年には13.6年に上昇し，その後，10年代に入っても13年前後で安定している（厚生労働省「賃金構造基本統計調査」）。大企業が中核労働者の雇用を維持した点は，ある労働者が一定期間同じ職場にとどまる割合を示す就業定着率の動向からも確認できる。Kambayashi and Kato［2017］によれば，30歳から44歳の，現在働いている企業で5年以上経験を積んでいる従業員（コア従業員）の就業定着率は，1982〜2007年の25年間，ほぼ一貫して70％程度で安定している。この点は，中途採用者の10年就業定着率が，1982〜92年の56.5％から97〜2007年の39.6％と大幅に低下していることと対照的である。

2000年代の雇用調整の特徴は，雇用の維持をグループ・レベルで行う傾向を強めたことである。1996〜2002年には，第25章でみたとおり企業の**グループ化**が進展した。子会社数が増加し，売上高連単倍率（グループ売上げ／総売上げ）も上昇した。企業別組合の影響の強い日本企業では，自社内では，事業部（社内カンパニー）などの事業単位にいかに権限が移譲されても，雇用制度を差別化することは困難である。しかし，分社化すれば，複数の処遇制度を採用することが可能となり，**雇用条件の設計における**

柔軟性が高まる。企業は，グループ企業への出向を利用して，正規雇用者の雇用調整を進め，こうしたグループ（内部労働市場）を通じた雇用保蔵は，2008年からの不況期でも再び積極的に採用された。

以上の結果，産出量の変化に対して，雇用がどの程度速やかに調整されるかという雇用の調整速度は，非正規雇用の増加やグループ化を反映して，2000年代を通じて緩やかに上昇したが，国際的にみて雇用調整速度が遅いという特徴に変化はなかった。2012年に関する推計でも，日本の**雇用調整速度**は0.3前後で，アメリカの0.6に比べて半分程度にとどまった（内閣府［2016］）。大企業，とくに機関投資家保有比率が高い企業では，雇用の削減が進んだことは確認されるが，その規模は大きくなく，コア従業員の長期雇用を維持する傾向に変化は生じていないとみてよかろう（Ahmadjian［2007］，Noda［2013］）。

成果主義の導入　　1990年代に入って大きな変化を示したのは，賃金システムである。年齢別賃金プロファイルでみれば，図 **27・3** のとおり2000年の賃金プロファイルの傾きは，1990年に比べて大幅に緩やかになり，2010年にはさらにその傾向が進展した。他方，1990年代前半から大企業の大卒者の同一年齢（同一勤続年齢）別賃金の分散が拡大し（猪木・樋口［1995］），この傾向は90年代後半も継続した。賃金の年齢間格差の縮小と同一年齢の従業員間の格差の拡大が並行して進展した。1990年代前半から，ベースアップ部分の縮小のみでなく，一部の企業では定昇が廃止された。2001〜02年の景気後退局面では，ベースアップ・賞与の取止めなどの基本給の調整が本格化した。2002年，経団連・日経連は，デフレの進行のなかでいまやベースアップの状況にないと宣言し，その年の春闘は1965年以来の慣行となっていたベースアップの統一要求を見送

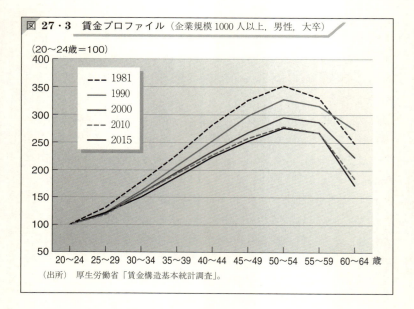

図 27・3 賃金プロファイル（企業規模1000人以上，男性，大卒）

(出所) 厚生労働省「賃金構造基本統計調査」。

り，この事態は2013年まで続いた。

　また，給与に占める能力・成果評価の比重が高められている。まず，1990年代前半，管理職に対して年俸制が導入され始めた（生産性研究所［1996］）。さらに，1990年代後半には，これまで管理職に限定されていた**成果主義賃金**が，一般従業員に拡大された。目標管理制度が普及し，従来の職務給に代えて役割等級制度が導入された。たとえば，富士通では，1998年に昇給・昇格を職務での目標達成度だけで決める成果主義に移行した。また，NECでも職種や資格を細分化したうえで，昇給・昇格を成果に連動させる制度が導入された。

　もっとも，成果主義といっても，業績と賞与との連動を強める程度のものから上記の富士通のような徹底したものまで大きなバリエーションがあり，また，富士通の成果主義も2001年度には見直されるなど，企業は試行錯誤の過程にある。しかし，宮島・

原村・稲垣［2003］によれば，何らかのかたちで成果・能力主義を導入している企業の比率は，1999年の30％から2002年の46％に着実に上昇しており，しかも，注目されるのは，長期雇用を維持する一方で，成果主義的な賃金制度を導入している企業が増加していることである。日本企業は，戦後復興の過程で定着した職能給システムの能力評価（査定）の要素を拡大する方向で，環境変化に対応した。

5 内部統治構造の改革
●市場化への適用

取締役会の改革　以上の所有構造の急速な変化，雇用システムの修正と並行して，執行役員制・外部取締役の導入など**取締役改革**が進展した。問題となったのは，本来経営執行陣を監督する立場にある取締役会が，もっぱら経営の執行にあたる内部昇進者からなり，しかも規模が肥大していたことがあった。1990年代初頭のトヨタ，日立では，取締役会メンバーは50名を超えていた。このため，監督されるべき者がその監督にあたるという自己監査の問題と，取締役会の意思決定が遅れ，また質の低下も避けられないといった問題があった（宮島・青木［2002］）。こうした状況の下，銀行危機後には，アメリカ型のモニタリング・ボードを日本に創出することが構想された。その一環として，2003年にアメリカ型の取締役会の組織（委員会（等）設置会社）の選択を可能とする会社法の改正が実現された。しかし，実際には，企業が多く選択したのは，会社法の改正によって可能となった委員会（等）設置会社ではなく，従来型の監査役会社の下で**執行役員制**を導入することであった。執行役員制とは，日常の企業運営・執行にあたる執行役員（役員会）を組織す

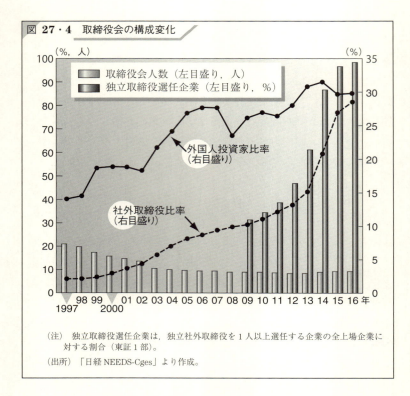

図 27・4 取締役会の構成変化

(注) 独立取締役選任企業は，独立社外取締役を1人以上選任する企業の全上場企業に対する割合（東証1部）。
(出所)「日経 NEEDS-Cges」より作成。

る一方，取締役会の管掌事項を縮小し，重要事項の決議のみに集中できる仕組みであり，この導入によって，経営を担う執行役員会と，その活動を監督する取締役会という組織的分離が可能となる。執行役員制の導入は急速に進み，導入企業数は，2006年末には1部上場企業の半数を超え，同制度は日本企業の取締役会機構の標準となった。また，これと並行して，取締役会規模が急速に縮小した（図 27・4）。

他方，企業の外部取締役の導入の進展は漸進的であった。執行役員制が導入され，取締役会が大幅に規模を縮小した後も，取締役会は基本的に内部昇進者によって占められた。2006年の社外

取締役比率(独立取締役／取締役総数)は10％前後,2012年時点でも15％前後にとどまった。1人でも外部取締役が就任する企業は40％に満たず,いまだ半数以上は外部取締役が1人も就任していなかった(図27・4)。自発的な社外取締役の選任は,事業規模が大きく独立取締役のアドバイスが必要な企業,買収防衛策を導入しその濫用のために独立取締役が必要な企業において進み,また,株式市場の圧力が強いほど,その選任が進んでいた。しかし,他方で,現預金保有が多いなど,独立取締役の選任が必要な企業であっても,その選任を回避する企業は多く,この傾向は,とくに機関投資家の保有比率が低く,株式市場の圧力が弱い企業ほど強かった(斎藤[2011])。

報酬制度の改革

また,銀行危機以降,**報酬制度の改革**も進んだ。最大の変化は,1997年の商法改正によって**ストック・オプション**の導入が可能となったことである。同年,ストック・オプションは,トヨタ,松下電器ではじめて採用され,以降急速に拡大した。その採用は,部門別には,医薬・電機・情報通信などR&D支出の高い部門,および小売,卸売,サービスなどの消費セクターで高い(宮島・黒木[2004])。ただし,付与対象は従業員にまで拡大されており,導入の目的は経営者と株主の間の利害の対立の調整(アラインメント)効果よりも,従業員のインセンティブ向上,人材確保の側面が強く,導入されたストック・オプションの規模も大きくない(花崎・松下[2010])。

　以上のように,ストック・オプションの導入は当初ブームの様相を呈したものの,その後拡大していない。さらに,1990年代後半の報酬制度の変化を全般的にみると,90年から2002年にかけて,社長の報酬(基本給＋ボーナス)の水準の中央値は3000万～3500万円と,傾向的に上昇しているものの大きな変化はない。

しかも，自社の株式投資収益率が1％向上したときの社長の資産の変化（業績連動度）は，1991年の49.7万円から2003年には12.9万円とかえって低下している（久保［2010］）。この変化は，アメリカの動向とは対照的である。アメリカの社長の報酬（給与＋ボーナス）は，1980年代の103万ドルから，2000年代初頭には248万ドル，交付オプションを考慮すると133万ドルから411万ドルに急上昇した。また，業績連動度（報酬＋自社株保有部分）は，1980年代の1.7万ドルから5.3万ドルに上昇した（宮島・河西［2010］）。つまり，1990年代末からの報酬制度に関する議論の高まりにもかかわらず，ストック・オプションの導入を除けば，日本では報酬制度の変化は平均的には驚くほど小さく，報酬の水準・感応度ともアメリカとの差はむしろ拡大したのである。

6 企業システムの多様化
●日本型企業システムのハイブリッド化

アメリカ型への収斂か　以上のとおり，グローバル化と規制緩和の進展のなかで，メインバンク，株式相互持合，内部昇進者からなる取締役会に特徴づけられ，その点で同質的であった日本の企業統治は大きく変化した。しかも，その変化は，1997年の銀行危機後，雇用システムや企業内部の権限配分などの組織アーキテクチュアに広がった（第25章）。長期雇用の再検討，成果主義の導入が進む一方，カンパニー制，持株会社の導入などの分権度の高い組織が選択され始めた。

そのため，1990年代末から2000年代初頭には，この日本の企業統治・企業システムにおける変化が，**アメリカ型への収斂**を意味するのか否かをめぐって活発に議論されることとなった。Jackson and Miyajima［2007］は，この点を明らかにするために，

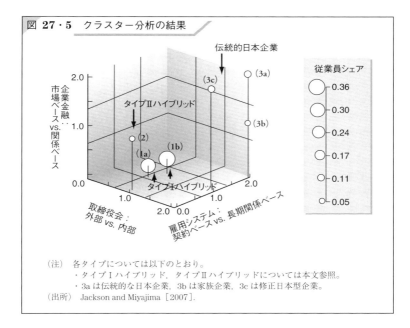

図 27・5 クラスター分析の結果

(注) 各タイプについては以下のとおり。
・タイプⅠハイブリッド、タイプⅡハイブリッドについては本文参照。
・3aは伝統的な日本企業、3bは家族企業、3cは修正日本型企業。
(出所) Jackson and Miyajima [2007]。

銀行危機後の企業改革が進展した2002年の東京証券取引所1・2部企業（867社）を対象に、クラスター分析という手法により、企業の特性を分析した。その分析のエッセンスは、日本企業システムが大きく多様化したこと、その変化はアメリカ型への収斂でも、またかつての伝統的システムの単純な持続でもなく、異なったモード、すなわち市場・公式の契約ベースのシステムと長期関係ベースのシステムという2つのモードの結合という意味でハイブリッド化したという点にあった。

この見方は、図27・5に要約されている。同図の企業金融（外部ガバナンス）の軸では、ゼロに近いほど、証券市場からの資金調達と機関投資家所有が高く、2に近いほど、銀行借入と安定株主保有が高い。取締役会の軸では、ゼロに近いほど所有と経営の組織的分離、外部取締役の登用、情報公開を進める度合いが高く、

2に近いほど,内部昇進者の比重が高く,情報公開に消極的であることを示す。雇用システムの軸は,ゼロに近いほど有期雇用,成果主義賃金などの明示的・公式な契約に基づき雇用システムを採用しており,2に近いほど,暗黙の長期雇用契約,勤続年数と相関の高い(年功序列的)賃金を採用している。図上の各サークルの大きさは,サンプルの総従業員に占める各クラスターの比重を示す。

仮に,かつての日本型企業がいまだ支配的であれば,図の3aの位置に大きなサークルが現れ,逆に,1990年代後半以降,日本企業がアメリカ型の企業にシフトしたとすれば,図の3軸の0.0の近傍にサークルが出現するはずである。しかし,分析の結果,現れた日本企業の姿は著しく多様化していた。現代の日本企業は6つのクラスターに整理でき,さらにそれらは以下の3つのクラスターに集約できる。

タイプⅠハイブリッド　日本企業に支配的となったのは,市場志向的な金融・所有構造と,関係志向的な内部組織が結合したハイブリッドなパターンである。

このクラスターに属する企業は,外部負債の調達には主として社債を利用し,高い外国人所有比率によって特徴づけられる。また,取締役会改革に対して積極的であり,前節で検討した執行役員制やストック・オプションを導入した企業の多くはこのタイプに属し,情報公開のレベルも高い。他方,これらの企業は,長期雇用の規範を維持しつつ,労働組合の高い組織率によって特徴づけられる。この事実は,メインバンク・システムと長期雇用の慣行との間の補完性が想定されるほど強くはないことを示唆する。この**タイプⅠハイブリッド**企業はさらに,情報公開の程度がより高く,成果給の導入を進める企業(図27・5の1a,トヨタ,キヤノン,花王)と,それらがより低い企業(同図の1b,日立製作所,

NTTドコモ）に分かれる。

　もっとも，1990年代後半以降，このタイプⅠハイブリッド企業の関係志向的な内部統治と雇用システムは経路依存的な進化を示したことが重要である。内部ガバナンスの改革では，既述のとおり経営陣と従業員との情報共有，長期雇用の維持を図りながら，執行と監督の組織的分離，取締役会の規模縮小が進められた。たとえば，2003年に執行役員制を導入したトヨタ自動車は，取締役には，現場の知識が不可欠として外部取締役を廃し，外部監査役を導入した。また逆に取締役と執行役員の兼任を意識的に認めた（井上［2003］）。この市場志向的な金融・所有関係の拡大と関係志向的な内部統治・雇用関係を結合させたハイブリッド型企業の比重は，企業数では23％にとどまるものの，雇用者数では67％に達し，企業収益も相対的に高い。

タイプⅡハイブリッド　図27・5のクラスター分析の結果は，銀行借入に依存する程度が高く，機関投資家の所有比率が低いにもかかわらず，有期雇用，成果主義的賃金，ストック・オプションを積極的に利用する企業によって1つのクラスターが形成されたことを示している。このクラスターも，補完性の予測に反して，関係志向的な金融と市場志向的な内部組織という異なった2つのモードが結合している点でハイブリッドであるが，結合の仕方が先のタイプとは逆である。これを**タイプⅡハイブリッド**と呼ぼう。1990年代末から日本の企業セクターにこうした市場志向的なタイプの企業がクラスターとして登場したことは，注目されるべきである。

　このタイプⅡハイブリッド企業の取締役会改革の程度は，伝統的な日本型企業に比べて高いものの，タイプⅠに比べるとインサイダー中心の構成に傾斜し，情報公開度も中程度である。このタイプの大きな特徴は，ストック・オプションなどの成果主義的な

報酬の積極的な利用と,長期雇用に対する低い規範意識,労働組合の低い組織率に見出すことができる。産業的には,IT関連産業,小売業などに多く分布し,創業者に率いられた社歴の浅い企業が多い。このクラスターに属する企業は,従業員の高度の熟練に依存するところが弱いか（流通），あるいは,高度ではあるが,汎用性の高いスキルに依存し（IT関連産業），より流動的な外部労働市場と結合している。このタイプⅡハイブリッド企業のパフォーマンスは分散が大きいものの,平均的に高く,その比重は従業員ベースで10%であるが,企業数では21%を占める。

伝統的日本企業　1990年代からの日本の企業システムの進化は,企業間で均等に進展したわけではない。先のクラスター分析によれば,2002年時点の上場企業のなかには,関係志向的な金融・所有構造と内部組織を結合させた**伝統的日本企業**がいぜん分厚く存在した。このグループに属する企業の資金調達は基本的に借入依存であり,資本（社債）市場に依存する程度は低い。外国人所有比率も低く,銀行・事業法人などのインサイダー所有の比率が高い。こうした企業は,内部ガバナンス改革や,雇用システム改革の取組みにも消極的である。外部取締役を採用するケースは少なく,情報公開の程度も低い。この伝統的日本企業には,すべて最大値をとる図27・5の3aに加えて,さらに上場子会社（3c）や,長い社歴をもつ家族企業（3b）などのサブグループが含まれる。部門的には建設,化学,電機,輸送機械に多く,その比重は,2002年時点では従業員ベースで25%であるが,企業数では過半に達する。こうした企業は,株式市場からの圧力が加わることが弱いために,必要な内部統治の改革が遅れ,その遅れが一因となって,機関投資家の投資対象とならないというある種の劣位の均衡に陥っていた。2000年代半ばに企業統治改革の遅れた企業群とは,主としてこの企業群を

指し,こうした企業群が統治構造改革の事実上の対象でもあった。

> ハイブリッド化の2つの経路

以上のように,かつて同質的であった日本企業は,いまや大きく多様化し,2002年時点の日本企業の支配的な構造はハイブリッド化によって特徴づけられる。ハイブリッド企業のうち,タイプⅠは,かつて日本型と特徴づけられた企業が,1980年代半ば以降,当初は漸進的に,そして,銀行危機の発生した97年以降には,各サブシステムが同時に進化することによって出現した。その結果,2000年代に入ると,バブル期以前に上場された日本の公開企業は,タイプⅠハイブリッド企業と,伝統的日本企業に分化したとみることができる。そしてこうした企業の多様化は,既述のとおり,自由化・規制緩和,グローバル化などの外部環境の変化に対する企業の自発的な選択の結果であった。

以上のように,タイプⅠハイブリッド企業が外部環境の変化に対する日本型企業の分化を通じて出現したのに対して,タイプⅡハイブリッド企業は,既存企業が進化するというより,1990年代末の技術革新の過程で,新興企業の参入が大規模に発生することによって,1つのクラスターとして出現した。第25章でみたとおり1990年代後半は,実は戦後の日本企業史のなかでも最大のM&AブームとIPO(新規上場株)ブームの時代であった。その新興企業の産業分布を,2007年時点に存続する企業でみると,中心は通信,流通(小売・卸売),サービスにあり,この4部門で1991年以降の新規上場企業の50％以上を占める。IT革命を中心とする技術革新のなかで,非製造部門に多くの新興企業が形成されたことが確認できよう。こうして,既存企業の進化と,新たな特性をもつ新興企業の増加によって,日本企業の多元化が実現されたのである。

第5部の演習問題

1　橋本［2002］などを参考として，1997年以降のデフレの進展の経過とその発生要因を検討してみよう。また，デフレ対策としてとられた財政・金融政策を概観し，そのタイミング・政策手段の妥当性についても検討してみよう。小宮・日本経済研究センター［2002］，浜田・堀内［2004］，吉川［2009］，岩田［2010］などが参考となる。

2　IT化が日本経済・企業経営へ与えたインパクトを検討してみよう。マクロ的側面については，岩田・宮川［2003］，元橋［2005］が，産業組織については後藤・小田切［2003］，またモジュール化については青木・安藤［2002］が参考になる。

3　2000年代に入って，階層間，地域間の所得格差が広がったといわれる。樋口［2002］，大竹［2005］，伊藤［2008］，橘木［2016］などを参照してこの点を検討してみよう。

4　1990年代以降に電気機械産業の国際競争力が低下した経緯について，半導体，情報通信機器，家電のいずれかの分野を具体的な対象として取り上げ，考察してみよう。

5　1999年代後半以降に登場した新興企業はどんな産業に多いか，また，これらの新興企業は，伝統的な日本企業に比べていかなる特徴をもつのか，企業金融，雇用システム，取締役会の構成，所有構造などに即して検討してみよう。

6　1990年代に入ると，戦後形成された日本型企業システムは大きな転換を経験した。システムを構成するサブシステム，たとえば，メインバンク・システム，株式相互持合，雇用システム，内部ガバナンス（取締役会，報酬）などのうち興味のあるトピックを選び，青木［2001］，ドーア［2001］，新原［2002］，宮島［2002］，岩井［2003］，Aoki et al.［2007］，久保［2010］，宮島・河西［2010］などを参考に検討してみよう。

7　日本では1990年代末までM&Aが少なかった。なぜ少なかったのか，また，90年代末以降に急速に増加したのはなぜか，宮島［2007］などを参照して検討してみよう。とくに，近年，海外企業を対象としたM&Aが増加していることについても，そ

の背景を考えてみよう。

第 5 部の参考文献　＊は読者のための基本文献を表す。

Ahmadjian, C.［2007］, "Foreign Investors and Corporate Governance in Japan," in Aoki et al.［2007］.
Ando, M. and F. Kimura［2015］, "Globalozation and Domestic Operations," *Asian Economic Papers*, 14（2）.
青木英孝・宮島英昭［2011］「多角化・グローバル化・グループ化の進展と事業組織のガバナンス」宮島英昭編『日本の企業統治』東洋経済新報社。
＊青木昌彦［2001］『比較制度分析に向けて』NTT 出版（新装版，2003 年）。
青木昌彦・安藤晴彦［2002］『モジュール化』東洋経済新報社。
Aoki, M., G. Jackson and H. Miyajima eds.［2007］, *Corporate Governance in Japan*, Oxford University Press.
青木昌彦＝H. パトリック編（東銀リサーチインターナショナル訳）［1996］『日本のメインバンク・システム』東洋経済新報社。
Arikawa, Y. and H. Miyajima［2007］, "Relational Banking in post Bubble Japan," in Aoki et al.［2007］.
蟻川靖浩・宮島英昭・小川亮［2017］「メガバンク成立後の企業・銀行関係」宮島英昭編『企業統治と成長戦略』東洋経済新報社。
蟻川靖浩・宮島英昭・齊藤直［2003］「1990 年代の投資行動と企業統治」花崎正晴・寺西重郎編『コーポレート・ガバナンスの経済分析』東京大学出版会。
中日社［2006］『電子機器年鑑』。
ドーア，ロナルド（藤井眞人訳）［2001］『日本型資本主義と市場主義の衝突』東洋経済新報社。
土居丈朗［2007］『地方債改革の経済学』日本経済新聞出版社。
EC のミカタ編著［2017］，『EC 業界大図鑑 2018 年版』ダイヤモンド社。
エヴァンス，D.S.＝R. シュマレンジー（平野敦士カール訳）［2018］『最新プラットフォーム戦略マッチメイカー』朝日新聞出版。

＊藤本隆宏［2003］『能力構築競争』中公新書。
＊深尾京司［2012］『「失われた20年」と日本経済』日本経済新聞出版社。
深尾京司・天野倫文［2004］『対日直接投資と日本経済』日本経済新聞社。
深尾光洋・吉川洋編［2000］『ゼロ金利と日本経済』日本経済新聞社。
＊福田慎一［2015］『「失われた20年」を超えて』NTT出版。
古川澄明編［2018］『自動車メガ・プラットフォーム戦略の進化』九州大学出版会。
玄田有史［2001］『仕事のなかの曖昧な不安』中央公論新社（中公文庫，2005年）。
後藤晃・小田切宏之編［2003］『日本の産業システム3　サイエンス型産業』NTT出版。
浜田宏一・堀内昭義編［2004］『論争 日本の経済危機』日本経済新聞社。
花崎正晴・松下佳菜子［2010］「ストック・オプションと企業パフォーマンス：オプション価格評価額に基づく実証分析」『経済経営研究』30巻4号。
＊橋本寿朗［2002］『デフレの進行をどう読むか』岩波書店。
Hayashi, F and E. Prescott［2002］, "Japan in the 1990s," *Review of Economic Dynamics*, 5.
ヘラー，D.＝藤本隆宏［2007］「相互学習による価値の向上」宮島英昭編［2007］。
樋口美雄［2002］「日本型雇用システム」貝塚啓明・財務省財務総合政策研究所編『再訪 日本型経済システム』有斐閣。
＊星岳雄＝アニル・カシャップ（鯉渕賢訳）［2006］『日本金融システム進化論』日本経済新聞出版社。
＊井手英策［2012］『財政赤字の淵源』有斐閣。
猪木武徳・樋口美雄編［1995］『日本の雇用システムと労働市場』日本経済新聞社。
井上輝一［2003］「トヨタ自動車のコーポレート・ガバナンスに関する一考察」『フィナンシャル・レビュー』68号。
石弘光［2009］『消費税の政治経済学』日本経済新聞出版社。

伊藤元重編 [2008]『リーディングス格差を考える』日本経済新聞出版社。
＊岩井克人 [2003]『会社はこれからどうなるのか』平凡社。
岩田一政 [2010]『デフレとの闘い』日本経済新聞出版社。
岩田規久男 [2009]『金融危機の経済学』東洋経済新報社。
岩田規久男・宮川努編 [2003]『失われた10年の真因は何か』東洋経済新報社。
Jackson, G. and H. Miyajima [2007], "Introduction: The Diversity and Change of Corprate Governance in Japan," in Aoki et al. [2007].
Kambayashi and Kato [2017], "Trends in Long-term Employment and Job Security in Japan and United States: The Last Twenty-five Years," *Industrial and Labor Relations Review*, 70.
川邉信雄 [2011]『タイトヨタの経営史』有斐閣。
川上桃子 [2012]『圧縮された産業発展』名古屋大学出版会。
経済産業省 [各年]『通商白書』。
木村福成・安藤光代 [2016]「多国籍企業の生産ネットワーク」木村福成・椋寛編『国際経済学のフロンティア』東京大学出版会。
木村福成・安藤光代 [2017]「国際的生産ネットワーク」三重野文晴・深川由起子編『現代東アジア経済論』ミネルヴァ書房。
木村佳弘 [2014]「自公連立政権下の財政運営」小西砂千夫編『日本財政の現代史Ⅲ』有斐閣。
＊清田耕造 [2015]『拡大する直接投資と日本企業』NTT出版。
清田耕造 [2016]『日本の比較優位』慶應義塾大学出版会。
小林英夫・大野陽男 [2005]『グローバル変革に向けた日本の自動車部品産業』工業調査会。
小林慶一郎・加藤創太 [2001]『日本経済の罠』日本経済新聞社。
小宮隆太郎・日本経済研究センター編 [2002]『金融政策論議の争点』日本経済新聞社。
＊久保克行 [2010]『コーポレート・ガバナンス』日本経済新聞出版社。
黒田篤郎 [2001]『メイド・イン・チャイナ』東洋経済新報社。
忽那憲治 [2008]『IPO市場の価格形成』中央経済社。
三村優美子 [2011]「卸流通再編成と卸経営の課題」『青山経営論

集』46巻3号。
湊照宏［2015］「台湾宅配便市場の創造と拡大」橘川武郎・久保文克・佐々木聡・平井岳哉編『アジアの企業間競争』文眞堂。
宮川努・淺羽茂・細野薫［2016］『インタンジブルズ・エコノミー』東京大学出版会。
宮島英昭［1998］「戦後日本大企業における状態依存的ガヴァナンスの進化と変容」『経済研究』49巻2号。
＊宮島英昭［2002］「日本的企業経営・企業行動」貝塚啓明・財務省財務総合政策研究所編『再訪 日本型経済システム』有斐閣。
宮島英昭編［2007］『日本のM&A』東洋経済新報社。
宮島英昭［2018］「M&Aと日本企業の成長」『証券アナリストジャーナル』56巻6号。
宮島英昭・青木英孝［2002］「日本企業における自律的ガバナンスの可能性」伊藤秀史編『日本企業 変革期の選択』東洋経済新報社。
宮島英昭・蟻川靖浩［1999］「金融自由化と企業の負債選択」『フィナンシャル・レビュー』49号。
宮島英昭・蟻川靖浩・齊藤直［2001］「日本型企業統治と『過剰』投資」『フィナンシャル・レビュー』60号。
宮島英昭・原村健二・江南喜成［2003］「戦後日本企業の株式所有構造」『フィナンシャル・レビュー』68号。
宮島英昭・原村健二・稲垣健一［2003］「進展するコーポレート・ガバナンス改革をいかに理解するか」『ファイナンシャル・レビュー』68号。
宮島英昭・保田隆明・小川亮［2017］「海外機関投資家の企業統治における役割とその帰結」宮島英昭編『企業統治と成長戦略』東洋経済新報社。
宮島英昭・河西卓弥［2010］「金融システムと企業統治」橘川武郎・久保文克編『グローバル化と日本型企業システムの変容』（講座・日本経営史6)，ミネルヴァ書房。
宮島英昭・黒木文明［2004］「株式持合い解消の計量分析」『証券アナリストジャーナル』40巻12号。
Miyajima, H. and F. Kuroki [2007], "The Unwinding of Cross-Shareholding in Japan," in Aoki et al. [2007].

宮島英昭・新田敬祐［2011］「株式所有構造の多様化とその帰結」宮島英昭編『日本の企業統治』東洋経済新報社。

宮島英昭・新田敬祐・宍戸善一［2011］「親子上場の経済分析」宮島英昭編『日本の企業統治』東洋経済新報社。

森川正之［2014］『サービス産業の生産性分析』日本評論社。

元橋一之［2005］『ITイノベーションの実証分析』東洋経済新報社。

Motonishi, T. and H.Yoshikawa［1999］, "Causes of the Long Stagnation of Japan during the 1990s," *Journal of the Japanese and International Economies*, 13.

長坂健二郎［2010］『日本の医療制度』東洋経済新報社。

内閣府［各年］『経済財政白書』。

内閣府政策統括官室［2006］『世界経済の潮流』2006年秋。

内閣府政策統括官室［2010］『世界経済の潮流』2010年Ⅰ。

内閣府政策統括官室［2017］『世界経済の潮流』2017年Ⅰ。

内閣府政策統括官室［2018］『世界経済の潮流』2017年Ⅱ。

日本貿易振興機構編［2017］『ジェトロ世界貿易投資報告』2017年版。

西口敏宏［2000］『戦略的アウトソーシングの進化』東京大学出版会。

西村清彦・峰滝和典［2004］『情報技術革新と日本経済』有斐閣。

西澤佑介［2014］「液晶テレビ産業における日本企業の革新と衰退」『経営史学』49巻2号。

＊新原浩朗［2002］『日本の優秀企業研究』日本経済新聞社（日経ビジネス人文庫，2006年）。

仁田道夫［2003］『変化のなかの雇用システム』東京大学出版会。

Noda, T.［2013］, "Determinants of the Timing of Downsizing Among Large Firms: Long-term Employment Practice and corporate Governance, *Japanese Economic Review*, 64.

奥田英信［2000］『ASEANの金融システム』東洋経済新報社。

＊大竹文雄［2005］『日本の不平等』日本経済新聞社。

大坪稔［2011］『日本企業のグループ再編』中央経済社。

大内秀二郎［2014］「宅配便企業」マーケティング史研究会編『日本企業のアジア・マーケティング戦略』同文舘出版。

大矢俊雄編［2015］『図説日本の財政　平成27年度版』東洋経済

新報社。
斎藤卓爾［2011］「日本企業における社外取締役の導入の決定要因とその効果」宮島英昭編著『日本の企業統治』東洋経済新報社。
佐藤滋［2014］「政権交代以後の財政運営」小西砂千夫編『日本財政の現代史Ⅲ』有斐閣。
生産性研究所編［1996］『わが国年俸制の現状と展望』。
世界銀行［1994］『東アジアの奇跡』東洋経済新報社。
下谷政弘［2009］『持株会社と日本経済』岩波書店。
塩見治人・堀一郎［1998］『日米関係経営史』名古屋大学出版会。
総務省［各年］『情報通信白書』。
外松陽子・宮島英昭［2013］「日本企業はなぜ持株会社制度を採用したのか？」『2013年日本ファイナンス学会予稿集』。
＊橘木俊詔［2004］『家計からみる日本経済』岩波新書。
橘木俊詔『21世紀日本の格差』岩波書店。
武田晴人編［2011］『日本の情報通信産業史』有斐閣。
田中彰［2012］『戦後日本の資源ビジネス』名古屋大学出版会。
立本博文［2017］『プラットフォーム企業のグローバル戦略』有斐閣。
寺西重郎［1987］「日本の『資本輸出国』化と銀行の国際化」館龍一郎・蝋山昌一編『日本の金融2』東京大学出版会。
トヨタ自動車株式会社［2013］『トヨタ自動車75年史』。
上田曜子［2007］「日本の直接投資とタイの自動車部品メーカーの形成」『経済学論叢』58巻4号。
宇波弘貴編［2017］『図説日本の財政　平成29年度版』東洋経済新報社。
牛島辰男［2015］「多角化ディスカウントと企業ガバナンス」『フィナンシャル・レビュー』121号。
ヴォーゲル，エズラ，F.（渡辺利夫訳）［1993］『アジア四小龍』中公新書。
渡邉歩・天野倫文［2007］「グローバル競争優位の構築と移転」宮島英昭編［2007］。
吉川洋編［2009］『デフレ経済と金融政策』（バブル／デフレ期の日本経済と経済政策2），慶応義塾大学出版会。
吉川洋・通商産業研究所編集委員会［2000］『マクロ経済政策の課

題と争点』東洋経済新報社。
吉野直行・中島隆信［1999］『公共投資の経済効果』日本評論社。
湯川抗［2004］「インターネットバブル崩壊後のネット企業」『研究レポート』No. 187。
財務省財務総合政策研究所（宮島英昭・稲垣健一著）［2003］『日本企業の多様化と企業統治』。

終章 アベノミクスの展開

山積する経済課題と企業システムの進化

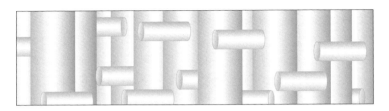

1 アベノミクスの展開

●新たなポリシーミックス

> 3本の矢

2012年12月に成立した第2次安倍内閣は、組閣後直ちに、「大胆な金融政策」「機動的な財政政策」「民間投資を喚起する成長戦略」を3本の矢とする**アベノミクス**を展開した。この3本の矢による政策を通じて、企業収益の改善を図り、これを賃上げ・配当の増加による所得の上昇と雇用の拡大につなげ、それが消費、さらに投資を生み出す好循環をめざすというのが基本的なビジョンであった。民主党内閣が、格差の是正に重きを置き、所得政策を中心とする政策運営をとったのに対して、まず企業の収益を拡大し、それを起点に成長を図るいわゆるトリクルダウン路線をとった点にアベノミクスの大きな特徴を見出すことができる。

> 異次元緩和

アベノミクスの中心となったのはデフレの克服を意図する**大胆な金融政策**であった。その出発点は、物価安定の下での持続的成長をめざして、2

％の物価安定目標を設定した2013年1月の政府・日銀の共同声明にあった。さらに，同年4月，黒田新総裁は，就任の直後に，戦力（政策オプション）の逐次投入ではなく，一挙投入によってデフレの克服を図るという姿勢を示し，すでにゼロ金利の下で金融政策の余地がないとみられていたなかで，国債買上げ，ETF（上場投資信託），J-REIT（不動産投資信託）の購入を通じてマネタリーベースを2年で2倍まで増やすという大胆な金融政策をとった。**異次元緩和**の開始である。この「量的・質的金融緩和政策」がデフレからの脱却を可能とする波及経路は，①予想物価上昇率の引上げ，②イールドカーブの引下げ，③金融機関のポートフォリオ・リバランスの3点にあった。

①の予想物価上昇率の引上げでは，日本銀行が，物価安定目標の早期実現にコミットすることによって，家計や企業に蔓延するデフレマインドの払拭をねらった。②のイールドカーブの引下げは，直接的には，国債金利の低下を意味する。社債利回り・貸出金利が国債利回り（リスク・フリーレート）＋信用スプレッドで決まるとすると，リスク・フリーレートの低下を介して，社債・貸出金利の低下につながる。③のポートフォリオ・リバランスでは，民間金融機関のポートフォリオのリスク（国債）を中央銀行のオペレーションによって減少させると，民間金融機関が一定のリスクの許容度の範囲内で収益を最大化しようとする結果，新たなリスクテイク（貸出）を行うという経路が期待された。

以上の異次元緩和政策は，為替や株価に速やかに影響を与えた（**図終・1**）。対米為替は，アベノミクス以前の80円から100円前後に低下し，株価（日経平均）も9000円前後から徐々に上昇し13年末には1万6000円に達した。

機動的財政政策 第2の矢である「**機動的な財政政策**」は，2013年1月「日本経済再生に向けた緊

図終・1 アベノミクスのインパクト

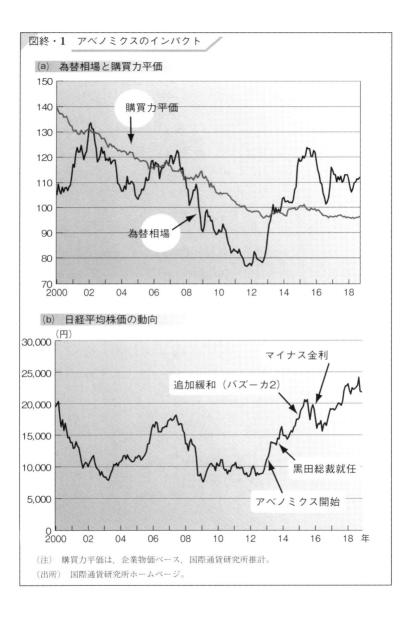

(注) 購買力平価は，企業物価ベース，国際通貨研究所推計。
(出所) 国際通貨研究所ホームページ。

急経済対策」に示された「15ヶ月予算」の考え方に具体化された。大型補正予算と2013（平成25）年度通常予算を合わせ，景気の下支えを行いつつ，切れ目のない経済対策を実行することを意図した。予算規模は13兆円（うち，公共事業7.7兆円），リーマン・ショック後の非常時を除けば過去最大規模であった。2013年のGDP成長率（2％）に対する政府支出（消費支出と固定資本形成の計）の寄与は，0.6％ポイント，3割程度に達した（表20・2）。

成長戦略とその展開　第3の矢である**成長戦略**の策定は，2013年1月に内閣官房の下に設置された日本経済再生本部が担い，同年6月に日本再興戦略が公表された。その中心は，①民間投資の活性化，②ベンチャー投資の促進，③事業再編成の促進を中核とする緊急構造改革プログラムであり，スピード感のある政策実行，政策目標（KPI），レビューによるPDCAサイクルなどがはじめて採用された。その施策は多岐にわたった。第1に，国際的に劣る事業環境の改善であり，これにより，世界立地競争で優位に立つことがめざされた。高いエネルギー価格に対しては，2013年4月から電力システム改革に取り組み，①安定供給の確保，②電気料金の最大限の抑制，③需要家の選択枝と，企業の事業機会の拡大を図った。また，2013年3月には，安倍首相が，環太平洋地域の経済の自由化を目的とした多角的な経済連携協定（TPP：環太平洋パートナーシップ協定）交渉への参加を正式に表明し，TPPに関する総合調整の担当大臣を任命して，これまで停滞していたTPP参加の動きを一挙に推し進めた。

　第2に，国際的に高水準とみられていた法人税改革に着手した。2014年の日本再興戦略改訂版は，企業の「稼ぐ力」を高めるインセンティブの向上，国内生産拠点の海外移転の回避と，対内直接投資の促進を目的として，法人税の引下げを提示した。その方

針に従い，2015年度税制改正において，欠損金繰越控除の見直し（控除限度の段階的引下げなど）が導入され，その結果，15年度の日本の法人実効税率は32.1％，翌16年度には29.97％と20％台に引き下げられることとなった。こうした措置は，円安の進展とともに，製造業の国内回帰の動きをもたらした。たとえば，埼玉県寄居町ではホンダの工場がメキシコから回帰したことで，地域に雇用創出や消費・設備投資の拡大といった効果がもたらされた。

　第3に，**企業統治改革**が成長戦略の一環として取り組まれた。成長促進の観点から統治改革を追求するのは，世界金融危機後の1つの潮流であった（Kay [2012], OECD [2012]）。もっとも，米英や大陸ヨーロッパにおける問題意識は，強すぎる株主の圧力が，経営者の過度のリスクテイク，近視眼的な経営行動（R&Dや人的投資の圧縮）を誘発する点が重視されていた。それに対して日本では，逆に株主の力がいまだ弱すぎることが，リスク回避的な経営，保守主義をもたらしていると理解され，株主重視の企業統治改革を通じてリスクテイクの促進を図ることが課題となった（宮島 [2017]）。

　まず，2014年1月には，新たな株価指数としてJPX400が設定された。同指数は構成銘柄の決定にあたって，伝統的な指標である流動性や利益に加えて，資本効率やコーポレート・ガバナンスへの取組みが重視され，企業には，JPXの組入れ株に指定されるために自社の統治構造を整備する必要が生じた。また，これまで議決権行使に関して中立的な姿勢をとっていた，GPIF（年金積立金管理運用独立行政法人）をはじめとする年金基金も，運用委託先の選定と監督にあたって企業統治を重視する方針に転じ，組織体制を整備した。さらにGPIFについては，2013年半ばから着手した基本ポートフォリオの見直しの意義が大きい。2014年10

月には、それまで12％（乖離許容度 ±6％）であった基本ポートフォリオにおける国内株の組入れ比率が、25％（同9％）に引き上げられた。世界最大の年金基金であるGPIFの運用規模は150兆円に達するだけに、この増加は20兆円の株式組入れ増を意味し、日銀のETF買取りと合わせて株式市場に大きな影響を与えた。さらに、2013年6月の日本再興戦略は、「コーポレートガバナンスを見直して、日本企業を国際競争に勝てる体質に変革する」との方針を打ち出し、この成果として、14年2月に機関投資家と投資先企業の対話を求める日本版スチュワードシップ・コードが設定され、15年5月には独立取締役や政策保有株の説明を中心とするコーポレート・ガバナンス・コードの制定をみた。

賃金交渉への関与

以上の3つの矢の実施と並行して、安倍政権は、企業収益の改善を消費の拡大につなげるために、あえて、**労使間の賃金交渉**に関与した。2013年9月の「経済の好循環実現に向けた政労使会議」では、政労使間の集中的な議論が進められ、非正規労働者のキャリアアップ、処遇向上を図ること、生産性向上と人材育成に取り組むことと並んで、企業の収益の上昇を賃金の上昇につなげる点に関して共通認識が形成された。この合意が、翌2014年春闘における02年以来の統一要求につながり、10数年ぶりのベースアップ（0.4％）を含む2％を超える賃金引上げにつながった（内閣府［2018a］）。

消費税引上げと追加緩和

民主党内閣の下で、2012年には消費税率を5％から2段階で10％に上げる社会保障・税一体改革法が成立していた。これに従って2014年4月、社会保障と税の一体改革を推進する観点から、5％から8％への**消費税の引上げ**が実施された。1997年の消費税引上げの際と同様に、耐久消費財を中心に"駆け込み"需要が発生し、引上げ後は、その反動減が発生した。この消費の

低迷のために，2014年4～6月，7～9月期の実質GDP成長率はマイナスに転じた。

こうした需要の弱い動きと，原油価格の大幅な下落を受けた物価の下押し圧力がデフレマインドの払拭を遅らせるという認識から，2014年10月に日銀は，①マネタリーベースの増加額を年間80兆円（10～20兆円の追加）とする，②長期国債の買入れ額を，毎年80兆円（30兆円の追加）とする，③ETF，J-REITの買入れについて，保有残高の増加額を3倍とし，株式年間3兆円，J-REIT 900億円に増加する，という追加緩和を実施した。この措置は，規模もタイミングも民間の予想をはるかに超え，黒田バズーカ2とも呼ばれた。この追加緩和の結果，為替は120円の水準まで低下し，また，この為替の修正と輸出産業の収益好転を背景に，日経平均株価は1万6000円台から2015年3月には1万9000円まで上昇し（図終・1），こうした株価の上昇は，資産効果を通じて金融資産保有層の消費の増加をもたらした。他方，2014年夏まで0.6～0.7％で推移した長期金利も，15年1月には0.2％を下回り，住宅投資，設備投資に徐々に影響を与えた。

2 アベノミクスの成果
●経済の好循環は実現されたか？

緩慢な物価上昇とマイナス金利政策

2013年から14年にかけて，円高修正が進展し，株価も急速に回復した。また，失業率も，高齢者，女性を中心に就業が増加して，2012年の4.5％から13年末に3.7％，14年末には当時完全失業率とされていた3.5％を下回って3.3％を記録し，翌15年末に2.6％まで低下した（図終・2）。2015年の有効求人倍率は1.2に達し，1970年代前半の水準まで上昇した。しかし，そ

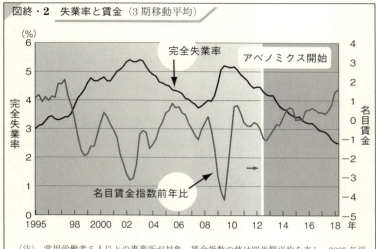

図終・2　失業率と賃金（3期移動平均）

（注）　常用労働者5人以上の事業所が対象。賃金指数の値は四半期平均を表し，2005年平均を100としている。
（出所）　完全失業率は総務省統計局「労働力調査　長期時系列データ」。賃金指数は厚生労働省「毎月勤労統計調査　全国調査　長期時系列表」。

れにもかかわらず，名目賃金の上昇は緩慢であった（玄田［2017］）。そのため，物価水準も，2013年末に「デフレではない状態」に転じたものの，15年に入ってもいぜん1％にも満たなかった（図終・3）。

異次元緩和政策を採用した際に，2年以内と宣言された物価上昇率2％の政策目標の実現が遅れ，また，景気回復が鈍化するなかで，2016年1月，日銀は，量的・質的緩和政策をさらに進化させ，EU諸国でも導入されていた「マイナス金利付き量的・質的緩和政策」の導入を決定した。マイナス金利政策とはややわかりにくい面があるが，以下のようなことである。もともと金融機関からの国債買入れは，売却代金が貸出に向けられることが期待されていたが，その売却代金を日銀の当座預金に預け入れることで，0.1％の金利が得られため，買いオペの継続とともにこの当

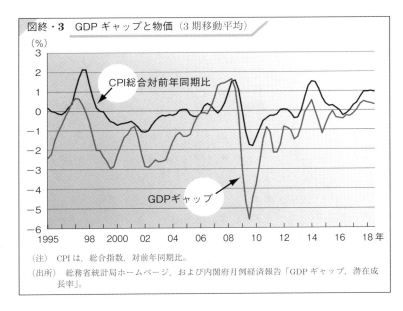

図終・3 GDPギャップと物価（3期移動平均）

(注) CPIは，総合指数，対前年同期比。
(出所) 総務省統計局ホームページ，および内閣府月例経済報告「GDPギャップ，潜在成長率」。

座預金が増加していた。こうした状況に対して，日本銀行は，金融機関が日本銀行に預ける新規の預金金利の利子率をマイナス0.1％とすることによって，企業等への貸出を増加させる意欲を高め，また，連動した住宅ローン等の金利の低下，債券利回りの低下を通じて，株式などのリスク資産へのシフトが進むことを期待した。もっとも，このマイナス金利政策の導入は，前2回とは異なって為替・株価に影響を与えることができず（図終・1），むしろ，この低金利政策の結果，利鞘（貸出金利と預金金利の差）が縮小し，金融機関の収益力が低下した。さらに，長期金利が低下した結果，保険・年金などの運用利回りが低下し，生命保険会社が保険商品を設計できないなどの副作用が生じた。

このため日銀は，2016年9月に10年物国債の金利を目標にこれまでフラットとなっていたイールドカーブの傾斜を引き上げることをねらって，長短金利操作付き・量的質的金融緩和政策を導

入した。これは，金融政策の主要な対象をこれまでの量（マネタリーベース80兆円）から長期金利に変更した点では，政策枠組みの変更ともいえるが，金利の操作自体は，日銀の指値オペを通じて行うため，国債をはじめ資産の買入れが金融政策において重要な役割を担う点では変化はなかった。

　もっとも，その後も物価の上昇は緩慢であり，その結果，2017年に入ると，そもそも金融政策によって物価を引き上げられるのか，マイナス金利はむしろ副作用のほうが大きいのではないかという懐疑が強まり，異次元緩和の継続の是非，あるいは，異次元緩和を変更するのであれば，その手続き（出口戦略）が大きな議論の的となった（野口［2017］）。しかし，日銀は，2018年9月の時点では，出口戦略を議論すること自体を公式に否定し，緩和政策を継続する一方，2％の名目物価の上昇という目標達成時期を，21年以降に修正している。

物価が上昇しないのはなぜか

2014年までマイナス1％台であった需給ギャップは，15年にマイナス0％台に縮小し，17年第2四半期からは，プラスに転じて需要超過の状態にある（図終・3）。それにもかかわらず，物価が上昇しないのはなぜか。その要因としては，一方で，世界的に共通の要因が指摘できよう。2013～16年の先進国の**消費者物価**の平均上昇率は，アメリカ1.3％，EU 0.8％と平均2％を上回ることはなく，とくに15～16年はゼロ近傍にとどまった（IMF, World Economic Outlook Database）。この背景には，グローバル化の結果，新興国の安い労働力で生産された多くの最終財が先進国へ輸出され，他方，先進国からの最終財輸入は増加しなかったから，世界全体としては最終財の過剰供給が発生するという事態があった（福田［2015］）。また，ITの発展により，インターネット通販が利用可能となったためでもある。消費者は，さまざま

なメーカーの製品を価格比較して最安値で購入できるし，実際の店舗が不要となれば，流通側のコスト削減も可能となる。

　他方，日本特有の要因としては，1998 年以降のデフレの継続で，家計にデフレ心理が定着したことがしばしば指摘される。また，相対的に賃金の低い非正規雇用者の比率の上昇が賃金コストの上昇を抑えた側面も強い。他方，正規雇用のコア従業員の間では，長期雇用の慣行が維持されているが，その下では，正規雇用者が，賃金の上昇より雇用の安定を求める傾向が強く，そのため企業は販売価格を低位に抑えることができた。さらに，女性，高齢者，外国人の就業の増加が，労働市場の逼迫を緩和し，賃上げ圧力を緩和した側面も指摘されている（玄田［2017］）。

低い輸出の為替感応度　アベノミクスの下で対米為替は，80 円前後から一時 120 円前後まで低下し，100 円前後とみられる企業物価ベースの購買力平価からみても大幅な円安で推移した（図終・1）。しかし，この急速な円安にもかかわらず，2013 年以降，輸出はこれまでのように目立って拡大していない。2015 年の輸出は 75 兆円強で，10 年に比べて 10 兆円程度の増加にとどまる（表 20・3）。実際，為替の変化に対する輸出感応度（為替の変化に対する輸出弾力性）は，2009 年以前に比べると大幅に低下している（内閣府［2016］）。では，なぜ**輸出の為替感応度**は低下したのか。

　第 1 に，2013～15 年までは，過去 30 年間では異例なことに，世界貿易の伸び率は GDP 成長を下回り，**スロー・トレード**と呼ばれた。こうした世界貿易の拡大テンポの鈍化が作用した側面がある。第 2 に，構造的により重要なのは，海外現地生産の増加の影響である。度重なる円高の局面で，製造業の国内生産拠点の海外移転が進展していた。第 3 に，これまで高い比較優位を維持していた電機産業が後退した影響が大きい。1990 年代の電機部門

では,輸出比率(電機輸出／輸出合計)は25％を占め,逆に,輸入は5％程度であったが,2014年に同比率は,輸出が17％,輸入が13％に変化していた。電機産業では,電子端末,太陽電池などで競争力を失っていた。為替の低下が,必ずしも順調に輸出の増加をもたらさないという,これまでの日本経済の常識とは異なる事態は,このように国内産業の比較優位の構造変化を反映していた。

消費はなぜ弱いのか

アベノミクスは,株価・為替の上昇を起点に,消費が拡大することを期待していた。しかし,この消費も伸び悩んだ。それはなぜか。

第1に,短期的には,金融危機後に実施された,自動車に対するエコカー減税,家電製品に対するエコポイント制などによる需要の先食いや,2014年の消費税の引上げによる反動が耐久消費財消費の低迷をもたらした面がある。第2に,所得面からは,既述の緩慢な賃金上昇に規定されて,アベノミクスの実施後も家計の所得の伸び悩みが作用した側面がある。相対的に賃金の低い非正規雇用の増加は,たとえその賃金が増加しても,雇用者全体の平均的な所得の増加にはつながらない。第3に,人口動態的な要因としては,所得が低く,消費額そのものの低い高齢者世帯の比重の増加が消費の鈍化につながっている。最後に,世代面では,40代前半以下,とくに39歳以下の消費性向の低下が注目されている。35～39歳,40～44歳の層は,いわゆる「就職氷河期」の世代にあたる。この世代の**消費性向**は,45～49歳,50～54歳の層に比べて有意に低いことが報告されており,この要因としては,賃金カーブのフラット化による生涯所得の低下,モノの保有を減らすミニマリスト志向,未婚化・非婚化の動きが指摘されている(内閣府［2017］)。

| 投資が伸びないのはなぜか |

　アベノミクスの展開によって，世界金融危機後の6重苦（円高，電力不足と原油高，高い法人税，自由貿易協定への対応の遅れ，労働規制，環境規制の強化）の解消が徐々に進み，企業収益は大幅に改善した。2012年から15年にかけて民間企業部門では，21兆円程度利益が増加したと試算されている（法人企業統計ベース）。それにもかかわらず，2015年の設備投資額は80兆円程度で，リーマン・ショック前の水準に達していない（国民経済計算ベース）。**企業部門の貯蓄超過**は拡大しており，設備投資・キャッシュフロー比率は，2000年にすでに100を下回っていたが，10年以降は，60％近傍を推移した。

　この投資の低迷の要因としては，第1に，企業経営者の期待を変更するには時間を要する点が指摘できる。内閣府のアンケート調査によれば，アベノミクスの開始後2年を経た2014年でも経済成長の先行きに対する見通しは，リーマン・ショック前に比べて低い水準にとどまっていた（内閣府［2015］）。第2に，世界金融危機後に円高が進展したため，電気機械や生産用などの機械を中心に，国内から海外へと生産拠点が大きくシフトし，企業の設備投資の中心が海外子会社に移った。しかも，少子高齢化で国内市場の拡大が期待できないため，増加した収益は，円安が進展しても，国内の新規・拡張投資よりも，海外直接投資，とくに海外M&Aに向けられることとなった。また，第3に，企業の国内投資では，固定資産より研究開発やソフトウエアなどの**無形資産への投資**が重視された面も無視できない。実際，日本企業の売上高研究開発費率はリーマン・ショック後3.0％から3.3％に上昇した後，2013年からもその水準を維持している（内閣府［2015］）。

　以上の理由のために，アベノミクス後の企業収益の増加は，直ちに，国内の設備投資に向かわず，クロスボーダーM&AやR&D

を支え，残余は長期負債の圧縮と配当・自社株買いの増加に向けられ，なお使途の定まらない資金が，現預金保有の増加につながったとみられる。ただし，2016年に入ると国内設備のビンテージの上昇を背景とした更新投資，労働力不足を背景と省力化投資，インバウンド需要を背景とした建設投資を中心に回復の兆しがみられる（内閣府［2018a］）。

3 山積する国内経済課題
●少子高齢化・格差の拡大・地方創生

少子高齢化問題

アベノミクスの進展によって，必ずしも期待された好循環が全面的に実現したとはいえないものの，デフレ状況は改善し，1％弱の潜在成長率が実現されている。しかし，日本経済は多くの構造的問題を抱え，政府も日本再興戦略（2013年から），未来投資戦略（17年から）を設定して，その解決をめざしている。そこで，次に日本経済の運営に大きな影響を与える主要なマクロ的問題を確認しておこう（財政問題については第21章）。

まず，急速に進展する**少子高齢化**の影響が注目される。他の先進国に例をみないスピードで進展する高齢化と少子化のために，日本の人口動態は大きな変化を示し，総人口は2000年代後半を境に減少に転じた。1億2806万人でピークを記録した人口は，11年から継続的に減少しており，20年代末に1億2000万人を割り込み，50年代初頭には1億人を下回ると予想されている（図終・4）。日本は歴史上はじめて**人口の減少局面**に入ったのである。

この少子高齢化は，第1に，マクロ的には長期的に労働投入の減少を通じて経済成長に影響を与える。これまで比較的安定的であった15〜64歳の生産年齢人口は，1990年代後半に減少に転じ，

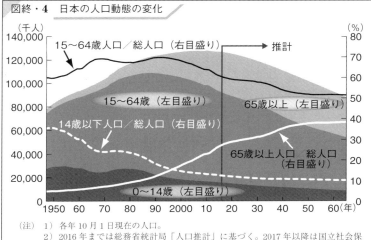

図終・4 日本の人口動態の変化

(注) 1) 各年10月1日現在の人口。
2) 2016年までは総務省統計局「人口推計」に基づく。2017年以降は国立社会保障・人口問題研究所「日本の将来推計人口（平成29年推計）」の中位推計による。
3) 1971年までは沖縄県は含まない。
(出所) 総務省統計局ホームページ「人口推計」、国立社会保障・人口問題研究所ホームページ「日本の将来推計人口（平成29年推計）」。

さらに、2007年からは1946～49年生まれの「団塊の世代」が退職年齢に達した。生産年齢人口は、2010年から20年の間に768万人、9.4％減少するとみられ、今後、長期的には、IT関連、介護関連などの分野を中心に労働力不足の深刻化が予想される。第2に、少子高齢化は、需要サイドでは、所得の低い高齢世帯の増加によって国内市場の縮小を招く一方、社会保障の維持可能性にも深刻な影響をもたらす。とりわけ賦課方式を中心としている日本の年金制度では、生産年齢人口と高齢者人口の比率がもつ意味は大きい。この点については後述する。

高齢化の急速な進展を受け、2006年に改正**高年齢者雇用安定法**を施行し、企業に65歳までの雇用環境の整備を義務づけていた政府は、13年、さらに同法を改正して、定年を迎えた従業員のうち希望者全員の65歳までの継続雇用制度の導入を企業に対し

て義務づけた。もっとも，日本の高齢者の労働力率（労働力人口〔就業者数と完全失業者数の合計〕の15歳以上の人口に対する比率）は20％を超え，13～14％のOECD諸国に比べて高い（内閣府［2015］）。長寿化が進み，「人生100年時代」において就業期間が50～60年へと長期化することも想定されるなかで，今後は，就職のマッチング機能の強化や，能力開発機会を提供するなどの，「生涯現役」の支援策の整備が今後の課題となろう。こうした取組みは，労働力の増加のみならず，所得の上昇，税収の増加，社会保険料負担の軽減という点からも重要といえる。

女性の活躍の促進

高齢者とともに，女性の活躍を促進することも重要な課題となる。2013年以降，女性の労働参加は進んでいるものの，その就業促進には課題も多い。出産前後の年齢層で女性の労働力率が他の年齢層に比べて低いというM字カーブの存在はよく知られているが，近年でも30～40歳代の労働力率が相対的に低くなっている（内閣府［2015］）。したがって，子育て支援を充実させることにより労働力率を引き上げる余地は大きい。さらに，労働力率だけでなく労働時間も考慮に入れれば，女性の潜在労働力はより大きいとみられる。

こうした問題を踏まえ，具体的な対策が進められている。アベノミクスのもとで女性の活躍を促進することが主要な課題の1つと位置づけられ，「日本再興戦略」（改訂2014年）では，数値目標として，①2020年に女性（25～44歳）の就業率73％，②指導的地位に占める女性の比率30％が掲げられた。そのうえで，育児・家事支援の拡充，企業における女性登用の促進，働き方の選択に対して中立的な社会制度の実現などが図られた。このうち，中立的な社会制度については，いわゆる「103万円の壁」「130万円の壁」が問題視されていた配偶者控除の見直しなど，税制や社会保障制度に関する抜本的な変更が含まれる。

外国人材の雇用・移民政策

潜在的な労働力の活用という点では，外国人材の活用への期待も大きい。日本では高度外国人材以外の就労は原則として認められていない。外国人労働者にとっては在留資格別の就労規制が存在し（就労目的の在留資格は 18 種類），就労範囲は在留資格ごとに定められている。もっとも，実際には日本で就労する外国人は多く，特定の分野では外国人の就労なしに経済活動を維持しえない現状がある。そうした実態を踏まえ，外国人就労の拡大に向けた制度の整備が課題となる。たとえば，労働力不足が予想される介護分野については，2017 年 9 月に介護の在留資格が創設された。その他の分野でも外国人就労の門戸を開くことを検討することが必要になろう。

他方，**高度外国人材**の呼び込みも課題である。日本は国内に流入する高度外国人材が国際的にみても少ないことで知られる。その背景には，日本が高度人材にとって魅力的ではないという問題がある。高度人材にとって魅力がある国のランキングでは，日本は対象 63 カ国中 22 位にとどまり，しかも 2014 年以降は順位が低下傾向にある（IMD World Talent Ranking 2017）。高度人材にとっての魅力を高めることも重要な課題である。2018 年末時点で，日本政府は，移民政策の採用を公式的には否定している。しかし，今後，少子高齢化にともなう問題を解決するためには，外国人労働者の受け入れに関する抜本的議論が早急に開始されることが不可欠であろう。

少子化問題

アベノミクスのもとで，高齢者の就業，女性の就業が進展しているものの，長期的にはそうした方策には限界がある。女性・高齢者の労働参加による労働力の確保は 2030 年に限界に達し，就業者は減少に転ずる。したがって，出生率の低下を食い止める**少子化対策**が長期的

には不可欠である。

日本の**合計特殊出生率**（1人の女性が生涯に産む子の平均数）は，1970年代半ばには2.0程度であったが，その後，2005年に1.26まで低下した。その後，2015年には1.45まで回復したが，人口維持のために必要とされる出生率2.07を大きく下回る。この出生率低下の背景の1つは，女性の高学歴化・高賃金化により子育ての機会費用が大きくなったことにある。もっとも，出生率と女性の就業率の間の負の相関関係は，他の先進諸国では必ずしも観察されない（八代［2017］）。したがって，仕事と子育ての両立を可能にするための改革が重要である。現在の希望出生率（結婚，出産に関する希望がかなうと仮定した場合の出生率）は1.8といわれており，まずは実際の出生率をこの数値に近づけることが政策目標となる。

2016年6月には，「一億総活躍社会」を実現するために「ニッポン一億総活躍プラン」が閣議決定され，「希望出生率1.8」の実現に向けて，若者の雇用安定・待遇改善，多様な保育サービスの充実，働き方改革の推進などの対応策について，10年間のロードマップが提示された。同プランで最大の課題と位置づけられた「働き方改革」については，2017年3月に「働き方改革実行計画」が取りまとめられた（内閣府［2018b］）。

社会保障制度の持続可能性

高齢化の進展は，年金支給，医療・介護負担の増加を介して財政運営に大きな影響を与える。年金財政が急速に悪化した1990年代末以降，**年金改革**は焦眉の課題となり，2004年度の改革では，厚生年金および国民年金の将来の保険料水準を固定したうえで，その収入の範囲で給付水準を自動的に調整する仕組みが導入され，保険料水準の引上げ，マクロ経済スライドによる給付調整が実施に移された。しかし，高齢化のスピードは速く，年金

制度の持続可能性についての疑問が根強い。

　近年，高齢化にともなって社会保障給付が傾向的に増える一方，賃金に比例して決定される部分が大きい社会保険料は，経済成長の低迷を受けて横ばいを続けている。この結果，社会保障の収支における赤字が傾向的に拡大し，これを補填するために一般会計における社会保障関係費が持続的に拡大している（第 21 章参照）。

　こうした状況への対応策の 1 つは増税である。消費税は，2012 年に成立した**社会保障と税の一体改革法**に沿って 14 年 4 月に 8％へと引き上げられ，さらに 19 年 10 月に 10％への引き上げが予定されている。こうした消費増税は，財政赤字削減の重要な第一歩と位置づけられる。他面では，社会保障給付の抑制を検討することも避けられない。年金支給開始年齢が 67〜70 歳である他の先進諸国に比較し，日本の年金支給開始年齢は引き上げられたとはいえ 65 歳である（八代［2017］）。定年制の見直しが前提となるが，年金支給開始年齢の再検討は早晩避けられないであろう。

医療・介護負担

　団塊の世代が 75 歳前後に達する 2025 年に向け，医療・介護負担が急速に高まることが予測される。75 歳以上の人口比率は，2015 年の 13％から 18％に高まり，65 歳以上人口の約 60％を占める「高齢者の高齢化」が進む。疾病リスクが高く，介護の必要度の高い高齢者の増加にいかに対応するかは今後の大きな課題である。

　こうした状況への対応として，第 1 に，自己負担比率の引上げが問題となる。たとえば，医療保険では，2014 年 4 月に 70 歳に達する人から医療費の自己負担が 2 割（従来は 1 割）とされ，非高齢者の 3 割負担との格差の縮小が図られた。第 2 に，医療・介護費用の増加分をすべて公的負担とすることは困難であるから，医療・介護制度の合理化・整備が不可欠である。混合診療の適用

拡大など,公的保険外医療制度の活性化などがここに含まれる。第3に,「健康寿命」を重視し,健康・予防サービスに対するニーズに適切に対応することも重要な課題となろう。

格差の拡大

高度成長の偉大な成果の1つは,急速な成長を実現したばかりでなく,大企業と中小企業,都市と地方などの間の格差を縮小させた点にあった。しかし,1980年代以降,日本社会全体の所得格差が拡大したことは,橘木［2004］をはじめ多くの研究が注目している。実際,租税・社会保障再分配前の当初所得で測定したジニ係数は,1996年の0.441から,2002年0.498,08年0.532,14年0.570と上昇している（厚生労働省「所得再分配調査」)。もっとも,この上昇は,年齢内の所得格差の大きい高齢者の比重の増加,つまり,人口の高齢化による面が大きい。高齢者の所得格差が大きいのは,①就業する高齢者と未就業の高齢者の賃金格差,②年齢とともに蓄積される金融資産所得の格差,③過去の賃金に比例した報酬比例年金額の差,などの要因に基づく（八代［2017］)。

他方,税・社会保障の再分配後のジニ係数は,1996年0.361,2002年0.381,08年0.376,14年0.376と目立った変化を示していない。しかし,現在国民の格差感は確実に拡大している。とくに勤労世代で,現在の所得格差に現れない生涯所得の格差,つまり,親からの相続資産の格差などの資産格差や,将来所得の格差についての予想が,現在の消費格差を生み出し,これが格差感拡大の背景となっている（大竹［2005］,内閣府［2008］)。

しかも,より深刻なのは,1990年代後半の雇用調整の過程で発生した正規労働者と**非正規労働者**の格差である（OECD［2005］)。企業が主として新規採用の抑制によって雇用調整を進めたため,若年層における失業率が上昇し,派遣労働を中心とする非正規労働者が増加した。非正規雇用者のシェアは,1991年の18.4％か

ら2015年には37.5％に上昇した（総務省「労働力調査」）。もっとも，非正規雇用によって賃金ゼロの失業者が減少することによりジニ係数が低下する効果も無視できない（八代［2017］）。非正規雇用の格差への影響は両面的であるというべきであろう。非正規雇用比率は，アベノミクスが展開された2013年以降，安定的に推移し，しかも，不本意非正規雇用比率が男性・若年層を中心に低下した。ただし，正規・非正規間の賃金格差はいまだ大きい。「働き方改革」では，「同一労働・同一賃金」をキーワードに，上記の賃金格差の解消が図られている。

地方創生への取り組み 2000年代に入ると，不況が継続するなかで，都市と地方との格差拡大も大きな問題となり（樋口・財務省財務総合政策研究所［2003］，伊藤［2008］），リーマン・ショック後も生産，失業率の**地域間格差**は拡大傾向が続いた。2040年までに896の自治体が消滅する恐れがあると予測した日本創生会議の報告（いわゆる「増田レポート」）は，「地方消滅」という用語とともに衝撃をもって受け止められた（増田［2014］）。

1990年代までは，地域経済の回復の遅れに対して，公共事業の積極的活用が図られた。しかし，こうした政策の継続は，財政再建の要請の前で不可能となり，公共事業によらない地域振興が重要な課題となった。小泉内閣期の2003年には地域再生本部が設置され，また，構造改革特区制度が導入された。観光・知的技術革新・産業集積・対内直接投資の促進などを通じて，地域の再興を図ることが重要な課題となった。とはいえ，人口減少は地方において顕著であり，都市圏，とくに東京圏でいまなお人口が増加するのに対して，地方の人口は毎年20万人ずつ減少している。その結果，地方のほうが労働需給の引き締まりのペースが早い（内閣府［2015］）。長期的な視野に立った抜本的な対策が不可欠で

ある。

これに対して,安倍政権は2015年から「ローカル・アベノミクス」を掲げ,①地域資源の魅力向上,②内外の市場への橋渡し,③地域全体のコミットメントの構築の3段階により,雇用創出や地域経済の活性化を実現することをめざした。また,地方創生担当大臣が新たに置かれるとともに,「まち・ひと・しごと創生本部」が新設され,地域経済の活性化に向けた政策を担った。農林水産業の成長産業化や観光立国の実現など,地方の資源を成長戦略に結びつける余地は大きいが,その実現には多大な困難もともなう。依然として地方経済の問題は大きな課題として残されているというべきであろう。

4 イノベーションの促進と日本型企業システム
●成長戦略の実現に向けて

サービス産業の生産性向上

高齢化の進展するなかで,社会保障制度を安定的に維持し,財政再建を速やかに実現していくためには日本経済の持続的成長は不可欠である。少子高齢化の下で労働投入の大幅な増加が望めない以上,生産性の上昇がその鍵となる。そのためには,イノベーションの実現による産業内の生産性の上昇,生産性の高い成長分野の拡大と,収益性の低下した成熟分野からの資源の撤退が円滑に進められる必要がある。

生産性の上昇に関してとくに焦点となるのは,いまやGDPの70％を占める**サービス産業**であろう。第2部でみた高度経済成長期の産業政策は,重化学工業化を目的として政策金融・税制を通じてその育成が図られた。しかし,1970年代以降,経済のサービス化の進展とともに,サービス業のGDPシェアが上昇する一

方,労働生産性の上昇は,製造業5.3％に対して,第3次産業2.6％,狭義サービス業(学術研究,専門技術サービス,宿泊,飲食サービス,生活関連サービス,娯楽,教育・学習支援,医療・福祉,複合サービス業)1.3％にとどまった(森川［2016］)。生産性の低いサービス業のウエイトの上昇の結果,経済全体の成長の鈍化をもたらすという「ボーモル病」が日本経済に対しても指摘されるなかで,サービス産業の生産性の上昇は,長く政策課題として意識され,たとえば,2006年策定の新成長戦略はサービス産業の生産性上昇を課題としていた。また,アベノミクス下の日本再興戦略2013は,医療・介護・コンテンツ・観光などを戦略的市場として位置づけた。

今後は,第1に,第4次産業革命と呼ばれる人工知能(AI),ビッグデータ,IoT(モノのインターネット),ロボットの成果を医療や介護などの分野で積極的に利用することが不可欠である。第2に,サービス産業には,製造業とは異なって「生産と消費の同時性」という特性があるため,人口減による需要密度の低下,個人サービスの規模の経済性の低下という経路を通じて,生産性を引き下げるメカニズムが作用する。こうした制約を克服して,サービス産業の生産性を引き上げるためには,コンパクトシティなど国土計画や都市政策との連携も不可欠であろう。

> ベンチャー促進

米・英の開業率が10％を超えるのに対して日本のそれは4％にとどまり,日本企業では,開業率,廃業率ともに低い(「日本再興戦略」2013年)。たとえば,アメリカでは,ベンチャー・キャピタルによる初期投資を受けたベンチャー企業が,地域的な集積をともないながら大量に誕生し,多額の研究開発を支出し続けながら大企業に成長しているのに対して,日本では,ベンチャー企業が少ないだけでなく,アメリカに比べて起業後,急速に成長する事例が少ない。こ

うした問題を克服するために，政府は，ベンチャー促進税制の導入などの投資環境の整備，年金基金によるベンチャー投資枠の創設，起業に対する訓練機会の提供などに取り組んできた。また，「未来投資戦略 2017」は，大企業によるベンチャーの M&A などファンド機能の強化，機関投資家によるベンチャー・キャピタルへの出資促進，投資規模の拡大，投資モデル契約などの知的インフラの整備を図った。また，ベンチャーの技術開発の成果の製品化，社会への実装化が遅れているという問題も指摘されている。この点を解決するために，ベンチャー企業と大企業のマッチングを促すプラットフォームの形成，ベンチャー支援に協力的な大企業からなる「ベンチャー協議会」の設立などが試みられている（「日本再興戦略」改訂 2015 年）。

アベノミクスと雇用システム

アベノミクスの第 3 の矢である成長戦略は，1990 年代以降変化してきた日本の企業システムの改革を含んでいた。その中心の 1 つは，「**働き方改革**」である。

2015 年，残業時間が月 105 時間を超えた電通の女子従業員が自ら命を絶つという痛ましい事態が起き，この「過労死」を契機に，日本の従業員の「働きすぎ」ににわかにスポットライトが当たり，時間外労働時間の規制の厳格化などの措置がとられた。もっとも，問題の本質は，長期雇用を前提とした雇用システムにもある。景気後退期の正規雇用者の雇用削減を回避する日本の長期雇用を前提とした雇用システムは，景気拡大期には雇用の拡大を抑制する強いバイアスをもち，それが正規労働者の過重労働の基盤となっている。したがって，問題の本質的解決には，柔軟な雇用拡大（調整）を可能とする仕組みの設計が不可欠であり，そのためには長期雇用自体の再検討が避けられない。

他方，働き改革のいま 1 つの焦点である**同一労働・同一賃金**の

原則は,現行の職能資格制度に基づく年功的な賃金システムの再検討を促すことになる。もともと,日本の雇用制度は,個々の業務・職務に対応して賃金を設定するのではなく,潜在的な仕事の遂行能力に対応した職能を基礎に賃金を設定し,これが企業内の配置転換,ジョブ・ローテーションなどの熟練形成を可能とした。したがって,ジョブ・ローテーションの一環として,一定期間ある職務につく正規雇用者の賃金と,同じ職務を行う非正規雇用者の賃金が異なることは制度的に避けられない。「同一労働・同一賃金」の促進は,このため職務区分の曖昧な正規雇用のあり方の再検討を促さざるをえない。

企業統治改革と企業システム

既述のとおり,アベノミクスは,これまで株主の利害を強化する企業統治改革を成長戦略の重要な柱にすえていた。株主の積極的な関与(エンゲージメント),独立取締役の関与が,従来,保守的でリスク回避の傾向の強かった企業行動を変化させることが期待されていた。

日本版スチュワードシップ・コード(JSC)は,2000年以降進展していた変化を促進したという意味で,連続面が強い。このJSCの導入は,①GPIFをはじめとするアセットオーナーが企業統治に関与したこと,②信託銀行・投資顧問などの機関投資家が,議決権行使のための組織整備を進めたこと,また,ROE基準など議決権行使基準を強化したこと,③これまでサイレントパートナーとみられていた生命保険会社が,モノ言う長期株主へ徐々に変わっていったことなどの変化をもたらした。もっとも,こうしたJSCの効果は,機関投資家の主要な投資対象である企業規模が大きく,流動性が高く,海外売上比率の高い企業に限られる点は注意を要する。

他方,日本版コーポレートガバナンス・コード(CGC)は,こ

れまで漸進的であった独立取締役の選任を画期的に進めることとなった。一方で、これまで改革の遅れていた伝統的日本企業では、2名以上の独立取締役の選任が一挙に進んだ。他方で、取締役改革を進めてきた企業（第27章のハイブリッド企業）では、独立取締役の増員、任意の指名、報酬委員会の設置が進んだ。象徴的なのは、これまで独自の論理からあえて独立取締役の選任を回避していたトヨタが2014年、GMの元副社長など3人の社外取締役を選任したことであり、独立社外取締役の選任を回避していたキヤノンやファナックなどの企業もこれに続いた。また、CGCは、政策保有株の保有理由を求めたため、事業法人間の政策保有の解消も徐々に進展している。アベノミクスはこのように、日本企業の統治構造にも変化を与えつつある。こうした改革が今後どの程度進展するかについては、日本企業システムの行方を占ううえで十分に注意を払っていく必要があろう。

終章の参考文献　＊は読者のための基本文献を表す。

＊福田慎一 [2015]『「失われた 20 年」を超えて』NTT 出版。
　玄田有史編 [2017]『人手不足なのになぜ賃金が上がらないのか』慶應義塾大学出版会。
　樋口美雄・財務省財務総合政策研究所編 [2003]『日本の所得格差と社会階層』日本評論社。
　伊藤元重編 [2008]『リーディングス格差を考える』日本経済新聞出版社。
　Kay, John [2012], *The Kay Review of UK Equity Markets and Long-term Decision Making*, Interim Report, Feb.
　増田寛也編 [2014]『地方消滅』中公新書。
＊宮島英昭編 [2017]『企業統治と成長戦略』東洋経済新報社。
＊森川正之 [2016]『サービス立国論』日本経済新聞出版社。
　内閣府 [2008]『経済財政白書』平成 20 年版。
　内閣府 [2015]『経済財政白書』平成 27 年版。
　内閣府 [2016]『経済財政白書』平成 28 年版。
　内閣府 [2017]『経済財政白書』平成 29 年版。
　内閣府 [2018a]『経済財政白書』平成 30 年版。
　内閣府 [2018b]『少子化社会対策白書』平成 30 年版。
　野口悠紀雄 [2017]『異次元緩和の終焉』日本経済新聞出版社
　OECD 編（大来洋一監訳）[2005]『日本経済白書 2005』中央経済社。
　OECD [2012], *Corporate Governance, Value Creation and Growth: The Bridge Between Finance and Enterprise*, OECD Publishing.
　大竹文雄 [2005]『日本の不平等』日本経済新聞社。
　橘木俊詔 [2004]『家計からみる日本経済』岩波新書。
＊八代尚宏 [2017]『日本経済論・入門』新版，有斐閣。

Index 索引

【事項索引】

【数字・アルファベット】

1個流し　276, 281
3C　122
3公社の民営化　242
3大卸売業〔メガ卸〕　384
5・3・3・2規制撤廃　273
9電力体制　47
10大財閥　19
15ヵ月予算　179
20世紀システムの大転換　2
AFTA　351
arm's length な関係　431
ASEAN　253, 344
　　──域内の分業体制　369
ASEAN自由貿易地域
　　→AFTA
BIS規制　304, 436
CALS（生産・調達・運用支援統合情報システム）　303
CGC（日本版コーポレート・ガバナンス・コード）　485
CIF価格　111
CVS　→コンビニエンス・ストア〔コンビニ〕
DRAM（ダイナミック・ランダム・アクセス・メモリー）　218, 374
　　──事業からの撤退　375
EC　394
EMS　372
EPA　351
ETF（上場投資信託）　462
FOB価格　111
FTA　351
GAFA　391
GATT　351
　　──11条国　81
GHQ　9, 17, 25, 27, 111
GNP　34
GPIS（年金積立金管理運用独立行政法人）　465, 485
GM　186, 193, 194
IC　218
ICT　216, 387, 328
IMF　56
　　──8条国　81
IMV　422
IoT　370
iPhone　390
IPO（新規上場株）　451
IT革命　303, 304, 451
IT関連財　353
ITバブル　320
　　──崩壊　378
JASDAQ　→ジャスダック
JIT（システム）　275, 280, 423
JPX400　465
J-REIT（不動産投資信託）　462
JSC（日本版スチュワードシップ・コード）　466, 485
Jカーブ効果　168
LINE　390, 394
M&A（合併・買収）　308, 319, 357, 358, 396, 406, 407, 408, 411, 412, 417, 418, 419, 423, 424, 425, 433, 437, 438, 451, 473

ベンチャーの──　484
ME（技術）革命　6
MOS　218
MPU　220
M字カーブ　476
NAND型フラッシュメモリー事業　377
NASDAQ　→ナスダック
NIEs　343
OECD　57
OEM企業　349
OJT　67, 68
OPEC（石油輸出国機構）　133, 148
PIGS　321
PSC（Problem Solving Circle）　283
R&D（研究開発）投資　424, 473
SNSビジネス　394
TFP（全要素生産性）　53, 156, 210, 325, 327, 358
　　サービス産業の──　328
Tier1自己資本　436
TOB　437
TPP（環太平洋パートナーシップ協定）　464
TQC　159, 280
VTR実用化　212
Windows95　389, 392
WTO　351
Y2KB　387

●あ　行

赤字国債　180, 332
　　──の大量発行　266

489

アジア現地法人　369
アジア通貨危機　309, 345
アセンブラー　206
麻生内閣　323, 336
圧延工程　114
圧縮された産業発展　378
アプリ開発　391
安倍内閣（第2次）　336, 461
アベノミクス　461
アマゾンマーケットプレイス　395
アメリカ型のモニタリング・ボード　443
アンチ・ダンピング措置　169
安定化政策　102
安定株主（インサイダー）　10, 99, 109, 433, 437
安定成長　153, 170
安定帯価格　42
アンドン　277, 279, 282
異次元緩和　462
委託された監視者　87
一括受注生産システム　282
一般歳出　181
一般消費税　180
イノベーション　482
医薬品産業　424
医療保険（制度）　339, 479
岩戸景気　125
インサイダー保有比率　433
インターネット　6, 394
インターネット元年　389
インターネット企業　392
──設立ブーム　392
　新興──　43
インターネット広告　398
インターネット証券　273
インターネット通販　470
インターネット・ビジネス　395
インタレスト・カバレッジ・レシオ　160
インフラ整備　73

インフレーション〔インフレ〕　37, 39, 42, 148, 155
インフレ・ターゲット論　316
失われた10年　306
失われた20年　307
上乗せ規制　292
営業特金　269
衛星都市　118
エクイティ・ファイナンス　234, 267
エコカー減税　323, 472
エコカー時代　191
エコポイント（制）　323, 472
エドワード・レポート〔報告〕　19, 23
エネルギー多消費型（産業）　133, 134, 165
エネルギー価格の高騰　165
エネルギー革命　2, 130, 135
エネルギー供給の不安定性　46
エネルギー生産性　130
エネルギー転換　325
エレクトロニック・コマース　→ EC
エロア資金〔占領地経済復興資金〕　41
円切上げ不況　145
エンゲル係数　115, 128
円　高　179, 228, 236, 253, 256, 322, 353, 364
──不況　229, 230
円転換規制撤廃　259
円ベース株式自由取得制度　84
円　安　471
追貸し　311
黄金の60年代　52
大型タンカー　133
大口定期預金　267
オープン価格　387
オープンネットワーク　214

親会社と上場子会社・関連会社の資本関係　411
親引け　106
卸売（商）業の多段階性　286, 287, 288, 382
卸売・小売（商）業　284, 359, 382
──の大規模化　384
卸売物価の高騰　149

● か 行

買いオペ　468
海外移転　369
海外売上比率　414
海外市場参入　192
海外（現地）生産　257, 364, 368, 471
海外直接投資　473
海外投資元年　250
改革・開放政策　345
外貨節約　78
外資導入　78
外貨予算廃止　82
外貨割当（制度）　77, 134
開業率　403, 483
会計ビッグバン　402
外国為替（管理）法改正　259, 265
外国人株主〔外国人投資家〕　435, 437
外国人就労　477
解雇反対争議　67
介護保険　342
外　資　344
外資法〔外資に関する法律〕　46, 78, 81, 82
買占め屋　107
会社更生法改正　405
会社分割制度　401, 411
会社法改正　443
外食産業　249
改　善　282, 283
外為法　77, 81, 92
介　入　78, 79
──の後退　81
価格競争力　167, 209
価格差補給金　40, 42

価格破壊　237
核家族化　123
確定拠出　437
隠れた（貿易）補助金　41, 42
家計所得の伸び悩み　472
家計貯蓄額　71
加工（組立）型（製造業／産業）　163, 208
貸渋り〔クレジット・クランチ〕　87, 431, 436
貸出拡大戦略　270
過剰救済　431
過剰雇用　240
過少資本化　101
過剰清算　431
過剰流動性インフレーション　160
過剰労働の理論　125
家事労働軽減　122
寡占化　386
寡占（企業）間競争　98, 112, 113
寡占的な産業組織　93, 97
ガソリン　134
カーター政権　241
合併　→ M&A
家庭用VTR　212
家電（製品）の国際競争力　210
──の競争劣位　371
家電ディスカウンター〔量販店〕　386, 387
稼働効率　113
株価　108
株価維持機関　105
株式　20, 109, 400
──の絶対的自由譲渡性の原則制限　104
株式移転（制度）　401, 410
株式交換制度　401
株式市場の影響力低下　107
株式所有構造　19, 106
株式配当率　108
株式ポートフォリオの見直し　435

株式（相互）持合　99, 433, 435, 436
株主重視　465
株主（の）安定化　57, 102, 107
株主の法人化傾向　102
株主利益　435
カラーテレビの普及率　122
ガリオア資金〔占領地救済資金〕　41
カルテル　25, 26
カルパース（CalPERS）　435
カローラ　191, 192
為替取引の実需原則撤廃　259
関係志向的な内部組織　448
関係の束　86
雁行形態的発展　350
雁行形態論　350
幹事行　95
間接金融　26
──の優位　71
間接税　177
間接的なネットワーク効果　396
完全子会社化　411, 412
環太平洋パートナーシップ協定　→ TPP
官邸主導　318
かんばん（方式）　275, 279, 282
機械工業化　65
機械産業　348
──の輸出　166
機械輸出　208
規格間の競争　212
規格統一　213
機関投資家　437, 485
企業会計制度の改革　402
企業家活動〔アントルプルヌールシップ〕　112
革新的──　64
企業間競争　399
──と協調　212

企業規模間賃金格差縮小　126
企業金融　16, 86, 87
企業結合法制　400
企業合理化促進法　77
企業再建整備　24, 89
企業集団　99
企業制度改革　399
企業組織再編税制　401
企業倒産法制　405
企業統治〔コーポレート・ガバナンス〕　16, 22, 25, 87, 303, 432
──改革　450, 465
　金融機関の──　22
企業と銀行の関係〔コミットメント〕　89, 93
企業特殊的　67, 68, 97
企業年金　106
企業の境界の再設定　400
企業のグループ化　440
企業部門の貯蓄超過　473
企業部門の貯蓄・投資バランス　259
企業別組合　11, 31, 67, 158
──の組織化　28
議決権行使基準　485
技術移転　46, 215
技術開発　81
技術格差　111
技術革新　4, 113, 121
技術選択　79, 127
技術（援助）導入契約　78
技術導入の認可基準　82
規制緩和〔規制撤廃〕　2, 5, 241, 244, 303, 430
規制緩和推進計画　245
規制産業　241
基点価格制度　133
既発国債　266
規模の経済性〔規模の利益〕　4, 123
規模別賃金格差　199, 201
規模別利潤率格差　199
逆輸入効果　354
キャッシュ・フロー計算書　402

事項索引　491

キャピタル・ロス　269
旧財閥系企業　102
旧財閥系銀行　93
業界再編　85
行革審規制緩和部会　243
行政改革委員会　244
行政指導　80
競争的産業組織　25
協調融資　89, 91, 95
共同持株会社　401
共同融資　87
協力会　206
緊急経済対策　317
銀行株の売却　435
銀行株の保有リスク　435
銀行（借入）　264
　　――依存　94, 437
　　――依存度　431
銀行間の競争　93
銀行危機　308, 436
銀行業　410
　　――の海外進出　425
均衡財政原則　331
銀行等株式保有制限法　436
銀行等保有株式取得機構　436
銀行のイニシアティブによる救済　97
銀行の株式保有比率　93
銀行のモニタリング　91
銀行融資　85
金庫株の解禁　438
金・ドル交換停止　144
金の卵　69
金融革新　302, 343
金融革命　303
金融監督庁　272
金融緩和　54, 148, 234
金融機関間の業態別分業体制　271
金融機関の株式保有制限　100
金融規制　92
金融緊急措置令　37
金融再生プログラム　317, 319

金融市場調節方式　317
金融システム　264
金融システム改革法　272
金融自由化　265
金融政策　313
　　大胆な――　461
金融制度改革　22
金融制度改革関連法　272
金融投資　235
金融統制会　22
金融の空洞化　265, 272
金融引締め　236
金融ビックバン　272
金融・保険業の進出　255
金利　232
　　――の自由化　267
ク（9）ロ（6）ヨン（4）　180
組立メーカーと部品メーカーの関係　369
クラウディング・アウト〔締出し〕　180
クラウド事業　391
グラス＝スティーガル法　23
クラスター分析　447
グリーンフィールド投資　417, 419, 421
グリーン・メイラー　107
グループ化　409
グループ企業　400
クレジット・ライン　430
クロスボーダーM&A　417, 419, 420, 473
グローバリゼーション　302, 343
グローバル化　399
グローバル出荷指数　362
軍需会社指定金融機関制度　16, 88
軍需企業　88
経営協議会　29, 30
経営権　29, 30, 86, 304
経営者の自立性　16
経営統合　400, 410
経営の安定化　107
経営の規律　96

経営の合理化　42
景気回復　238, 318
景気後退　54, 240
景気浮揚政策　54
経済安定9原則　41
経済安定政策　41
経済機関車論　178
経済財政諮問会議　318
経済地理　134
経済統制　131
経済のサービス化　246
経済連携協定　464
傾斜生産方式　39, 42, 130
経常収支　170
　　――の黒字化　173, 175
軽乗用車市場　188
系列組織の変化　369
系列取引の変容　367
系列販売網　386
系列融資　91, 94
ケインズ型の消費関数　123
ケインズ政策　174, 178
研究開発投資　172
研究開発能力　418, 424
健康保険法改正　59
減税　60, 61
減損会計制度　402
現地化　257
現地生産　257, 422
現地調達　381
減量経営　69, 159, 160
原料事前処理　112
コア従業員　440, 441
小泉内閣　317, 335, 337, 340, 358, 481
高圧操業　113
公開買付　→TOB
郊外型住宅地　118
公開市場操作　332
公害防止投資　156
公共投資　61, 147
工業の潜在的な回復力　35
合計特殊出生率　478
鉱工業技術研究組合法　80
鉱工業生産指数　362
公社　242

工場の立地選択　133
工場分散　127
更新投資　172
工数低減　127
高成長の国内的条件　143
公正取引委員会　387
厚生年金基金連合会　437
構造改革　318
構造改革特区制度　481
構造的失業　313
構造不況　166
高速道路網　122
拘束預金制度　61
高炭価問題　111, 130, 132
公団住宅　118
公定価格　37, 38
工程内分業　364, 381
公定歩合の引上げ　54
公的保険外医療制度　480
合同社長会　105
高度外国人材　477
高度（経済）成長　52
高年齢者雇用安定法　68, 475
購買力平価理論　228
公募発行の増発　106
公務員の争議権　27
合理化　30, 159
効率的の輸送　133
高齢化（社会）　60, 478
　　高齢者の——　479
高齢者の所得格差　480
高　炉　113, 133
小型車開発　193
小型車への需要のシフト　192
互換機メーカー　213
互換性　275
顧客プールの劣化　271
国債依存度　335
国債買上げ　462
国際競争力　165, 364
国際金融センター　263
国際交通システムの激変　2
国債新規発行枠　335
国際石油資本〔メジャーズ〕　132
国債の流通市場　266
国債費　337
国際分業　348, 364, 417
国産エネルギー供給　130
国産コンピュータ　79
国産乗用車　188
国　税　176
国鉄改革　242
国内寡占企業間の競争　256
国内産業の比較優位の構造変化　472
国内資源開発主義　130
国内市場　46
国富の戦争被害　33, 35
国民皆年金　59
国民皆保険　59
国民経済　3
国民国家　3
国民車育成要綱　189
国民総支出の構成　43
個人所得税　60
護送船団方式　264
　　——の終焉　273
国家の退場　3
固定（為替）相場制　54
固定給〔定額給〕　28
固定資本形成の対GDP比　346
コーポレート・ガバナンス　→企業統治
コーポレート・ガバナンス・コード　466
雇用維持　157
雇用システム　484
雇用条件の設計における柔軟性　440
雇用調整　7, 68, 159
　　——速度　441
　　——補助金　323
コロナ　192
コンパクトカー市場　193
コンパクトな製鉄工場　112
コンビニエンス・ストア〔コンビニ〕　282, 293, 384, 385, 386, 427
　　——・チェーン本部会社　295
コンピュータ国産化　213
コンピュータ産業（の育成）政策　79, 80

● さ 行

財界追放　20
再建型の法的整理　405
債務国化　262
財源調整機能　338
債券発行銀行　23
債権放棄のスキーム　406
財源保障機能　338
在庫管理　162
在庫循環　162
財産税の徴収　26
歳出の構成　337
財政赤字　330
財政構造改革　334, 335
財政構造改革法　334
財政硬直化　338
財政再建元年　333
財政乗数　334
財政政策　317
　　拡張的な——　260
　　機動的な——　462
財政投融資　61, 62, 74
財政の規模　57
再生ファンド　433
財テク　234, 268
歳入補塡国債　→赤字国債
財　閥　16
　　——解体　19, 102
財閥系銀行　22
財閥同族支配力排除法　19
財務省証券　262
先物取引の実需原則撤廃　265
サッチャー政権　241
査定制度の導入　31
サニー　192
サービス（経済）化　163, 207, 247, 249, 359
サービス（産）業　359, 482

事項索引　　493

サブ・アセンブラー　205
サブコンパクトカー市場　193
サブシステム　10
　——の崩壊　8
サブプライム・ローン　320
サプライサイド経済学　174
サプライチェーン　324
サプライヤー・システム　366, 370
サミット〔先進国首脳会議〕　178
三角合併　358, 438
三角貿易構造　349
産業技術　63
　アメリカの——　64
産業空洞化　352, 355
産業構造　62, 65
　——の高度化　36, 77, 354
　——の（長期的な）変化　350, 363
産業構造政策　72, 132
産業構造変化係数　65
産業スパイ事件　214
産業政策　10, 57, 72, 132
　——の手段　73
　——の有効性　80
産業組織改革　132
産業組織政策　72
産業単位の国際分業　350
産業調整　163
産業の米　110
産業の消失　11
産業の「新陳代謝」　329
産業別組合　11, 28, 31, 67
産業別設備資金　73
産業報国会　28
産業連関構造　110
三・三物価体系　38
三種の神器　121
産別会議　28
三位一体の改革　340
シェアリング・エコノミー　398

シェアリング・サービス　397
塩専売法　292
時価会計　402, 435
事業再組織化　240, 406, 408
事業部制組織の分権度　409
事業ポートフォリオ　400
刺激的課税　75
自己資本比率規制　311
自己資本利益率　108
事後的リスク・シェアリング　109
資産価格高騰　231
資産価格デフレ　309
資産価格バブル　→バブル
資産格差　480
自社株買い　438
市場金利連動型預金（MMC）　267
市場経済への移行　43
市場志向的な金融・所有構造　448
市場の失敗　72
システムLSI　371, 375
下請依存度　202
下請関係（多層の）　205
下請企業　198
下請制　10, 64, 197
時短法　327
失業率　312
　——の国際比較　152
執行役員制　443
質への逃避　322
指定金融機関　89, 91
指定持株会社　19
私的整理　406
自動化　277, 280, 282
自動車（産業／生産／市場）　83, 107, 123, 185, 362, 364, 421
自動車部品調達のグローバル化　367
自動車部品メーカーの海外進出　422
自動車メーカーの世界的再編

195
品揃え　294
ジニ係数　129, 480
地主制　16
資本移動　259
資本係数上昇　327
資本市場　433
資本自由化　57, 84, 104
資本主義部門　125
資本ストック　63
資本ストック調整速度　163
シムカの悲劇　104
シャウプ税制　60, 75
社会秩序保持に関する声明　29
社外取締役　444
社会保険　342
社会保険料の企業主負担　59
社会保障（制度）　59, 482
　——関係費　339
　——給付　479
　——・税一体改革法　466, 479
　——と税の一体改革　336
　——費比率　59
　——不備説　70
若年労働者の供給　116, 125
社債依存　430
社債発行（市場）　91
ジャスダック（JASDAQ）　403
ジャスト・イン・タイム　→JIT
社長会　102
社内カンパニー制　408
収益　234
重化学工業　65
従業員組合　28
就業定着率　440
自由金利商品　266
重厚長大型（重化学工業製品）　55
就職氷河期　313

――世代の消費性向　472
終身雇用　68
就寝分離　118
修正賦課方式　339
終戦時の国富　34
住宅産業　119, 128
住宅問題　117
住宅ローン　119
収奪　198
――のリスク　204
集中排除政策　24
自由貿易協定　→ FTA
自由貿易体制　351
重油　134
――吹込み　133
重要産業統制法　25
需給調整規制廃止　245
熟練形成システム　69
酒税法　292
受託者責任　437
受託生産企業　→ EMS
出店規制　292
需要制約　187
純債権国　261
純酸素吹込み転炉〔LD 転炉〕　113, 133
純粋持株会社　400, 409, 410
春闘　157
省エネルギー　165
生涯所得の格差　480
商業活動調整協議会〔商調協〕　292
商業集積　286, 291
証券化　320
証券投資　258
証券取引法〔証取法〕　23
証券不況　104
少子化対策　477
少子高齢化　327, 362, 474
上場企業の所有構造　433
上場投資信託　→ ETF
状態依存型ガバナンス　96
商店街　285
譲渡性預金　267
承認図メーカー　205

消費　120, 122
――の質的変化　247
――の低迷　312
消費格差　480
消費革命　121
消費行動　312
消費者物価　470
消費税　182, 333, 336, 466, 472, 479
商品開発能力　367
商品配送システム　295
情報　288
商法　103
商法改正　401
――（1950 年）　24, 100
――（1966 年）　104
情報通信機械　364
情報通信技術　→ ICT
情報通信産業のレイヤー　390
情報と通信の融合　389
情報の非対称性の緩和　95
乗用車（産業）　56, 128
――開発　135
――の普及率　122
乗用車工業不要論　185
小ロット生産　277
初期対日方針　27
職種別組合　11, 67
職能資格制度　485
職務給　31
食糧管理法　129, 292
女性の潜在労働力　476
職工間の身分制度解体　29
ショッピング・ゾーン　285
所得格差　115, 480
所得税の超過累進税率制度　60
所得の平等化　129
所得分配（構造）　26, 69
――の不平等　69, 129
所得補償政策　129
ジョブ・ローテーション　485
所有構造の変化　433
シリコンサイクル　220

シリコン・バレー　6
自立化　201
シーリング〔天井〕　181
新株引受権付社債〔ワラント債〕　260, 265
新規上場株　→ IPO
新経済成長戦略　324
人口移動　116, 142
新興企業　308, 412
新興国市場　365
人口増加の要因　117
新興ネット企業　437
人口の減少局面　474
人口の年齢構成　117
審査コスト　92
シンジケート団　266
シンジケート・ローン　430
寝食分離　118
新食糧法　245
信託分離　26
信用連鎖の破壊　309
衰退産業の補助　74
垂直的産業内貿易　352
垂直的直接投資　416
垂直統合型（ビジネス）モデル　371, 377
水平合併　401
水平的直接投資　416
水平分業型モデル　377
水平貿易　352
スエズ動乱　133
スケールメリット　386
鈴木内閣　333
スタグフレーション　150
ストック・オプション　445, 449
スーパーマーケット　289, 385
スバル 360　188
スマートフォン　347, 390, 394, 397
――部品　381
スミソニアン会議　145
すり合わせ型製造業　418, 421
スロー・トレード　350,

事項索引　495

471
成果主義(的)賃金　442, 449
生活給の再検討　30
生活様式　115, 128
生業性　287
正規労働者　440
　　──と非正規労働者の格差　480
税効果会計　403
製鋼工程　114
政策協調　228
政策転換　135
政策保有の解消　486
生産回復　39
生産管理闘争　29
生産工程単位の国際分業　348, 355
生産と消費の同時性　483
生産ネットワーク　349
生産年齢人口　474
生産能力　210
生産の平準化　275
生産販売ネットワーク　381
生産要素価格　163
生産リードタイム　276
　　──短縮　281
製紙業　410
税収構造　176
製造業の構造変化　66
製造業の投資停滞　153
生存資料部門　125
成長戦略　464, 484
制度化の論理　9, 11
制度的補完性　10
製品開発　185, 194
　　アセンブラーと部品メーカーの協力による──　206
　　フルラインの──　189, 191
製品多様化　286
政府系金融機関　91
政府債務　330
政府資金　73
政府補助金　39, 40

　　──の削減・廃止　41
生命保険会社　261, 485
世界金融危機　305, 321
世界最適調達　367, 7
世界同時不況　321
世界の市場　348
世界貿易機関　→WTO
世界輸入数量指数　167
石炭(鉱業/産業)　131, 132
石炭デメリット　132, 134
石　油　130
石油価格　135
石油危機〔石油ショック〕　135, 144, 148, 155, 160
　　──後のストック調整　153
　　第1次──　192
　　第2次──　152
石油業法　134, 241
石油輸出国機構　→OPEC
世帯形成　120
設計モジュール　366
設備投資　64, 95, 170, 210
　　──の分散化　171
セブン・シスターズ　132, 133
セメント産業　134
セルフサービス　290
ゼロ金利政策　316
繊維産業　132
戦後改革　100, 115
戦後復興　115
戦後ベビーブーム　116
戦時金融金庫　22
戦時統制　16
全社的品質管理　→TQC
先進国首脳会議　→サミット
戦争による経済規模の縮小　33
選択と集中　319, 379, 400, 408, 409
銑鋼一貫(製鉄所)　45, 111, 112
銑鉄生産　114
全日本自動車産業労働組合　31

専門経営者　16
専門スーパー　385
専門量販店　386
全要素生産性　→TFP
戦略的提携　438
洗練の論理　9, 11
創業者型革新的経営者　83
総合経済政策　333
総合商社　286
　　──の解体　9
総合電機メーカー　372, 378
　　──の選択と集中　379
増資　91
総需要抑制政策　177
造船用鋼材研究会　112
相対価格　289
素材型製造業　163
素材産業　165
組織アーキテクチュア　446
組織能力　213
組織のフラット化　305
組織の分権化　308
租税特別措置　61, 75, 76
ソフトウエア化　371
損失補償問題　269
「ゾンビ企業」　240

●た　行

第1次エネルギー　130, 131
第1次鉄鋼業合理化計画　45
第2種兼業農家　13
第2次臨時行政調査会〔土光臨調〕→臨調
第3次産業　207, 359
第4次産業革命　483
対外資産ストック　251
対外長期投資　251
対外直接投資　352, 355, 414, 418
　　──の産業別構成　420
大企業の銀行離れ　269
大企業の補完関係　197
大規模小売店舗法〔大店法〕

241, 287, 291, 292
　——の緩和　244
　——廃止　387
大規模小売店舗立地法　387
耐久（消費）財　115, 121, 122, 123, 128
耐久消費財需要　142
　——の所得弾力性　123
大衆消費　192
退職給付会計　403
タイトヨタ　423
対内直接投資　357
タイプⅠハイブリッド企業　448, 451
タイプⅡハイブリッド企業　449, 451
対米証券投資　261, 262
大量消費（時代）　122, 123
大量生産（システム／方式）　123, 275
台湾銀行　22
ダウンサイジング　214
多角化　409
多角的サーベイランス方式　228
宅地・団地の遠隔化　118
宅配便事業　426
ターゲティング型広告　398
多工程持ち　279
多台持ち　279
ダットサン　187
多能工化　68
たばこ事業法　292
多品種少量供給　281
多頻度小口配送システム　295
多頻度の購買　288
単位建設費　113
単位サイクル・タイム　276
単一為替レート　41
炭　鉱　131
団体保険制度　119
団　地　118
団地族　118, 123

地域間（所得）格差　116, 481
地域ネットワーク　369
小さな政府　58, 333
チェーン・オペレーション　290
知的熟練　201, 279
千葉製鉄所　112
地方交付税　338
地方財政改革　340
地方創生担当大臣　482
地方の人口減少　481
地方分権　340
地方分権一括法　340
地方分権推進計画　340
チャイナ・プラスワン　348
中間層　125, 129
中国経済　346
中小企業　196
　——の新規参入　200
中小企業基本法　57
中小企業金融機関制度　26
中福祉・中負担　336
中立的な社会制度　476
長期関係の安定化（企業同士の）　109
長期金融機関の創出　89
長期金融・短期金融の分離　23
長期（継続）雇用（システム）　32, 68, 439, 484
長期資金供給体制　26
長期信用銀行　26
長期停滞要因　327
超均衡予算　41, 43
朝鮮銀行　22
朝鮮戦争〔朝鮮動乱〕　44, 132
長短金利操作付き・量的質的金融緩和政策　469
直接金融　25
直接税　177, 60
直接投資　253, 256, 302, 345, 349
　——額の産業別シェア　254

直利志向　261
著作権　213, 220
貯蓄・投資バランス　238
貯蓄率　70
賃金圧力　159
賃金格差　128
　——の縮小　69
賃金交渉　466
賃金コスト　127
賃金システム〔賃金制度〕　28, 32
賃金制度　158
賃金補給金　40, 42
追落し　431
通貨供給過剰　38
通　販　395
積立方式　339
低価格原油　132, 133
定額給付　323
提　携　365, 426
帝国陸海軍の解体　58
定昇廃止　441
ディスインフレ政策　43
ディスカウント商法　290
定　年　68
適債基準　265
　——撤廃　266
敵対的買収（TOB）　101, 104, 107, 437
出来高給〔能率給〕　28
デジタル革命　2, 4, 6
デジタル家電ブーム　371
デジタルプラットフォーム　396
データセンター事業　391
鉄鋼業　110, 133, 410
鉄鋼業無用論　111
鉄鉱石の輸入価格　111
鉄鋼輸出シェア　114
鉄鋼労連　157
デット・オーバーハング問題　311
デット・デフレーション　309
デフレーション〔デフレ〕　43, 307, 313, 324
　——克服　461

デフレギャップ　323
デフレ心理　471
デフレスパイラル　316
テレビの普及率　121
テレビ文化　122
転位効果　58
転換社債　260
電気機械工業　364
電機産業の後退　471
電気事業再編成　47
電気事業法　241
　——改正　245
電気自動車（EV）　370
電気洗濯機の普及率　121
電気冷蔵庫の普及率　121
電産型賃金　28
電子工業振興臨時措置法　80
電子工業の競争力低下　372
電子商取引　→EC
電子部品メーカー　379
電子マネー　398
電卓戦争　217
電卓のパーソナル化　218
電卓用IC　217
伝統的日本企業　450
店舗効率　287
店舗密度　287
　——の国際比較　285
店舗レイアウト　294
同一労働・同一賃金　481, 484, 485
同期化　279
東京オフショア・マーケット　263
東京オリンピック　122
東京集中　127
統計的品質管理　277
倒産リスク　311
投資事業有限責任組合法　403
統制経済　37
同族企業　16
東南アジア諸国連合　→ASEAN
灯油　134

道路投資　73
特需　45
独占禁止法〔独禁法〕　9, 23, 25, 100, 400
　——改正　26
特定金銭信託〔特金〕　268, 269
特定産業振興臨時措置法案　85
特定不況産業安定臨時措置法〔特安法〕　166
特別管理人　89
特別減税　334
特別国債　180
特別償却（制度）　75, 77
特別融資　53
独立取締役　486
都市銀行の大口顧客獲得競争　93
土地担保金融　235
特許　79, 80, 424
独禁法改正　400
ドッジ・ライン　25, 30, 40, 41, 42, 89, 278, 331
トップ・マネジメント　8
ドーナツ化現象　117, 118
トヨタ生産システム〔方式〕　6, 10, 11, 68, 274, 366
トヨタ争議　278
トヨペット　187
ドラッグストア　386
トランジスター　215
　——の価格競争力　216
　——の発明　6
トリガー価格制度　169
取締役改革　443
取引コスト　109
取引先第1位企業への依存度　203
ドル高（・円安）　173, 261

●な行

内需　346
　——拡大　155
　——主導　230
内部資金　87
　——の制約　96

内部昇進システム　8
内部昇進者の優位　20
内部組織再編　400, 411
内部労働市場　441
ナショナル・ミニマム　338
ナスダック（NASDAQ）　403
七・七物価体系　38
ナフサ　134
南巡講話　345
ニクソン・ショック　143, 145
二重経済　37
二重構造論　198, 204
日銀〔日本銀行〕　54
　——の融資斡旋　89, 90
　——引受　40, 42
日米円・ドル委員会　259
日米構造協議　367
日米半導体協定　219
日系現地法人　381
日経連　157
日経連　→
日産リバイバル・プラン　369
日本（型）企業（システム）　17, 227, 240
　——の多様化〔多元化〕　447, 451
日本型雇用システム　439
日本株式会社論　72
日本共同証券　105
日本経営者団体連盟会〔日経連〕　30
日本興業銀行　22, 26, 90
日本再興戦略　464, 466, 476
日本自動車労働組合　67
日本住宅公団　117
日本証券保有組合　105
日本造船業　133
日本的流通の終焉　387
日本電気産業労働組合　67
日本バッシング　7
日本版コーポレートガバナンス・コード　→CGC
日本版スチュワードシップ・

コード　→ JSC
日本列島改造論　145, 147
日本労働組合総同盟　28
日本労働組合総評議会〔総評〕　31
ネット企業　→インターネット企業
ネットショッピング　394
ネットワーク型直接投資　417
ネットワーク効果　391
年金改革　478
年金給付費　340
年金支給開始年齢　479
年金制度　59, 339, 475
———改正　273
年金積立金管理運用独立行政法人　→ GPIS
年金資金運用基金（現・年金積立金管理運用独立行政法人〔GPIS〕）　273
年功（序列型／的）賃金　439
———システムの再検討　485
燃費規制　193
燃費性能　135
年俸制　442
燃料転換　165
年齢別賃金プロファイル　441
農家経営の兼業化　129
農家所得　129
農業機械化　12
農業基本法　57
農業保護制度　12
農業補助金　13
農地改革　11, 26
農地法　12
能力拡張投資　156
能力給の導入　31
ノックダウン生産　187
ノン・ユニオン　11

● は　行

買　収　255
———防衛策　438
配置転換　68
ハイテクハードウエア　371
配当の利益感応度　108
ハイブリッド化　447
ハイブリッド車　370
派遣労働　480
橋本内閣　334
パーソナル・カー　128
働き方改革　478, 481, 484
発生の論理　9
発注権　294
鳩山（一郎）内閣　117
バブル　231, 267, 320
———（の）崩壊　236, 239, 296
搬送コスト　134
半導体（事業／産業）　110, 215, 370, 371
———の国際競争力低下　372
———投資の衰退　374
半封建的地主制　12
汎用コンピュータ　213
非営利組織〔NPO〕　3
非価格競争力　167
比較優位構造　64
比較劣位産業〔比較劣位化した産業〕　334
東アジア市場　343
東アジア地域の域内貿易比率　349
東日本大震災　324
非旧財閥系企業　102
非ケインズ効果　334
ピーコック＝ワイズマン効果　58
非財閥系銀行　93
ビジネスモデルの海外移転　426
非正規雇用者　439, 471
非製造業の TFP 上昇率　385
非製造業の同時性　329
非政府組織〔NGO〕　3
非賃金支払い　59
ビッグ・スリー　193

一人っ子政策　348
百貨店　385
百貨店法　292
ビール産業　424
ファイナンシャルグループ　432
ファウンドリ企業　376, 378
ファブレス企業　376
ファンダメンタルズ　232
ファンドトラスト〔ファントラ〕　268, 269
フィリップス曲線　150
賦課方式　339, 475
不　況　53
「双子」の赤字　261
普通銀行　23
物価上昇率　468
物価統制令　38
復興債　40, 41
復金融資　41
復興金融金庫　39, 89
———の貸出残高　40
———の新規融資停止　41
不動産投資信託　→ J-REIT
部品系列〔部品購買システム〕　366
部品の現地調達　367
部品メーカーの選別　369
部門別の投資・貯蓄構造　258
プライベートエクイティ・ファンド　406
プライマリー・バランス　335
プラザ合意　226, 227, 253
ブラック・マンデー　262
プラットフォーム企業　378, 391, 396
フランチャイズ方式　293
ブランド　418, 423
プリウス　191
フリマアプリ　395, 397
不良債権（処理／問題）　309, 317, 319
ブルーバード　192
———・コロナ戦争　190

事項索引　499

フルライン卸　384
フルラインの製品開発　189, 191
ブレトン・ウッズ体制　144
分社化　128
分譲住宅　118
ベアスターンズ危機　320
米価政策　12
平準化　282
平成景気　230
平炉　133
平炉メーカー　111, 112
ベーシック・プライス制度　169
ベースアップ部分の縮小　441
ペティ＝クラークの法則　207
ベビー・ブーマー　120
ヘラクレス　403
ベンチャー企業　403, 483
ベンチャー・キャピタル　433, 483, 484
ベンチャー促進税制　484
変動（為替）相場制　179
　　――移行　144
貿易自由化　56, 81, 82
貿易収支　54
貿易の地域別構成　352
貿易の品目別構成　352
貿易不均衡　173
　　――の要因分析　208
貿易摩擦　168, 422
報酬制度の改革　445
法人擬制説　60
法人実在説　60
法人税　60
　　――改革　464
法定福利費　59
簿価分離容認措置　268
保険業　425
補助金　81
細川内閣　244
ポータブル・テレビ　128
ボトルネック現象　61
ボーナス仮説　70

ボーモル病　483

●ま 行

マイカー元年　191
マイクロプロセッサー　→MPU
マイナス金利政策　468
マイナス・シーリング　182
マクロ的条件変化　11
マーケティング・ネットワーク　257
マザーズ（Mothers）　403
マーシャル的な外部経済性　345
マーシャルのk　146
増田レポート　481
まち・ひと・しごと創生本部　482
マネジメント・バイアウト　438
マネタリスト的な政策運営　173
見返り資金　43
ミックスポリシー　43
宮沢内閣　333
民営化　241
民間最終消費（支出）　120
民間設備投資（主導）　52, 63, 71, 230, 237
民事再生法　405
民需　318
無形資産への投資　473
無制限労働供給　125
ムダ　282
無担保普通・転換社債発行　265
無料電話　390
メインバンク（システム／制）　8, 10, 64, 86, 91, 94, 95, 161, 406, 429
　　――による情報生産　96
メイン寄せ　431
メガサプライヤー　370
メガバンク　432
モジュール化　305, 349, 366, 370, 418

モータリゼーション　122, 291
持合解消　436
持株会社　400, 19
　　――の禁止　23, 100
持株会社整理委員会　19
モデルチェンジ　190
モデルチェンジ・サイクル　194
モニタリング　93, 432
ものづくり企業　378
モバイル決済　347

●や 行

山元価格　111, 112
ヤミ価格　37, 38
闇カルテル　149
有期雇用　449
友好的買収　437
郵政民営化　318
輸出関数　167
輸出自主規制（VER）　169
輸出主導　155, 170, 227
　　――型成長からの転換　230
輸出商品構成の変化　55
輸出振興　78
輸出代替効果　354
輸出の為替感応度低下　471
輸出誘発効果　355
輸送コスト　111
輸入エネルギー　130
輸入代替工業化　77
輸入貿易管理制度　77, 81
輸入貿易管理令　77
幼稚産業（保護）　74, 79
預金構造　90
預金封鎖　26, 37
横出し規制　292
予算制約　43, 40
呼び水効果　74

●ら・わ行

ライフサイクル仮説　70
リストラクチャー／リストラクチャリング〔リストラ〕

7, 406
リテール業務　425
リーマン・ショック　320, 336, 362
流通　284
　　——の垂直統合　286
流通系列　197
流通経路の短縮　290
流通マージン　289
流動性の罠　316, 324
量的（・質的）金融緩和政策　316, 462
　　——解除　319
量販店　122, 291
臨海一貫製鉄所　112
臨時行政改革推進審議会〔第1次行革審〕　243
臨時租税措置法　75
リーン生産システム〔方式〕　6, 274, 366, 421
臨調〔臨時行政調査会〕
　　——第3次答申　242, 243

第2次——　182, 242
累進（税）制　60
ルイス・モデル　125
零細性　287
冷戦体制の崩壊　2
レーガノミクス　174
レーガン政権　260
列島改造ブーム　148
連結会計制度　402, 435
連結納税制度　401
連続式ストリップ・ミル　113
連続鋳造　113
レントの確保　92
労使協議　29
老人福祉法改正　59
労働関係調整法　27
労働基準法　27
　　——改正　327
労働協約　29
労働組合　27
　　——の経営参加　29
労働組合法　27

——の改正　30
労働三法の制定　27
労働集約型（産業／製造業）　162, 163
労働節約的投資　127
労働争議　158
労働争議調停法　27
労働費用　289
労働分配率　439
労働力（の供給）不足　69, 475
　　——経済への転換点　125
ローカル・アベノミクス　482
炉頂圧発電　113
ローコストキャリア（LCC）　183
ロジックス〔演算素子〕　6
ワンストップ・ショッピング　291, 385
ワンセット主義　97

【人名索引】

●あ 行

有沢広巳　39
井植歳男　83
井深大　83
ヴェスタル（J. Vestal）　12
ヴォーゲル（E. Vogel）　262
大野耐一　279, 10

●か・さ 行

清田耕造　416
クルーグマン（P. R. Krugman）　316
小関智弘　200

ゴーン（C. Ghosn）　357
ストレンジ（S. Strange）　3
孫正義　412
橘木俊詔　480
田中角栄　145, 147
鄧小平　345
土光敏夫　182
ドッジ（J. Dodge）　41

●た・な・は行

豊田喜一郎　278
ドラッカー（P. F. Drucker）　284
永守重信　412

西山弥太郎　10, 46, 112
早川徳次　83
林周二　289
ベゾス（J. P. Bezos）　395
本田宗一郎　83

●ま・ら行

マッカーサー（D. MacArthur）　41
御手洗毅　83
盛田昭夫　83
吉川洋　228
ルイス（W. A. Lewis）　125

【企業・公社名索引】

【アルファベット】

IBM 213
JFE ホールディングス 401, 410
JR 243
NEBA（日本電気大型店協会）387
NEC エレクトロニクス 377
NTT 389
NUMMI 256, 282, 422
RCA アンペックス 211
TSMC（台湾積体電路製造公司）376
UFJ ホールディングス 410
ZF 370

●ア 行

アイシン精機 370
アップル（Apple）391
アマゾン（Amazon）391, 395
アンペックス 212
イオン 385
伊藤忠 127
イトーヨーカ堂 293, 385
インテル 220, 374, 378
ウエスタン・エレクトリック 216
エルピーダメモリ 377
王子製紙 437
オースチン 187

●カ 行

カシオ 217
川崎重工 281
川崎製鉄 112
グーグル（Google, 持株会社 Alphabet）370, 391
クライスラー 186
神戸製鋼 112
国分 384
コジマ 387
コンチネンタル 370

●サ 行

サウスランド 293, 294
三星電子 372, 374, 375, 377
ジャスコ 293
シャープ 217, 358, 371, 379
新日本製鉄（現・日本製鉄）113, 412
スカイマーク 245
スティール・パートナーズ 437
住友銀行 127
住友金属 112
西友 293
セブン-イレブン 293, 384, 386
セブン-イレブン・ジャパン 294
全日本空輸（ANA）183
ソニー 213, 408
ソフトバンク 393, 412

●タ 行

第一生命 426
ダイエー 290, 293, 385
ダイキン 281
第二電電（DII）245, 389
ダイハツ工業 281
武田薬品工業 424
デンソー 370
東亜国内航空 183
東京通信ネットワーク（TTNet）245
東芝 372, 424
東芝メモリ 377
トヨタ自動車工業 186, 187, 265, 365, 366, 367, 369, 370, 412, 422, 449, 486

●ナ 行

長崎屋 293

日産自動車 186, 187, 281, 357, 365, 366, 369
日本アクセス 384
日本板紙 411
日本板硝子 281, 424
日本開発銀行 74, 90, 26
日本勧業銀行 23
日本航空（JAL）183, 243, 405
日本高速通信（TWJ）245
日本製紙 411
日本製鉄 112
日本たばこ産業（JT）423
日本鋼管 112
日本テレコム 245
日本電気 372, 376
日本電産 412
日本電信電話株式会社（NTT）243
日本電信電話公社（電電公社）243, 389
日本郵政グループ 424
日本ユニパックホールディング 411

●ハ 行

早川電機（現・シャープ）217
日立製作所 372, 376, 411, 412
ビックカメラ 387
ファミリーマート（サークルK, サンクス）293, 386
フェイスブック（Facebook）391
フォード 186, 187, 194
フォルクスワーゲン 365, 366
富士重工業（現・SUBARU）188
富士製鉄 112
富士通 372, 442
ブリヂストン 424
北越製紙 437

北海道拓殖銀行　23
ボッシュ　370
ホンダ　192, 365, 370
鴻海精密工業　358, 372, 379

●マ・ヤ 行

マイクロンテクノロジー　377
マグナインターナショナル　370
松下電器産業（現・パナソニック）　265, 374, 401, 412
マツダ　194, 367
マネックス　273
みずほフィナンシャルグループ　401
みずほホールディングス　410
三井住友フィナンシャルグループ　410
三菱自動車　365
三菱食品　384
三菱UFJ銀行　425
三菱電機　374
三菱東京フィナンシャル・グループ　410
村上ファンド　437
メルカリ　395, 397
八幡製鉄　112
ヤマダ電機　387
ヤマト運輸　426
ユニー　293
横浜正金銀行　22
ヨドバシカメラ　387

●ラ 行

ライブドア　393, 437
楽天　393, 437
リーマン・ブラザーズ　320, 336
ルネサスエレクトロニクス　377
ルネサステクノロジ　377
ルノー　357, 365, 366
ローソン　293, 386

企業名索引　503

◆ 著者紹介

橋本 寿朗（はしもと じゅろう）
元法政大学経営学部教授

長谷川 信（はせがわ しん）
元青山学院大学教授

宮島 英昭（みやじま ひであき）
早稲田大学商学学術院教授

齊藤 直（さいとう なお）
フェリス女学院大学国際交流学部教授

現代日本経済〔第4版〕
Contemporary Japanese Economy (4th edition)

有斐閣アルマ

1998 年 8 月 30 日	初　版第1刷発行
2006 年 5 月 30 日	新　版第1刷発行
2011 年 6 月 10 日	第3版第1刷発行
2019 年 5 月 30 日	第4版第1刷発行
2025 年 3 月 15 日	第4版第3刷発行

著　者	橋　本　寿　朗 長　谷　川　　信 宮　島　英　昭 齊　　藤　　　直
発行者	江　草　貞　治
発行所	株式会社　有　斐　閣

郵便番号101-0051
東京都千代田区神田神保町2-17
https://www.yuhikaku.co.jp/

文字情報・レイアウト ティオ／印刷 大日本法令印刷㈱／製本 大口製本印刷㈱
©2019, 橋本瑠美子・長谷川梓・宮島英昭・齊藤直．Printed in Japan
落丁・乱丁本はお取替えいたします。
★定価はカバーに表示してあります。

ISBN 978-4-641-22121-5

[JCOPY] 本書の無断複写(コピー)は、著作権法上での例外を除き、禁じられています。複写される場合は、そのつど事前に(一社)出版者著作権管理機構(電話03-5244-5088, FAX03-5244-5089, e-mail:info@jcopy.or.jp)の許諾を得てください。